조선대학교 재난인문학연구사업단

재난인문학 연구총서 10

재난의 경제적, 사회적 영향 및 사회 변화

재난인문학
연구총서
10

조선대학교 재난인문학연구사업단

재난의 경제적, 사회적
영향 및 사회 변화

◆

강희숙 이연 최영주 이은애
진앵화 이기학 라정일 천안 김경인

역락

서문

재난인문학 연구총서 10

『재난의 경제적, 사회적 영향 및 사회 변화』 간행에 부쳐

2019년 5월 1일부터 시작된 사업이고 보니 조선대학교 재난인문학 연구 사업단이 걸어온 길은 영락없이 코로나19 바이러스감염증, 일명 코로나19 가 걸어온 길에서 조금도 벗어나지 못한 채 그 궤를 같이해 왔다고 해도 틀린 말이 아닐 듯싶다. 지난 5년간의 여정은 우한 폐렴에서 시작하여 최초 의 국내 환자 발생, 팬데믹, 엔데믹, 포스트 코로나 등등으로 갈무리해 볼 수 있는 코로나19와 함께해 온 날들이었음을 부인하기 어려운 일이기 때문 이다.

우리가 주목하여 사유와 성찰의 대상으로 삼은 재난은 코로나19 하나로 만 그치지 않았음은 물론이다. 살인적인 폭염과 폭우, 폭설, 가뭄, 산불 등등 의 재해를 초래하고 있는 기후 위기 현상을 비롯하여 2022년 러시아의 침공 으로 시작된 '러시아-우크라이나' 전쟁과 지난해 10월 팔레스타인 무장 정 파 하마스의 이스라엘 공격으로 촉발된 '이스라엘-하마스' 간 전쟁 등등 엄청난 인명 살상이 이루어지고 있는 전쟁 역시 재난의 또 다른 얼굴이었다.

2024년 1월 1일, 새해 벽두에 일본 이시카와현 노토반도(能登半島)를 강타한 규모 7.6의 강진과 1월 22일 신장 위구르 자치구에서 발생한 규모 7.0의 지진 또한 심각한 인명과 재산 피해를 초래한 또 하나의 재난이었다.

결과적으로 지구촌 곳곳에서, 날로 심화되고 있는 갖가지 재난에 직면하여 살아가는 동안 우리의 가장 큰 관심은 재난으로 인한 경제적, 사회적 영향과 함께 그 여파로 이루어지는 실로 다양한 사회 변화의 모습이었다고 할 것이다. 열 번째로 이루어진 우리 재난인문학 연구사업단의 연구총서가 '재난의 경제적, 사회적 영향과 사회 변화'를 주제로 하게 된 연유는 바로 여기에 있다.

이번 연구총서 『재난의 경제적, 사회적 영향과 사회 변화』는 5차년도 주제 가운데 하나를 대상으로 한 '연구 클러스터' 운영의 성과물이다. 한 송이 국화꽃을 피우기 위해 소쩍새 우는 봄밤과 천둥이 요동치는 여름날, 무서리 내리는 가을날이 필요했던 것과 마찬가지로, 이 총서가 세상에 나오기까지의 여정 또한 만만치 않은 일이었다. 해당 주제에 관한 국내외 전문 연구자를 중심으로 한 클러스터 구성, 한 달에 한두 회 정도, 밤늦은 시각까지 이루어진 웨비나, 성과 공유를 위한 학술 세미나 등등의 숨 가쁜 일정을 거쳐 마침내 출판을 위한 편집 작업이 가능해졌기 때문이다.

본서의 내용은 크게 2부로 이루어졌다. 제1부는 코로나19의 영향과 그로 인한 사회 변화를 다룬 5편의 논문으로 구성되었다. 아직도 끝났다고 보기 어려운 코로나19가 인류의 삶에 끼친 영향이 작지 않은 만큼 코로나19와 함께 나타난 각종 재난 관련 경보시스템 구축 및 그 변화(제1장), 코로나 시대 신인류를 의미하는 코로나사피엔스 시대의 신어를 근간으로 분석한 뉴노멀과 사회 변화(제2장), 코로나 시대 들어 중요성이 크게 부상한 한국수어의 특징 및 변화 양상(제3장), 코로나 팬데믹 시대 자원봉사의 의의와 자원봉사 현장의 변화(제4장), 코로나 이후 중국의 경제적 사회적 변화(제5장) 등 등 저자의 연구 및 관심 분야를 중심으로 한 코로나19의 영향 및 사회 변화에 관한 심층적 분석이 이루어졌다.

제2부는 코로나19 이전 또는 그 이후에 발생한 한중일 3국의 주요 재난이 끼친 사회적, 경제적 영향 및 사회 변화를 다룬 4편의 논문으로 구성되었다. 지난 2016년과 2017년, 경주, 포항 지역에서 발생한 지진의 사회, 경제적 영향과 정책의 변화(제6장), 동일본대지진 이후 일본 지역사회의 변화와 도시재생의 모습(제7장), 코로나19보다 더 심각한 재난에 해당하는 기후 위기 관련, 중국의 역사와 현재 기후 위기의 영향 및 대응 방안(제8장), 일본의 3대 공해 사건의 영향으로 탄생한 소설과 영화 등 재난 서사물의 가치와 의미(제9장) 등에 대한 접근이 이루어졌음이 특징이다.

이상과 같은 9편의 글은 모두 재난인문학의 정립이라는 본 연구 사업단의 아젠다와 관련하여 빼놓을 수 없는 핵심적인 주제들로서 아직도 진행형의 모습을 하고 있거나 얼마든지 반복적 재발생이 가능한 재난의 영향 및 그로 인한 사회 변화에 대한 본격적인 분석과 접근이 이루어졌다는 점에서 그 가치 및 의의가 적지 않다고 할 것이다. 이러한 성과는 모두 연구팀에 합류하여 어렵고 힘든 시간을 함께 견뎌내 준 연구자들의 열정과 협조가 아니었다면 아예 불가능한 일이었다고 할 수 있을 터, 이 자리를 빌려 진심으로 감사를 드린다.

　또한 연구책임자의 머뭇거림과 고질병인 게으름을 채근하며 모든 어려운 문제들을 앞장서서 해결해 준 김경인 선생님과 올해도 어김없이 카운트다운의 일정으로 힘든 편집과 출판 일정을 감수해야만 했던 역락출판사의 이대현 사장님과 이태곤 이사님을 비롯한 편집진 여러분들께는 진심으로 특별한 감사의 말씀을 전한다.

2024년 1월

조선대학교 인문학연구원 재난인문학연구사업단장

강희숙 씀.

차례

•

제2부
그 외 재난의 영향 및 사회 변화

제1부

코로나19 팬데믹의 영향 및 사회 변화

1장

코로나 팬데믹(pandemic) 이후
국가 위기관리와 재난경보시스템

이 연

(선문대 미디어커뮤니케이션학부 명예교수)

1. 연구 필요성 및 의의

1) 국가 위기 발생과 긴급재난경보

현대사회는 전쟁이나 테러, 기후변화 등으로 '긴급재난경보(緊急災難警報)'와 함께 살아가야 하는 '재난경보사회(Disaster Alert Society)'가 되었다. 우리는 울리히 벡(Ulrich Beck)이 말하는 '위험사회(Risk Society)'의 단계를 넘어 긴급함이 일상화되는 '재난경보사회'에 살고 있는 것이다. '재난경보사회'란 '매일매일 일상적인 우리 삶 속에서 언제 어디서 긴급재난경보가 울릴지 모르는 재난경보가 상시화된 사회'를 말한다.[1] 지난 이태원 '10.29 참사'의 경우, 긴급재난경보만 제대로 작동했더라도 159명이라는 젊은 목숨이 헛되이 희생되지 않았을 것이다.

우리는 아파트나 빌딩 등에서 울려 퍼지는 화재경보에서부터 TV나 라디오, 스마트폰 등에서 울리는 각종 재난경보에 이르기까지 경보의 홍수 속에서 살고 있다. 그 밖에 구청이나 경찰서, 마을회관 등에서 울려 퍼지는 경보

---

1   이연, 『국가위기관리와 긴급재난경보』, 박영사, 2023, 2쪽.

사이렌이나 스피커 소리, 도로 위에서 시도 때도 없이 울리는 자동차의 클랙슨, 구급차나 경찰 사이드카의 경보 사이렌 소리에 우리는 늘 긴장 속에 살고 있다. 더구나 2019년 말 발생한 코로나 팬데믹은 우리들의 의지와 상관없이 감시카메라에 노출되어 QR코드까지 찍었다. 심지어 지하철이나 공공장소, 식당조차도 인원수나 출입 시간까지 감시와 경고의 대상이 되었다. 이처럼 우리들은 매일매일 일상적 삶 속에서도 재난경보 센서를 항상 켜두어야 하는 재난경보 상시화 시대에 살고 있다.

특히 재난경보 중에서도 우리들의 생명과 직결되는 '긴급재난경보'에는 신속하게 대응해야 목숨과 삶의 터전을 보전할 수 있다. 지금까지 태풍이나 지진, 산불, 폭염 등 '대형 자연재난'뿐만 아니라, '코로나19'와 같은 신종 감염병, 미세먼지, 테러, 전쟁 등과 같은 사회재난으로부터도 엄청난 위협을 받고 있기 때문이다. 나아가서 '기후변화'와 '지구 온난화' 등에 의한 재난은 이제 인류의 원천적인 생존권마저도 위협하고 있다.

또한 2022년 2월 24일 발발한 '러·우 전쟁'과 2023년 10월 7일 '이·팔 전쟁' 등은 전 세계를 다시 새로운 냉전 시대로 되돌리고 있다. 북한도 2023년 연초의 'ICBM 발사'를 시작으로 11월 '위성 발사 성공' 등등으로, 한반도에 재난 발생 위험성을 한층 더 고조시키고 있다. 그 밖에도 2022년 10월 핼러윈 데이에 이태원 '10.29 참사'가 빚어지고, 2023년 4월 3일에는 하루에만 34곳이나 산불이 발생했지만, 제대로 된 '대응 매뉴얼'이 없이 우왕좌왕하다가 재난 피해를 훨씬 더 키웠다는 지적도 있다. 특히 재난방송주관방송사인 KBS의 경우는, 2019년 4월 4일 강원 고성 산불 당시 늑장 대응으로 온 국민에게 지탄을 받은 바 있다. 그럼에도 불구하고 4년이 지난 2023년 4월 2일 11시 53분경 수도 서울, 그것도 대통령실이 얼마 떨어지지 않은 인왕산에 또다시 산불이 발생했는데도 늑장 대응으로 일관했다. 최초 인왕산 산불 발생은 오전 11시 53분경에 발생했는데 재난특보는 2시간이나 지난 오후 1시 55분경에 실시했다. 그것도 일요일 전국노래자랑 녹화방송을 끝까지 내보내고 난 이후에야 재난특보를 하는 전형적인 늑장 대응이었다. 그 밖에도 「재난 및 안전관리기본법」에 명시된 지진이나 미세먼지 등 사회재난 발생에 대해서도 제대로 된 '재난 보도 매뉴얼'로 신속하게 대응하지 못했다는 지적도 있다.

2) 재난 발생과 긴급재난경보의 대응시스템

대형 재난발생 시에 재난 피해를 줄이는 방법으로는 재난피해자나 피해지 주민들에게 신속하게 재난정보를 전달해 대피하도록 하는 일이다. 정부와 지방자치단체는 신속하게 재난정보를 재난방송통신망을 이용해 국민들에게 전달해야 한다. 그런데도 세계 여러 국가가 예산이나 인력, 통신망, 법령 등의 미비로 제대로 대응하지 못하고 있다.

미국의 경우는 대형 재난으로 긴급사태가 발생하면 대통령은 즉각 각종 방송기관에 긴급사태 경보시스템을 발동할 수 있다. 이때 연방정부의 관할기관은 연방통신위원회(Federal Communications Commission: FCC)이다. 미국은 1994년 11월 이후는 긴급사태 발생 시 EAS(Emergency Alert System)라는 긴급경보시스템으로 대응하고 있다. 미국은 2001년 9.11 테러와 2005년 뉴올리언스의 허리케인 '카트리나' 등 대형 재난을 겪으면서 신속한 통합 재난경보시스템을 구축하게 된다. 2005년 대형허리케인 발생 당시에는 긴급재난경보 전달시스템이 미흡해서 재난피해를 키웠다고 판단했기 때문이다. 이에 대한 반성으로 긴급 재난경보시스템의 기능 강화와 운용체계를 본격적으로 정비하게 되었다. 미국에서 긴급재난경보를 전달하는 방법은, ① 방송시스템 경유의 EAS라는 긴급경보시스템 ② 무선통신 시스템 경유의 무선긴급경보(Wireless Emergency Alert: WEA) ③ 복수의 경보전달시스템으로 전방위적인 정보발신이 가능한 IPAWS(Integrated Public Alert & Warning System: 통합경보시스템)이 있다.

일본의 경우도 1995년 한신 아와지 대지진과 2011년 3.11 동일본 대지진 등을 겪으면서 미국의 IPAWS와 비슷한 긴급재난경보시스템인 J-Alert(Japan-Alert)과 L-Alert(Local-Alert)이라는 재난정보 전달시스템을 개발했다. 원래, 제이 얼럿(J-Alert)은 전국순시경보(全国瞬時警報) 시스템이라고 하는데, 통신위성과 재해 행정 유무선 통신이나 방송·전화 등을 연계해 긴급재난정보를 주민들에게 신속하게 전달하는 통합방재시스템이다.

한국의 경우도 2003년 '대구 지하철 화재 참사', 2014년 '세월호 참사', 2022년 이태원 '10.29 참사' 등을 겪으면서 2018년부터 '국가 재난 예·경보 시스템을 구축'하고 있다. 하지만 2023년 11월 현재까지도 민방위경보나 재난방송온라인시스템 등 통합형 예·경보시스템은 구축되어 있지 않은 상태다. 특히 우리나라는 지금 '러·우 전쟁'이나 '이·팔 전쟁', 북한의 '9.19

군사조치' 파기 등으로 북한판 하마스(Hamas)식 기습공격 등이 매우 우려되고 있는 시점이다. 이러한 시점에서 국가위기관리와 재난경보시스템을 분석하는 본 연구는 매우 중요한 의미를 지닌다고 하겠다. 최근 우리나라에서는 대형재난이 끊이지 않고 발생하고 있는데, 이런 상황에서 미국이나 일본이 이미 개발해서 사용하고 있는 재난경보시스템에 대한 면밀한 분석은 매우 중요한 참고 자료가 되리라고 본다.

2019년 신종 코로나 발생 이후 2023년 11월까지 '코로나19'로 인해 사망한 전 세계의 사망자 숫자를 보면, 지금까지 공식적으로 보고된 것보다 2배 이상은 된다는 연구 결과가 나왔다. 미국 워싱턴대학교 의과대학 건강측정평가연구소(IHME)가 독자적인 모델을 개발해 분석한 결과에 의하면, '코로나19'로 사망한 숫자는 11월 3일 현재 693만 명이 된다고 추정했다. 이는 지금까지 미국 존스홉킨스대학교가 실시간으로 집계해 발표한 전 세계 사망자 수 327만 명(10월 8일 현재)보다 2배가 넘는 숫자다.[2]

워싱턴대학 동 연구소의 보고서에 의하면 대부분의 국가가 병원에서 사망하거나 코로나 감염이 확인된 사람들의 사망자 숫자만 발표하기 때문에 실제 '코로나19'로 병원 밖에서 사망한 사례는 통계에서 누락되었다는 주장이다. 또한 이 보고서는 현재 여러 나라에서 작성되고 있는 열악한 건강보고시스템 등으로 인해 이러한 통계상의 문제점이 발생한다고 지적했다.

---

2   『한겨레신문』, 2023년 11월 3일 자.

2. 2019년 '코로나 팬데믹'과 대형재난 발생

1) 코로나 팬데믹 극복과 백신 개발

앞에서 언급한 워싱턴대학교 건강측정평가연구소는, '코로나19'로 인한 세계시민들의 사망자 총수는 약 693만 명으로 추정했다. 이는 실제 세계보건기구(WHO)나 타 연구기관의 발표 숫자보다도 약 2배가 넘는 숫자다. 정확한 희생자 숫자를 밝히기란 매우 어려운 문제지만, 인류 역사상 이 정도로 단시간에 인명이 희생된 사례는 1918년 스페인 독감 이래 처음이다.[3] 이러한 엄청난 희생을 종식시키는 데는 관련 연구자들이 수십 년간이나 어려운 여건 속에서도 꿋꿋하게 연구를 지속해 온 덕분이다.

'코로나19' 팬데믹을 종식시키는 데 가장 큰 공헌을 한 사람은 2023년 노벨 생리학·의학상 수상자인 헝가리인 카탈린 카리코(Katalin Karikó: 68세)[4] 독일 바이오앤테크 부사장과 드류 와이스먼(Drew Weissman: 64세) 펜실베이니아(Pennsylvania)대학 의과대학 교수이다. 이들은 뉴클레오사이드 염기 변형(nucleoside base modification)을 이용해 메신저 리보핵산(mRNA) 백신 개발에 기여하는 기술을 처음으로 개발한 학자다. 이들의 연구가 '코로나19' 바이러스에 면역 효과를 제공하는 메신저 리보핵산(mRNA) 백신 개발의 문을 열었다고 평가받고 있다. 카탈린 카리코 교수는 코로나 백신 개발의 기반이

---

3 「코로나19 현상에 대한 인문학적 성찰(I)」(ISSUE REPORT, 12호), 한국연구재단, 2020, 7쪽.

4 https://www.britannica.com/biography/Katalin-Kariko

된 메신저 리보핵산(mRNA) 분야 연구의 선구자로 평가를 받으면서 '백신의 어머니'라는 별명도 얻었다.[5]

그런데 두 연구자가 백신을 개발하기까지는 매우 험난한 여정이 있었다. 카리코 교수는 1990년 펜실베이니아대학에서 mRNA의 유전자 치료제를 연구했지만, 좋은 결과를 얻지 못해 연구비 지원이 끊기고 교수직도 박탈당해 쫓겨나기도 했다.[6] 카리코 교수는 원래 헝가리 사람으로 1978년 대학원에서 이미 리보핵산(RNA) 연구를 시작했지만, 헝가리 연구실에서 예산이 끊기자 미국으로 건너갔다. 당시 카리코의 전 재산은 두 살배기 딸의 곰인형 속에 숨겨뒀던 900파운드(약 150만 원)였다는 일화도 있다. 이토록 학계 변방에서 연구비도 모자란 가운데 힘겹게 mRNA 연구에 몰두한 결과, '코로나19'를 종식시키는 데 결정적인 역할을 하게 된 것이다.

2) 새로운 팬데믹(pandemic)에 대비한 신종 감염 바이러스 연구

미국 캘리포니아대학교 데이비스(University of California-Davis) 캠퍼스 수의학과 조나 마제트(Jonna A Mazet) 교수에 의하면, 코로나와 같이 사람과 동물이 모두 걸릴 수 있는 인수(人獸) 공통감염 바이러스 약 50만 종 중에 이제 겨우 0.2%만 밝혀졌다고 한다. 조나 마제트 교수는 캘리포니아대학교 수의학과에서 역학 및 감염병리학을 전공하고 있는 교수다. 마제트 교수는 새로

---

5   『동아사이언스』, 2023년 10월 2일 자.
6   「mRNA백신 만든 노벨생리의학상 수상자」, 『동아일보』, 2023년 10월 13일 자.

운 감염병 및 야생동물, 가축과 사람 간의 질병 감염 등 신종바이러스 연구 분야의 세계적인 권위자다. 현재도 마제트 교수는 중앙아시아, 동아프리카 및 동남아시아의 전문가들과 함께 신종바이러스 출현 조기 경보 프로젝트인 예방(Predict) 프로젝트 수석 조사자로 활동하고 있다.[7] 그동안 마제트 교수는 2009년부터 미 국립보건원(NIH)과 국제개발처(USAID) 지원 사업으로 세계 35개국 연구자·관료 등 6,000여 명과 함께 감염병 예방을 연구하는 프로젝트 총괄책임자다. 그동안 마제트 박사팀은 164,000개가 넘는 동물과 사람의 샘플을 수집 테스트해 잠재적으로 동물에 감염될 수 있는 바이러스 1,200개를 발견했으며, 그중에서도 SARS, MERS, 유사 코로나바이러스를 포함해 160개의 새로운 코로나바이러스를 발견하는 성과를 거두었다.[8] 마제트 교수는 또 다른 바이러스 감염병이 언제 어디서 일어날지 모른다고 경고하면서, 코로나 예방 백신과 치료제 개발에만 만족해선 안 되며, 감염 바이러스에 대한 근본적인 대응책이 마련되어야 한다고 경고했다.[9]

3. 코로나 팬데믹 이후 전쟁 발발과 국가위기관리

1) 러시아의 우크라이나 침공과 긴급재난경보

2022년 2월 24일 러시아군의 우크라이나 침공으로 러·우 전쟁이 발발했

---

7   https://www.vetmed.ucdavis.edu/faculty/jonna-mazet(2023. 10. 30.)
8   https://www.vetmed.ucdavis.edu/faculty/jonna-mazet(2023. 10. 30.)
9   이연, 앞의 책, 231-232쪽.

다. 이번 러·우 전쟁의 무기사용의 특징은 강대국들이 전략 자산은 제외한 채 재래식 무기나 드론, 인공위성 등 첨단 기술을 활용해 다양한 미래형 무기들을 사용하고 있다는 점이다. 또한 이번 전쟁을 계기로 우크라이나 주변국들은 자국의 안전을 위해 첨단 무기의 도입과 함께 치열할 정도로 신무기 개발에 적극적으로 뛰어들고 있다.[10]

BBC 보도에 따르면 러·우 양국 간의 전쟁은 2년이 다 돼 가도록 치열하게 공격을 주고받으면서 인명피해도 크게 늘어 2023년 8월 30일 현재 양국 병사들의 사망 숫자는 약 50만 명에 이를 것으로 나타났다.[11] 또한 미국의 『뉴욕 타임즈(The New York Times)』(2023. 8. 18.)도, 아래의 일본 NHK 뉴스 기사와 같이 러·우 양국 병사의 사상자 수는 약 50만에 이른다고 보도하고 있다. 양국의 사상자를 정확하게 집계하기란 매우 어려운 일이지만, 전쟁 발발 1년 반이 가까워지는 2023년 8월 20일 현재 서방측 집계로는 대체로 러시아 측 사망자 약 12만 명, 부상자는 최대 18만 명으로 보고 있다. 우크라이나 측 사망자는 약 7만 명이고, 부상자 수는 최대 12만 명으로 추산할 정도다. 이번 러·우 전쟁에서 나타난 특징에서 병사들 이외에 가장 피해가 많았던 부분은 재난 약자들로, 어린이나 노약자, 입원환자 등은 제때 즉각적으로 대피하지 못해 피해를 본 경우가 대부분이다.

---

10 CNN, Zelensky refuses US offer to evacuate, saying 'I need ammunition, not a ride', February 26, 2022.

11 BBC News Japan, 2023년 8월 30일 자.

[그림 1] 러시아와 우크라이나 쌍방 병사의 사상자 수 약 50만 명

자료출처: NHK NEWS WEB, 2023년 8월 20일 12시 5분

러·우 전쟁이 장기전으로 진행됨에 따라 재래식 무기 공급 물량이 많이 부족해지고 있고 가격 역시 천정부지로 치솟고 있는 상태다. 이런 상황에서 무기를 공급하는 데 최대 수혜국으로는 북한이 거론되고 있다.

2) 이스라엘과 팔레스타인 전쟁이 한반도에 미치는 영향

(1) 하마스(Hamas)식 이스라엘 침공과 재난경보시스템

유대인 명절 직후의 안식일인 2023년 10월 7일(현지 시각) 팔레스타인 무장 정파 하마스는 이스라엘을 전격적으로 기습 공격했다.[12] 중동지역에서 가장 광범위하고 정교한 정보망을 보유한 것으로 알려진 이스라엘이 하마스의 로켓 7,000여 발의 대공세를 사전에 감지 못했다는 것은 첩보 정보의 실패일 뿐만 아니라, 마치 과거 일본이 감행한 미국의 진주만 공습과 같이 속수무책으로 당했다는 지적도 있다.[13]

이스라엘군(IDF) 대변인인 다니엘 하가리 소장은 당일, "오전 6시 30분부터 지금까지 7,000발 이상 기습 로켓 포탄이 가자지구에서 이스라엘로 발사됐다.", "하마스 테러범들이 지상과 해상, 공중으로 침투했다."라고 밝혔다.[14] 실제 하마스 산하 무장단체 '알-카삼' 여단이 공개한 동영상을 보면, 무장대원들이 오토바이, 픽업트럭, 낙하산 등을 타고 가자지구와 이스라엘 사이의 국경 철책을 통과하는 모습이 고스란히 담겨 있다. 영국의 스카이뉴스에서도 하마스 무장대원들이 소형 보트를 타고 이스라엘에 침투하는 장면들이 포착되기도 했다.[15] 영국의 일간지 『가디언(The Guardian)』지는 이스라엘군이 가자지구의 주택을 무차별적으로 공격해 부수고 있는데, 이는 '거주지 말살', 즉 '도미사이드'(domicide)로 전쟁범죄에 해당한다고 주장했다.[16]

---

12 『서울신문』, 2023년 10월 7일 자.
13 『중앙일보』, 2023년 10월 9일 자.
14 『서울신문』, 2023년 10월 7일 자.
15 『서울신문』, 2023년 10월 7일 자.
16 『The Guardian』, 2023년 12월 7일 자.

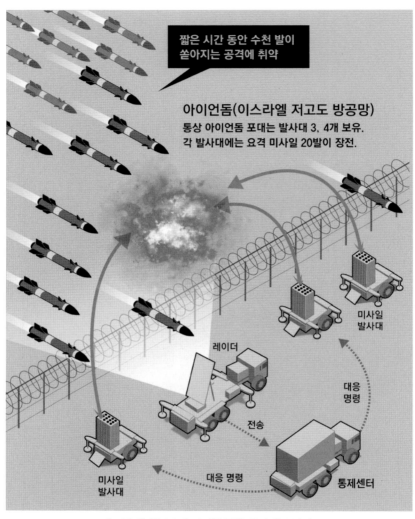

[그림 2] 하마스가 아이언 돔을 공격하는 장면

자료출처: 『동아일보』, 2023년 10월 9일 자.

(2) 북한의 하마스식 기습도발과 긴급재난경보망 구축

동서 냉전이 종식된 이후 30여 년이 지난 2022년 러·우 전쟁에 이어 2023년 중동에서 또다시 전쟁이 발발했다. 하지만 지금 미국은 러·우 전쟁이나 이·팔 전쟁, 그리고 대만과 필리핀에서의 중국발 국지전 충돌 가능성까지 커지면서 이를 한꺼번에 관리해야 할 상황이 되었다. 거기에 북한까지 핵무기 사용 등으로 위협하고 있어서 상황에 따라서는 미국도 '네 개의 전쟁'을 동시에 치러야 하는 위험에 직면할 수도 있다. 우리는 2023년 한·미 '워싱턴 선언' 이후 미국의 핵무기 억제 정책에 국가안보의 상당 부분을 미국에 의존하고 있는 상태다. 따라서 우리는 이러한 미국의 안보 부담 가중에도 불구하고 한반도 안보에는 한 치의 틈도 생기지 않도록 사전에 미국과 충분히 협력하면서 대비해야 할 것으로 본다.[17]

미국은 과거 두 곳에서 전쟁이 동시에 발발하더라도 충분히 전쟁에서 승리할 수 있도록 '두 개의 전쟁' 전략을 견지해 왔으나 오바마 정부 당시 이를 수정했다. 다시 말해서 미국은 두 개 이상 동시 전쟁을 감당하지 않겠다는 정책 전환이다. 따라서 미국은 러·우 전쟁에 이어 이·팔 전쟁이 발발하자 종래의 이러한 정책이 일그러지게 되었다. 또한 동북아시아에서 미국의 핵심 우방인 대만, 미국의 동맹인 필리핀이 각각 대만해협과 남중국해협에서 중국과 자주 부딪치며 대치하는 상황까지도 맞닥뜨릴 수 있다. 미국이 외교력을 발휘해 가까스로 중동지역의 확전을 막는다 해도 미국의 외교력

---

17 『중앙일보』, 2023년 11월 4일 자.

은 이미 상당 부분 소진된 상태다. 따라서 대만해협이나 남중국해 등에서 분쟁이 발발할 때 이를 안정적으로 관리하기란 쉽지 않은 상황이다.[18]

만약 미국의 방위 역량이 이렇게 분산되어 있는 상황 속에서 북한이 기습적으로 남한을 도발해 온다면 새로운 국지전의 도화선이 될 수 있다. 최근 김정은은 푸틴과의 무기 거래나 위성 발사 성공 등으로 러시아와의 친밀관계를 과시하면서 한반도를 약한 고리로 보고 기습 도발할 개연성이 충분히 있다고 본다.[19] 고명현 아산정책연구원 선임연구위원도 "하마스가 이스라엘을 기습 공격하듯이 한국 또한 북한의 기습공격에 상시 노출돼 있다."라며 북한의 기습공격에 대비해 한·미가 긴밀하게 로드맵을 만들 필요가 있다고 강조했다.[20]

특히 북한은 지난해 말 드론으로 서울과 수도권에 기습적으로 진입한 이후로도 드론에 의한 공격력을 계속 강화하고 있다. 만약 북한판 '샤헤드-136'[21]나 '해상 드론'[22]에 스텔스 기능까지 고도화시켜 일반무기가 아닌 생화학무기를 탑재해 수도권을 침투한다면 엄청난 피해를 당할 수도 있다.[23]

---

18 『중앙일보』, 2023년 11월 4일 자.
19 연합뉴스, 2023년 10월 22일 자.
20 『중앙일보』, 2023년 11월 4일 자.
21 이란의 항공기 제조 산업공사(HESA)에서 개발한 자폭드론이다. 2022년 러·우 전쟁 이후 러시아 측에 지원되어 운용 중이다. 드론 '샤헤드-136'은 첨단 장비는 아니지만, 성능을 개량하면 스텔스 기능까지 탑재할 수 있다고 한다.
22 연합뉴스, 2023년 11월 29일 자 참조 이 해상 드론은 러시아의 킨기세프 기계 제작공장이 제작한 드론으로 워터제트(물 분사기) 추진시스템을 장착한 해상드론이며, 전투하중은 최대 600㎏, 최대 속도는 시속 약 83㎞ 정도라고 한다. 바다는 물론 상대적으로 깊이가 얕은 강에서 모두 활용할 수 있는 신형 해상드론(무인 보트)이다.
23 『한국일보』, 2023년 11월 28일 자.

4. 북한의 무력 도발과 국가위기관리 경보시스템

1) 북한의 장사정포 공격과 긴급재난경보

북한은 2023년 한 해 동안 3번에 걸쳐 ICBM을 발사하는 한편, 장사정포도 군사분계선 지역에 약 1만 6,000여 발의 포탄을 집중적으로 배치해 놓은 것으로 알려졌다. 그중 1,000여 문이 서울 등 수도권을 집중적으로 공격할 수 있게 장사정포가 배치되어 있다고 한다.[24] 우리나라는 장사정포 요격체계인 LAMD(Low Altitude Missile Defense)를 수십 기 개발해 서울 등 수도권 일대에 배치해 유사시 북한의 포탄 공격에 대비할 계획이다. LAMD라도 북한에서 날아오는 포탄을 모두 다 막을 수는 없다. 원래 LAMD는 국가적·군사적으로 중요 시설을 방어하기 위해 만들어진 장비이기 때문에 실전 배치되더라도 민간인의 피해는 발생할 수 있을 것으로 본다. 만약 북한이 수도권을 겨냥해 장사정포로 공격할 경우, 패트리엇(PAC-3) 등으로 요격이 가능한 탄도미사일과 달리 초대형 방사포 등 장사정포의 공격은 마땅히 대응할 만한 수단이 없는 게 현실이다. 우리나라도 반격의 수단이 있기는 하지만, 대북 화력전 수행 체계는 먼저 북한이 장사정포를 우리 남측에 공격해야 그 이후에 반격할 수 있게 한 시스템이다. 우리의 군 당국은 장사정포 요격 체계인 LAMD를 2029년까지는 개발해 실전에 배치한다는 계획이다.[25]

---

24 『HelloDD』, 2023년 12월 2일 자. 조태용 대통령실 안보실장 SBS 대담 인터뷰 등 참조.
25 『세계일보』, 2023년 11월 4일 자.

[그림 3] 장사정포 요격체계인 LAMD 모형
2023년 9월 21일 경기 고양시 킨텍스 제2전시장에서 열린 '대한민국 방위산업전시회'
(DX KOREA 2022) 행사장에 장사정포 요격체계 모형 전시.

자료출처: 『세계일보』, 11월 4일 자.

따라서 북한이 지금 당장 하마스가 이스라엘의 아이언 돔을 공격하듯이 장사정포로 수도권을 기습적으로 공격할 경우 속수무책으로 당할 수도 있다는 게 현실이다. 만약 북한이 최근 개발한 무인 드론 공격기나 패러글라이더, 낙하산 등을 타고 기관총으로 무장해 특수부대를 동원한다면 마땅한 방어 대책이 쉽지 않아 보인다. 이에 우리도 2024년에는 한화시스템이 「드론 무력화」 시스템을 구축해 전파를 교란(재밍, Jamming)하는 방식으로 적의 무인기를 탐지해 포획하는 방법을 개발하고 있다. 즉, 적의 무인기를 탐지하는 레이더와 전자광학·적외선(EO·IR) 카메라,[26] 재머(전파교란 장치, Jammer), 컴퓨터 장비 등으로 구성되는 시스템이다.[27]

2) 북한의 전술핵 공격 시 긴급재난경보시스템

(1) 서울 시청·용산 대통령실 상공 전술핵 폭발 시 피해상황

북한은 8월 30일 '북한판 에이태킴스(ATACMS)'[28] 탄도미사일 KN-24를 발사했다고 보도하며 해당 미사일은 "목표 섬 상공 설정고도 400m에서 공중 폭발시켰다."라고 주장했다. 만약 10kt(TNT 폭약 1,000t 위력)의 전술 핵탄두가 실린 채 이 미사일이 서울 용산 대통령실 인근 상공 400m에서 폭발한다고 가정한다면 사망자는 4만 6,510명, 부상자 16만 4,850명이 발생한다는 시뮬레이션 결과가 나왔다.[29] 이러한 예측 결과를 시뮬레이션한 누크맵(Nuke map)은 미국 스티븐스공대(Stevens Institute of Technology) 앨릭스 웰러스타인(Alex Weller stein) 교수가 개발한 프로그램이다. 핵무기 폭발 결과를 추정할 때 주요 싱크탱크들이 자주 사용하는 시뮬레이션 프로그램이다.[30] 아울러 핵폭발 지점을 중심으로 반경 153m 내에는 불구덩이가 생기고, 1.36㎞ 내 주거용 건물은 무너질 가능성이 크다는 예측이다. 이로 인한 경미한 부상자까지 포함한다면 최종적으로는 한강이남 동작구 일대 41.7㎢에까지 달할

---

26 EO·IR(Electro-Optical·Infra-Red): 감시 정찰 분야에서 '눈' 역할을 수행하는 센서로 일반 광학 카메라와 적외선 카메라가 장착되어 있어서 야간에는 적외선 카메라로, 주간에는 광학카메라로 표적을 탐지 추적할 수 있다.
27 「한화, '서울하늘 활개' 北드론잡는다」, 『한국경제』, 2023년 12월 22일 자.
28 원래, 에이태킴스(Army Tactical Missile System, ATACMS)는 미국 록히드 마틴사(Lockheed Martin Corporation)가 개발한 육군 전술용 지대지 미사일이다. 발사대는 227mm 다연장 로켓포 시스템이다.
29 『중앙일보』, 2023년 9월 7일 자.
30 NUKE MAP by Alex Weller stein(nuclearsecrecy.com) /https://nuclearsecrecy.com/nukemap/(2023. 12. 26.)

것이라는 추측이다.[31]

(2) 서울 시청·용산 대통령실 상공 800m서 핵폭발 시 인명피해

이번에는 서울 시청·용산 상공 800m 지점에서 20kt(킬로톤)의 핵탄두 미사일 공격 시는 약 11만 4,600여 명이 사망하고, 약 53만 4,600여 명의 사상자가 발생한다는 시뮬레이션 결과가 [그림 4]와 같이 나타났다.[32]

[그림 4] 핵폭발 시뮬레이션 프로그램 누크맵(Nuke map)
자료출처: 『중앙일보』, 2023년 9월 7일 자.

---

31 『중앙일보』, 2023년 9월 7일 자.
32 『조선일보』, 2023년 3월 22일 자. NUKEMAP by Alex Wellerstein (nuclearsecrecy.com).

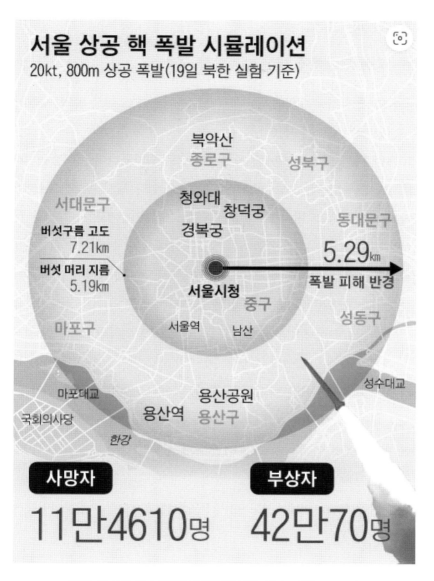

[그림 5] 서울 상공 핵폭발시뮬레이션 프로그램 누크맵(Nukemap)

자료출처: 『조선일보』, 2023년 3월 22일 자.

3) 북한의 전술핵 공격에 대한 민방위체제 구축 시급

(1) 북한 전술핵에 대한 대피시설 구축

북한의 핵 공격에 대비해 대피시설만 구축해도 50% 이상 피해를 격감시킬 수 있다는 예측이 나왔다.[33]

1945년 8월 6일 히로시마에 사상 처음으로 원자폭탄이 떨어졌을 당시 히로시마 전체 인구는 35만여 명으로 추정하고 있다. 당시 방사선으로 즉시 사망한 자는 약 7만 명이고, 그 후 원폭으로 인한 장애로 사망한 사람이 약 7만 명으로, 1945년 12월 말까지 원폭으로 사망한 숫자는 약 14만 명이 되었다.[34] 원폭은 시내 중심지 상공 600m에서 폭발하여 반경 3km 이내 건물 전체의 85%가 파괴 또는 소실되었고, 시내 건물 약 90% 정도가 피해를 당했다. 당시 히로시마시(広島市) 당국의 조사에 의하면, 1945년 8월 말 현재 피폭자 중에 0~9세의 피폭자 수는 7만 3,622명이고, 10~19세의 사망자의 숫자도 8,723명으로 나타나 영·유아 등 재난 약자의 피해가 심각했던 것으로 나타났다.[35] 일본 외무성 자료에 의하면 히로시마 원폭의 경우 피폭(被爆) 반경 500m 이내의 사망자는 1만 9,239명이고, 중상자도 478명이었다. 반경 500~1,000m에서는 4만 2,271명이 숨지고 3,046명이 중상을 입었다. 하지만 반경 500m 이내에서도 924명은 안전했고 338명은 경상이었다. 반

---

33 『조선일보』, 2023년 8월 10일 자.
34 「広島市」(https://www.city.hiroshima.lg.jp/soshiki/48/9400.html)
35 『朝日新聞』, 2022년 8월 9일 자.

경 500~1,000m에서는 4,434명이 안전했고 1,919명은 경상을 입었다. 당시 히로시마에는 목조 건물이 많아 원폭에 의한 고열과 폭풍에는 매우 취약했는데도 불구하고 지하 대피자 중에는 생존자도 적지 않았다고 한다. 이와 같이 강력한 원폭피해에도 불구하고 신속하게 지하 대피시설 등에 피신한다면 그 피해를 획기적으로 줄일 수 있다는 연구 결과도 있다.[36]

우리는 이 시점에서 타산지석으로 1945년 일본의 히로시마 원폭 피해 당시의 피폭 상황 등을 면밀하게 분석해 볼 필요가 있다. 원폭을 상정해 피해상황을 예측하기란 여간 어려운 문제가 아니다. 예를 들면, 원자폭탄의 규모(KT)나 폭발 형태(상공), 주야간의 날씨 등 6가지의 사례로 피해 규모가 달라진다고 한다.[37] 우리는 최근 북한의 핵·미사일 위협이 급속하게 증가하고 있어서, 기존 한국형 3축 체계[38]의 확장 억제 체제로는 한계가 있다고 본다. 따라서 핵 피폭을 상정해 핵 방호 시설 및 민방위 방재시스템 구축을 적극적으로 검토해야 할 시점으로 본다. 아울러 핵무기 폭발 순간 강력한

---

36 『조선일보』, 2023년 8월 10일 자.
37 「平成25年度 外務省委託, 核兵器使用の多方面における影響に関する調査研究」, 平成26年3月, 68쪽.
38 북한의 핵 위협에 대응해 공격형 방위시스템 킬 체인(Kill Chain)은 한국이 북한의 핵공격 징후를 미리 감지해 한미가 연합해서 선제공격으로 30분 안에 타격하는 체제다. 킬 체인이 선제타격을 통해 발사 자체를 막는 것이 목적이라면, KAMD는 일단 발사된 북한의 미사일이 우리측 목표물에 도착하기 전에 공중에서 요격하는 전술이다. 즉, 한국형 미사일방어체계(Korea Air and Missile Defense)로 10~30km의 낮은 고도에서 적의 탄도 미사일이나 항공기를 공중에서 요격해서 격추하는 하층(下層) 방어체계이다. 마지막으로 대량응징보복이다. 대량응징보복(Korea Massive Punishment and Retaliation, KMPR)은 북한이 미사일 공격을 할 경우 대규모 미사일 발사로 원점을 타격 보복한다는 군사전략이다.

전자기장으로 전자 장비를 마비시키는 소위 '핵 EMP(Electromagnetic Pulse: 전자기펄스)'에도 대비해야 할 것이다.[39]

4) 서울 지하철 시설 활용해 '도시 방호망' 구축

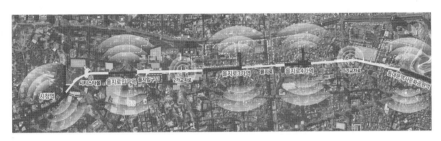

[그림 6] 서울시 지하철 방호망
서울시가 전쟁이나 재난 등 유사시 시민들이 신속하게 대피할 수 있도록 '서울 방호망 구축 프로젝트'를 추진 중인 것으로 알려졌다. 사진은 서울시가 우선 검토 중인 지하철 시청역~동대문 역사문화공원 역 구간 지하도. /서울시 제공
자료출처: 『조선일보』, 2023년 11월 4일 자.

서울시는 북한의 핵·미사일이나 드론 공습 등 무력 공습에 대비해 신속하게 서울시민을 대피시키기 위한 '서울 방호망 구축 프로젝트'를 추진하고 있다. 이 프로젝트는 서울 시내 지하에 건설된 지하철역과 지하선로(線路) 터널 등을 이용해 '도시 방호망'을 구축하겠다는 계획이다. 현재 서울에는 지하철역이 289곳 있고, 이들의 총길이는 350㎞나 된다. 그 밖에도 지하상가 2,600곳과 지하 주차장 30만여 곳이 있다. 또한 지하터널이나 각각의

---

39 『조선일보』, 2023년 8월 10일 자.

아파트 단지 지하 주차장 등 북한의 기습공격에 대비해 신속하게 대피할 지하 방공호는 수없이 많다고 본다.[40]

서울시가 최우선으로 검토 중인 지역은 지하철 시청역~동대문 역사문화 공원 역 구간의 방호망 구축이다. 이번에 이 프로젝트를 추진하는 배경에는 최근의 러·우 전쟁과 이·팔 전쟁 등을 계기로 하마스식 기습공격에 대비해 서울시의 방호망 구축의 필요성이 제기됐기 때문이다. 현재 서울은 북한의 미사일이나 드론, 장사정포 등의 공격에 매우 취약하게 노출된 상태다. 게다가 인구밀도도 1㎢당 1만 6,700여 명으로 OECD 국가 주요 도시 중 가장 밀도가 높은데도 불구하고 적의 공습에 대비하는 방호 시설은 거의 갖춰지지 않은 상태다. 마지막으로 북한의 김정은이 노리는 EMP 폭탄의 경우도, 서울 상공에 떨어진다면 서울시의 전기·통신 기능이 마비되게 되는데 핵심 전기·통신·데이터망을 지하에 구축해 대피하겠다는 계획도 세우고 있다.[41] 하지만 막대한 비용 때문에 1차적으로 핵심시설 36곳은 서버에 알루미늄 합금 덮개를 씌우고 필터와 접지장치(전기를 흘려보내는 장치)를 설치하기로 했다.[42]

---

40 『조선일보』, 2023년 8월 10일 자.
41 이 프로젝트의 전체적인 밑그림은 이상민 한국국방연구원 북한 군사연구실장이 그린 것으로 알려졌다. 이 실장은 지난 2일 '서울시 핵·미사일 방호 발전 방안' 포럼에서 서울 방호망 구축 계획 일부를 '서울 프로젝트'라는 이름으로 공개했다.
42 「北 전자기파 공격 방호망으로 대비」, 『조선일보』 2023년 12월 26일 자.

5. 급속한 '기후변화'에 대비한 긴급재난경보시스템 구축

「재난 및 안전관리기본법」 제3조 제1항에는 재난을 다음과 같이 구분하고 있다.

> (가) 자연재난은 태풍, 홍수, 호우, 강풍, 풍랑, 해일, 대설, 한파, 지진이
> 나 쓰나미, 산불, 폭염, 폭풍우 등 '자연 현상으로 인하여 발생하
> 는 재해'.
> (나) 사회재난은 화재, 붕괴, 폭발, 교통사고, 화생방사고, 환경오염,
> 코로나와 신종 감염병, 미세먼지, 테러나 전쟁 등.

그러나 앞에서 언급한 전쟁이나 민방위 사태의 대형 재난과 함께 현대사회의 재난은 '기후변화'와 '지구 온난화 현상' 등으로 점점 더 대형화·국지화하여 인류의 생존권을 크게 위협하고 있다. 다음의 사례들은 이러한 영향으로 재난의 규모도 대형화·다양화 추세로 진화하고 있어서 이에 대한 대비책이 시급해 보인다.

1) 태풍

세계적인 태풍 전문가인 미국의 해양대기청(NOAA) 제임스 코신(James Kossin) 박사는 2018년 6월 『네이처』지에 발표한 논문에서, 수만 건의 태풍 진행 사례들을 분석해 보니 태풍 흐름의 속도, 즉 "열대성 저기압의 이동

속도가 이전보다는 30% 정도 점점 더 느리게 진행되는 국지적인 대형 폭우가 증가하고 있다."라고 주장했다.[43]

2) 호우

2019년 10월 6일 태풍 '하기비스(Hagibis)'가 일본을 강타해 17개 현의 강둑이 무너지는 등 대홍수로 108명이 사망한 바 있다. 이런 '하기비스'와 같은 태풍으로 내린 집중호우는 일본에도 100년 만에 한 번 올까 말까 할 정도로 사상 초유의 대형 집중호우다. 일본은 2018년에도 7월 5일부터 3일간 고치현(高知県)에 1,091㎜, 기후현(岐阜県)에 1,000㎜가 넘는 집중호우가 내리고 대형 홍수가 발생해 170여 명이 사망했다.[44] 당시 희생자 대부분은 제때 신속하게 대피하지 못한 60대, 70대 고령자나 노약자로 재난피해자 70% 이상이 재난취약계층으로 나타났다.

3) 산불

세계적으로 자주 대형 산불이 일어나는 지역으로는 미국의 캘리포니아 지역을 들 수 있다. 2018년 캘리포니아에서 일어난 산불은 8,300여 건으로, 이로 인해 약 1만 6,187㎢의 삼림이 폐허가 되었다. 그 밖에 호주에서도

---

43 이연, 앞의 책, 3쪽.
44 『朝日新聞』, 2022년 8월 9일 자.

기후변화에 따른 산불로 2019년 9월 2일에 대형 산불이 일어났다. 이 산불은 세계 산불발생 최장기간 지속된 초대형 산불로, 발생 이후 5개월이 지난 2020년 2월 13일에야 겨우 진화되었다. 이 산불로 한반도 면적의 약 85%에 해당하는 숲 1,860만ha(약 18만 6천㎢)가 폐허가 되었다.[45] 이처럼 급격한 기후변화는 북극의 빙하를 녹아내리게 할 뿐만 아니라, 급속하게 빙하를 사막화시켜 생태계를 파괴시키고 있다.

4) 폭염

덴마크 코펜하겐대학 캐서린 리처드슨(Catherine Richardson) 교수는 지구온난화현상으로 지표가 점점 뜨거워지면서 '시한폭탄'과 같아진다고 주장하고 있다. 캐서린 교수는 계속 이런 상태가 지속되면 2050년경에는 지구 온도가 약 5도 이상 상승해 '핫 하우스(hot house)' 상태가 될 것이라고 경고했다. 따라서 그는 '파리 기후 협정'에 따라 '탄소 포집 기술개발'의 시급성을 강조하고 있다. 제임스 코신 박사나 캐서린 교수 등은 2018년부터 세계에서 열돔 현상이 일어나고 있다고 주장하고 있다. 그러자 미국의 메인대학(University Maine)의 기후변화연구소(Climate Change Institute)는 2021년 7월 23일부터 매일 기온을 측정해 연구소 홈페이지에 발표하고 있다.[46]

마침내 2023년 7월 4일은 지구상에서 온도계가 생겨난 이래 가장 뜨거웠

---

45 이연, 앞의 책, 2-3쪽.
46 이연, 앞의 책, 4쪽.

던 하루가 되었다. 세계기상기구(WMO)에 의하면, 2023년 7월 1일부터 23일까지 3주간 전 세계 지표면 평균 기온은 17(16.95)도에 달하였다. 이는 1979년 전 세계 지표면 평균 기온 측정을 시작한 이래 월간 기준으로는 가장 더운 최고의 기온이었다. 기존의 최고 온도로는 2019년 7월 4일의 16.63도였다. 『데일리 포스트(The Daily post)』에 의하면 지난 7월 4일이 "12만 년 만의 최악 폭염으로 역사상 가장 더운 날로 기록되었다."라고 보도했다.[47]

그러자 안토니우 구테흐스 유엔 사무총장도 7월 27일 "지구온난화(global warming)의 시대가 끝나고 이제 지구 열화(熱化·boiling) 시대가 도래했다."라고 지적하면서,[48] 이러한 기후변화가 극심한 환경을 초래하게 되어서 세계 각국은 시급한 대처가 필요하다고 경고했다.[49]

실제로 2023년 폭염으로 인한 피해는 이탈리아·그리스·스페인 등 남유럽 국가들도 기온이 7월 들어 40도를 넘어섰고, 미국에서도 7월에는 연일 40도가 넘는 불볕더위로 사망자가 속출하기도 했다. 그러자 조 바이든(Joseph Robinette Biden J) 미국 대통령도 7월 27일 이상 고온에 대한 백악관 대책 회의 후 대국민 연설에서 "우리는 오늘 기후변화라는 실존적 위협(existential threat)을 논하려 모였다."라며 폭염에 대처하기 위한 연방정부 차원의 대책 마련을 지시하기도 했다.[50]

---

47 『The Daily post』, 2023년 7월 4일 자.
48 『조선일보』, 2023년 7월 29일 자.
49 『조선일보』, 2023년 7월 29일 자.
50 "existential threat combating the climate crisis bi den 27 what house". 백악관 회의 https://www.whitehouse.gov/(2023. 7. 2.)

이 밖에도 기후변화와 지구온난화로 인한 다양한 양상의 재난이 급속화되어 가고 있는 가운데, 탄소 중립(carbon neutral)은 서둘러 이루어야 할 과제가 아닐 수 없다. 탄소 중립은 인간이 배출하는 온실가스를 최대한 줄이고, 남은 온실 가스는 산림 등으로 자연이 흡수하도록 유도해 탄소 배출량을 0(Zero)으로 만든다는 개념이다. 즉, 세계의 지도자들은 인간들에 의해 지구촌에 배출되는 탄소량과 흡수(CCUS)되는 탄소량이 같아지게 해 탄소의 순배출량을 '0'으로 맞추게 한다는 주장이다.[51]

『월 스트리트 저널(Wall Street Journal)』(2023. 9. 8.)에 의하면 "기후변화에 대한 대응이 시급하다."라고 보도했다. 동 보도로는 2024년 1월 1일부터 뉴욕시에 있는 건물주는 '탄소세'를 내야 할 것으로 알려졌다. 뉴욕시에 있는 약 2만 5,000ft²(제곱피트) 이상 건물 중에 일정 수준의 탄소를 배출하는 건물주는 톤당 최대 268달러(약 35만 7,300원)를 내야 할 것으로 예측된다. 다세대 주택, 사무실, 병원 등 시내 4만여 개 주거·상업시설이 탄소세 부과 대상이다. 탄소세 시행 첫 5년간 뉴욕시는 128채 건물에서 약 5,000만 달러(약 668억 원)의 비용이 발생할 것으로 보고 있다.[52] 이처럼 '탄소 중립' 문제는 당장 현실로 다가온 것이다.

---

51 이연, 앞의 책, 366쪽.
52 『Wall Street Journal』, 2023년 9월 8일 자.

6. 팬데믹 이후 한미일의 국가위기관리와 재난경보시스템

1) 미국의 국가위기관리와 차세대 통합재난경보시스템(IPAWS)

미국 최초의 재난관리에 관한 법률은 1988년 11월 제정된 「스태포드 법」(Robert T. Stafford Disaster Relief and Emergency Assistance Act, 연방정부재난대응기본법))이다. 당시 미국에도 여러 부처에 홍수나 재난 관련법들이 흩어져 있었는데, 로버트 스태포드 의원이 제안해 처음으로 재난 관련법이 만들어졌던 것이다. 그 후 여러 번에 걸쳐서 내용을 보완해 개정해 오고 있다. 특히 2001년 9.11 동시다발 테러가 발생해 뉴욕의 무역센터가 하루아침에 붕괴하자, 미국은 2001년 11월 연방정부의 정보전략 거점인 통합정보센터(Joint Information Center: JIC)를 임시로 워싱턴에 설치하게 된다. 이 통합정보센터는 이미 2001년 1월에 연방정부에 의해서 테러 발생 시에 범 부처별 횡단 대책을 위한 계획구상 중에서 긴급 시에 설치하도록 하는 구상이었다.[53] 즉 이 센터는 긴급사태 발생 현장에서 대응 책무를 져야 하는 대통령, 연방정부, 주·지방 자치 단체직원에 의한 정보전달 업무 혹은 일반 국민에게도 정보 전달 업무를 담당케 하고 있다.

미국에서 긴급사태가 발생하면 대통령은 국가의 방위나 안전보장에 필요불가결하다고 판단될 경우, 방송사업자에게 긴급명령 및 가동 중지 등을 명할 수 있다. 이때 정부 관할 기관은 연방통신위원회(FCC)가 된다. 긴급사

---

53   이연, 앞의 책, 34쪽.

태발생 시 긴급재난경보 전달 과정에 대해서는 이미 1994년 11월 이래 긴급사태 경보시스템(Emergency Alert System: EAS)이 구축되어 있다. 긴급사태 발생 시 대통령 및 주 정부와 지방자치단체는 주민에 대해 긴급재난정보를 전달하기 위해 미 전국의 방송기관(모든 라디오 AM/FM 국, 텔레비전 국, 케이블 방송사·통신위성시스템)을 이용해 전달할 수 있다. EAS시스템을 담당하는 담당 부서는 FCC이며, 때에 따라서는 연방재난관리청(Federal Emergency Management Agency: FEMA) 및 미 기상청(National Weather Service: NWS) 등이 관여한다. 또 법적으로는 FCC의 규칙이 EAS 시스템을 운영하는 근간이 되고 있다.[54]

미국의 비상 경보방송시스템은 원래 자연재해뿐만 아니라, 외국으로부터의 테러나 핵 공격, 화재, 방사능 오염 등 사회재난에 이르기까지 넓은 범위에 걸쳐서 긴급정보를 전달하는 대상으로 삼고 있다. 예컨대 2005년 8월 29일 루이지애나(Louisiana)주 뉴올리언스(New Orleans)시를 중심으로 괴멸적인 피해를 가져다준 허리케인 카트리나가 발생했다. 미국은 이 허리케인 발생을 계기로 대형 재난발생 시에는 긴급재난경보가 신속하게 전달될 수 있어야 재난 피해를 줄일 수 있다는 점에 주목해서 긴급재난 경보시스템 개발에 몰두하게 된다.[55]

예를 들면, Hurricane Information Maps(www.scipinous.com)와 같은 사이트는 허리케인이나 그 피해자의 위치정보를 신속하게 수집·공유하고자 하는 목적에서 설치되었다. 이 사이트는 Google Maps의 인터페이스를 구사하기

---

54 이연, 앞의 책, 36쪽.
55 이연, 앞의 책, 51쪽.

위한 위키 사이트이며, 지도상에 나타난 건물이나 도로 등의 피해 상황을 미 국민 누구에게라도 신속하게 전달할 수 있는 사이트다.[56]

재난 대응 선진국인 미국이나 일본, 그리고 캐나다 등에서는 이미 통합 긴급경보 플랫폼을 개발해 운용하고 있다. 미국에서는 IPAWS, 캐나다에서는 NAAD, 일본은 L-Alert로, 각각 명칭은 다르지만 긴급재난경보를 신속하게 송출할 수 있는 플랫폼 트레일러인 통합재난경보시스템이 구축되어 있다. 뿐만 아니라 재난경보 전송 표준규격인 CAP도 규정하여 이용하고 있다. 즉, 방송미디어나 모바일 단말기, 지역 방재 무선시스템 등의 다양한 매체에 권역을 지정하여 경보를 발신하게 하는 구조이다. 한편 통합긴급경보 플랫폼의 개발 경위나 운용 방법은 국가마다 특징이 있을 뿐만 아니라, 기능 면에서도 다른 방식으로 고도화가 진행되고 있다.[57] 그럼, 미국의 통합 긴급경보 플랫폼의 개요를 보기로 하자.

미국의 차세대 통합재난경보시스템인 IPAWS(Integrated Public Alert and Warning System)와 긴급경보시스템인 EAS(Emergency Alert System), 모바일 경보 시스템인 CMAS(Commercial Mobile Alert System)은 [그림 7]과 같이 연결되어 있다. 현재, 미국 연방정부에 의해서 일반시민들에게 전달되는 조기 재난경보체제인 EAS가 있고, EAS의 규격상 조기경보 채널은 TV와 라디오로 한정되어 있다.[58]

---

56   이연, 앞의 책, 51쪽.
57   이연, 앞의 책, 57쪽.
58   이연, 앞의 책, 57쪽.

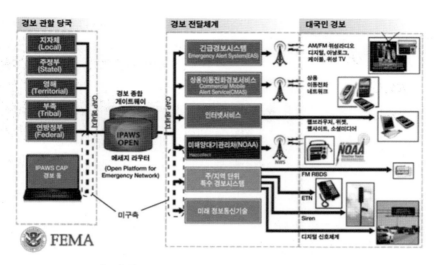

[그림 7] 미국의 차세대 통합재난경보시스템인 IPAWS

자료출처: 이연, 『국가위기관리와 긴급재난경보』, 박영사, 2023, 51쪽.

이 때문에 FEMA는 FCC 및 NWS(National Weather Service: 국립기상대)와 공동으로 차세대의 통합경보 시스템인 IPAWS를 개발하게 된다. 재난발생 시 긴급한 재난정보는 재난 피해지 주민, 또는 피해자에게 신속하게 전달해야 그 피해를 줄일 수 있다. 따라서 재난 발생과 동시에 '가능한 한 다미디어 다채널로' 재난경보를 전달하도록 노력해야 한다. FEMA에 의하면, 최초의 구체적인 목표로는 2012년 제1/4분기부터 모바일 사업자가 IPAWS에 참가하는 것으로, 모바일 가입자에 한해서는 누구에게나 재난경보가 전달되게 하는 데 목적이 있었다. 이러한 시스템은 CMAS로 IPAWS를 구성하는 중요한 핵심 요소다. 덧붙여 CMAS에 의한 경보 포맷은 초기에는 최대 90자 문자메시지로 정해져 있었다. 또 SMS 송신 시에는 다른 대역폭이나 통신

프로토콜을 동시 병용하고 있는데, 회선이 혼잡하기 때문에 긴급재난 발생 시에는 더 신속하게 전달하는 방법을 계속해서 개발하고 있다.[59] 이미 IPAWS는 경보 데이터 형식을 통일한 프로토콜인 CAP으로 여러 공적 기관에서 발령할 수 있도록 경보의 상호 호환성도 확보하고 있다.[60] 특히 재난정보 전달은 상호 호환성이 중요한데, CAP은 다양한 미디어 형태로 긴급재난경보 전달이 가능하다. 만약, 단일 네트워크나 특정 전달 매체가 망가져 재난정보가 두절된다면 매우 위험한 상황에 직면할 수 있다. 따라서 IPAWS는 신문, 방송, 모바일, SNS 등 다양한 매체를 통해 재난정보를 전달할 수 있다.

2) 일본의 긴급재난경보 전달체계와 엘 얼럿(L-Alert)

(1) 엘 얼럿(L-Alert)의 정보전달 구조

일본도 미국의 IPAWS를 여러 해 동안 분석해 이와 비슷한 긴급재난경보 시스템인 J-Alert(Japan-Alert)과 L-Alert(Local-Alert)이라는 재난경보 전달 공유 시스템을 구축했다. 원래 J 얼럿(J-Alert)은 전국 순시 경보(全国瞬時警報) 시스템이라고 부르는데, 통신위성과 재해 행정 유무선망이나 방송·전화 등을 연계시켜 긴급재난정보를 지역주민들에게 신속하게 전달하도록 한 일본의 차세대 통합방재시스템이다.[61]

---

59 http://www.fema.gov/emergency/ipaws(2023. 12. 20.)
60 이연, 앞의 책, 57쪽.

일본은 미국의 2001년 9.11 테러와 북한의 미사일 발사와 핵실험 등과 같은 위기사태에 대응하기 위해, 2003년에는 「긴급대처법」을, 2004년에는 「국민 보호법」을 제정하게 된다. 실제 북한은 2004년부터 2007년까지 3년에 걸쳐서 미사일 발사와 핵실험을 강행했다. 일본은 이때 만약의 사태에 대비해 지방자치단체와 라이프라인사업자 등과 협력해서 로컬 재난정보를 네트워크로 전달하는 엘 얼럿(L-Alert)을 구축하게 된다.

다음 [그림 8]의 L-Alert의 운영 구조에서도 볼 수 있듯이,[62] 긴급재난정보 발신자는 중앙부처나 지방공공단체, 라이프라인사업자, 교통관련사업자가 직접 경보를 L-Alert 시스템에 전달하고, 정보전달 사업자는 TV, 라디오, 스마트폰, 인터넷, SNS 등을 통해 실시간으로 재난정보를 순식간에 전달한다.

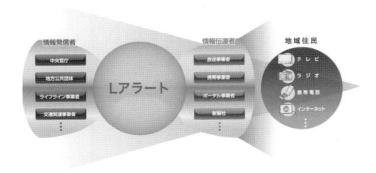

[그림 8] L-Alert의 재난정보 전달 구조
자료출처: 日本マルチメディア振興センター홈페이지 참조.

---

61   近藤玲子, 「非常災害時における情報伝達手段の確保について」, 総務省総合通信基盤局 電波部 重要無線室長, p.11, 2017年 1月27日付け.

62   https://www.fmmc.or.jp/(2023. 12. 15.)

(2) 엘 얼럿(L-Alert)의 재난정보전달시스템과 이용정보

앞에서 언급한 L-Alert의 재난정보 전달 구조에 따르면, 중앙정부가 직접적으로 재난경보를 발신하는 경우는 [그림 9][63]처럼 민방공이나 국가적으로 긴급을 요구하는 대형 재난으로 다음과 같이 중앙정부가 직접 발신할 수 있다.

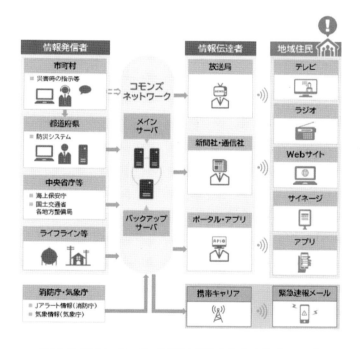

[그림 9] 일본 L-Alert의 재난정보 전달체계 제이 얼럿(J-Alert)
자료출처: 日本マルチメディア振興センター홈페이지 참조.

---

63 https://www.fmmc.or.jp/commons/merit/3-2.html(2023. 12. 15.)

첫째, 일본 총무성(소방청)에서는 쓰나미 정보, 긴급지진정보, 탄도미사일 등 시간적 여유가 없는 긴급사태에 대비해 정부(① 내각관방, ② 기상청, ③ 소방청)가 인공위성 및 통신망을 활용해 시·정·촌(시·읍·면)의 방재 행정 무선(동보계) 등을 자동으로 기동하게 하여 신속하게 재난정보 및 대피 정보를 주민들에게 전달하는데, 이것이 제이 얼럿이다. 이 제이 얼럿은 2010년 12월부터 가동하였다. 이처럼 일본 정부는 소방청 등과 협력해서 유사시 주민들을 신속하게 대피시키기 위해 지방공공단체와 제휴하여 제이 얼럿을 개발했다. 제이 얼럿이 기동할 때는 다른 네트워크 도움 없이 순식간에 주민들에게 전달한다.

둘째, 내각 관방에서는 탄도미사일 공격에 대한 정보 등 국민 보호에 관한 정보는 내각 관방에서 소방청 네트워크를 통해서 전달한다.

셋째, 기상청도 긴급 지진속보, 쓰나미 경보, 기상 경보 등의 방재 기상경보는 기상청에서 발송되어, 소방청의 송신설비를 경유하여 전국 도·도·부·현과 시·정·촌 등에 전송된다.

넷째, 현재 일본은 이러한 지방공공단체 경유의 정보전달 체제와는 별도로, 국가가 휴대전화 회사에 전송한 제이 얼럿 정보를 각각의 휴대전화 이용자에게 문자(에리어 문자·긴급 속보 문자)로 전달하는 송신시스템도 운영하고 있다.[64]

한편 L-Alert는 중앙부처의 재난정보를 수신해서 광역 지방자치단체인

---

64   이연, 앞의 책, 104쪽.

[그림 10] 재난방송경보체제 온라인방송시스템
자료출처: 재난방송 관련 법·제도 재정비 방안 연구(2019, 방송통신위원회)

[그림 11] 행정안전부와 기상청으로 일원화된 재난방송온라인시스템
자료출처: 재난방송 관련 법·제도 재정비 방안연구(2022. 8. 방송통신위원회)

　2022년부터는 이를 시정하고 신속하게 대응하고자 [그림 11]과 같이 지진을 제외하고는 재난방송 요청 주체를 행정안전부로 일원화했으며, 31개의 자연재난 및 사회재난에 대해서는 의무적으로 재난방송을 시행하도록 했다. 재난방송의 형식에는 긴급재난경보방송과 재난특보 방송 등의 형태가 있다. 긴급재난경보방송은 160개의 방송사업자(지상파, 종편, 보도 PP, SO, IPTV, 위성방송)가 정부의 재난방송 요청 통보문에 따라 TV는 자막, 라디오는 음성,

DMB는 팝업 형태로 재난경보를 송신한다. 재난특보 방송은 지상파, 종편·보도 PP 등 보도 기능이 있는 방송사는 재난방송 매뉴얼, 또는 방송통신위원회의 요청에 따라 자율적으로 정규 방송을 중단하고 특보 등의 형식으로 재난방송을 실시한다. 또한 재난방송 주관방송사는 의무적으로 한국수어·외국어 자막방송을 실시해야 하며, 타 지상파 방송사나 종편, 보도채널도 재난정보를 제공할 것을 권고하고 있다.[66]

그 밖에도 우리나라는 [그림 12]와 같이 현행 행정안전부 재난 예·경보시스템[67]에 따라서 다음과 같이 자동 음성이나 우량, 재해 문자, 라디오 재난경보 등을 송출하고 있다.

[그림 12] 국가재난 예·경보시스템 개요

자료출처: 행정안전부 2023년 11월 24일

---

66 『재난방송 관련 법·제도 재정비 방안 연구』(방통융합정책연구KCC-2022-12), (사)한국재난정보미디어포럼, 2022, 13쪽.
67 「국가 재난 예·경보시스템 구축을 위한 설명회 및 시범사업 지방자치단체간담회 계획」, 행정안전부, 2023. 11. 24.

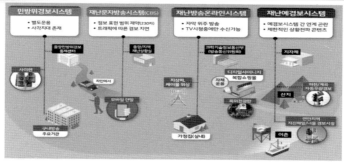

[그림 13] 국가재난 예·경보시스템

자료출처: 행정안전부 2023년 11월 24일

또한 재난 예·경보체계도 [그림 13]과 같이 크게 세 가지로 세분되어 있는데, ① 민방위경보시스템 ② 재난문자 방송시스템(CBS) ③ 재난방송온라인시스템이다. 이 예·경보시스템에 의하면 크게 두 가지의 문제점이 있는데, 첫 번째가 아래 사례와 같은 민방위경보시스템이다.

⑴ 2023년 5월 31일 6시 29분경에 북한은 서해 항공을 통과해 오키나와로 향하는 미사일을 발사했다.
⑵ 행정안전부도 6시 29분 대청도, 백령도 등 위험지역에 경계경보를 발령하고 CBS를 통해 재난문자도 발송했다.

(3) 일본은 6시 30분에 J-Alert로 미사일 정보를 받은 'ANN NEWS(TV
    朝日계열)'는 오키나와 현(沖縄県)에 아래와 같이 대피정보와 함께
    긴급피난경보를 발령했다.

[그림 14]의 일본의 재난경보 안내문에는 "미사일 발사, 미사일 발사. 북
조선에서 미사일이 발사된 것으로 보입니다. 건물 안 또는 지하로 대피하십
시오."**68**라는 문구 내용이 담겨 있다.

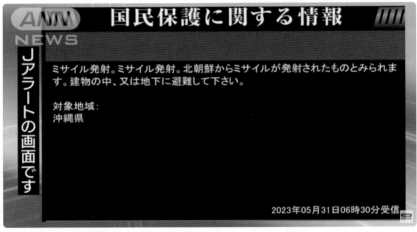

[그림 14] 북한의 미사일 발사와 국민보호에 관한 경보

자료출처: ANN NEWS 오키나와 현(沖縄縣) 속보

---

68   https://www.youtube.com/watch?v=kYvK0cHzD_w(2023. 12. 8.)

(4) 서울시 민방위경보통제소는 6시 32분에 경계경보를 발령했다. 이에 따라 일부 지역에서 사이렌 및 긴급 안내방송이 울렸고, 6시 38분에 통합문자발송시스템에 등록한 뒤 41분에 시민들에게 대피를 준비하라는 긴급재난문자를 보냈다.[69]

(5) 7시 3분 행정안전부는 서울시의 경계경보는 오발령이라는 내용의 긴급 재난 문자를 발송했다. 이 재난문자에는 "서울특별시에서 발령한 경계경보는 오발령 사항임을 알려드림"이라고 적혀 있었다.

(6) 행정안전부는 5차례나 서울시에 정정 발송을 요청했으나 받아들여지지 않았다고 했고, 서울특별시는 "중앙민방위경보통제소 요청으로 재난 문자를 보냈는데 행정안전부에서는 오보라고 한 상황"이라고 해명했다.

(7) 7시 25분, 서울시가 경계경보가 해제되었다는 안내 문자를 발송했다. 이처럼 민방위경보는 중앙과 지방정부 간에 시스템의 호환성이나 상호 긴밀한 네트워크가 형성되어 있지 않아서 혼선을 빚었다.

두 번째는, 위의 예·경보시스템에서도 보았듯이 그간 행정안전부의 노력으로 전국 226개 지방자치단체에 22,345대에 달하는 자동 음성 전달 및 자동 우량, 자동 문자 전광판 등을 설치해 운영하고 있다. 하지만 2022년 이태원의 '10.29 참사'의 경우는 중앙정부와 지자체 간의 재난정보 호환이나 원활한 소통 체계, 전달체계 미비 등으로 재난정보가 전달이 안 돼서 일어난 안타까운 참상이기도 하다.

---

69   국회입법조사처, 「재난문자방송시스템 운영의 쟁점과 향후과제」, 2023, 3쪽.

따라서 우리나라도 이제는 미국의 IPAWS나 일본의 J-Alert과 같이 민방위 경보시스템을 구축하는 것이 시급한 과제다. 아울러 북한의 기습공격이나 장사정포, EMP 등의 공격에 대비해 CBS나 온라인재난방송시스템 등과도 연계해 통합 호환할 방안을 구축해야 할 것이다.

4) 한·미·일 3국의 '북 미사일 경보정보 실시간 공유'

정부는, 2023년 8월부터 한·미·일 3국은 북한의 미사일 발사에 대비해 다음과 같이 미사일 발사 정보를 사전에 서로 공유하기 위한 시범 가동에 들어갈 예정이라고 발표했다.[70]

⑴ 먼저 연내에 미사일 정보 공유시스템을 도입할 계획인데 이를 완료할 경우는 3국의 북핵 감시 공조시스템이 가속화될 수 있다.
⑵ 2023년 12월 19일 핵우산 협의체 3국 확대 합의.[71]
신원식 국방장관과 로이드 오스틴 미 국방성 장관, 기하라 미노루 일본 방위상 3자 국방장관 회담에서 미사일 정보 공유시스템 체계 운용 최종 점검.
한·미·일이 공유하는 '북한의 미사일' 경보정보는 그림 15와 같이
① 미사일 발사 추정지점 ② 비행궤적 ③ 예상 탄착지점 등 세 가지 요소로 구성된다.

---

70 『동아일보』, 2023년 6월 29일 자.
71 연합뉴스, 2023년 12월 19일 자.

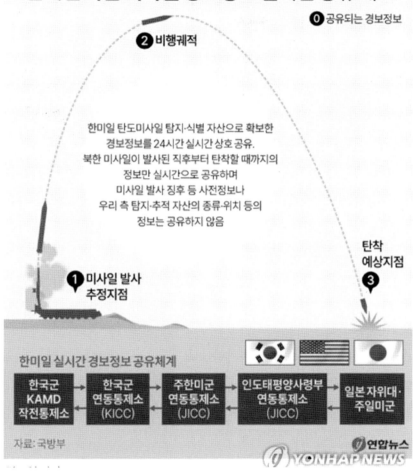

[그림 15] 한·미·일 3국간 미사일 경보정보 공유체계

자료출처: 연합뉴스, 2023년 12월 19일 자.

7. 한국의 대형재난발생과 긴급재난경보 사례 연구

1) 신림동 물 폭탄

2022년 8월 8일 서울 강남 일대에는 100여 년 만에 갑작스러운 집중 호우가 쏟아져, 여기저기 물 폭탄으로 도시가 온통 물에 잠겼다. 그중에서도 신림동 반지하 단칸방에서 발달장애자 가족 3명이 침수로 인해 문을 열지 못하고 사망한 안타까운 사례가 발생했다.

미국이나 일본의 경우는 상습 침수 지대나 위험지구는 소방 당국이나 지자체에서 상시 위험관리에 나서고 있다. 특히 지체장애자의 경우는 특별 관리자로 선정되어, 평소에도 사회복지사나 AI, 지역커뮤니티 시스템 등을 이용해 수시로 재난 안전을 점검하고 있다. 그에 비하면 이상의 신림동 반지하 침수 사건의 경우는, 사전에 어떤 점검도 위험관리도 이뤄지지 않아서 생긴 인재로 볼 수밖에 없다. 더구나 사고 발생 이후 1년이 훌쩍 지난 지금까지도 근본적인 해결책은 보이지 않는다.

서울시가 그동안 지하 침수지역에 대한 특별 이주대책도 세웠지만 당장 실행하기는 어려워 보인다. 2022년 침수된 신림동 반지하 45곳 중 39곳이 2023년 6월 10일 현재까지도 주민들이 이주하지 못한 채 거주하고 있다.[72] 서울시는 이러한 점을 개선하기 위해 향후 저습 지대에 지하 시설을 건설하거나 개축하는 경우에도 건축허가나 준공검사에서 제약을 가할 것이라고

---

72 『동아일보』, 2023년 6월 10일 자.

했다.

[그림 16] 집중호우 시 재난 취약계층의 피해

자료출처: 『동아일보』, 2023년 6월 10일 자.

2) 청주시 흥덕구 오송읍 지하도 참사

2023년 7월 15일 8시 35분경 집중호우로 청주시 흥덕구 오송읍 궁평리 오송역 인근 미호강이 범람해 궁평 2지하차도가 침수되면서 차량 17대가 물에 잠기고 14명이 사망하는 대참사가 발생했다. 사고 당일인 7월 15일에는 충청권, 전라권, 경상권에 호우경보가 이미 내려져 있는 상태였다. 충청권에는 13일부터 이틀간 300~570mm 정도의 호우가 내렸다. 이 때문에 궁평 2지하차도 인근 미호강도 15일 오전 4시 10분에 홍수경보가 발령돼 있었다. 충북도청 관계자에 의하면 15일 오전 8시 35분경 미호천 주변 둑 50, 60m가 일시 붕괴하면서 순식간에 지하도가 잠긴 것으로 추정된다. 사고 원인은 여러 가지 측면에서 볼 수 있으나 우선 지하터널의 통행 차단이 안 된 점, 또 우기가 닥쳐왔는데도 불구하고 모래로 쌓은 부실한 임시제방을 그대로 방치한 점도 문제점으로 보인다. 여기에서 가장 중요한 해결책은 터널 입구에 통행을 차단할 수 있는 제동장치가 아직 설치되어 있지 않다는 점이다. 즉, 향후라도 이런 지하도에는 급류가 순식간에 침수할 수 있으므로 신속하게 통행을 제한하기 위해 터널 바닥의 물 깊이가 50cm 이상 차오르면 자동적으로 터널 입구를 차단할 수 있는 출입 통제 장치의 설치가 필요하다.

3) 연이어 발생한 강원도 고성·울진 산불

① 2019년 4월 4일 19시 17분경, 강원도 고성군 토성면 원암리 특고압 전선 개폐기 폭발로 고성·속초 지역에 산불이 발생했다. 이로 인해 사망자 2명과 부상자 1명, 그리고 이재민 722명이 발생했다. 또 가옥 500여 채와 삼림 1,757ha가 불탔다. 당시 군·관·민은 민첩하게 대응해 그 피해를 크게 줄이기도 했다. 하지만 산불 희생자 중 박석전 씨의 사연은 안타깝기 그지 없다. 박 씨는 지난 1996년 고성 산불 때 축사가 불에 타서 소 10마리가 떼죽음을 당했고, 2000년 산불 때는 살던 집이 전소되기도 했다. 이후 박 씨는 산불 공포 우울증 등으로 화재보험까지 들었는데, 마침내 2019년 4월 4일의 산불에는 목숨을 잃고 말았다.[73] 박 씨는 마을 방송을 듣고 대피하러

나가다가 강풍에 날아온 이정표에 머리를 맞고 사망한 것이다. 이는 박 씨의 딸 안 모(당시 45세) 씨가 어머니의 억울한 죽음을 호소하면서 세상에 알려지게 되었다.[74]

② 우리나라는 봄철 백두대간을 중심으로 지형적 특성상 매년 불어오는 양간지풍[襄杆之風: 양양과 간성(고성) 사이 봄에 부는 국지적 강풍]에 의해 산불 피해가 더욱 커진다. 2020년 5월 1일에는 강원도 고성군 토성면 무릉도원로에 또다시 화목보일러 부실시공으로 주택가에 화재가 발생해 주민 600여 명과 22사단 장병 2,000여 명이 대피하는 등 소집령이 발동되기도 했다.

③ 2022년 3월 4일 경북 울진·강원·삼척 지역에 산불이 일어났다. 산불은 3월 4일 오전 11시 17분 울진에서 발화되었는데 이번에는 발생 213시간 43분 만에 간신히 진화되는 최장기 산불로 기록되었다. 이 지역의 산불은 3,300ha를 태웠고, 대한민국 역사상 가장 큰 피해 규모를 남긴 산불이었다.[75] 그날의 산불은 8일 새벽 한때는 우리나라 최고의 금강송 군락지 보호구역 앞까지 진출하는 등 일촉즉발의 위기를 초래하기도 했다.[76]

④ 2023년 4월 2(일요일)일 '인왕산 산불', '충남 홍성 산불'에 대한 대응에

---

73 『한겨레신문』, 2019년 4월 10일 자.
74 『국민일보』, 2019년 4월 11일 자.
75 『한겨레신문』, 2022년 3월 8일 자.
76 BBC NEWS KOREA, 2022년 3월 13일 자.

도 문제점이 많았다. 4월 2일 종로구 부암동 인왕산 산불은 11시 53분경에 발화(신고 접수)된 것으로 추정된다. 이어서 12시 10분경에는 종로구 청운동 북악산에서도 연쇄적으로 산불이 일어났다. 수도 서울이고 구 청와대와 용산 대통령실이 멀지 않은 곳에서 일어나 더욱더 충격적이다. 특히 산불 발생 24분이 지난 12시 17분에 TBS(서울 교통방송)가 산불 발생 제1보를 보냈다. 다음은 당시의 '인왕산 산불 긴급 속보(인터넷 보도 포함)'에 대해 시간대별로 필자가 조사한 내용이다.

〈표 1〉 2023년 4월 2일 인왕산 산불속보 시간대별 매체와 보도 내용

산불속보시간	긴급 산불 발생 보도 매체와 보도 내용
12:17	TBS (서울 교통방송)이 산불발생 최초 제1보
12:24	매일신문 '인왕산 산불 발생' 헬기 8대 출동
12:29	중앙일보 '인왕산 산불' 발생
12:32	동아일보 '북악산 화재 소방헬기 투입 진화 중'
12:39	국민일보 '서울 인왕산 산불 발생 11시 54분쯤'
12:44	한국 사회 복지 저널 '(속보)서울 인왕산 산불 발생'
12:52	KBS, 연합뉴스 사진 첨부 '서울 인왕산 중턱 산불' 오늘 낮 12시 10분쯤 (전국노래자랑) 녹화방송 중
12:55	한겨레신문 '인왕산 인근 화재 진행 중'
12:57	문화일보 '서울 한복판 인왕산' 불 소방 당국
13:00	MBC '서울 인왕산 중턱서 불 헬기 8대 투입돼 진화 중'
13:05	뉴스 속보 자막 '충남 홍성 산불'
13:05	서울시 '인왕산 산불, 안전 문자 송출' '입산 자제하고 인근 주민 등산객 안전지대 대피
13:06	뉴시스 서울 인왕산 산불발생. 소방 당국 진화 중
13:08	이데일리 '인왕산 산불'
13:16	경향신문 '인왕산 산불 소방 당국 대응 2단계' 진화 중
13:29	머니투데이 '서울 인왕산 산업부지' 소방 당국 긴급 진화 중
13:43	세계일보 '서울 청와대 인근 인왕산에 산불 발생'
13:55	KBS 뉴스특보, 서울 인왕산 산불, 충남홍성군 서부면

이상의 인왕산 산불 보도에 대해서 매체별 긴급 속보를 분석해 보면, 특기할 만한 사항 몇 가지가 있다.

우선 인왕산과 가장 가까이 있는 'TBS'가 최초로 제1보를 보낸 사실과, 집무실이 가까운 한국사회복지저널이 보낸 속보를 들 수 있다. 반면, 재난주관방송사인 KBS의 경우는 산불 발생 후 59분이 지나서야 제1보를 띄울 정도로 늑장 보도를 한 점이다. 인왕산 산불은 축구장 19개 면적에 달하는 14ha가량을 불태운 도시형 산불이다. 진화를 위해 헬기 15대와 인력 2천 400여 명이 동원되었다.[77] 마침 2일은 일요일이어서 전국노래자랑의 녹화방송이 진행되고 있었다. 그날은 서울 인왕산 산불뿐만 아니라, 충남 홍성에도 대형 산불이 일어났던 점을 고려한다면, 녹화방송이 다 끝난 13시 55분에야 보도된 'KBS 뉴스 특보'는 늑장보도임이 명확하다. 특히 충남 홍성 산불은 그다음 날인 4월 3일까지 이어질 정도였고, 4월 3일은 하루에도 전국 곳곳에서 34건이나 산불이 발생한 날이었다.[78] 또한 4월 9일(일요일)과 10일에도 전국 곳곳에서 37건의 산불이 일어나 사상 최다 산불 발생 건수를 보인다. 10일의 경우는 산불 진화를 위해 무려 89대의 헬기를 투입할 정도로 긴박한 상황도 있었다.[79]

⑤ 2023년 10월 20일에도 강원도 고성군 간성읍 진부리 산 일대에서 산

---

[77] 「인왕산 산불 5시간여 만에 초진… 인명피해 없어」, KBS 뉴스, 2023년 4월 2일 자(12:54분)/ 2023년 4월 4일 자(10:14) 뉴스.
[78] 「전국 34곳 동시다발 산불… 건조한 날씨 탓」, MBC 뉴스투데이, 2023년 4월 3일 자.
[79] 연합뉴스, 2022년 4월 10일 자.

불이 발생해 6시간 14분 만에 주불은 진화됐다. 이번에는 고성군 죽왕면 마좌리 군부대 사격장에서 사격 도중 군부대에서 발화된 산불이었다.

특히 2023년 봄에 일어난 산불은 우리에게 세 가지 큰 교훈을 주었다.

첫째, 무엇보다 신속하게 산불정보를 전달할 수 있는 재난방송시스템을 구축하여야 한다는 교훈이다. 대통령도 이를 직시하고 재난방송시스템을 획기적으로 개선하라고 지시한 바 있다.

둘째, 산불에 강한 사회자본(Social Capital)을 구축해야 한다는 점이다. 2022년은 연간 산불 발생 건수가 무려 756건에 이를 정도로 산불이 많이 발생했기 때문에 산불 발생에 대한 특별한 대책이 필요해 보인다. 독일의 경우는 산불 예방을 위해 삼림 1ha(헥타르)당 54.4m 숲길을 조성하고 있다.[80] 우리나라 숲길의 경우는 겨우 3.97m에 불과해 산불 발생 시 소방차 진입이 불가능할 뿐 아니라, 야간 진화에는 아예 손을 놓아야 할 형편이어서 산불 피해는 더욱 커질 수밖에 없다. 따라서 산속의 숲길 조성과 함께 산 중턱이나 산기슭에는 방화수 저장소 설치, 그리고 갈수기에는 헬기를 동원해 사전에 물을 뿌려 미리 산불 예방에 대비해야 할 것이다.

셋째, 산불 진화의 성패는 산불 예방과 신속한 산불 발생 정보전달에 달렸다는 사실이다. 미국은 차세대 재난정보 전달체계인 IPAWS를 이용해 지상파뿐만 아니라, 조기 산불 예방을 위한 CCTV, 열 감시카메라, SNS 등 다양한 매체를 통해 산불정보를 감시하고 있다. 일본도 이와 유사한 재난경

---

80 「산불예방과 피해복구는 과학적으로 이뤄져야」, 『아주경제』, 2023년 12월 7일 자.

보시스템인 J-Alert을 통해 2020년부터 농어촌에도 '재난 약자 제로(Zero) 시대'를 추구하고 있다.

일본도 과거에는 우리나라와 같이 대형 산불이 자주 일어났으나 요즘은 소형 산불만 발생하는 추세다. 이는 NHK가 보유한 700여 대의 로봇 카메라와 전 국토를 샅샅이 감시하는 CCTV, 산불 예방 열 감지 카메라 등의 덕택이다. 나아가 NHK는 전국 12개의 거점지역에 헬리콥터 15대를 배치하여 신속한 재난감시에 대비하고 있다. 이뿐만 아니라 46개의 지역방송국을 7개의 거점방송국으로 나누어, 거점방송국마다 40여 명의 카메라맨을 상주시켜 언제든지 재난이나 산불을 감시하고 취재할 수 있도록 배려하고 있다. 교토(京都)부의 경우는 사찰이나 주요 문화재의 화재 예방시스템을 도입해, 주요 시설물 주위에는 반드시 대형 물탱크와 소화전을 준비하는 등 문화재 보존 차원에서도 사회적 자본이 잘 축적돼 있다.[81]

하지만 KBS의 경우는 김포에 노후 헬기 1대가 있을 뿐이고, 재난방송센터 내의 전문 인력도 부족해 3교대도 할 수 없는 상황이다. 정부는 재난보도 담당자를 질책할 것이 아니라, 더욱 효율적인 재난방송시스템을 구축할 수 있도록 정부 차원에서 적극 지원해야 한다. 나아가 KBS도 재난방송 주관방송사로 선진화된 재난방송시스템을 구축할 수 있도록 전문가들과 함께 '재난방송 매뉴얼'을 다시 재점검하고, 재난방송센터의 전담 인력도 확충해야 할 것이다.

---

81   이연, 앞의 책, 267-268쪽.

4) 서울 용산 이태원(梨泰院)의 '10.29 참사'

(1) '10.29 참사'의 발생과 피해 상황

2022년 10월 29일(土) 오후 10시 15분경 핼러윈(Halloween) 날을 앞두고 이태원역 주변 해밀턴 호텔 앞 좁은 골목길에 수많은 인파가 일시적으로 몰리면서 158명이 전복 압사당하는 '10.29 참사'가 일어났다. 이 참사로 당시 사망자는 외국인 26명 포함 158명(남 56명, 여 102명)이며, 부상자는 196명이었다. 참사 발생 장소는 용산구 이태원동 해밀턴 호텔 옆 이태원로 173 인근 좁은 골목 내리막길이다. 이 길은 좁아서 중앙선도 없고, 길의 너비에 비해 인파가 일시적으로 과도하게 몰려 참사가 일어난 것이다. 또한 이곳은 내리막길인 데다가 사람들은 위에서 내려오고, 아래에서 올라가면서 인파가 극도로 혼잡해진 상황에서 일어난 참사다. 양쪽의 인파는 [그림 17][82]처럼 이러한 사실을 전혀 모른 채 계속해서 전진하다가 여러 사람이 겹쳐 넘어지고 엉키면서 발생한 '군중 전복 압사' 참사다.[83]

(2) '10.29 참사'의 대응과 수습

이날은 압사 참사 이전부터 참사 발생을 우려하는 목소리가 일기 시작했

82　「이태원 압사사건에서 수많은 사망자가 발생한 주요인 분석」, 『The WashingtonP』, https://www.washingtonpost.com/investigations/2022/11/16/seoul-crowd-crush-itaewon-victims-2/(2022. 11. 16.)

83　이연, 앞의 책, 308쪽.

다. 예를 들면, 사건 당일 오후 6시 17분과 26분에 각각 '압사 우려' 신고 전화 두 건이 접수되었고, 그 후 8분이 지난 34분에도 압사 가능성을 제기한 신고가 있었다. 이 밖에도 오후 6시부터 10시 사고 직전까지 약 4시간 동안에 관계 당국에는 무려 전화 신고가 79건이나 접수되었다고 한다.

그중에서도 특히 6시 34분에 걸려 온 신고 전화는 결정적인 신고로 "이태원 해밀턴 호텔 앞 골목에는 이태원역에서 나온 인파가 서로 뒤섞여 압사 사고가 날 것 같다."[84]라는 신고였다.

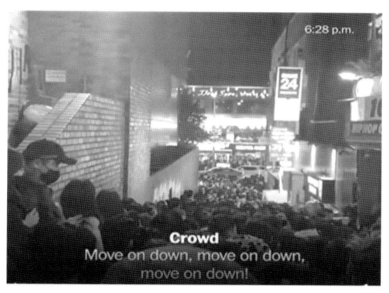

[그림 17] 2022년 10월 29일 6시 28분 참사 현장
Video filmed at 6:28 p.m. on Oct. 29 shows the narrow alley in Itaewon was already dangerously crowded, according to expert review. (Video: @hyerinpark5 via TikTok)

---

84 김철오, 「이태원 참사 4분 전…신고 전화서 들린 비명」, 『국민일보』, 2022년 11월 2일 자.

하지만 안타깝게도 당국은 사고 발생 이후에야 사고를 수습하기 위해 소방대원 507명, 경찰 1,100명, 구청 인력 800명 등 총 2,421명을 동원했다고 한다. 경찰도 사전에 10만여 명가량 모일 것을 예상하고 경찰관을 총 137명이나 현장에 배치하기도 했지만, 참사를 막지는 못했다.[85] 일본의 방재 전문가들은 이번 '10.29 참사'는 군중 압사 발생 이전에 경찰 등이 사전에 미리 개입해 좁은 골목에 비집고 들어가지 못하도록 일방통행으로 유도했어야 한다고 말했다. 참고로 2001년 7월, 일본 효고현의 아카시(明石)에서 축제 도중 '군중 전복 압사 사고'가 발생한 바 있다.[86]

[그림 18] 제32회 아카시 시민 여름 불꽃축제(11명 압사, 183명 부상)
자료출처: 고베 SUN-TV(サンテレビニュース)

---

85   전재훈, 「사망·부상 76명…과학수사팀 동원해 신원 파악(종합)」, 『뉴시스』, 2022년 10월 30일 자.
86   TV朝日, 2022년 11월 1일 자.

(3) '10.29 참사'가 우리에게 준 교훈

이번 참사에서 보았듯이 도로 폭이 3.2m 정도 좁은 골목길이면서 통행량이 많은 경우에는 ① 일방통행으로 유도하고 ② 보행자가 보행 중에는 멈추지 않도록 통행을 유도해야 하며 ③ 이번 이태원 참사 같은 경우는 인파관리를 위해 전철역도 무정차 통과할 수 있도록 유도해야 했다. ④ 또한 스마트폰이 몰리는 폭주 상황 등을 사전에 점검하여 인파가 몰리지 않도록 분산 유도해야 할 것이다. ⑤ 드론이나 AI, CCTV 등을 활용한다든지 ⑥ 밀집 상가의 매장들 곳곳에 스피커를 설치해 긴급재난경보를 신속하게 전달할 수 있도록 하는 시스템 구축이 시급해 보인다.[87]

5) 지진

우리나라의 지진은 다음 [그림 19]와 같이, 2011년 동일본대지진 이후의 지진 발생 추이를 보면 발생 횟수가 급증하는 추세다. 특히 2015년에는 가장 많이 발생해 240회를 상회하고 있다. 2016년 9월 12일 경주지진(규모 5.8)과 2017년 포항지진(규모 5.4)을 비롯해, 이후로도 지진 규모가 중 규모인 5를 넘어가는 지진이 발생해 대규모 지진 발생 가능성이 한층 높아진 상태다. 2022년 한해에도 규모 2.0 이상이 77회로 2021년 70회 발생에 비해 다소 증가한 편이다. 특히 2022년은 10월 29일에는 충북 괴산지역(규모 4.1)을 필

---

87 이연, 앞의 책, 318쪽.

두로 강원도, 제주 서귀포시, 전남 거문도 해역 등 거의 전국적으로 진앙 분포도 확산하고 있는 실정이다.

  2023년 5월 15일 강원도 동해시 북동쪽 해역에서 규모 4.5, 11월 30일 경주시 동남쪽 규모 4.0 등, 규모 2.0 이상의 지진은 무려 104회(12월 11일 현재) 발생했다. 연도별 지진 발생 추이는 [그림 19][88]와, 진앙 분포는 [그림 20]과 같다.

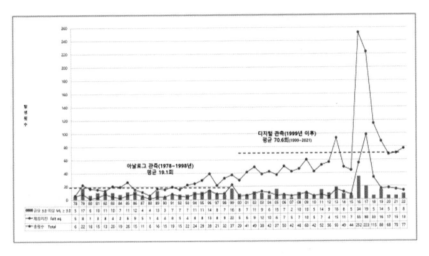

[그림 19] 한반도의 지진발생 추이도(1978–2022년)

자료출처: 기상청, 『2022, 지진연보』, 2쪽

<blockquote>88 기상청 국내 지진조회 https://www.weather.go.kr/w/eqk-vol/search/korea.do(2023. 12. 20.)</blockquote>

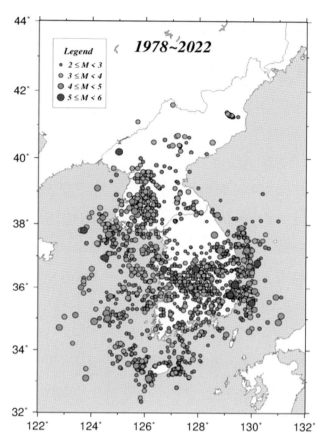

[그림 20] 우리나라 진앙분포도와 위험성(1978~2022년)

자료출처: 기상청, 『2022, 지진연보』, 288쪽

그 밖에 백두산 지진폭발 가능성과 핵실험 위험설 등도 제기되고 있다. 백두산은 활화산으로 100년 주기설을 주장하는 학자도 있는데, 요컨대 1925년의 분화 이후 100년에 달하는 2025년에 분화할 것이라는 주장이다. 화산에는 1등급에서 8등급까지 등급이 있는데 1등급 올라갈 때마다 화산분출량은 10배씩 증가한다. 현재 백두산 화산의 분화 지수(VEI: Volcanic explosivity index) 레벨은 VEI7로 세계에서 가장 큰 분출 규모의 화산 중 하나다. 분출물의 양도 분화 지수가 7이면 대략 100~1,000㎦ 정도 된다고 한다. 분출물이 100㎦이면, 남한 전체 면적이 10만㎢인데 이를 1m 두께로 덮을 수 있는 분출물이다.[89] 또한 백두산 밑에는 마그마 방(magma chamber)이 4개 있는 것으로 추정되는데, 그 마그마 방의 길이는 약 100㎞ 정도가 된다. 만약 북한이 119㎞ 떨어진 풍계리 핵실험장에서 핵실험을 강행할 때 인공지진 발생 규모는 7.0 이상이 된다고 한다. 북한의 핵실험으로 백두산 마그마 방에 0.12MPa(메가 파스칼) 압력이 가해진다면 화산이 폭발할 수 있다는 주장이다. 이제 백두산 화산은 자연 화산폭발에 이어 인공지진에 의한 분출 가능성도 제기되고 있다.[90] 1995년 고베지진의 경우도 고베지역 언론들이 여러 번에 걸쳐서 직하형 지진설을 주장했지만, 도쿄대학을 중심으로 한 지진 전문가들은 직하형 지진은 절대로 일어나지 않는다고 주장했다. 이런 유력설에 밀려 직하형 지진에 대한 대비가 소홀한 탓에 고베지역은 엄청난 피해를 당하였다.

이상과 같이 한반도도 이제는 지진 안전지대가 아니라는 것이 명확해졌다. 또한 2011년 동일본대지진 이후로는 지진판 구조 중에 유라시아판이 5㎝ 이상 틀어져서 지진이 다발하고 있다고 한다. 따라서 우리도 모든 건축물에는 내진설계 강화와 함께 신속한 지진정보 전달 시스템 구축 등 대형

---

89 『중앙일보』, 2019년 12월 21일 자.
90 KBS뉴스, 2016년 2월 17일(19시 10분) 자.

지진에 대비한 대책이 시급히 요구되는 실정이다.

6) 미세먼지

미세먼지(particulate matter)가 우리 인체에 미치는 영향은 매우 치명적이다. 최근 연구 결과에 의하면, 미세먼지는 천식이나 기관지염, 암, 심혈관계 질환, 신경계, 내분비계, 당뇨, 파킨슨병 등 다양한 질병으로 우리 인체에 피해를 주고 있다. 미세먼지는 그 입자의 크기에 따라 PM2.5(2.5㎛, 초미세먼지), PM10(10㎛, 미세먼지) 두 종류로 나눌 수 있는데, 이들이 인체에 미치는 영향도 노출시간이나 노출된 사람의 연령, 지병 상태 등에 따라 그 피해가 달리 나타난다. 일반적으로 미세먼지보다는 입자가 작은 초미세먼지가 인체에 미치는 영향력이 훨씬 더 치명적이다. 세계보건기구(World Health Organization, WHO)에서도 이 둘에 대한 측정을 통해 공기오염 정도를 평가하고 있다.

한국의 미세먼지 농도는 OECD 회원국 중 최악의 오명 국가로 전락하여 2018, 2019년에는 100개 도시 중 1, 2위를 차지할 정도로 높은 오염 수치를 기록하고 있다. 최근 천리안 등으로 미세먼지의 움직임을 과학적으로 추적해 보면, 85%가 중국에서 유입된 미세먼지라는 분석이다. 중국의 미세먼지는 인체에 지극히 유해한 중금속을 품고 있는데, 2019년 코로나 발생 이전에 중국의 미세먼지 유입은 정점을 찍을 정도로 심했다. 그런데 최근 중국의 전력공급의 70%를 차지하는 석탄 화력발전소 2,927여 기가 재가동됨에 따라서 앞으로 중국발 미세먼지 유입 피해는 훨씬 더 커질 것으로 보인다.[91] 아울러 국내 자체 생산의 미세먼지도 만만치 않아서 기후변화협약과 함께 획기적인 미세먼지 발생 감시 대책과 감축 작업 없이는 미세먼지를 척결하기란 어려워 보인다. 그럼 미세먼지를 왜 척결해야 하는지, 우리 인체에 어떠한 영향을 미치는지에 대해 간단하게 언급해 보기로 한다.[92]

[그림 21] 중국 석탄 화력발전소 현황 총 2927기(2019년)

자료출처: 국제비영리단체 자료

---

91   KBS 뉴스라인, 2023년 12월 18일 자(23시 10분 베이징 특파원).
92   이승복, 「미세먼지가 인체에 미치는 영향에 관한 연구 동향」, 2019년, BRIC VIEW 2019-T26.

[그림 22] 중국 미세먼지의 유입

자료출처: KBS 11시 뉴스 2026년 3월 7일 자.

[그림 23] 미세먼지 농도

자료출처: KBS 뉴스 2017년 5월 6일 자.

(1) 경제적 손실과 사망자 수

서울대학교 의과대학병원 소아과 이승복 교수에 의하면, 우리나라는 미세먼지로 인해 한해 경제적인 손실 부담액이 무려 4조 230억 원이 된다고 한다. 또한 미세먼지 주의보가 발령되면 하루 손실액도 1,586억 원에 달한다. 이는 실외 활동의 제약 등으로 생산 활동이 중단되거나 줄어들어 판매 및 매출 활동의 감소로 이어진다는 것이다. 그 밖에도 미세먼지로 인해 우리나라에서 연간 조기 사망자 수도 2만여 명에 이른다.[93]

(2) 질병에 의한 피해

미세먼지(PM10) 농도가 월평균 1%씩 1년 동안 높아질 경우, 미세먼지 관련 질환의 환자 수는 260만 명 정도 증가한다는 분석이다. 이로 인한 추가 의료비 지출도 약 600억 원 이상이 된다고 한다. 피해대상자들의 분포를 보면, 어린이나 노약자, 노인, 심혈관계 질환자 등 재난 약자에게 치중된 피해로 치명적인 피해를 주고 있다.[94]

(3) 파킨슨병(Parkinson's disease)과 합병증 등의 유발

2023년 4월 22일에는 미국 보스턴에서 미국 신경과학회 연례 학술 발표

---

93 이승복, 앞의 논문.
94 이승복, 앞의 논문.

대회가 열렸다. 이 학술발표대회에서 발표된 논문 중에서 애리조나주 피닉스(Phoenix)에 있는 배로우 신경학 연구소(Barrow Neurological Institute)[95]의 발표 논문이 있었다. 이 발표 논문에서는 초미세먼지가 많이 발생하는 지역에서는 퇴행성 신경질환인 파킨슨병이 집중적으로 발병하고 있다고 밝혔다. 즉, 초미세먼지(2.5μm)가 많이 발생하는 지역에는 파킨슨병 발병 위험률이 타 지역보다 25%나 높게 나타났다는 충격적인 내용의 연구보고서다. 2009년 미국의 민간 노인 의료보험인 메디케어(Medicare) 가입자 2,250만 명 중 약 8만 4,000명이 파킨슨병을 앓고 있다는 조사 결과와 함께 그들의 거주지도 정밀하게 분석했다. 연구진의 조사 결과에 의하면, 초미세먼지가 가장 심하게 발생한 지역에서는 인구 10만당 434명이 파킨슨병에 걸린 것으로 나타났다. 미세먼지 발생이 가장 심한 지역인 미국의 중서부 콜로라도주 레이크 카운티(Lake County, Colorado)와 그 주변을 포함한 로키산맥(Rocky Mountains) 지역의 분석 사례를 들고 있다.[96]

8. 팬데믹 이후 국가위기관리와 재난경보시스템의 변화

　팬데믹 이후 한미일 3국의 재난경보시스템의 움직임을 보면, 일본의 시스템 변화가 두드러져 보인다. 이는 재난백화점이라고 말할 수 있을 정도로

95　Find a Scientist | Barrow Neurological Institute(2023. 12. 22.)
　　https://www.barrowneuro.org/for-physicians-researchers/research/find-a-scientist/
96　『코메디닷컴』, 2023년 2월 25일 자.

세계에서 가장 많은 재난이 일어나는 나라인 만큼, 일본은 훨씬 더 적극적으로 대응하고 있기 때문일 것이다. 미국의 경우는 차세대 통합재난경보시스템(IPAWS)을 좀 더 촘촘하고 정교하게 다듬고 있으며, 한국도 정부 차원에서 통합대응시스템을 개발하고 있기는 하다.

일본의 정보통신백서(2022년)를 보면, 팬데믹 이후 일본이 나아가야 할 방향이나 향후 각종 재난에 대비한 기업들의 대책 및 국민의 가치관과 마음가짐, 향후 나아갈 방향 등을 제시하고 있다.[97]

즉, 일본은 다음과 같이 코로나 이후에 나아가야 할 사회상을 3가지로 요약하고 있다. ① 지속 가능한 사회 ② '레질리언스(resilience) 사회 ③ 다양한 가치관을 수용하는 사회로 규정하고 있는데, 이 세 가지를 구체적으로 분석해 보면 다음과 같다.[98]

(1) 지속 가능한 사회

인구감소와 고령화 사회에서 사회·경제 기능을 유지하면서 나아가는 것은 매우 중요한 사회적 과제이다. 또한 심각한 기후변화와 환경문제 등 세계적인 위기 상황 속에서도 국민 생활이나 기업 활동 등을 지속 가능한 사회로 형성해 나가는 것도 매우 중요한 과제.

---

97 『日本情報通信白書』, 2021, 第3章, 226쪽.
98 https://www.soumu.go.jp/johotsusintokei/whitepaper/ja/r03/pdf/n3100000_hc.pdf

(2) '레질리언스' 사회

일본은 세계 유수의 재해 대국으로 장래에도 다양한 대규모 재난 발생이 예상되는 지역임에도 불구하고, 이번 신형 코로나바이러스 감염증 유행으로 일본의 사회·경제 시스템의 취약성이 여실히 드러났다. 이에 향후 감염증이나 재난 발생과 같은 비상 상황에서도 국민 생활이나 경제 활동에서의 혼란을 막고, 최저한의 사회·경제의 기능을 유지할 수 있는 강인한 사회구조를 추구하고 있다.

원래 '레질리언스(Resilience)'라는 영어 단어의 의미는 '회복력', '복원력' 혹은 '탄력성'으로 번역되는데, 물리학이나 생태학 혹은 심리학의 용어로 사용되었다. 다만, 일본 총무성이 말하는 레질리언스는 [그림 24][99]와 같이 '재난 시의 원상복구력'을 의미하는 것으로 원상태로 돌아가 다시 전진하는 사회를 말한다.

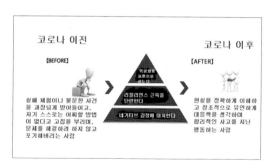

[그림 24] 재난과 레질리언스

자료출처: 「Humon Bridge」(주) 홈페이지 번역 인용.

---

99 http://www.human-b.co.jp/trainning/resilience.html

(3) 다양한 가치관의 수용으로 행복이 실현될 수 있는 사회

일본은 고도의 경제성장 실현 이후에도 한 사람 한 사람의 기호가 다양화되고 있는 사회다. 이런 경향은 경제적인 성공보다는 건강한 생활을 지향하는 사람이 늘어나는 등 가치관이 다양화되고 있기 때문일 것이다. 이렇게 한 사람 한 사람의 요구에 맞게 서비스나 정확한 정보가 전달되어 획일적이 아닌, 다양한 가치관을 가진 사람들의 행복이 실현되는 사회 형성을 추구하고 있다.

9. 마치며

최근 우리나라에는 대형 참사가 끊이지 않고 있다. 2014년 '세월호 참사', '2016년 경주지진', '2022년 광주 아이파크 붕괴 참사', '2022년 10.29 이태원 참사', '2023 오송 지하도 참사', 그 밖에도 홍수나 산불 등을 들 수 있다. 또한 '2018년 김용균 씨 사망사고'나 '2022년 평택 빵공장 반죽기계 사망사고', '삼표 채석장 사망사고' 등 작업현장에서의 잦은 산재사고로 인명피해가 계속 늘어나고 있다. 이처럼 대형 재난이나 산업현장에서의 인명피해가 증가하자, 재난약자들을 보호하기 위해 작년 1월 27일부터는 「중대재해처벌법」까지 시행하고 있다.

새로 개정된 「재난 및 안전관리기본법」 제2조에는 재난의 종류를 '자연재난'과 '사회재난'으로 구분하면서 그 범위를 훨씬 확대하였다. 여기에서 말하는 '자연재난'은, 풍수해나 지진 등 기후환경 변화에 의해서 발생하는 재난을 말한다. '사회재난'의 경우는 종래의 '인재'를 확대하여 전쟁이나 테러, 화재나 폭발, 붕괴, 교통사고, 환경오염, 사건, 사고, 미세먼지, 감염병 등 종전의 인적 재난보다는 훨씬 더 그 폭을 넓게 규정하고 있다. 게다가 이제는 '자연재난'과 '사회재난'을 명확하게 구분하기는 어려워졌다. 천재도 관리를 잘못하면 인재가 되고, 인재도 관리를 잘못하면 천재가 되는 복합재난이 점점 늘어나고 있는 상태다.

이러한 복합재난이 다발하고 있는 요즈음 「중대재해처벌법」과 같이 사후 처벌 위주의 대응으로는 재난을 막을 수가 없다. 무엇보다 사전 예방 조치를 통해 재난 발생을 미연에 방지하는 것이 가장 중요하다. 재난 피해를 줄이는 방법으로는 사전 예방 조치와 함께 재난의 단계에 따라 ① 예방 ② 대비 ③ 대응 ④ 복구 등 단계별로 대응 매뉴얼이나 시나리오를 작성해 대응해야 한다. 즉, 요즘 자주 발생하는 산불의 경우에는 산불이 발생하면, 중대재해 처벌 등에 관한 법률에 따라 산주나 경영자를 처벌할 수 있다. 하지만 처벌만이 능사가 아니라, 산불 예방을 위해 어떤 캠페인을 어떻게 지역주민들에게 밀착해 홍보해야 할 것인가를 고민해야 한다. 그다음 산불이 일어났을 경우를 상정해 언제 어디서 어떻게 소방헬기를 동원하고 물탱크를 준비해 대응해야 할 것인가? 어느 지역부터 먼저 어떤 방법으로 산불을 진화해야 효과적일까 하는 구체적인 대응 방법과 매뉴얼, 사전 훈련 등이 필요하다. 산불의 경우는 특히, 산불 진화 단계마다 재난 대응 매뉴얼이나 훈련은 외면한 채 처벌만능주의에만 집착한다면 재난 피해를 줄이기는 어려울 것이다.

재난발생 피해를 최소화하기 위해서는 사전 예방 조치와 함께 재난정보를 신속하게 전달할 수 있는 재난경보시스템 구축이 시급하다. 불행하게도 작년 '10.29 참사'에서 보았듯이, 우리나라는 IT나 정보통신산업 분야에서는 세계 최첨단 선진국이지만, 재난경보전달시스템 구축에는 아직도 후진국 수준에 머물고 있다. 미국의 경우는 이미 '차세대 통합재난경보시스템(IPAWS)'을 구축했고, 일본도 미국의 '통합재난경보시스템'과 같은 J-Alert을 개발해 대국민 재난경보공유시스템을 구축했다. 우리나라도 이제는 북한의 ICBM 발사나 핵 위협, '10.29 이태원참사' 등과 같은 대형 재난에 대비해 재난경보공유시스템인 'K-Alert' 같은 경보시스템 구축을 서둘러야 할 시점이다. 뿐만 아니라 대형재난 발생시 우리의 생명줄을 지켜주는 구명·구출 정보매체인 TV, 라디오, DMB, 스마트폰 등 '선진화된 재난경보시스템'에 대한 연구도 서둘러야 할 상황이라고 본다.

참고문헌

기상청, 『2022, 지진 연보』, 2023, 2-3.

배재현, 「재난문자방송시스템 운영의 쟁점과 향후과제」, 국회입법조사처, 2023.

『코로나19 현상에 대한 인문학적 성찰(I)』, (ISSUE REPORT, 12호), 한국연구재단, 2020.

이승복, 「미세먼지가 인체에 미치는 영향에 관한 연구 동향」, BRIC VIEW2019-T26., 2019.

이연, 『국가위기관리와 긴급재난경보』, 박영사, 2023.

『재난방송 관련 법·제도 재정비 방안 연구』, 방통융합정책연구KCC-2022-12, (사)한국 재난정보미디어 포럼, 2022.

「국가 재난 예·경보시스템 구축을 위한 설명회 및 시범사업 지방자치단체 간담회 계획」, 행정안전부, 2023.

「mRNA 백신 만든 노벨생리의학상 수상자」, 『동아일보』, 2023. 10. 13.

「인왕산 산불 5시간여 만에 초진 인명피해 없어」, 『KBS뉴스』, 2023. 4. 2.

「전국 34곳 동시다발 산불‥건조한 날씨 탓」, 『MBC 뉴스투데이』, 2023. 4. 3.

「이태원 압사사건에서 수많은 사망자가 발생한 주요인 분석」, 『The WashingtonPost』 2022. 11. 16.

김철오, 「이태원 참사 4분 전…신고 전화서 들린 비명」, 『국민일보』, 2022. 11. 2.

전재훈, 「사망·부상 76명…과학수사팀 동원해 신원 파악(종합)」, 『뉴시스』, 2022. 10. 30.

「산불 예방과 피해복구는 과학적으로 이뤄져야」, 『아주경제』, 2023. 12. 7.

「한화, '서울 하늘 활개' 北 드론 잡는다」, 『한국경제』, 2023. 12. 22.

『CNN NEWS』, Zelensky refuses US offer to evacuate, saying 'I need ammunition, not a ride', February 26, 2022.

「"Existential threat combating the climate crisis biden 27 what house", (백악관회의 참조)」 https://www.whitehouse.gov/(2023. 7. 2.)

https://nuclearsecrecy.com/nuke map/(2023. 12. 9.)

「広島市」https://www.city.hiroshima.lg.jp/soshiki/48/9400.html(2023. 11. 19.)

http://www.fema.gov/emergency/ipaws(2023. 9. 20.)

https://www.youtube.com/watch?v=kYvK0cHzD_w(2023. 12. 8.)

https://www.fmmc.or.jp/commons/merit/3-2.html(2023. 12. 15.)

https://www.washingtonpost.com/investigations/2022/11/16/seoul-crowd-crush-itae
won-victims-2/(2022. 11. 16.)

https://www.weather.go.kr/w/eqk-vol/search/korea.do(2023. 12. 20.)

https://www.barrowneuro.org/for-physicians-researchers/research/find-a-scientist/(20
23. 12. 22.)

https://www.soumu.go.jp/johotsusintokei/whitepaper/ja/r03/pdf/n3100000_hc.pdf(2
023. 12. 9.)

『Wall Street Journal』, 2023년 9월 8일 자.

BBC NEWS KOREA, 2022년 3월 13일 자.

BBC News Japan, 2023년 8월 30일 자

『The Daily post』, 2023년 7월 4일 자.

KBS 뉴스, 2023년 4월 4일 자.

KBS 뉴스, 2016년 2월 17일(19시10분) 자.

『동아사이언스』, 2023년 10월 2일 자.

『한겨레신문』, 2022년 3월 8일 자.

『한겨레신문』, 2019년 4월 10일 자.

『한겨레신문』, 2023년 11월 3일 자.

『국민일보』, 2019년 4월 11일 자.

『서울신문』, 2023년 10월 7일 자.

『코메디닷컴』, 2023년 2월 25일 자.

『중앙일보』, 2023년 10월 9일 자.

『중앙일보』, 2019년 12월 21일 자.

『중앙일보』, 2023년 11월 4일 자.

연합뉴스, 2022년 4월 10일 자.

연합뉴스, 2023년 10월 22일 자.

연합뉴스, 2023년 11월 29일 자

연합뉴스, 2023. 12월 19일 자.

『한국일보』, 2023년 11월 28일 자.

『동아일보』, 2023년 6월 10일 자.

『동아일보』, 2023. 6월 29일 자.

『조선일보』, 2023년 3월 22일 자.

『조선일보』, 2023년 7월 29일 자.

『조선일보』, 2023년 8월 10일 자.

『The Guardian』, 2023년 12월 7일 자.

『HelloDD』, 2023년 12월 2일 자.

『세계일보』, 2023년 11월 4일 자.

『朝日新聞』, 2022년 8월 9일 자

TV朝日, 2022년 11월 1일 자.

「平成25年度 外務省委託, 核兵器使用の多方面における影響に関する調査研究」, 2014. 3., 68.

近藤玲子, 「非常災害時における情報伝達手段の確保について」, 総務省総合通信基盤局 電波部 重要無線室長, 2017. 1. 27., 11.

『日本情報通信白書』, 2021, 第3章, 226.

2장

코로나 사피엔스의 뉴노멀과 사회 변화

강희숙

(조선대 국어국문학과 교수, 재난인문학연구사업단장)

1. '코로나 사피엔스'의 뉴노멀과 신어의 등장

2020년 3월 11일 세계보건기구(WHO)가 코로나바이러스감염증-19(이하 코로나19)의 세계적 대유행, 곧 코로나19 팬데믹을 선언하고 난 지 한 달여가 된 지난 2020년 4월 24일, CBS의 <시사자키 정관용입니다>에서는 '코로나 사피엔스'라는 용어가 처음으로 사용되었다. 전대미문의 팬데믹 시대를 살아가야 하는 신인류를 의미하는 말이었다. 이후 최재천 외 7인(2021)에서는 "코로나19 이후 인류는 완전히 다른 삶을 살게 될 것이다. 누구도 겪어보지 못한 신세계에서 살아갈 우리를 감히 코로나 사피엔스라 부른다."라는 선언을 하기에 이르렀고,[1] 불행히도 이러한 상황은 현재까지도 여전히 진행형의 모습을 하고 있다. 2023년 7월 19일 현재, 전 세계적으로 총 748,403,997명이 확진되어 6,947,522명이 사망하였고,[2] 국내의 경우 지난 12월 마지막 주(12월 24일~30일)에만 하더라도 5,747명이 새로운 주간 양성자의 대열에 합류

---

1   최재천 외 7인(2021), 『코로나 사피엔스, 새로운 도약』, 인플루엔셜 참조.
2   국외 발생 현황 < 발생동향 < 코로나바이러스감염증-19 (kdca.go.kr) 참조.

한 것이다.

결과적으로 햇수로 5년여의 기간에 걸쳐 코로나19라는 긴 터널을 지나오는 동안 코로나 사피엔스의 문명은 거의 모든 분야에서 대전환 수준의 변모를 거듭하기에 이르렀다. 걷잡을 수 없이 흐르는 도도한 물결처럼 일시에 모든 것이 변화하였고, 우리는 팬데믹 이후 나타나게 될 새로운 일상과 표준을 의미하는 말로 '코로나 뉴노멀(New Normal)'이라는 말을 사용하기 시작하였다.

주지하는 바와 같이 '뉴노멀' 또는 '새로운 표준'이란 시대의 변화에 따라 형성된 새로운 경제적 표준이나 새롭게 보편화된 사회·문화적 상황을 의미하는 말로 2004년 로저 맥너미(Roger McNamee)에 의해서 처음 사용되었다. 그는 『새로운 표준: 고위험 시대의 거대한 기회(The New Normal: Great Opportunities in a Time of Great Risk)』라는 저서에서 인터넷 시대의 세계 경제를 위협하는 요소와 새로운 가능성에 대해 탐색하면서 새롭게 보편화되는 경제 환경을 '뉴노멀'이라는 용어로 정의하였다.[3]

2020년 코로나19 팬데믹 이후, '뉴노멀'이라는 용어는 감염증의 확산을 방지하기 위해 시행된 사회적 거리 두기 등의 강력한 방역 조치에 따른 전반적인 사회 변화를 의미하기 시작하였고, 인류의 소통의 도구인 언어는 그러한 변화의 모습을 소쿠리에 낟알을 주워 담듯 차곡차곡 담아내었다. 코로나19 신어의 등장이 바로 그것이다.

---

3   https://100.daum.net/encyclopedia/view/47XXXXXb1340 참조.

이른바 코로나19 신어의 등장은 하나의 언어 공동체에만 국한된 일이 아니라 전 인류가 공동으로 경험한 일이었다. 그리하여 코로나19 팬데믹 선언 이후 독일 IDS(Leibniz-Institut für Deutsche Sprache, 이하 IDS)에서는 600여 개의 코로나19 관련 신어를 수집하고 용례와 뜻풀이를 제공한 바 있으며, 옥스퍼드사전에서도 2020년 4월 이후 코로나19 관련 신어를 사전에 업데이트하고, 관련 주제의 말뭉치 분석을 블로그에 제시한 바 있다(이수진·강현아·남길임, 2020:136).

국내의 경우 역시 예외는 아니어서 코로나19 신어를 수집하고 그 사용 양상을 분석하는 작업이 비교적 활발하게 이루어졌다. 이수진·강현아·남길임(2020), 남길임 외 8인(2021), 남길임·안진산·강현아(2021), 강희숙(2021), 정한데로(2021), 남길임 외 8인(2022) 등이 그것이다.

이러한 연구 성과들 가운데 남길임 외 8인(2021, 2022)는 각각 『신어 2020』, 『신어 2021』이라는 표제하에 이루어진 코로나19 시기 신어의 수집·분석 자료이다. 『신어 2020』은 2019년 7월 1일부터 2020년 6월 30일까지 1년간 새로이 대중 매체에 출현한 어휘들을 수집한 것으로, 총 405개의 신어 가운데 전체의 50% 이상을 차지하는 약 230개의 신어가 코로나 신어임이 확인되었다. 『신어 2021』은 2020년 7월 1일부터 2021년 6월 30일까지 1년간 출현한 신어를 수집한 것으로, 전체 302개의 신어 가운데 99개가 코로나 관련 신어였다. 전자가 격동적인 코로나19 시대의 초기 상황을 고스란히 반영한 것이라고 한다면, 후자는 코로나 사태의 지속화, 장기화, 일상의 회복과 코로나 종식을 향한 논의가 시작된 시기의 상황을 반영한 것이라는 점이 특징이다(남길임 외 8인 2022:34). 이들 자료에서 확인된 대표적인 코로나 19 신어 사례를 제시해 보면 다음과 같다.

> (1) ㄱ. 금스크, 마코인, 마스크 메이크업, 마스크 화장법, 온라인 개학, 사이버 술자리, 랜선 음악회, 비대면 강의, 언택트 경제, 재난 기본소득, 긴급 고용 안정 지원금, 아동 양육 쿠폰, 재난 구조 수당, 생활 치료 센터, 생활 방역 수칙, 집중 감염원, 혼합 검사 법 등.
>
> ㄴ. 거점 접종 센터, 델타 변이, 트윈데믹, 백신 휴가 제도, 상생 소비 지원금, 코파라치, 메타노믹스, 스펜데믹, 에브리싱 랠리, 고대면 접촉, 랜선 사원, 코끝모, 마기꾼, 코로나 앵그리, 호모 마스쿠스, 공스장, 촌캉스, 풀멍, 빵공, 책임 등교, 코로나 학번, 데스크 패션, 마꾸, 홈 오피스 웨어, 방꾸 등.

위의 예들 가운데 (1ㄱ)은 『신어 2020』의, (1ㄴ)은 『신어 2021』의 사례[4]들 이다. 『신어 2020』에서 230개, 『신어 2021』에서 99개, 합하여 총 329개로 확인된 코로나19 신어들은 그 의미 범주에 따라 다음과 같이 유형화되었음 이 특징이다.

> (2) 정치와 행정, 보건·의학, 경제생활, 사회생활, 인간, 삶, 교육, 의생 활, 주생활

---

4   『신어 2021』, 34쪽 참조.

이와 같은 의미 범주별 코로나19 신어들은 시기에 따라 약간의 빈도상의 차이를 보인다. 즉 『신어 2020』에서는 '정치와 행정>보건·의학> 삶'의 순서로, 『신어 2021』에서는 '보건·의학>정치와 행정>경제생활/사회생활/인간'의 순서로 각각 출현 빈도의 차이를 보이는 것이다.

문제는 의미 범주에 따른 코로나19 신어의 유형화 및 빈도만으로는 이른바 '코로나 사피엔스의 뉴노멀'을 구체화하기가 쉽지 않다는 것이다. 코로나19의 최초 발생과 팬데믹, 사태의 지속화 및 장기화, 단계적 일상회복, 곧 위드코로나(With Corona19) 등등으로 구분할 수 있는 여정을 거치는 동안 '코로나 사피엔스'의 뉴노멀은 어떠한 변화의 모습을 보이게 된 것일까? 이러한 문제에 대한 답을 찾기 위해서는 (2)와 같은 유형화 이상의 접근이 필요하다고 할 수 있다. 이러한 문제 해결의 실마리를 제공해 주는 것이 바로 강희숙(2021), 정한데로(2021) 등의 연구 성과이다.

우선 강희숙(2021)에서는 한국언론진흥재단에서 제공하는 빅카인즈(BIG Kinds)의 뉴스 빅데이터 분석 서비스를 활용하여 코로나19 발생 이후부터 2020년 한 해 동안 새로이 등장한 신어들 가운데 '코로나 뉴노멀' 관련 신어에만 초점을 맞추어 코로나19의 영향으로 나타난 개인의 삶과 사회적 변화를 심층적으로 분석하는 데 관심을 두었다. 그 결과 이 연구에서 제시한 코로나19로 인한 뉴노멀, 곧 새로운 표준 혹은 일상의 변화 양상은 다음과 같다.

(3) ㄱ. 언택트/비대면 문화의 확산

ㄴ. 온택트 소통 방식의 확대

ㄷ. 거대 정부[5]의 진격에 따른 각종 제도 및 경제적 지원의 다양화

ㄹ. 집콕 문화 및 대안적 생활방식 확산

이와 같은 분석 결과를 토대로 하면 코로나19는 코로나 사피엔스에게 크게 네 가지 분야에서 코로나19 이전과는 전혀 다른 뉴노멀 또는 사회 변화를 초래한 셈이다. 흑사병과 스페인 독감 등 역사적으로 출현하였던 다른 팬데믹 현상들과 마찬가지로 코로나19 또한 세계를, 인류의 삶을 송두리째 흔들어 놓았다고 할 것이다(강희숙 2021: 134).

그러나 강희숙(2021)은 2020년 한 해 동안 출현한 코로나19 신어를 토대로 한 것이라는 점에서 코로나19가 팬데믹 수준으로 본격화되고 난 후 2021년 후반기 들어 도입된 새로운 방역체계를 의미하는 단계적 일상회복 또는 위드코로나 시대로 전환되기까지 이루어진 사회 변화를 충분히 반영하지 못하였다는 한계가 있다. 또한 (3)에서 제시한 코로나 뉴노멀은 코로나19 신어의 의미 범주별 빈도를 충분히 고려하지 못한 것이라는 점에서 『신어 2020』, 『신어 2021』에서 확인된 코로나19 신어의 의미 범주별 빈도 등을 고려한 코로나 뉴노멀과 사회 변화의 양상을 좀더 체계적으로 제시할 필요가 있다. 이와 같은 문제 해결의 실마리를 제공하는 것이 바로 정한데로 (2021)라고 할 수 있는바, 이 글에서는 강희숙(2021)을 기본 줄기로 하되, 정한데로(2021)에서 분석한 2020년 한국 사회의 모습과 2021년 사회적 변화 양상

---

5   '거대 정부'의 개념에 대해서는 2020년 4월 27일 자 『중앙일보』 기사 참조.

및 남길임 외 8인(2022)의 『신어 2021』 등을 종합하여 코로나19라는 재난 상황에서 코로나 사피엔스들이 경험한 뉴노멀과 사회 변화를 다음과 같이 구체화하여 기술하고자 한다.

      (4) ㄱ. 공중보건과 경제 위기로 인한 거대 정부의 진격
           ㄴ. 사회적 거리 두기로 인한 언택트/비대면 문화의 확산
           ㄷ. 강제 디지털화를 통한 온택트 소통과 온라인 수업의 확대
           ㄹ. 집콕/방구석 문화의 형성과 대안적 생활방식의 확산
           ㅁ. 사회적 불평등과 양극화의 심화

2. 공중보건과 경제 위기로 인한 거대 정부의 진격

지난 2020년 3월 이후 팬데믹 수준으로 급속히 확산되었던 코로나19는 전 세계적 차원의 공중보건 위기와 함께 1929년 미국 뉴욕 주식시장의 주가 대폭락으로 시작되어 자본주의 국가 전체에 파급되었던 세계 대공황 이후 가장 심각한 경제 위기를 초래하였다. 그 결과 전 세계 거의 모든 정부가 사실상 멈춰버린 경제 엔진을 재가동하기 위해서 천문학적인 돈을 투하하게 되었고, 경제 자체도 대부

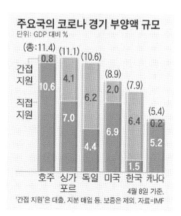

[그림 1] 2020년 4월 8일 기준 주요 국가의 코로나 경기 부양액 규모
출처: 『조선일보』(2020. 4. 21.)

분 정부에 기대어 돌아가는 모양새가 되었다. 2020년 4월 21일 자『조선일
보』에서 코로나 이후 달라질 10가지 패러다임의 전환 가운데 하나로 '거대
정부의 진격'을 들었던 것도 바로 이러한 이유에서라고 할 것이다.[6] 이러한
개념에 비추어 보면, 코로나19 방어를 위해 각국 정부의 존재감이 부각하는
가운데 '거대 정부'가 보편화하였다고 할 수 있는바, 이와 같은 성격의 변화
야말로 코로나19가 초래한 가장 큰 사회 변화였다고 할 것이다.

주지하는 바와 같이, '거대 정부'란 정부의 역할이 커지면서 정부의 조직
또한 비대해지는 정부를 가리킨다. 이와 같은 역할에 대한민국 정부도 예외
가 아니었다. 이른바 'K-방역'이라는 이름으로 전시 수준의 각종 코로나
방역 조치가 이루어지고, 그 이전까지는 '질병관리본부' 수준이었던 기구가
국가 보건 정책 수립의 컨트롤 타워인 '질병관리청'으로 승격[7]되었다. 침체
한 경기 부양을 위해 엄청난 규모의 현금 카드 사용이 이루어지는 한편,
이를 위한 각종 규정 및 제도들이 우후죽순 격으로 생겨나기 시작하였음은
물론이다. 이러한 현상에 주목한 것이 바로 강희숙(2021)이라고 할 수 있는
바, 다음은 이 연구에서 제시한 신어 목록이다.

---

6   같은 의미로 2020년 4월 27일 자『중앙일보』에서는 '거대 정부의 귀환'이라는 용어를
     사용하였다. 코로나의 세계, "거대 정부의 귀환", 중앙일보(joongang.co.kr) 참조.
7   2020년 9월 승격 당시 '질병관리청'은 청장과 차장을 포함하여 5국, 3관 41과 총 1476명
     규모로, 국립보건연구원과 국립감염병연구소, 질병대응센터, 국립결핵병원, 국립검역소
     등의 소속기관을 갖추었을 정도로 거대한 조직이 되었다.

〈표 1〉 코로나19 시기 각종 법령/시스템 및 경제적 지원 제도 관련 신어

분야＼신어	목록	비고
법령 및 시스템	① 코로나 3법, 취합검사법, 원격교육기본법, 집합금지명령, 집합제한명령, 집합중지명령, 공공장소이동제한령, 국가봉쇄령, 전국봉쇄령 ② 마스크5부제, 마스크의무제, 마스크착용의무제, 재난긴급소득지원제도 ③ 생활방역체계, 비상공공의료체계, 재난지도시스템, 공적공급시스템	
경제적 지원 제도	① 재난긴급생활비, 재난생활비, 재난생계지원금, 재난긴급생활지원금, 재난수당, 재난구조수당, 재난생계수당, 재난극복수당, 재난기본소득, 재난생계소득. 재난지원소득, 재난소득기금, 재난생활안정자금, 재난사회보험기금 ② 긴급재난소득, 긴급재난지원소득, 긴급재난기본소득, 긴급고용안정지원금, 긴급민생지원금, 긴급고용지원금, 긴급재난생계지원금 긴급재난금, 긴급생계지원자금, 긴급생존자금, 긴급고용안정자금, 긴급재난생계비, 긴급재난수당, 긴급생계수당, 긴급청년수당, 긴급생활비, 긴급돌봄제도 ③ 정부긴급재난지원금, 국민재난지원금, 국민재난기금, 기업구호긴급자금, 사업유지지원금, 코로나지원금, 코로나채권, 기본재난소득, 기본재난지원금, 비상생계비, 비상생계자금, 아이돌봄쿠폰, 새희망자금, 버팀목자금, 청년긴급수당, 서울시재난생활비	코로나 경기 부양금

<표 1>을 통해 알 수 있는 바와 같이, 코로나19 확산과 관련하여 대한민국에서도 여러 가지 법령 및 시스템의 도입과 함께 각종 지원 방안들이 긴급하게 동원되었다. 특히 법령 및 시스템의 도입보다는 침체된 경제를 회복하기 위한 정부나 지자체 차원의 경기 부양금 지급이 헤아리기 쉽지 않을 정도로 다양하게 이루어졌다. 이는 막대한 돈 풀기가 가능하되, 법절차는 생략할 수도 있다는 거대 정부의 권한을 그대로 보여주는 것이라고 할

것이다. 이렇게 코로나19 팬데믹은 세계화의 물결 속에서 국가 개입을 최소화하고 시장 만능에 맡기고자 했던 신자유주의를 흔들며 막강한 권력과 돈으로 나라 경제를 주도하는 '거대 정부'의 귀환을 촉구한 셈이다. 다음 [그림 2]는 2020년 9월 추석 무렵, 거대 정부의 재난지원금 지급이 어떠한 방식으로 이루어졌는지를 한눈에 파악할 수 있도록 해 주는 사례이다.

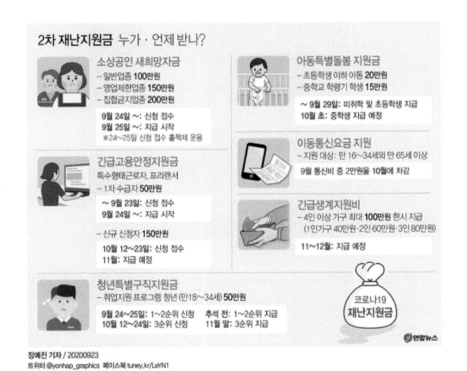

[그림 2] 2차 재난지원금 누가 받나(2020. 9. 23., 『디지털 타임스』)

한편, '거대 정부의 진격'을 보여주는 신어의 사례는 강희숙(2021) 외에도 남길임 외 8인(2022)에서 수집된 총 99개의 2021년 코로나 관련 신어들에서도 여러 가지로 확인된다. 구체적인 사례를 제시하면 다음과 같다.

(5) ㄱ. 반값 임대료법, 세금 멈춤법, 임대료 멈춤법,[8] 재난 시기 상가
　　　임대료 감면법, 코로나 손실 보상법
　　ㄴ. 백신휴가제도, 전 국민 재난지원 패키지[9]
　　ㄷ. 상생 소비 지원금, 청년 특별 구직 지원금
　　ㄹ. 아동 돌봄 특별 지원, 아동 특별 돌봄 지원, 아동 특별 돌봄비,
　　　아동 특별 돌봄 지원금, 아동 특별 돌봄 지원비, 육아 기본소득

이러한 사례를 통해서 다시 한번 확인할 수 있는 바와 같이, 코로나19의 본격적인 확산은 그 대응 방안으로 우리 사회에서 법과 제도의 구비, 지원금 또는 비용 지급, 기본소득의 보장이 지속 또는 확장될 수 있도록 하는 결과를 가져왔다. 이 가운데 (5ㄱ)의 사례들은 코로나19가 자영업자들 또는 임대업자 등의 소상공인들에게 어떠한 경제적 어려움을 초래하였는지를 잘 보여준다. 이와 같은 어려움 때문에 대한민국 정부는 2021년 7월 1일, 감염병 방역 조치로 발생한 소상공인 손실을 국가가 보상하는 법안인 '소상공인 보호 및 지원에 관한 법률 개정안', 곧 「코로나 손실 보상법」을 제정한

8　정식 명칭은 '상가건물 임대차 보호법 개정안'이다.
9　'재난지원금, 상생소비지원금, 소상공인 손실지원금' 등 세 가지 정책을 아우르는 말.

바 있다. 법안의 통과 이전 발생한 손실에는 소급 적용되지 않지만,[10] 기존 손실에 대해서는 "정부가 조치 수준, 피해 규모 및 기존 지원 등을 종합적으로 고려해 충분한 지원을 한다."라는 부칙이 마련되기도 하였다. 앞으로 감염병 예방법상에 따른 집합금지 등 조치로 소상공인이 경영상 손실을 입은 경우 국가가 보상해야 한다는 법적인 근거가 마련되었다는 점에서 그 의미가 적지 않다고 할 수 있다.

(5ㄴ)의 '코로나 휴가 제도'는 코로나19 백신 확보 지연에 관한 논란 끝에 2021년 2월부터 시작된 백신 접종률을 높이기 위해 접종 대상자에게 휴가를 주는 제도가 도입되었음을 보여주는 것이다. 이 '백신휴가제도'는 백신 접종 다음 날 휴가를 부여하고, 이상 반응이 있는 경우 추가로 하루를 더 사용할 수 있도록 하는 제도였는바, 팬데믹 상황이 아니고서는 쉽지 않은 제도가 마련되었다고 할 만한 일이다.

(5ㄷ)의 '청년 특별 구직 지원금'은 자기 주도적으로 취업을 준비하는 만 18~34세 청년들에게 월 50만원씩 6개월 동안 취업 준비에 대한 비용을 지원해 주는 제도이다. 거대 정부의 경제적 지원이 일종의 생애 맞춤형으로 이루어졌음을 반영하는 것으로, 2020년에 지급된 '긴급청년수당'이나 '청년긴급수당'과 그 맥을 같이하는 것이라고 하겠다.

마지막으로 (5ㄹ)은 코로나19가 장기화되면서 아동 양육 또는 돌봄을 위한 사회적 비용 지급이 상당히 큰 비중으로, 또 비교적 여러 가지 제도를

---

10 더불어민주당은 손실 추계에 걸리는 시간과 기존 피해지원금과의 중복 문제 등을 고려해 소급 적용을 제외하였다.

통해 이루어지게 되었음을 보여주는 사례들이다. 이러한 의미의 양육 지원비는 어린이집이 쉬거나 원격수업을 하면서 돌봄 비용 부담이 커진 점을 고려해 초등학생 이하 자녀가 있는 가정에 아동 1인당 소정의 양육비를 현금으로 지원하는 제도들인데, 코로나19 초기에만 하더라도 우리 정부는 7세 미만 아동 263만 명에게 1조 1000억 원 규모의 예산을 배정하기도 하였다.[11] 이러한 예산 배정은 코로나19 극복을 위한 추경안을 통해 이루어진 것으로, 추경에 포함된 사업 가운데 예비비(1조 3500억 원)를 제외하면 가장 규모가 큰 것이었다는 점에서 코로나19는 아동 양육을 위한 사회적 비용 지급의 확대를 긴급하게 요구한 셈이었다고 할 것이다.

3. 사회적 거리 두기로 인한 언택트/비대면 문화의 확산

주지하는 바와 같이 세계보건기구가 지난 2020년 3월 11일 '코로나19 팬데믹'을 선언하게 된 것은 전 세계 코로나 확진자가 10만 명을 넘고, 이탈리아에서의 대규모 확산과 이동금지 봉쇄령, 미국과 프랑스, 스페인 등등 북미대륙에서 유럽 여러 나라로 코로나19가 광범위하게 확산된 데 따른 조치였다(강희숙 2021). 대한민국 역시 코로나19로 인한 사망자가 100명이 넘은 직후, 2020년 3월 22일부터 고강도 '사회적 거리 두기'를 방역 대책으로 내놓기 시작하였다. 행정안전부의 중앙재난안전대책본부, 질병관리본부

---

[11] 구체적으로는 4개월간 매달 10만 원 상당의 지역사랑 상품권인 특별돌봄쿠폰 지급을 통해 이루어졌음이 특징이다. 2020년 3월 4일 자 『경향신문』 보도 참조.

등이 주체가 되어 2020년 3월 22일부터 4월 5일까지 15일간[12] 강력한 사회
적 거리 두기 캠페인을 실시하였고, 이후 4월 6일부터 4월 19일까지 15일을
연장하는 등의 조치를 연이어 내놓기 시작하였던 것이다.

　강도 높은 사회적 거리 두기 캠페인에는 '국민 행동 지침', '직장에서의
개인행동 지침', '사업주 지침' 등이 포함되었다. 이 가운데 '국민행동 지침'
에는 다음과 같은 6가지 수칙이 제시되었음이 특징이다.

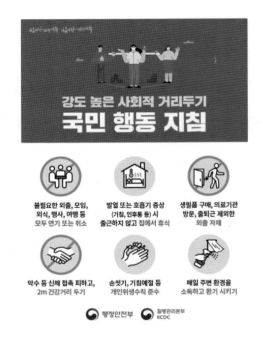

[그림 3] 행정안전부와 질병관리본부에서 제시한 6가지 국민 행동 지침

12　이와 같이 '사회적 거리 두기'를 15일간 실시한 이유는 코로나19의 잠복기가 대략 2주라
　　는 점을 고려한 것이다.

이와 같은 국민 행동 지침을 포함하는 사회적 거리 두기 캠페인은 2022년 4월 18일부터 전면 해제되어 일상 속 실천 방역체계로 전환되는 변화를 겪게 되기까지[13] '생활 속 거리 두기'(2020. 5. 6.~6. 27.), 3단계에서 5단계, 4단계 등 '단계별 적용'(2020. 6. 28.~2021. 10. 31.) 등의 조치가 차례로 이루어지게 되면서 우리의 일상에도 엄청난 변화가 초래되었다. 그 변화의 모습으로 빼놓을 수 없는 것이 바로 '언택트/비대면' 문화의 확산이다. 사회적 접촉이나 지역 간 이동이 자유롭지 못하게 됨으로써 나타난 너무나 당연한 결과였다.[14] 다음은 이와 같은 사실을 반영하는 신어 목록을 하나의 표로 정리한 것이다.

〈표 2〉 언택트/비대면 문화 관련 신어 목록(강희숙 2021)

분야 \ 신어	목록	비고
사회	언택트사회, 언컨텍트사회, 비접촉사회	
경제	언택트경제, 언택트이코노미, 언택트산업, 언택트마케팅, 언택트소비, 언택트영업부, 언택트존, 언택트주, 언택트채용, 언택트 버프, 비대면채용, 비대면바우처[15]	언택트 버프 ← untact buff
교육	언택트러닝, 비대면강의, 비대면시험	
문화	언택트트렌드, 언택트문화, 언택트시네마, 비대면영화관, 비대면주거문화, 언택트족	

---

13 이러한 조치에 따라 영업시간 제한이나 사적 모임 인원 제한, 종교시설 인원 제한 등이 모두 해제되었다. 일주일 후인 2022년 4월 25일부터는 영화관, 실내체육시설 등 실내 다중이용시설의 음식물 섭취 금지도 풀리게 되고 코로나19 감염병 등급 또한 1등급에서 2등급으로 하향 조정되는 등의 변화가 이루어지게 되었다. 2022년 4월 17일 자『디지털타임스』참조.
14 코로나19의 이와 같은 전개 양상에 대해서는 천주희·신영은(2020: 35~51) 참조.

<표 2>의 목록을 통하여 알 수 있듯이, '언택트/비대면 문화' 관련 신어는 사회, 경제, 교육, 문화 등 분야별로 크게 네 가지로 구분할 수 있다. 이러한 유형의 신어들은 몇 가지 눈에 띄는 특징을 드러내는바, 이를 하나씩 기술해 보기로 하겠다.

첫째, '언택트/비대면 문화'가 지배하는 시대 혹은 사회를 가리키는 용어로는 '언택트사회, 언컨텍트사회, 비접촉사회' 등의 신어가 사용되었다. 사실 '비대면'을 의미하는 '언택트'라는 용어는 코로나19 시대의 신어가 아니다. 원래 '언택트'는 지난 2017년 하반기부터 주로 마케팅 분야에서 사람 간의 접촉 없이 이루어지는 '무인 기술' 정도의 의미로 사용되기 시작한 용어였던 것이다. 그러나 코로나19 이후 '언택트'는 단순한 경제 활동에서 벗어나 모든 산업 분야로 확대되어 쓰이거나, 하나의 사회 문화적 현상을 가리키는 말로 자리 잡게 되었다. 구체적인 용례를 몇 가지 제시하면 아래와 같다.

(6) ㄱ. 사회적 차원에서 코로나19는 '**언택트사회**의 도래'를 열었다. 온라인 학습·쇼핑·문화생활 등 정보사회의 만개가 바이러스 폭풍을 통해 예기치 않게 이뤄진 것은 역설적이다.(2020. 5. 27., 경향신문)

ㄴ. 저자는 "**언컨택트 사회**는 예고된 미래였지만, 코로나19의 갑작

---

15 정부가 2010년 10월부터 도입한 제도로 비대면 서비스를 도입하는 중소기업에 그 비용의 90%를 지원하는 '비대면 서비스 바우처' 사업을 가리키는 말이다.

스러운 등장으로 전환 속도가 엄청나게 빨라졌다"며 "새로운
차별과 위험성을 내포한 언컨택트 사회에 대해 본격적인 대응
에 나서야 한다"고 강조한다.(2020. 4. 23., 부산일보사)

ㄷ. 남상우 리치플래닛 대표는 "최근 **비접촉사회** 트렌드가 강화되
면서 굿리치 보험진단 이용자들이 증가하고 있다"면서 "앞으로
뉴노멀을 함께 할 수 있도록 사용자 데이터 등을 더욱 정교하게
분석하고 입체적인 서비스를 제공할 계획이다"고 말했다.(2020.
6. 4., 전자신문)

위 용례들에서 확인할 수 있듯이, 코로나19가 초래한 사회 변화와 관련하
여 쓰이는 신어로는 '언택트사회, 언컨택트사회, 비접촉사회' 등이 사용되
었다. (6ㄴ)의 용례를 보면, 이러한 사회 변화 혹은 전환은 예고된 미래였으
되, 그 전환 속도가 엄청나게 빨라졌음을 확인할 수 있다.

<표 3>의 신어 목록에서 확인할 수 있는 또 한 가지 특징적인 사실은
가장 숫자가 많은 것이 바로 경제 분야 신어라는 것이다. "비대면 경제로의
급격한 전환"을 의미하는 '언택트 버프'라는 신어가 쓰이고 있는 데서 짐작
할 수 있듯이, 비대면 경제 활동이 그만큼 활발하게, 다양한 방식으로 이루
어졌던 것이다. 다음은 '언택트 버프'를 뒷받침하는 2020년 7월 22일 자
『헤럴드 경제』의 보도이다.

국내 모바일 애플리케이션 시장이 코로나19 확산으로 인해 '언택트
버프(비대면 경제로의 급격한 전환)'를 받아 견고한 성장을 이뤘다. 국내

모바일 빅데이터 플랫폼 기업 아이지에이웍스(대표 마국성)는 데이터 분석 솔루션 '모바일 인덱스'로 지난달 모바일 앱 이용 데이터를 지난해 6월과 비교 분석한 결과, 구인 구직과 음원 분야를 제외한 13개 업종에서 앱 이용이 성장했다고 밝혔다.

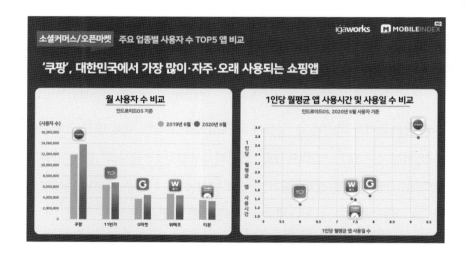

이러한 보도 기사에 따르면, 코로나19의 확산은 모바일 애플리케이션 시장에도 큰 변화를 초래하였다. 즉, 구인 구직과 음원 분야를 제외한 13개 업종에서 앱 이용이 성장하였으며, '쿠팡'의 경우 대한민국에서 가장 많이, 자주, 오랫동안 사용되는 쇼핑앱으로 성장하는 계기가 되기도 하였다.

코로나19 상황에서 이루어진 비대면 경제로의 급격한 전환을 보여주는 또 다른 사례로는 '키오스크(kiosk)', 곧 상품이나 음식 주문을 위해 활용되는 무인 정보 단말기의 폭발적인 확산을 들 수 있다. 원래는 주로 정부 기관이나 은행, 백화점, 전시장 등에 설치되어 있던 '키오스크'가 어느새 음식점의 탁자 위에까지 올라와 거의 모든 주문과 결제가 비접촉의 상황에서 이루어지도록 하는 변화가 이루어진 것이다. 다음은 이와 같은 변화의 모습을 보여주는 보도 자료이다.

코로나바이러스로 인해 비대면 문화가 확산하면서 아르바이트생 대신 **키오스크**를 도입하는 매장들이 급증했다. 숙박 플랫폼 업체 '야놀자'는 자사 키오스크 판매량이 "코로나 이후 월평균 63%씩 증가했다."라고 했고, 병원 예약 플랫폼 '똑닥'도 지난해 12월 자사 키오스크를 새로 도입한 병원 수가 전년 대비 13배 증가했다고 밝혔다. 수요가 커지자 삼성전자와 CJ올리브네트웍스 등 대기업까지 키오스크 사업에 뛰어들었다.

키오스크는 휴대전화 매장·호텔·전통시장까지 파고들었다. 조계사는 국내 종교계 최초로 기부금을 현금이나 카드로 결제할 수 있는 '키오스크 보시함'을 설치했다.(2021. 3. 20., 조선일보)

4. 강제 디지털화를 통한 온택트 소통과 온라인 수업의 확대

코로나19 확산의 저지 방안으로 도입된 강력한 사회적 거리 두기 캠페인은 대부분의 의식주, 엔터테인먼트 서비스가 온라인을 기반으로 이루어지는 '온택트(ontact)' 소통 방식을 코로나 사피엔스의 또 한 가지 뉴노멀로 등장시켰다. 이러한 온택트 소통 방식의 확산은 강제 디지털화를 통해 일거에 이루어진 변화라고 할 수 있는바, 이를 뒷받침하는 것이 강희숙(2021)에서 제시하고 있는 온택트 관련 신어 목록이다.

〈표 3〉 온택트 관련 신어 목록(강희숙, 2021: 126-127)

분야＼신어	목록	비고
사회	온택트시대, 랜선시대, 줌시대, 줌세대, 베이비주머스, 주머[16]	주머 ← zoomers
경제	온택트경제, 온택트마케팅, 온택트소비재	
교육	온라인개학, 온라인강의, 온라인시험, 랜선강좌, 랜선육아반, 랜선야학, 화상교실, 화상지도교실, 원격교육선도학교	랜선야학: 방과 후 맞춤형 멘토링 프로그램.
문화	온택트문화, 온택트공연, 온택트외교, 온택트피트니스, 온택트회의, 랜선문화, 랜선놀이, 랜선생파, 랜선축하, 랜선축제, 랜선술자리, 랜선호캉스, 랜선해외여행, 랜선운동, 랜선여행족, 사이버술자리, 줌문화, 줌룰렛, 줌에티켓, 줌폭탄	줌룰렛: 회의 주최자가 무작위로 소규모 가상 회의를 조성하는 것.

이러한 신어 목록을 통해 알 수 있는 바와 같이 '온택트' 소통 방식 관련 신어는 사회, 교육과 경제, 문화 등 분야별로 다양하게 형성되어 있되, 특히 문화 관련 신어가 가장 높은 빈도로 사용되고 있다. 그만큼 온택트를 기반으로 하는 삶의 양식의 변화가 다양해지고 있음을 반영하는 것이라고 할 것이다.

---

16 '주머'(Zoomers)란 베이비붐 세대를 뜻하는 부머(Boomers)에 빗대어 사용하는 말로 '줌 세대'의 이칭이다.
미 언론들은 아예 줌을 애용하는 젊은 세대를 'Z세대'가 아닌 '줌 세대', 혹은 베이비붐 세대를 뜻하는 부머(Boomers)에 빗대 주머(Zoomers)라고 이름 붙였다.(2020. 3. 25., 『조선일보』)

중요한 사실은 <표 3>의 신어를 통해 엿볼 수 있는 코로나 뉴노멀 또는 사회 변화의 양상으로 맨 먼저 언급할 수 있는 것이 바로 수업이나 회의를 화상으로 진행하는 플랫폼으로 줌(zoom)이나 웹엑스(Webex)의 활용이 폭발적으로 증가하였다는 것이다. 특히 줌의 경우, 애초에 무료로 플랫폼을 제공하였던 전략이 주효하여 다른 어떤 플랫폼보다 사용률이 높았다고 할 수 있는바, [그림 4]의 사례에서 보듯이 지자체나 대학 차원의 '줌 활용 교육' 프로그램들도 활발하게 생겨났다. '줌시대, 줌세대, 베이비주머스, 주머'와 같은 신어들이 형성된 것도 바로 그러한 이유에서라고 할 것이다.

한편, '온택트경제, 온택트마케팅, 온택트소비재' 등 경제 분야 온택트 관련 신어들 역시 코로나19의 확산 및 장기화의 결과로 온라인 시장이 확대되는 변화를 반영하는 것이라는 점에서 주목할 필요가 있다. 다음 보도 자료를 통해 확인할 수 있듯이, 판매와 소비가 모두 온라인을 통해 이루어지는 '온택트경제' 또는 '온택트마케팅'은 코로나19 팬데믹 선언 이후 비교적 이른 시기부터 활발하게 전개된 것이 특징이다.

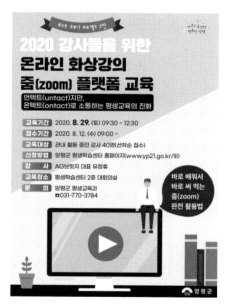

[그림 4] 경기도 양평군에서 실시한 온라인 화상강의 줌 플랫폼 교육 포스터

(7) ㄱ. 최근 소비 트렌드로 자리잡은 '언택트(Untact)'에 연결의 의미
를 더한 '온택트(Ontact)' 문화가 확산되고 있다. 이노션 월드
와이드가 발표한 '바이러스 트렌드' 빅데이터 분석 보고서에
따르면 언택트를 넘어 온라인을 통해 외부와의 '연결'을 일상
화하는 온택트 적용 사례가 다양한 분야에서 증가하고 있다.
패션·유통업계도 예외가 아니다. 온라인을 통해 소비자들과 다
양하게 소통하는 '온택트' 마케팅 활동을 펼쳐 눈길을 끈
다.(2020. 5. 8., 매일경제)

ㄴ. **식품업계가 유튜브, 인스타그램 등 SNS(사회관계망서비스)를**
통한 '온택트' 마케팅에 적극 나서고 있다. 코로나19(COVID-19)
로 인한 비대면(Untact·언택트) 문화가 확산하면서 접촉이 어
려워진 소비자와 온라인으로 소통하겠다는 전략이다.(2020. 5.
12., 머니투데이)

위의 사례는 코로나19 팬데믹이 선언되고, 우리 사회에서 사회적 거리
두기 캠페인이 시작된 지 얼마 되지 않은 시기인 2020년 5월부터 패션 유통
업계는 물론 식품업계 또한 판매 및 소비 형태의 변화로 온택트 마케팅
방식의 도입이 활발하게 이루어졌음을 보여주는 것이다. 주지하는 바와 같
이 코로나19가 발생하기 훨씬 전인 2000년대 이후부터 디지털 시대의 경영
방식으로 이커머스(e-commerce) 방식의 도입이 이루어졌다. 코로나19는 이
와 같은 패러다임의 변화를 가속화하였는바, 결과적으로 '온택트 마케팅'이
활성화되는 결과를 초래하였다고 할 것이다. 다음 보도 자료 또한 코로나19
시기에 활성화된 온택트 소비의 일단을 보여주는 것이다.

2020년을 강타한 코로나19 영향으로 '온택트'(Ontact) 소비가 일상화됐다. '온택트'는 비대면을 일컫는 '언택트'와 온라인을 통한 외부와의 연결(On)을 더한 개념이다. 사회적 거리 두기와 집콕 생활 장기화로 소비생활에 온라인 채널 의존도가 높아졌다.

식사부터 여가까지, 늘어난 집콕 생활로 인해 생겨난 모든 수요를 온라인에서 해결하는 사람들이 늘고 있다. 실제로 대한민국 온라인 유통기업 1위 이베이코리아가 운영하는 G마켓과 옥션에서 최근 한달(11/13~12/13)을 기준으로 전년 동기 대비 판매량 증감률을 살펴본 결과, 카테고리 전반에 걸쳐 이런 현상을 확인할 수 있었다.(2020. 12. 18., 세계일보)

'온택트 마케팅'의 경우와 마찬가지로 온라인 수업 또한 코로나19 시기에 이르러 폭발적으로 증가를 보였다는 점에서 별도의 기술이 필요하다. 즉 <표 4>에서 확인할 수 있듯이, 교육 분야의 온택트 관련 신어로는 '온라인 개학, 랜선강좌, 화상교실' 등을 포함하여 비교적 다양한 용어가 제시되어 있는데, 코로나19 팬데믹으로 인한 '온택트 문화'의 확산이 초래한 사회적 영향으로 또 한 가지 빼놓을 수 없는 것이 바로 교육 현장의 변화라는 점에서 특기할 필요가 있는 것이다. 다음은 이와 같은 사회 변화의 단면을 확인할 수 있는 한 저널[17]의 보도 자료이다.

우리 사회는 코로나19의 공습 이후 급속히 비대면 시대로 전환되고

---

17 2020년 9월 28일 자 『KISO 저널』 제40호 참조. https://journal.kiso.or.kr/?p=10504

있다. 비대면 시대는 우리의 삶 곳곳에서 변화를 촉발하고 있지만 가장 큰 변화 중의 하나는 '교육'이다. 유네스코의 통계에 따르면 전 세계 59.9%의 학생들은 여전히 학교 폐쇄로 등교를 기다리고 있으며, 많은 국가에서 중단 없는 학습을 위한 고민이 깊어지고 있다.

우리나라는 이러한 위기 상황에 대응해 학생건강과 안전보장, 학습공백 최소화를 위해 세계 최초로 전면적인 **온라인 개학**을 실시했다. 3월 31일부터 단계적 방식에 의해 시작된 **온라인 수업**은 2학기를 맞이한 현재에도 학교 상황에 따라 등교수업과 병행되고 있다.

주지하는 바와 같이, 코로나19의 국내 유입과 확산이 급속해짐에 따라 지난 2020년 2월, 대한민국 교육부는 긴박하게 개학 연기조치를 하였다. 이후 3월 들어서는 학교급과 학년에 따라 순차적으로 온라인 개학이 발표되었다. 이와 같은 일련의 조치를 통해 우리나라는 초중고생 약 540만 명, 대학생 약 300만 명을 대상으로 비대면 원격 교육이 전 국가적 교육 체재로 시행되는 국면을 맞이하게 되었다.[18]

강대중 외 16인(2020)에 따르면 지난 20여 년간 디지털 교과서 도입, 스마트교실 운영, 블렌디드 러닝 등 교실 수업 혁신을 위한 정책적 노력이 계속되었음에도 불구하고 학교 현장에서는 체감할 수 있는 큰 변화가 없었다.[19]

---

18 김상미(2020: 1092) 참조.
19 김동심, 이명화(2019)에 따르면, 고등교육에서 맞춤형 교육이나 유연한 교육과정을 제공하기 위해 온라인교육이 강화될 필요성에 대해 공감하고 있었으나, 실제 각 대학은 5% 이내(MOOC, KOCW 등 포함)의 온라인 교육만 운영해 오고 있었다.

그러나 코로나19 발생 이후 불과 몇 달 만에 각급 학교의 수업 양상이 완전히 바뀌었다고 할 수 있는 만큼 코로나19는 짧은 기간 안에 그야말로 전격적으로 우리의 교육을 온라인, 비대면, 원격수업으로 대전환하도록 만드는 엄청난 작용을 한 셈이 되었다. 이와 같은 수업 방식의 변화는 코로나19의 확산을 저지하기 위해 도입된 강력한 사회적 거리 두기 실천의 일환이었음은 주지의 사실이다.

코로나19 이후 이루어진 온라인 교육의 전면적 확산은 이 시기에 이루어진 언론 보도의 증가와 학계의 연구 성과를 통해서도 확인할 수 있다. 우선 한국언론진흥재단에서 제공하는 빅카인즈(BigKinds) 자료에서 '온라인 교육'을 키워드로 하는 언론 보도의 빈도를 하나의 그래프로 제시하면 다음과 같다.

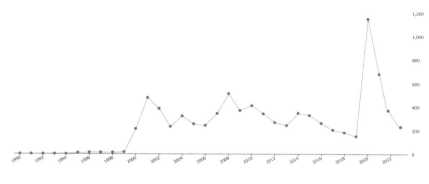

[그림 5] '온라인 교육'에 대한 언론 보도의 빈도 추이

위 그림에서 확인할 수 있는 바와 같이, '온라인 교육'에 대한 우리의 언론 보도는 코로나19 팬데믹이 발생한 직후인 2020년 들어 급격하게 상승

하는 모습을 보인다. 즉, 코로나19 발생 직전인 2019년 149건으로 5년 전인 2014년 이후 계속해서 감소세를 보이던 언론 보도가 2020년 1,182건으로 지난 30년간 가장 높은 빈도를 보일 정도로 급격한 상승률을 보이게 된 것이다.

코로나19 이후 나타난 '온라인 교육'에 관한 학계의 관심 또한 괄목할 만한 변화를 보인다. 다음은 최근 10년 동안 이루어진 '온라인 교육'을 키워드로 하는 KCI 등재 논문의 연도별 변화이다.

〈표 4〉 최근 10년간 '온라인 교육'에 관한 KCI 등재 논문의 연도별 빈도

연도	2014	2015	2016	2017	2018	2019	2020	2021	2022	2023
빈도	11	3	4	5	6	11	32	48	52	19

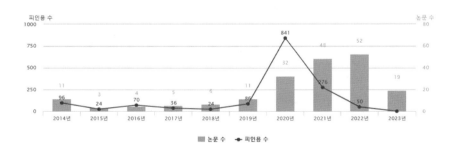

[그림 6] 최근 10년간 '온라인 교육'에 관한 KCI 등재 논문의 연도별 빈도

<표 4>와 [그림 6]을 통해 알 수 있는 바와 같이, '온라인 교육'을 키워드로 하는 KCI 등재 논문의 경우, 2019년 11편에 지나지 않았으나 2020년

들어 거의 세 배 정도 증가한 32편의 논문이 발표되었다. 피인용 수 또한 841을 차지하여 압도적인 빈도를 보이고 있음을 알 수 있다. 이후 2021년에는 48편, 2022년에는 52편의 논문 편수를 보이는 등 꾸준한 증가세를 보였음이 특징이다.

코로나19 팬데믹으로 인한 교육 체제의 대전환에서 핵심 의제로 부각한 비대면 수업, 원격 교육, 이러닝, 온라인 수업 등의 주요 이슈들은 우리 사회 구성원 전체가 주목하고 경험한 하나의 사회 현상이 되었다(김상미 2020: 1092). 이러한 사회 변화와 관련하여 2020년 6월, 경기연구원에서는 "코로나19가 앞당긴 미래, 교육하는 시대에서 학습하는 시대로"라는 제목의 이슈 & 진단 결과를 제시하였다. 이러한 진단은 코로나19 이후 우리 교육에

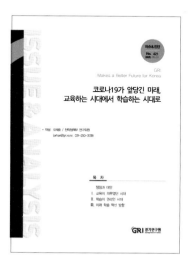

[그림 7] 2021년 6월, 경기연구원에서 제시한 이슈&진단 결과

서 이루어지게 될 질적인 변화를 암시하는 것이라고 할 것이다. 이 보고서의 진단에 따르면 코로나19는 교육이 의무였던 시대에서 학습이 권리인 시대로 제도권 교육과 학교의 본질이 바뀌는 계기가 되었다. 즉, 인간은 교육자가 아닌 학습자로 태어난다는 의미에서 학습이 교육보다 근원적인 활동이라고 할 수 있는바, 학습할 권리가 보편적인 정당성을 갖는 기본적 인권으로 발전하게 되었다는 것이다. 다만, 이와 같은 학교 교육의 본질적

전환을 위해서는 다음과 같은 세 가지 차원의 교육 혁신이 전제되어야 한다는 사실도 함께 제시되었다.

첫째, 학교는 전통적인 교실에서 온라인과 지역사회로 학습을 위한 시공(時空)을 넓히는 한편, 교사는 학생이 원하는 것을 배우도록 돕는 역할로 전환해야 한다.

둘째, 교사는 개별 학생 수준에 맞춰 학습을 제공하고 학습 성과에 대해 즉각적으로 피드백하는 지능형 개인 교습 체제(ITS)를 갖추어야 한다.

셋째, 국가와 지방자치단체는 감염병이 보편화하는 시대에 대응력을 갖춰 공교육 체질을 개선하고, 온라인 학습 여건을 갖추지 못한 취약계층에게 디지털 기기와 인프라를 보급하여 공정한 학습 여건을 마련해야 한다.

한편, 온라인 기반의 비대면 수업은 초중등 교육은 물론, 비교적 보수적 성향을 보이던 대학 교육에도 엄청난 변화를 가져왔다. 이와 같은 변화에 관해서는 대학에서 진행된 온라인 교육 실태나 만족도에 대한 연구 성과를 통해 확인할 수 있다. 김남일(2020), 김종두(2020), 오대영(2020), 이동주·Misook Kim(2020), 김해령(2020), 최원경(2020), 최정선·권미경·최은경(2020) 등이 그것이다. 연구 결과, 예컨대 이동주·Misook Kim(2020)[20]에서는 시공

---

20 이는 코로나19 상황에서의 대학 온라인 원격교육 실태와 인식 조사를 목적으로 우리나라 중부권 종합사범대학의 영어교육과 학부생과 대학원생 120명을 대상으로 한 설문조사

간적으로 제약이 없이 편리하게 학습할 수 있을 뿐만 아니라 감염병에 대한 걱정을 덜 수 있으며, 경제적이기도 하다는 등의 이유로 학생들이 비대면 원격수업을 선호한 것으로 파악하였다.[21]

온라인 수업의 확대는 학습 환경의 변화뿐만 아니라 학생들의 일상에도 큰 변화를 초래하였음이 물론이다. 대학생 4명을 대상으로 4달여간의 포토보이스 방법을 통해 온라인교육 확대에 따른 대학생의 학습과 일상의 변화를 살펴본 김동심(2022)에 따르면, 학생들은 그동안 시공간의 이유로 제한되었던 대외활동을 비롯한 다양한 활동을 적극적으로 찾아 이행하는 한편, 여유로운 시간 덕분에 부모와의 관계가 더욱 끈끈해지고 친한 친구와의 관계도 더욱 돈독해지는 등 인간관계의 회복에도 긍정적인 영향을 끼치게 되었음이 확인되었다.

마지막으로 <표 3>에서는 '온택트, 랜선, 사이버, 줌' 등을 선행 요소로 하는 온택트 문화 관련 신어들도 비교적 다양하게 나타나고 있음을 보여준다. 이러한 신어들은 온택트 시대에 이루어진 삶의 변화를 보여준다는 점에서 우리의 눈길을 끄는 것들이다. 구체적인 용례를 몇 가지 제시하면 다음과 같다.

결과이다.

[21] 이와 같은 평가는 비대면으로 이루어진 시험에 대해서도 비슷하게 이루어졌다. 시험에 대한 큰 부담감이 없이 편한 시간과 장소에서 완성도 높은 답안을 작성할 수 있고, 단순 암기 능력이 아닌 서술이나 논술형 방식의 통합적 지식 활용 능력을 발휘할 수 있다는 점이 그 이유였다.(이동주·Misook Kim 2020: 373)

(9)ㄱ. 방탄소년단이 **온택트공연**(On-Contact) '방방콘 The Live'와 함께 75만 아미(ARMY, 팬덤명)와의 음악적 교감을 새롭게 하며, 코로나19 속 글로벌 대중에게 희망의 기운을 불어넣었다.(2020. 6. 15., 전자신문)

ㄴ. 서울 중구의 부티크 호텔 레스케이프는 집에서 온라인으로 호텔 구석구석을 둘러볼 수 있는 '레스케이프 **랜선호캉스**' 이벤트를 진행하고 있다고 13일 밝혔다.(2020. 4. 14., 동아일보)

ㄷ. 인스타그램에는 모니터 앞에서 지인들과 술잔을 맞대는 사진이 '#**랜선술자리**' 해시태그와 함께 28일 오전 10시 기준 1000개 이상 올라왔다.(2020. 8. 30., 조선일보)

ㄹ. '**줌 에티켓**'도 빠르게 자리 잡고 있다. 화장실 혹은 식사 등을 위해 자리를 뜰 때 양해를 구하고, 대화할 때 화면을 정면으로 바라보며, 방 개설자는 가장 마지막에 자리를 뜨는 것 등이다.(2020. 3. 26., 조선일보)

이와 같은 사례 외에도 『신어 2021』에서 확인된 온택트 관련 신어들 또한 적지 않다. '랜선사원, 랜선코칭, 코비디오 파티(covideo party)' 등이 그 예이다. 구체적인 용례를 제시하면 다음과 같다.

(10) ㄱ. 홀로 근무하는 '**랜선사원**'이 늘어나는 등 일하는 방식이 바뀌면서 직장인의 덕목도 바뀌고 있다. '성실함' '분위기 메이커' '적극성' 등은 이제 인정받기 어렵다.(2021. 1. 6., 동아일보)

ㄴ. 카카오와 카카오커머스가 전국 6개 창조경제혁신센터와 손잡

고 '2021 카카오 클래스-톡스토어 **랜선코칭** 클래스'를 진행한
다.(2021. 6. 18., 전자신문)

ㄷ. **코비디오 파티**란 코로나19로 줌 등 온라인 화상 프로그램을 이
용해 파티를 열고 함께 즐기는 것을 뜻합니다.(2021. 12. 23., 한
국인재능력개발원 블로그)

5. 집콕/방구석 문화의 형성과 대안적 생활 방식의 확산

코로나19가 초래한 뉴노멀의 삶의 방식 가운데 하나로 또 한 가지 빼놓을
수 없는 것으로 '집콕/방구석 문화'의 형성 및 이전의 방식과 전혀 다른
대안적 생활방식의 확산을 들 수 있다. 이 모두가 코로나19 팬데믹을 견디며
살아가야 하는 코로나 사피엔스의 뉴노멀이었음은 물론이다. 다음은 이와
같은 상황을 잘 보여주는 보도 기사의 일부이다.

신종 코로나바이러스 감염증(코로나19)이 날로 확산하면서 외출을 기
피하는 사람들이 늘고 있다. 재택근무 확대, 회식·약속 취소 등으로 여유
시간은 늘었음에도 바이러스가 기승을 부리는 거리, 외출 필수품이 된
마스크 품절 등으로 유동인구 자체가 줄고 있다는 분석도 나온다.

26일 코로나19 확진자가 1000명을 넘어서면서 직장인들의 저녁 및
주말 약속이 점차 취소돼 여유 시간이 늘고 있지만, "마냥 달가워할 수는
없다"는 분위기가 나오고 있다. 대기업에 다니는 A 씨는 "**개인 약속은
물론 회의·출장도 다 취소돼 집에만 있다**"며 "**선택의 여지 없이 집 안에
만 머물러야 해 답답하다**"고 말했다. 실제 오프라인 데이터 기업 '제로

웹'에 따르면 지난 주말(22~23일) 부산 시내 유동인구는 한 달 전인 1월 주말(25~26일)과 비교해 평균 20% 줄어들었다. 부산 최대 상권 서면이 있는 부산진구 유동인구는 39.2%나 줄어 감소 폭이 가장 컸다. 스포츠를 즐기는 중견기업 직장인 B 씨도 "**동네 스포츠센터가 문을 닫아 취미생활을 할 수 없다**"고 했다. **수영장 등 지방자치단체가 주민복지 차원에서 운영하는 공공체육시설은 지난 주말부터 무기한 휴관에 들어갔다.**

(2020. 2. 26., 문화일보)

위 기사를 통해 알 수 있는 바와 같이, 감염병에 관한 공포가 극심했던 코로나19 초기부터 '집콕'은 필수 불가결의 선택이었다. 또한 동네 스포츠센터는 물론 공공 체육시설도 모두 문을 닫거나 무기한 휴관에 들어가는

[그림 8] 인천문화예술회관에서 기획한
추석 연휴 집콕 문화생활
(2020. 9. 29.~10. 4.)

등의 조치가 취해짐으로써 한동안은 모든 것이 멈춰버린 듯한 상황이 되었다. 그 결과 코로나 사피엔스들은 극심한 고립감과 함께 이른바 '코로나 블루(corona blue)' 또는 '코로나 레드(corona red)', '코로나 앵그리(corona angry)' 등의 신어로 표현되는 심한 우울증 혹은 분노 감정까지 경험하게 되는 형국이 되었다.

그러나 감염병의 세계적 확산에 따른 팬데믹 선언에 이어 코로나19가 장

기화되어 그 끝을 예측하기 어려운 상황이 되면서 '집콕'은 하나의 문화 현상으로 자리 잡게 된다. 구체적인 사례를 몇 가지 제시하면 다음의 [그림 8]~[그림 10] 등과 같다.

이러한 사례를 통해 알 수 있는 바와 같이, 코로나 사피엔스들은 '집콕' 시대라고 해서 집안에만 틀어박혀 무료하게 시간을 허비하지는 않았다. 직접 예술회관이나 극장에 나가야만 가능했던 다양한 예술 활동을 네이버TV나 유튜브 채널을 통해 체험하기도 하고([그림 8] 참조), 집으로 배달된 집콕 꾸러미([그림 9] 참조)²²를 재료로 ACC(국립아시아문화전당)의 주요 공간과 콘텐츠를 그림으로 체험하는 등의 다양한 문화생활을 경험하기도 하였다. 2021년 2

[그림 9] ACC와 함께하는 슬기로운 집콕 문화생활 포스터

[그림 10] 집콕 문화생활 설 특별전 포스터

---

22 이 꾸러미는 ACC 주요 공간과 콘텐츠를 그림으로 담아 스크래치 기법과 채색을 통해 ACC를 체험할 수 있도록 구성됐으며, 2021년부터 ACC 문화상품점을 통해 정식 판매되기도 하였다.

월 10일부터 14일까지는 문화체육관광부에서 기획한 '집콕 문화생활 설명절 특별전'을 통해 국공립문화예술기관의 특집공연과 전시회를 한 자리에서 감상할 수 있는 기회가 마련되기도 하였다([그림 10] 참조).

코로나19 전 기간에 걸쳐 형성된 집콕 문화 생활은 단순히 문화 콘텐츠를 소비하는 것으로 그치지 않았다. 집안에서 이루어질 수 있는 또 다른 활동이나 취미생활이 다양하게 이루어진 것이 그것이다. 이와 같은 변화의 모습을 뒷받침해 주는 것이 바로 '홈트'를 비롯하여 '집꾸(미기), 방꾸(미기), 데(스크)꾸(미기)', '데스크테리어', '식덕, 식집사, 풀멍' 등의 신어들이다. 구체적인 용례를 제시하면 아래와 같다.

(11) ㄱ. 코로나19 재확산으로 인해 다시 집콕 생활이 강조되면서 '**집꾸**(집 꾸미기)'에 관심을 기울이는 이들이 늘고 있다. 업계에서도 **집꾸** 수요를 고려한 기획전으로 코로나가 불러온 불황 타개에 집중하고 있다.(2020. 8. 29., 헤럴드경제)

ㄴ. 코로나19 재확산으로 인해 다시 재택근무가 늘고 사회적 거리 두기 2.5단계로 한동안 프랜차이즈 카페 문도 닫히면서 '방꾸미기(**방꾸**)' '데스크꾸미기(**데꾸**)' '**데스크테리어**(데스크+인테리어)'도 인기다.(2020. 9. 17., 한국경제)

(12) ㄱ. 사회적 거리 두기로 집에서 많은 시간을 보내는 사람들이 반려식물을 가꾸며 답답한 마음을 달래고 있다. '**식린이**(식물 + 어린이의 준말)'부터 '**식덕**(식물 덕후의 준말)'까지. 코로나에 지친 마음을 치유하려는 반려식물 입문자들을 위한 홈 가드닝

전문 프로그램, EBS <소소한 행복, 정원일기>를 만나보자. (2020. 11. 28., 한국강사신문)

ㄴ. 테라스에 앉아 커피를 마시며 반려식물 '**식멍**'으로 에너지를 충전한 경수진은 연장을 챙겨 들고 반려묘 호두를 위한 캣타워를 뚝딱 만들었다.(2021. 6. 26., 이데일리)

ㄷ. 기성세대의 전유물로 여겨졌던 원예 문화가 '**식집사**'(식물+집사)라는 이름으로 2030에게도 인기를 끌고 있다. 원예업계 종사자들에 따르면 코로나19 이전 대비 2030의 식물 구매가 최소 20% 이상 증가했다고 한다. 집에 있는 시간이 늘어나면서 우울감을 없애고자 반려식물을 찾는 젊은 세대들이 늘었다는 설명이다.(2021. 7. 29., 서울신문)

ㄹ. 전시는 최근 '**식집사**'들 사이에서 유행하는 '**풀멍**'(풀을 보며 넋 놓기)을 하며 코로나19와 무더위에 지친 몸과 마음을 추스르기에 제격이었다.(2021. 7. 29., 경향신문)

(13) ㄱ. 감염 우려가 높은 헬스장에 가지 않고도 집에서 간편하게 운동을 할 수 있는 '홈 트레이닝'도 인기를 얻고 있다. 특히 집에서 할 수 있는 맨손 운동을 가르쳐주는 유튜브 영상콘텐츠를 보며 집에서 운동하는 '**홈트족**'들이 늘고 있다.(2020. 3. 10., 대전일보)

ㄴ. '혼술'과 '**홈술**'이 코로나 시대 뉴노멀로 자리잡았다. 사회적 거리 두기 여파로 술자리는 다양한 모습으로 바뀌었다. 많은 사람들과 함께하던 술자리는 줄고 집에서 혼자 술을 마시는 이들이 늘었다. 다양한 미디어를 통해 비대면으로 **홈술**을 즐기는 이들도 적지 않다.(2021. 3. 7., 뉴시스)

위의 신어들은 강력한 사회적 거리 두기 캠페인으로 인해 형성된 집콕 문화를 반영한 것들로, 크게 세 가지 부류로 유형화할 수 있다. (11)의 '집꾸, 방꾸, 데꾸, 데스크테리어' 등은 집안이나 생활하는 데 필요한 가구를 꾸미거나 치장하는 것과 관련되는 신어라고 하면, (12)는 집안에만 있어야 하는 답답함을 달래기 위해 반려식물을 가꾸는 것과 관련되는 신어들이다. '식린이', '식덕'을 비롯하여 '식멍', '식집사', '풀멍' 등등 비교적 다양한 종류의 신어들이 새로이 형성되어 사용되었다. 집콕 생활의 답답함과 코로나 우울증을 달래는 데 반려식물의 역할이 작지 않았음을 반영하는 것이라고 할 수 있다. 마지막으로 (13)의 '홈트'는 건강을 유지하기 위한 방법으로 집안에 간단한 시설을 갖춰 운동을 하는 것을, '홈술'은 집에서 마시는 술을 의미한다.

한편, '집콕 문화'의 등장과 비슷한 시기에 새롭게 등장한 문화가 바로 '방구석 문화'이다. 다음은 이러한 변화의 모습을 감지할 수 있게 해 주는 보도 기사의 일부이다.

코로나의 확산으로 인해 오프라인 활동이 주이던 문화생활들은 코로나를 거친 후, 다양한 온라인 콘텐츠들로 대체되어지고 있다. 박물관이나 전시관에 직접 가야 문화생활을 할 수 있던 과거와는 달리, 유튜브 등의 스트리밍 사이트를 활용하여 내 방에서도 간편하게 문화예술을 즐길 수 있는 시대가 도래하고 있는 것이다. 한정된 인원으로 진행되는 연극이나 영화 등도 누구에게나 오픈된 영상콘텐츠 등을 통해 손쉽게 무료로 즐길 수 있게 되었다. **박물관들도 페이스북, 인스타그램 등의 SNS를 활용하여 카드 뉴스나 영상 형태로 집에서도 전시실을 체험할**

수 있게 하며, VR/AR 등을 활용한 영상기술들을 접목하여 실제로 박물관에 있는 느낌을 줄 수 있도록 방구석에서도 문화생활이 가능하게 하고 있다.(2020. 4. 30., campusN)[23]

위 기사를 통해 알 수 있는 바와 같이, 코로나를 거치면서 오프라인 활동이 주이던 문화생활들은 다양한 온라인 콘텐츠들로 대체되었다. 그 결과 방구석에서도 문화생활이 가능하게 되었는바, 구체적인 사례를 몇 가지 제시하면 다음과 같다.

[그림 11] 중소벤처기업부의 방구석
문화생활 포스터(2020. 4. 3.)

[그림 12] 방구석 1열에서 느끼는
울산문화예술회관 온라인콘텐츠
(2022. 1. 20.)

[그림 13] 울주군정신건강복지센터의
릴레이방구석 챌린지(2020. 9.1.~9. 18.)

위 그림들을 통해 코로나19의 확산과 함께 '방구석 문화'의 확산 또한 비교적 다채롭게 전개되었음을 알 수 있다. 특히 [그림 11]의 포스터는 코로나19 팬데믹 선언이 이루어진 지 한 달도 채 안 된 시점에서 만들어진 것이라는 점에서 '방구석 문화'가 '집콕 문화'와 거의 동시에 형성된 것임을 알 수 있다.

흥미로운 사실은 원래 '방구석'이란 단어는 사전적 의미 가운데 하나로 "방 또는 방안을 속되게 이르는

말."이었다는 것이다. 따라서 다음 용례들에서 볼 수 있는 것처럼 긍정적 맥락이 아닌 부정적 맥락에서 사용하는 것이 일반적이었다.

⒁ ㄱ. 도서관에서 책을 보는 우아한 습관의 독서가들도 있지만 나에
　　게 책은 오로지 **방구석**이다.(https://ch.yes24.com/)
　ㄴ. 무슨 놈의, 옴대가리 찜쩌먹는 소릴 하는 게야? 누군 **방구석**에
　　서 구들만 지키고 있었나?(박경리, 『토지』 5)

위 용례들 가운데 (14ㄱ)은 인터넷 잡지 '채널 24'에서, (14ㄴ)은 박경리의 소설 『토지』에서 사용된 예이다. 이러한 용례에서처럼 '방구석'은 원래 부

정적 맥락에서 주로 사용되는 것이 일반적이었다고 할 수 있다. 그러나 인류의 삶을 일시에 전환되도록 만든 코로나의 위력은 '방구석'의 의미를 새롭게 변화시킨바, 부정적 의미가 아닌 '긍정적, 또는 중립적 의미를 지니게 되었다고 할 수 있다. 결과적으로 코로나19는 한국어 어휘의 의미에도 영향을 끼치게 되었는바, '방구석'을 일종의 의미적 신어로 변화시키는 작용을 하게 된 것이 아닐까 한다.

이상의 논의가 '집콕/방구석' 문화의 형성과 관련된 것이었다고 한다면, 사회적 거리 두기의 영향으로 나타난 또다른 뉴노멀 또는 사회 변화로 이전의 생활 방식과는 다른 대안적 생활방식이 다양하게 시도되었음을 들 수 있다. 우선 이와 같은 생활방식의 변화를 반영하는 신어들로는 다음과 같은 사례들이 있다.

(15) ㄱ. 코로나19의 재확산과 사회적 거리 두기 2.5단계 시행으로 대부분의 헬스장이 영업을 중단하면서 사람들이 산과 공원으로 운동하러 다니면서 **'산스장', '공스장'** 등의 신조어가 생겨났다. **산스장은 산과 헬스장의 합성어, 공스장은 공원과 헬스장의 합성어다.**

ㄴ. **'빵공족'**도 최근 코로나19 사태를 반영한 신조어다. 카페에서 공부하는 이들을 일컫던 '카공족'에서 파생된 단어로 장소가 제과점으로 바뀐 것.(2020. 9. 6., 세계일보)

ㄷ. 평소 생활패턴을 유지하기 힘들기 때문에 마치 회사에 출근하듯 호텔의 시설과 서비스를 합리적인 가격에 이용하면서 재택

근무를 하는 "**재텔근무**(호텔근무 또는 호피스)"가 새로운 트렌드로 주목받고 있다.(2021. 1. 15., 글로벌경제신문)

ㄹ. 장수에 있는 땅양지 마을은 그런 의미에서 언택트 시대에 최적화된 '**촌캉스**'를 제대로 맛볼 수 있는 곳이다.(2020. 7. 20., 전라일보)

이러한 사례를 통해 알 수 있는 바와 같이, 코로나19 이후 코로나 사피엔스의 삶은 그 이전과는 사뭇 다른 방식으로 전환이 이루어졌다고 할 수 있다. 시설이 잘 갖추어진 실내 헬스장 대신 다른 사람들과의 접촉을 최소화할 수 있는 산이나 공원에서 운동을 하거나(15ㄱ), 카페보다는 상대적으로 이용객이 적은 빵집에서 공부를 하는 방식을 선택해야만 했다(15ㄴ). 사무실이나 집이 아닌 호텔에서 근무를 함으로써(15ㄷ) 평소의 생활 패턴을 유지하려는 노력이 이루어지기도 했다. 또한 사람들이 많이 모이는 휴가지를 피해 한적한 시골을 찾아 휴가를 즐기려는 사람들이 많아지기도 했다(15ㄹ). 이와 같은 대안적 삶의 방식들은 사회적 거리 두기가 해제되면서 언제 그랬나는 듯 이전의 방식으로 돌아갈 수도 있겠지만, 대안적 삶의 문화가 지니는 긍정적인 면들도 없지 않은바, 한동안은 두 가지 삶의 방식이 공존하게 될 것으로 기대된다.

6. 사회적 불평등과 양극화의 심화

코로나 사피엔스의 뉴노멀을 보여주는, 코로나19 시대의 사회 변화로 또한 가지 빼놓을 수 없는 것이 바로 사회적 불평등과 양극화의 심화 현상이다. 이러한 현상은 특정 국가에만 한정되는 문제가 아니어서 미국의 여론조사기관 Pew Research Center의 분석에 따르면 미국의 2020년 글로벌 중산층 인구는 코로나19 팬데믹이 시작되기 전보다 5,400만 명이 감소하였고 불황으로 빈곤층은 1억 3,100만 명 이상 증가한 것으로 추산된 바 있다(정일영 2021: 4).

코로나19 시대에 더욱 심화된 것으로 확인된 사회적 불평등과 양극화를 의미하는 코로나19 신어로는 '코로나 디바이드(Corona Divide)' 또는 '백신 디바이드(Vaccine Divide)'를 들 수 있다. 전자가 코로나19로 인한 사회 양극화를 의미한다면, 후자인 '백신 디바이드'는 백신을 확보한 나라와 그렇지 않은 나라 간에 발생하는 사회·경제적 격차를 의미한다. "백신 없는 3.2% 성장은 '구호'뿐⋯내년 경제는 '백신 디바이드'"라는 제목의 2020년 12월 20일 자 『News 1』의 보도[24]에 따르면, 다음과 같이 백신 확보 여부가 국가 간 사회 경제적 격차를 초래할 수 있음이 인식되기도 하였다.

백신 디바이드란 코로나19 백신을 확보한 나라와 그렇지 못한 나라 사이에 격차가 발생해, 이로 인한 불균형이 국제 경제·사회 전반에 퍼지는 현상을 가리킨다.

특히 많은 선진국이 자국민을 위한 코로나19 백신을 대량으로 확보 또는 선주문한 터라 나머지 국가에서 백신 접종은 사실상 수년 뒤에나

---

[24] 백신없는 3.2% 성장은 '구호'뿐⋯내년 경제는 '백신 디바이드' - 뉴스1 (news1.kr) 참조.

가능하다는 예측이 나오고 있다.

앞서 미국 존스홉킨스대 공중보건대학원 연구진은 전 세계 인구의 15% 미만을 차지하는 부유한 나라들이 가장 유망한 백신의 51%를 보유하고 있다며, 세계 인구 25% 가까이는 아무리 빨라도 2022년까지 백신을 맞지 못할 수 있다고 평가했다.

실제 영국, 미국, 일본 등은 이미 발 빠르게 백신 대량 확보에 성공한 것으로 확인됐다. 이들 국가가 현재 확보한 백신 분량은 자국 인구 수를 훌쩍 뛰어넘는 수준이다.

그렇다면 코로나19 팬데믹 시대 한국 사회의 양극화의 실태는 어떠한 양상을 보였던 것일까? 정일영(2021)에 따르면, 장기간의 코로나19로 인해 한국 사회 또한 실제로 '코로나 디바이드' 현상이 다양하게 나타났다. 팬데믹 상황에서도 IT, 바이오, 유통 등의 산업 분야는 상당한 성장을 이뤄내고 있지만 대면 서비스 중심의 전통 제조업, 중소기업, 소매업 등은 매출과 고용이 감소하는 등 위기에 몰리고 있으며, 자영업 붕괴, 비정규직 일자리 감소 및 기업의 구조조정 등으로 인해 경제적 취약계층은 다른 계층보다 더 큰 타격을 받으면서 부문 간 차별화 현상이 나타났던 것이다.

상대적 분포 분석을 활용하여 청년층의 임금 격차 문제를 다룬 이성호, 민인식(2022)에서도 코로나19 재난 시기 한국 사회의 불평등 현상이 확인되었다. 연구 결과 코로나19의 부정적 충격은 소득 상위 청년보다는 하위 청년 계층에 더 크게 작용하여 임금 격차가 오히려 벌어지고 있음을 규명한 것이다.

코로나 19로 인한 사회적 불평등과 양극화가 분명하게 드러난 또 한 가지 영역은 바로 젠더 간의 문제라고 할 수 있다. 2021년 5월 6일 자 『국민일보』 보도에 따르면, 코로나19로 인해 여성 근로자들이 대량 해고 위험에 몰리는 '쉬세션(She+recession)' 현상이 가속화하였으며, 이러한 쉬세션 현상은 사회적 거리 두기가 강화될수록 함께 높아지는 경향을 보였다. 이와 같은 문제를 조명한 연구 성과로는 김현미(2020), 김소진(2022) 등을 들 수 있다.

김현미(2020)에서는 코로나 시대의 '젠더 위기'를 다루면서 코로나 위기는 사적 영역이 의식주, 안전, 교육, 노동, 돌봄 등의 중층적 요구를 수행하는 장소가 되면서 여성에게 최대의 부담을 지우며, 부정적인 영향을 미치고 있다고 보았다. 여성들은 재난을 '피할 수 없는' 상황으로 받아들이며, 전통적 성 역할이나 노동 시장에서의 불평등한 대우를 감내하는, 혹은 감내하라는 사회적 압박을 받게 되었다는 것이다.

또한 김소진(2022)에서는 젠더 관점에서 재난 불평등을 살펴보기 위해 팬데믹으로 인해 현실화된 위험으로서 재난의 본질과 재난 약자에 대한 개념화를 토대로 여성의 재난 취약성에 대하여 검토하면서 코로나19 시기 여성들이 경험한 재난 불평등의 모습을 크게 네 가지로 구분하였다. '돌봄노동'과 '고용불안', '건강권 및 성과 재생산권', '가정폭력 및 성폭력' 등에서의 불평등이 그것이다.

이상의 논의를 통해 확인된 바와 같이 코로나19 팬데믹은 계층 간, 또는 성별 간 사회적 불평등과 양극화를 더욱 심화시키는 사회 변화를 야기하였다. 이와 같은 사회 변화를 반영하는 신어들로는 '부동산 블루', '벼락거지',

'록다운 세대', '돌밥돌밥', '쉬세션' 등을 들 수 있다. 이러한 신어들의 사용 맥락과 출현 시기를 제시하면 다음과 같다.

(16) ㄱ. 최근 우리를 낙담하게 하는 것은 바로 **부동산 블루**다. 집값이 천정부지로 뛰고, 전·월세도 구하기 힘든 상황에서 부동산으로 인해 나타나는 우울과 불안, 초조 등의 뜻을 담고 있다(2020. 12. 18., 헤럴드 경제)

ㄴ. 무주택자 직장인 A 씨는 최근 온라인상에 떠돌던 인기 글에서 **'벼락거지'**라는 말까지 등장하는 것을 보고 씁쓸한 마음을 감추지 못했다.(2020. 11. 16., 뉴스클레임 기사)

ㄷ. 지난해 ILO는 팬데믹 이후 청년들이 교육과 훈련 중단, 고용과 소득 손실, 구직 어려움의 심화 등 직격탄을 맞았다며 **'록다운 세대'** 출현을 경고한 바 있다.(2021.4. 14., 서울신문)

ㄹ. 재택근무와 개학이 미뤄지면서 집에서 식사를 하는 식구들이 늘어나 집밥에 대한 고민도 늘었다. 주부들 사이에서 **'돌밥돌밥'** 이라는 신조어가 생겨났다. 돌아서면 밥차리고 돌아서면 또 밥 차려야 한다는 말의 줄임말이다.(2020. 4. 20., 세이프 타임즈)[25]

ㅁ. 코로나19로 인해 여성 근로자들이 대량 해고 위험에 몰리는 **'쉬세션(She+recession)'** 현상이 가속화하는 것으로 조사됐다. (2021. 5. 7., 국민일보)

---

[25] 세이프타임즈(http://www.safetimes.co.kr)

위의 예들 가운데 (16ㄱ) '부동산 블루'는 부동산 가격 상승으로 내 집 마련이 어려워진 사람들이 느끼는 우울감을 말하는 것이고, (16ㄴ) '벼락거지'는 주로 주택 가격이 크게 올라 매매나 전세로 집을 마련할 수 없게 되어 상대적 박탈감을 크게 느끼는 무주택자들을 가리키는 말이다. 이러한 어휘들은 둘 다 하필 코로나19가 급격하게 확산 중이던 2020년 7월 이후에 처음 생겨난 신어들로서 특히 무주택자들의 우울감을 가중하였다는 점에서 코로나19로 인한 사회적 양극화를 초래하는 요인이 되었다고 할 것이다.

또한 (16ㄷ)의 '록다운(lockdown) 세대'는 코로나19 이후로 교육과 직업 훈련, 소득, 일자리가 줄어들어 어려움을 겪는 청년 세대를 의미한다. 코로나19가 세대 간의 양극화를 또한 초래하였음을 보여주는 말이라고 할 수 있다.

양극화의 피해는 비단 청년 세대만의 문제는 아니었다. 비대면/온택트 사회로의 급격한 전환에 적응이 쉽지 않은 노년층의 고충 또한 만만치 않았다고 할 수 있는 것이다. 줌 사용의 어려움은 물론이거니와 비대면 주문용 앱인 키오스크 앞에서 쩔쩔매는 노인 세대가 적지 않은 것이 현실이다. 다음 사례는 이와 같은 현실을 실증적으로 보여주는 것이라고 할 것이다.

22일 업계에 따르면 키오스크로 인해 무인 매장에서 노년층이 '고립감'을 느끼는 일이 늘고 있다. 코로나19 팬데믹(대유행)으로 비대면 수요가 급증하면서 매장마다 키오스크를 도입하는 사례가 급증한 반면, 키오스크 사용이 익숙하지 않은 노령층에겐 매장 이용을 꺼리게 되는 이유가 되기도 한다.

지난해엔 "엄마가 햄버거가 먹고 싶어 집 앞 가게에서 주문하려는데 키오스크를 잘 못 다뤄 20분 동안 헤매다가 그냥 집에 돌아왔다"며 "화난다고 (엄마가) 전화했는데 말하다 엄마가 울었다. '엄마 이제 끝났다'면서 울었다"는 글이 사회관계망서비스(SNS)에 수만 건 공유되며 화제가 되기도 했다.

지난 16일 서울디지털재단이 서울시민 5000명을 대상으로 실시한 디지털 역량 실태조사에 따르면 고령층 중 키오스크를 이용해 본 경험이 있는 응답자는 절반이 채 되지 않는 45.8%에 그쳤다.

출처: https://blog.naver.com/ajw0704/222741660389

위 사례는 코로나19로 인해 강제된 디지털화가 이른바 디지털 약자라고 할 수 있는 노년층을 고립 또는 소외시키는 경우가 적지 않음을 보여주고 있다. 이 또한 코로나19 팬데믹 시기에 심화된 사회적 양극화의 그늘이 아닐 수 없다.

한편, '돌밥돌밥'과 '쉬세션'은 이른바 재난약자로서 코로나 19 시기 여성의 모습을 잘 드러내는 말이다. 앞에서도 언급한 바와 같이 사회적 거리두기 캠페인으로 인해 열린 집콕 시대는 여성들에게 가족을 돌보는 데 더 많은 노동의 시간을 들이도록 강요하는 결과를 낳았음은 물론 위축된 경제 위기의 극복을 위한 선택으로 직장에서도 대량 해고 위험에 몰리는 경우가 적지 않았음이 여러 가지로 확인된 바 있다.

7. 결론 및 제언

5년여에 걸친 코로나19 팬데믹 시간은 분명 인류 전체의 위기이자 엄청난 재난의 시간이었고, 매우 순식간에, 그리고 한꺼번에 거의 모든 것이 변화하도록 만든 대전환의 시간이었다. 이제 코로나 시대의 신인류인 코로나 사피엔스는 위드코로나의 시간을 지나 포스트 코로나의 시간을 살아야 하는 때가 되었다.

새로운 팬데믹의 시간은 다행히 목숨을 잃지 않고 살아남은 코로나 사피엔스들에게 어떠한 의미로 새겨지게 될까? 어떤 시간은 오랫동안 지속해야 할 가치가 있는 긍정적인 시간이 될 수 있을 테고, 다른 어떤 시간은 송두리째 지워버리고 싶은 아쉬운 시간이 될 것이다. 중요한 것은 어떤 의미로 남는 시간이 되든 새로운 도약의 시간이 될 수 있어야 한다는 것이다. 지난 2021년 코로나 팬데믹 1년을 맞아 김누리 교수 등 한국을 대표할 만한 8명의 석학들이 팬데믹 위기의 실체에 대한 분석과 함께 그 위기에서 새로운 도약의 기회를 찾고자 했던 것도 재난은 위기이자 기회일 수 있음을 인식한 데서 비롯된 것이었다고 할 것이다.

코로나 팬데믹이라는 거대한 재난은 코로나 사피엔스를 하나의 운명 공동체가 되도록 만들었다. 그 결과 긍정적 측면에서 보자면 세계적 차원의 공중보건 위기와 심각한 경제 위기 극복을 위해 무한대로 확대되었던 국가의 역할이나 강력한 사회적 거리 두기 캠페인에 의해 강제되었던 비대면/온택트 문화의 확산 등 재난 상황에서 선택할 수밖에 없었던 뉴노멀의 삶을 공동으로 경험하게 하였다고 할 것이다.

그러나 부정적 측면 또한 적지 않았다. 팬데믹이라는 터널을 함께 지나오는 동안 극심해진 사회적 불평등과 양극화 문제가 바로 그것이다. 그 사이에 팬데믹 이상으로 심각해진 기후 위기 문제 또한 재난 수준으로 인류를 위협하고 있는바, 이러한 문제의 극복과 해결이야말로 포스트 코로나 시기의 인류가 반드시 해결해야 할 공동의 과제가 아닐 수 없다. 이러한 과제의 해결이야말로 재난이 우리에게 안겨주는 선물이라고 할 수 있는바, 우리가 걸어가야 하는 길이 새로운 기회이자 희망의 길이 될 수 있기를 기대해 본다.

참고문헌

강대중 외 16인,『코로나19, 한국 교육의 잠을 깨우다』, 지식공작소, 2020.

강희숙,「코로나-19 신어와 코로나 뉴노멀」,『인문학연구』제61집, 조선대학교 인문학
　　연구원, 2021, 115-138.

김남일,「비대면 원격수업 만족도에 대한 조사 연구- K대학을 중심으로」,『인문사회
　　21』제11권 5호, 사단법인 아시아문화학술원, 2020, 1145-1158.

김동심,「온라인교육 확대에 따른 대학생의 학습과 일상의 변화」,『교육정보미디어연구』
　　28-4, 교육정보미디어학회, 2022, 929-957.

김동심, 이명화,「고등교육 교수자의 온라인교육 인식: A대학을 중심으로」,『학습자중
　　심교과교육연구』19-13, 학습자중심교과교육학회, 2019, 845-867.

김상미,「코로나19 관련 온라인 교육에 관한 국내 언론보도기사 분석」,『한국디지털콘
　　텐츠학회논문지』21-6호, 한국디지털콘텐츠학회, 2020, 1091-1100.

김윤태,「코로나19 이후 시대의 불평등과 국가의 역할」,『공공사회연구』12-1, 한국공공
　　사회학회, 2022, 251-280.

김종두,「대면-비대면 수업에 대한 학습자 반응을 통한 내용 분석」,『에듀테인먼트연구』
　　제2권 2호, 한국에듀테인먼트학회, 2020, 1-15.

김해령,「중국인 학습자의 온라인 한국어 수업 만족도 및 학습 효율에 관한 연구: D대학
　　교 한국어 전공 중국인 대학생을 중심으로」,『언어와 정보 사회』제40회, 서강
　　대학교 언어정보연구소, 2020, 87-112.

남길임 외 8인,『신어 2020』, 한국문화사, 2021

남길임 외 8인,『신어 2021』, 한국문화사, 2022

남길임, 안진산, 강현아,「기사문과 댓글에 나타난 코로나 신어의 사용 양상과 사전학적
　　기술」,『한국사전학』38, 한국사전학회, 2021, 67-101.

박미희,「코로나19 시대의 교육격차 실태와 교육의 과제: 경기 지역을 중심으로」,『교육
　　사회학연구』제30권 제4호, 한국교육사회학회, 2020, 113-145.

오대영,「대학생의 실시간 원격수업 만족도와 지속수강의도에 영향을 주는 요인」,『GCL』
　　10-3, 숭실대학교 영재교육연구소, 2020, 79-107.

이동주, Misook Kim, 「코로나19 상황에서의 대학 온라인 원격교육 실태와 개선 방안」, 『멀티미디어 언어교육』 제23권 3호, 한국멀티미디어언어교육학회, 2020, 359-377.

이수진, 강현아, 남길임, 「코로나-19 신어의 수집과 사용 양상 연구-주제 특정적 신어의 수집과 사용에 대한 고찰-」, 『한국사전학』 36, 한국사전학회, 2020, 136-171.

이준서, 「코로나19 대응의 성과와 법적 과제」, 『한양법학』 32-1, 한양법학회, 2021, 73-101

정한데로, 「신어의 탄생, 사회와 문화를 담다」, 『새국어생활』 29-3호, 국립국어원, 2020, 9-24.

정한데로, 「코로나19 신어와 언어 공동체」, 『어문론집』 88, 중앙어문학회, 2021, 93-128.

천주희, 신영은, 「코로나19 타임라인」, 『문화과학』 103, 문화과학사, 2020, 35-51.

최원경, 「면대면 대 비대면 강의 만족도 비교: 코로나19 사태에서의 대학원 교양영어 수업 사례 연구」, 『영어교과교육』 19-4, 한국영어교과교육학회, 2020, 223-245.

최정선, 권미경, 최은경, 「실시간 온라인 학습에 대한 학습자의 인식 및 만족도 연구-D 대학교 한국어 교육기관의 사례를 중심으로-」, 『한국언어문화학』 제17권 제2호, 2020, 247-278.

최재천 외 7인, 『코로나 사피엔스』, 인플루엔셜, 2021.

Roger McNamee, 『The New Normal: Great Opportunities in a Time of Great Risk』, 2004.

3장

코로나로 인한 한국수어의 변화

-코로나19 관련 용어 생성을 중심으로-

최영주

(조선대 영어영문학과 교수, 대학원 수화언어학과 주임교수)

1. 시작하며

2020년부터 3년이 넘도록 지속되고 있는 코로나로 인하여 일상에 큰 변화가 생겼다. 이전에는 매우 생소하게 느꼈던 비대면 활동이 이제 당연한 일상이 되었다. 코로나의 감염을 막기 위하여 '사회적 거리 두기'를 강조하면서 대면 접촉이 엄격히 제한되었다. 그로 인하여 줌미팅과 같은 비대면 활동이 활성화되었고 사회 곳곳에 큰 변화가 일어났다. 비대면 활동이 이루어지는 줌과 같은 사이버 공간은 '사회적 거리 두기' 정책이 완전히 사라진 현재에도 사회 곳곳에서 물리적 거리감을 극복하고 서로의 의견을 나눌 수 있는 장으로 활용되고 있다.

사회적 변화뿐만 아니라 언어에도 큰 변화가 일어났다. 코로나19로 인한 신조어가 속출했다.

금스크, 공스장, 그린패스, 근원환자, 깜깜이감염, 뉴노멀, 돌밥돌밥, 돌파감염, 단풍방역, 랜친실안, 랜선회의, 랜선수업, 랜선술자리, 랜선모임, 마코인, 멘탈데믹, 마기꾼, 마꾸, 마해자, 마스크화장법, 마드름, 메타

노믹스, 비대면, 방역패스, 방역수칙, 빵공, 빵공족, 비대면시험, 비말차
단, 백시케이션, 보이노믹스, 반백신론자, 방꾸, 백신패스, 상상코로나,
스펜데믹, 살천지, 산스장, 쉬세션, 식집사, 쇄국방역, 재양성자, 줌폭탄,
집콕족, 집관, 주린이, 재택근무, 줌피로, 작아격리, 집단면역, 자가격리,
재텔근무, 줌술족, 집콕운동, 자가격리, 집콕세대, 재택경제, 차박, 촌캉
스, 캠린이, 코로나둥이, 코로나칼립스, 코로나케이션, 코로노미, 코비디
엇, 코비디보스, 큐코노미, 코로나블랙, 코로나세대, 코로나비만, 코로이
혼, 코로난가, 코호트격리, 코파라치, 코끝모, 코세글자, 코스크, 코로닉,
코로나돌이, 코로나수능, 코로나특수, 코시국, 턱스크, 턱스크족, 트윈데
믹, 포켓팅, 포택트, 풀멍, 풀링검사, 홈테인먼트, 확찐자, 홈트

많은 언어학자들이 코로나19 신조어의 등장을 기반으로 신조어 분석 연
구를 수행하였다. 코로나19 신조어를 통하여 사회적 변화를 진단하는 연구,
코로나19 신조어의 조어법을 분류한 연구, 신조어 분석을 통하여 언어별
문화별 차이를 알아보는 연구가 주를 이루었다. 한국어 코로나19 신조어를
분석한 연구로는 강희숙(2021), 여경애(2022), 이수진·강현아·남길임(2020),
정한데로(2021) 등이 있으며, 영어 코로나19 신어를 분석한 연구로는 백선주
(2021), Mweri(2021), Nabila(2021), Mikhailova and Samoylenko(2022), Salman
and Haider(2021) 등이 있다. 이 외에도 두 언어에서 코로나19 신조어를 비교
분석한 연구도 있다(田宇, 2021).

이렇듯 소리 언어에서는 코로나19 신조어에 대한 다양한 연구가 진행되
고 있지만, 수어에서 코로나로 인한 신조어가 있는지, 소리 언어에서 생긴

신조어를 어떻게 받아들여 새롭게 어휘를 구성하는지에 대한 고찰이 없었다. 이번 연구에서는 코로나19 신조어가 한국수어에서는 어떻게 나타나는지를 알아보고 한국수어의 신조어 형성의 특징을 알아볼 예정이다.

2. 코로나19 신조어 선행연구

먼저 한국어에서 코로나19 신조어를 연구한 것을 살펴보고자 한다. 강희숙(2021)은 코로나19 신어의 유형 및 범위를 언택트/비대면 문화, 온택트 소통 방식, 정부가 마련한 각종 경제적 지원·제도, 집콕 문화로 나누어 '코로나 뉴노멀'의 양상을 중점적으로 분석하고 신어에 반영된 '코로나 뉴노멀'의 모습을 구체화하였다. 예컨대, '언택트사회', '언컨텍스트사회', '비접촉사회' 등의 코로나19 신어를 통해 언택트/비대면 문화가 시대 및 사회를 지배하고 있음을 확인할 수 있다. '온택트', '랜선문화', '줌문화/시대/세대' 등의 코로나19 신어를 통해 전 연령대가 디지털 영역에서 일상생활과 산업 활동을 영위하게 되었음을 확인하였다. '코로나 3법', '마스크 착용 의무제', '원격교육기본법'과 같은 법률·제도의 코로나19 신어를 통해 정상적인 경제 활동을 불가능하게 한 코로나19는, 기업의 성장률에 막대한 타격을 입히고 취약계층이나 소상공인들의 생계를 위협하였다. 그리고 그 결과, 국가와 정부의 역할 및 권한이 증대되었음을 확인하였다. '집콕시대/문화', '산스장', '공스장' 등 코로나19 신어를 통해 코로나19 방역 정책에 따른 사회적 거리 두기가 사람들의 생활방식을 변화시켰다는 사실도 확인하였다.

여경애(2022)는 신어의 사용으로 인한 사회적 영향과 그에 대한 방안을 제시하기 위해 코로나19 신어의 양상을 형태적, 의미적, 주체적으로 분석하였다. 형태적으로는 '외래어+외래어'로 합성된 4음절 신어가, 품사로는 명사가 압도적으로 많다는 점, 의미적으로는 '코로나', '집', '마스크'와 관련된 신어가 가장 많다는 점, 일반 신어는 '국민'이 주체인 데 반해 코로나19 신어의 주체는 정부와 국민 두 부류로 나뉜다는 점을 밝혔다.

이수진, 강현아, 남길임(2020)도 코로나19 신어를 통해 한 나라의 사회 제반의 모습을 살펴보았다. 이들은 코로나19 신어의 월별 출현 양상, 고빈도 신어의 사용 추이, 의미 범주별 특성을 통해 코로나19 신어에 반영된 정치·사회·경제·문화 전반에서의 문제를 분석함으로써, 코로나19가 한국인의 삶의 방식과 대한민국 사회 및 경제 구조 등에서 발생하는 변화에 지대한 영향을 끼쳤다는 사실을 밝혔다는 데 특이점이 있다. 뿐만 아니라 단어와 구의 비율, 전문어와 일상어의 비율을 통해 코로나19 신어의 특성을 분석하고 코로나19 신어의 전문 분야는 '복지'와 '보건'이 가장 높다는 사실을 확인하였다. 이로써 지금까지 수행된 연도별 신어 조사 사업에서 '사회'와 '경제' 분야가 상위 분야를 차지해 온 것(최혜원 2018)과는 다르다는 점을 밝혔다. 이러한 이례적인 결과는 제도, 정책 등을 비롯한 전문용어 성격의 구 구성이 코로나19 신어로서 수집된 것으로 보았다.

정한데로(2021)도 코로나19 신어의 특징과 의미 범주를 통해 당시 사회의 모습을 분석하였는데, 코로나19 신어의 사회적 수용(공인화) 양상과 정착 양상을 통해 2021년 한국 사회의 모습을 살펴보았다는 데 특이점이 있다. 따라서 다른 연구들과 마찬가지로 '코로나', '마스크', '비대면' 등으로 생성된 코로나19 신어에 반영된 사람들의 생활방식의 변화를 확인하였지만, 코로나19 발병 초기에 도입된 제도·정책과 관련된 코로나19 신어의 급격한 등장과 소멸을 통해 신어의 존재가 언어 공동체의 사회적 맥락과 긴밀하게 연결되어 있다는 사실을 밝히기까지 하였다.

영어 코로나19 신어를 분석한 연구로는 백선주(2021), Mweri(2021), Nabila (2021), Mikhailova and Samoylenko(2022), Salman and Haider(2021) 등이 있다. 백선주(2021)는 국내에서 활용되고 있는 코로나19 신어를 형태론적 관점으로 분석하였다. 분석 결과, 'coronacoma'와 같은 합성어와 'quaranteen' 과 같은 혼성어를 통해 생성되는 코로나19 신어가 가장 높은 비중을 차지하고 있음을 밝히고, 이처럼 기존 형태소와 결합하여 어휘를 생성하는 방식이 코로나19 신어 형성에 기여도가 가장 높다고 주장하였다. 특히 시대상을 반영하는 'corona'와 기존 어휘의 결합으로 인한 방식이 코로나19 신어 형성에 가장 높은 비중을 차지하였음을 밝히고, 이는 시대적인 정보를 반영하되 이질감을 최소화하기 위한 방식을 선택한 결과라고 분석하였다. 또한 'staycation'처럼 축약해서 형성된 코로나19 신어를 통해 언어의 경제성을 확인하고, 영어로 구성된 신어가 국내에서 생성되고 활발하게 사용된다는 점을 들어 언어의 사회성을 확인하였다.

Mweri(2021)도 형태론적 관점에서 COVID-19 자체도 'Corona Virus Disease -2019'로 이루어진 혼성어이자 두문자어임을 주장하며, 혼성어와 두문자어, 코이니지(coinage), 복합어 등을 중점적으로 코로나19 신어의 형성 과정을 분석하였다. 또한 언어의 역사성을 바탕으로 'infodemic', 'telemedicine'처럼 기존에 사용되던 언어가 그 당시의 시대상을 반영하여 사용 빈도가 잦아지거나 전문 영역을 벗어날 수 있음을 밝혔다.

Nabila(2021)도 마찬가지로 형태론적 관점에서 코로나19 신어 형성 과정을 분석하였는데, 조사한 코로나19 신어가 'COVID-19', 'WFH'라는 2개의 두문자어와 'covidiot', 'morona'를 비롯한 7개의 혼성어, 'rona/the rona', 'iso'라는 2개의 축약어(clipping words), 'blursday', 'new normal'을 비롯한 3개의 복합어, 'zooming'라는 1개의 접사첨가어, 'coronials', 'zoom-bombing'을 비롯한 4개의 복합 프로세스어로 이루어져 있음을 밝혔다.

Mikhailova and Samoylenko(2022)는 코로나19 신어 형성 과정을 분석하는 것에서 더 나아가 활발하게 사용되는 단어 형성 패턴이 각각 49%와 23%로 혼성어와 접사첨가어인 점과 가장 저조하게 사용되는 단어 형성 패턴이 14,5%로 단축(shortening), 9%로 컴포지션(composition) 및 합성어, 2.25%로 대화와 역성어(conversation and back-formation)인 점을 밝혔다.

Salman and Haider(2021)도 형태론적으로 코로나19 신어 과정을 분석하고, 가장 우세한 단어 형성 패턴을 발견하는 데 주력하였다. 이들이 단어 형성 패턴에 borrowing과 민간 어원을 추가하였다는 점에서 지금까지 본고에서 논의한 연구들과는 다르며 이들의 예시로는 각각 'unlockdown'과 'pando'가 있다.

한국어와 외국어·외래어에서의 코로나19 신어를 비교·분석한 연구로는 田宇(2021)가 있다. 田宇(2021)는 대조 언어학 측면에서 한국어와 일본어의 코로나19 신어를 유형별로 나누어 형태적·의미적 특징을 중점으로 비교·분석하였다. 분석 결과, 양국에서 단일어든 복합어든 간에 한자어가 코로나19 신어 형성에 기여도가 높음을 확인함으로써 한자어가 보다 생산적이고 전문성·규범성을 띠고 있음을 밝혔다. 그러나 한국어에서만 셋 이상의 원어가 결합된 '고유어+외래어+한자어'의 코로나19 신어가 발견된다는 사실을 확인하였다. 또한 조어법에 따른 신어 유형이 한국어와 일본어는 각각 합성>혼성>파생>축약>차용, 합성>차용>파생>축약 순으로 다르다는 점도 확인하였다. 의미 영역에 따른 분포율은 양국 모두 행정·복지 분야가 가장 높게 나타난 데 반해 한국어 코로나19 신어 영역은 교육, 인간, 의생활을 비롯한 총 9개로 일본보다 다양하다고 밝혔다.

본 연구는 이러한 소리 언어에서의 신조어 연구를 기반으로 한국수어의 코로나19 관련 신조어를 분석할 예정이다. 다만 기존에 한국어로 이루어져 있는 신조어를 한국수어로 어떻게 표현하는가를 분석한 것이므로, 신조어를 통하여 사회상을 고찰하는 것에 초점을 두기보다는 한국수어의 조어법을 중심으로 신조어를 분석하고자 한다.

3. 수어의 조어방식

한국수어의 코로나19 용어를 분석하기에 앞서 수어에서 나타나는 조어 방식에 대해서 알아보고자 한다. 수어는 시각 이미지를 사용하기 때문에 순차적으로 소리를 내는 소리 언어와는 구별되는 독특한 조어법이 있다.

소리 언어와 유사한 조어법을 포함하여 수어만의 구별되는 조어법을 본 장에서 소개하고자 한다.

합성어: 순차 결합

두 개의 독립된 어휘를 결합하는 합성어는 소리 언어에서나 수어에서 자주 사용되는 조어법이다. 소리 언어에서는 두 개의 어휘가 순차적으로 결합되는 것이 당연한 일이나, 동시성이 강한 수어에서는 순차적으로 결합되기도 하고 동시에 결합되기도 한다. 따라서 수어는 합성어를 순차결합과 동시결합으로 나누어 설명한다. 한국수어의 [하늘] 수어는 순차결합의 전형적인 예시이다. '하늘'의 개념을 파란색과 밝음이라는 특징으로 나타내고 있다. [하늘]은 [파랗다] 수어와 [밝다] 수어를 순차적으로 발화하여 전달하기 때문에 순차결합(sequential compounding)이라고 말한다.

[하늘] = [파랗다]+[밝다]

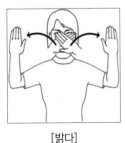

[파랗다]   [밝다]

합성어: 동시결합-비수지를 활용한 경우

수어에서는 두 개의 독립된 단어를 순차적으로 발화하지 않고 동시 결합 (simultaneous compounding)하여 발화하기도 하는데 이를 합성어의 동시결합 이라고 말한다. 동시결합은 수지표현(manual sign)에 비수지(nonmanual sign)가 더해져서 의미가 새롭게 추가되는 종류와 여러 개의 수지표현이 동시에 결합되는 종류가 있다. 수지표현이 동시에 결합되는 경우는 수지표현 전체 가 동시에 결합되는 경우와 수지 표현 중 일부가 동시에 결합되는 경우로 나뉜다. 먼저 수지표현에 비수지가 더해져서 의미가 추가되는 예시를 살펴 보고자 한다. 한국수어 [자외선]이 그 예이다. [빛] 수어는 광선이 내리쬐는 모습을 모아쥔 손을 활짝 펴면서 위쪽에서 사선으로 내리는 방식으로 표현 한다.

[빛]; [비추다]

[자외선] 수어는 [빛] 수어 비수지 표현인 찡그린 얼굴 표정을 더해서 그 의미를 전달한다. 따가운 햇빛이 얼굴에 쪼이고 그때 얼굴 표정이 찡그 려지는 것을 표현하여 '자외선'이라는 의미를 나타내고 있다.

[자외선]

　　[미세먼지] 수어 역시 [먼지] 수어에 비수지표현을 추가하여 의미를 전달하고 있다. [먼지] 수어는 아래와 같이 손가락을 마주 대어 비비면서 먼지를 날리듯이 입김을 불어서 표현한다.

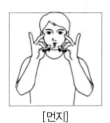

[먼지]

　　[미세먼지]는 [먼지]에 비하여 입자가 작기 때문에 눈을 더 가늘게 뜨고 입으로 살짝 바람을 부는 비수지를 사용하여 표현한다.

[미세먼지]

합성어: 동시결합-지문자나 지숫자를 활용한 경우

원래 표현에 지문자나 지숫자를 더하여 새로운 단어를 만드는 방식이 존재한다. 지문자와 지숫자가 더해질 때 기존 표현과 동시에 이루어지기 때문에 동시결합이라고 할 수 있다. [지금] 수어는 [오늘] 수어와 같은데 수형이 달라진다. 수형을 지문자 [ㅈ]으로 해서 '지금'을 의미한다. 지문자 [ㅈ]과 [오늘]이 동시에 결합된 수어이다.

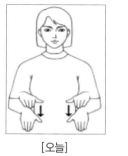 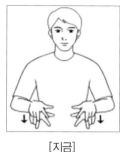

[오늘]   [지금]

합성어: 동시결합-두 단어 전체가 동시에 결합된 경우

합성어인 '보이스피싱'은 '보이스(목소리)'와 '피싱(낚시질)'이라는 두 개의 독립된 어휘가 결합된 합성어이다. '목소리를 통하여 사기 피해자를 낚는 것'이라는 의미로 합성어가 형성되었다.

한국수어의 [전화사기]는 두 단어 전체를 동시에 결합하여 그 의미를 전달한다. [전화]와 [사기] 수어를 각각 살펴보면 아래와 같다. 원래 [전화] 수어는 한 손으로 전화 수화기 모양을 하는 것이고 [사기] 수어는 양손을 입 옆에 대었다가 한 손을 사선 방향으로 내리는 식으로 표현된다.

[전화]   [사기]

그러나 [전화사기]에서는 두 수어가 순차적으로 발화되지 않고 비우세손으로는 [전화] 수어를 하고 우세손으로 [사기] 수어를 표현하여 동시에 전달하고 있다.[1]

[전화사기]

---

1   [사기] 수어를 양손으로 하기도 하고 한 손만으로 표현하기도 하므로 한손이 생략된 후 동시 결합된 합성어는 아니다. 두 단어 전체가 동시에 결합되어 표현된 예라고 할 수 있다.

합성어: 동시결합-두 단어의 일부가 동시에 결합된 경우

두 개 이상의 단어 일부가 동시에 결합하는 경우가 있다. [인격]은 [사람]이라는 단어와 [존중]이라는 단어를 결합하여 하나의 단어로 한 번에 제시한다.

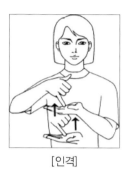

[인격]

비우세손으로는 [사람]을 의미하는 수형을 하고 우세손으로는 [존중]을 의미하는 수형과 수동을 한다. 양손으로 두 단어를 동시 결합하여 두 단어의 의미를 전달하고 있는 것이다.

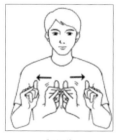

[사람]

[존중]

파생어

‘파랗다’에 ‘새-’라는 접두사가 붙어 ‘새파랗다’라는 새로운 어휘가 되고, ‘선생’에 ‘-질’이라는 접미사가 붙어 ‘선생질’이라는 새로운 어휘가 된다. 이렇듯 혼자서는 단어로 사용될 수 없는 접두사나 접미사가 독립적인 어휘에 붙어 새로운 어휘가 된 것을 파생어라고 한다.

한국수어에서는 일명 ‘손털기’라는 부정어가 어휘 뒤에 붙어 반대 의미의 어휘를 만든다. 이때 ‘손털기’는 혼자서는 어떤 의미를 형성하지 못하며 고정된 형태가 없어 선행하는 어휘에 따라 각각 다르게 나타나므로 부정 접미사이다. 부정 접미사가 붙은 부정 어휘들은 파생어이다. 예를 들어, [맛있다] 수어 뒤에 손을 털어버리면 [맛없다] 수어가 된다.

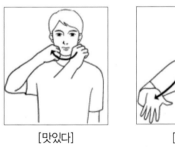
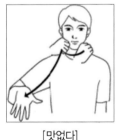

[맛있다]   [맛없다]

[필요하다] 수어 뒤에 손털기를 해서 [필요 없다]가 되고, [방법-(있다)] 수어 뒤에 손털기를 해서 [방법-없다] 수어가 되며, [보다] 수어 뒤에 손털기를 해서 [못보다] 수어가 된다. 이때 [맛없다], [필요없다], [방법-없다], [못보다]는 모두 파생어이다.

음차

음차는 외래어의 소리를 그대로 빌려와서 사용하는 '코카콜라'와 같은 예시를 가리키는데 수어에서도 소리 언어의 소리를 그대로 빌려온 예시들이 있다. 뜻과 무관하게 소리 언어의 소리가 같으면 그 수어를 그대로 빌려 사용하는 형태이다. 예를 들어 '알'이나 '계란'을 의미하는 [알] 수어를 그대로 [아르바이트] 수어로 빌려 사용하는 것을 말한다. 소리 언어에서 '알'이 '아르바이트'의 '아르'와 유사하게 소리나기 때문에 그대로 빌려온 것이라고 볼 수 있다. [커피]의 예시도 음차에 해당된다. 한국수어 [코]는 영어 'coffee'의 첫 음절인 CO(코)와 소리가 같기 때문에 그대로 [커피] 어휘로 빌려 사용한다.

[알]; [아르바이트]

[코]; [커피]

생산적 수어의 사용

수어의 큰 특징 중의 하나가 생산적 수어의 사용이다. 주어진 문맥에서 가장 쉽게 의미가 전달될 수 있도록 이미지를 그리듯이 표현하는 것을 생산적 수어라고 말한다. 생산적 수어는 담화상에서 흔히 발견할 수 있으며 합성어를 형성할 때에도 발견된다. 예를 들어 [배추]는 [파랑]이라는 고정된 어휘와 '배추 모양'이라는 생산적 수어를 결합하여 표현한다. 여기에서 생산적 수어는 배추 모양을 그리듯이 표현하여 배추의 의미를 전달하고 있다.

[배추] = [파랗다]+(배추모양)

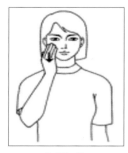 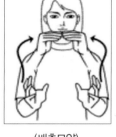

[파랗다]　　　　　(배추모양)

4. 한국수어의 코로나19 관련 신조어 분석

분석의 대상은 국립국어원의 '새수어모임'에서 제공하는 코로나 관련 수어 총 38개의 수어이다. 국립국어원은 2020년 '새수어모임'을 발족하여 시사 관련 수어를 수집하고 권장안을 마련하고 있다. '새수어모임'에서는 농인들이 정부정책에 쉽게 접근할 수 있도록 하기 위하여 공공수어 통역 분야에서 농인에게 수용도가 높은 수어를 선정하여 제시하고 있다. 국립국어원은 '새수어모임' 발족의 이유를 다음과 같이 설명하고 있다.

공교육에서의 수어 교육이나 공적 수어 보급 체계 부재 등의 이유로 농사회에서 새로운 수어가 생겨났을 때 이것이 전국적으로 퍼질 경로가 없어 하나의 개념에 대한 수어가 지역마다 다른 경우가 흔하다. 지역마다 수어가 조금씩 다르다고 하더라도 수어는 대상의 형태나 움직임을 손 모양 등으로 표현하는 특성(도상성)이 강한 언어이기 때문에 일상적인 대화에서는 소통에 무리가 없다. 그러나 전문 분야에서는 통일된 용어가 있어야 정확한 의사소통이 가능하다. 이는 현재 제공되고 있는 공공수어 통역 분야에서도 마찬가지이다. 특히 국가 재난 상황에서 주요 용어를 수어로 통역할 때 통역사마다 제각기 다른 수어를 사용한다면 농인은 관련 정보에 접근하기 더욱 어렵게 된다.

국립국어원은 농인이 정부 정책 정보에 쉽게 접근할 수 있도록, 농인에게 수용도가 높은 수어를 찾고 보급하자는 취지로 '새수어모임'을 발족하였다. (사)한국농아인협회 관계자, 수어통역사(공공수어 통역사, 청각장애인 통역사), 수어 교원, 언어학 전공자 등 다양한 분야에서 활동하는 수어 전문가들이 모인 '새수어모임'은 농사회에서 새로 생기는 시사 관련 수어를 수집하여 권장안을 마련한다. '새수어모임'에서 결정된 권장 수어를 아래에 제시한다.

특히 코로나 상황에서 많은 신조어가 소리 언어에 등장하였기 때문에 그를 적절하게 표현할 수어가 다수 필요한 상황에서, 코로나19와 관련하여 한국어 표현 28개에 대하여 총 38개의 수어를 제안하고 있다. 같은 한국어 표현에 대하여 두 가지 다른 수어 표현을 제시한 경우가 있기 때문에 원래

한국어 28개보다 많은 38개의 수어이다.[2]

코로나19(1), 코로나19(2), 침방울(비말) 감염, 확진(자), 자가격리(1), 자가격리(2), 질병관리본부, 중앙재난안전대책본부, 사회적 거리 두기(1), 사회적 거리 두기(2), 승차진료(피검사자 관점), 승차진료(검사자 관점), 생활방역, 지자체, 긴급재난지원금, 선별진료소, 요양시설(1), 요양시설(2), 수도권, (코로나19)의심자, 보건용 마스크, 침방울 차단용 마스크(1), 침방울 차단용 마스크(2), 구상권(1), 구상권(2), 방역수칙, 진단도구(1), 진단도구(2), 코로나 우울(코로나 블루), 후유증(1), 후유증(2), 부양의무자(1), 부양의무자(2), 역학조사, 임상시험, 큐알코드, 사회적 거리 두기 1~4단계, 교차접종

의미를 반영한 조어

처음에는 '코로나'라는 생경한 개념에 대하여 표현 방법을 결정하기 전에는 지문자(fingerspelling)를 사용하여 아래와 같이 전달하였다.

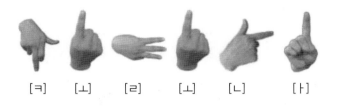

[ㅋ] [ㅗ] [ㄹ] [ㅗ] [ㄴ] [ㅏ]

---

2   코로나19(1)과 코로나19(2)와 같이 두 가지 수어를 제시한 경우에는 1, 2로 표기하여 제시하였다.

그러나 코로나가 지속되면서 [코로나] 어휘의 필요성이 높아지자 코로나의 특징을 포착한 [코로나] 신조어가 등장하게 되었다. 코로나의 앞 글자인 [C]와 코로나 바이러스 돌기가 합쳐져서 이루어진 수어이다. 비우세손으로 C를 표시하고 우세손의 손가락을 모두 구부린 채로 손을 두 바퀴 돌린다. 손가락 하나하나는 바이러스 돌기를 나타내므로 바이러스 돌기의 움직임을 표현하기 위하여 손가락을 까닥까닥 움직인다. 동시에 손 전체를 두 바퀴 돌려주는데, 이는 코로나의 감염성을 표현하기 위한 것이다. 반복적 이동을 통하여 전파된다는 의미가 전달된다. 수어의 조어법에서 소개한 합성, 파생, 음차와 같은 방법을 사용하지 않고 코로나19의 특성을 반영한 새로운 단어를 만들어 냈다.

[코로나 1]

또 다른 형태의 [코로나] 수어가 있는데 19를 나타내는 수형을 하면서 1지를 까닥까닥 움직이면서 두 바퀴 돌려주는 식으로 표현한다. 이는

'COVID-19'라는 명칭의 19를 표현하면서 코로나의 전파력을 보여주는 형태이다. 1지를 까닥까닥 움직이는 것은 바이러스 돌기의 움직임을 표현한 것이며 손을 두 바퀴 돌리는 것은 코로나의 전파력을 의미한다.

[코로나 2]

합성어: 순차 결합-형태의 변화 없음

[코로나-우울(코로나 블루)], [후유증], [임상시험], [질병관리본부]와 같은 수어는 두 개 이상의 단어가 순차적으로 결합하여 이루어진 합성어이다. [코로나-우울(코로나 블루)]은 [코로나]와 [우울]이 순차적으로 결합하여 이루어진 어휘이다.

[코로나-우울] = [코로나]+[우울]

[코로나]   [우울]

　[후유증] 수어는 [병] 수어와 [남다] 수어가 순차적으로 결합하여 이루어진 어휘이다. '후유증'의 의미가 '병을 앓고 난 이후 남은 증상'이라는 뜻이므로 어휘의 개념을 전달하기 위한 단어를 선정하여 순차적으로 결합하고 있음을 알 수 있다.

[후유증] = [병]+[남다]

[병]   [남다]

　[임상시험] 수어와 [질병관리본부] 수어도 그림에서 보이듯이 단어 하나하나가 순차적으로 발화되는 합성어들이다. [임상시험] 수어는 '[주사]+[이기다]+[지다]+[시험]'을 순차적으로 발화하여 '주사가 제대로 효과가 있는

지를 알아보는 시험'이라는 개념을 전달하고 있다.

[임상시험] = [주사]+[이기다]+[지다]+[시험]

[주사]

[이기다]

[지다]

[시험]

[질병관리본부] 수어는 [병], [검사], [본부]의 수어를 결합하여 '질병관리본부'의 핵심 역할인 '병을 검사하는 기관'이라는 개념을 강조한 것으로 보인다.

[질병관리본부] = [병]+[검사]+[본부]

[병]   [검사]   [본부]

이외에도 다음과 같은 다양한 코로나19 관련 용어가 순차적 합성어로 이루어져 있다. [침방울-차단용-마스크]는 서로 다른 단어를 합성한 두 가지 수어가 제시되고 있다. 하나는 [기침]과 [막다] 그리고 [마스크]를 결합한 것이고, 다른 하나는 [마스크]와 [파랑]을 결합한 형태이다. 첫 번째 합성어는 '마스크'의 목적에 초점을 두었고 두 번째 합성어는 마스크의 색깔에 초점을 둔 결과이다.

[침방울-차단용-마스크 1] = [기침]+[막다]+[마스크]
[침방울-차단용-마스크 2] = [마스크]+[파랑]

[구상권 1]은 [돈]과 [요구]를 순차적으로 결합한 것이고, [구상권 2]는 [피해], [돈], [요구], [권리]라는 네 개의 수어를 순차적으로 결합한 것이다. [구상권 1]은 '돈을 요구하는 것'이라는 뜻만 전달하지만 [구상권 2]는 '피해 보상을 위해 돈을 요구하는 권리'라는 좀 더 구체적인 뜻을 포함하고 있다.

[구상권 1] = [돈]+[요구]
[구상권 2] = [피해]+[돈]+[요구]+[권리]

[요양시설1]은 [늙다], [검사], [친절], [기관]의 네 단어를 순차적으로 결합하여 '나이 드신 분을 진찰하고 서비스를 제공하는 기관'이라는 의미를 전달한다. [중앙재난안전대책본부]는 가장 핵심이 되는 [중앙], [안전], [본부] 세 어휘를 순차적으로 결합하고 있다. [역학조사]도 순차적 결합의 예시로

서 [전염], [원인], [이동], [검사]라는 네 개의 단어를 순차적으로 결합하고 있다. [이동]은 반복하는데 '역학조사'의 의미에 '감염병 이동 경로를 여기 저기 따라가면서 검사한다'는 뜻이 있기 때문에 그를 보여주기 위한 것으로 해석된다.

[요양시설 1] = [늙다]+[검사]+[친절]+[기관]
[중앙재난안전대책본부] = [중앙]+[안전]+[본부]
[역학조사] = [전염]+[원인]+[이동]+[검사]

이들 모두 의미론적 변화나 음운론적 변화 없이 순차적으로 합성된 예시들이다.

합성어: 순차 결합-형태의 변화 있음

단어를 순차적으로 결합하되 기본형을 그대로 사용하지 않고 통사적 변화를 보여주는 사례가 있다. [감염]의 기본형은 아래와 같이 주먹 쥔 양손의 손목을 두 번 마주 댔다가 떼는 형태이다.

[감염]

[감염] 수어는 문장 속에서 주어와 목적어의 일치를 보이는 수어이므로 문장 속에서는 누가 누구를 감염시키느냐에 따라서 다르게 나타난다. 화자가 상대를 감염시킬 때는 몸쪽에서 몸 바깥쪽으로 부딪친 손목을 밀어내면서 표현하고, 반대로 상대가 화자를 감염시킬 때는 몸 반대쪽에서 몸쪽으로 손목을 끌어당겨서 표현한다. 흥미로운 것은 이러한 통사적 일치 현상이 합성어에서도 나타난다는 사실이다. [비말감염]에서 [감염]은 화자의 몸쪽에서 바깥쪽으로 밀어내면서 '기침을 통해 타인을 감염시킨다'는 의미를 전달하고 있다.

[비말감염] = [기침]+[전염]

[기침]

[감염]

반면, [전염]과 [막다] 그리고 [목록]이 결합한 [방역수칙]에서는 [전염]을 바깥쪽에서 화자의 몸쪽으로 당겨 표현함으로써 '본인에게 전염되는 것을 막기 위한 일'이라는 의미를 전달하고 있다.

[방역수칙] = [전염]+[막다]+[목록]

　[전염] 뿐만 아니라 [가두다]가 포함된 [자가격리]와 같은 합성어에도 통
사적 일치 현상이 나타난다. 사전에 등재된 고정된 수어 [가두다]는 아래와
같다. 우세손의 손가락 전체를 약간 구부린 채로(🖐) 비우세손의 사람을
나타내는 수형 (👆) 위로 내리면서 '사람을 가두다'라는 의미를 나타낸다.

[가두다]

　그러나 [자가격리]에 있는 [가두다] 수어를 보면 다르게 나타난다. 우세손
이 바깥쪽에서 안쪽을 향하면서 본인이 갇히는 상황, 즉 '갇히다'를 표현하
고 있다.

[자가격리] = [집]+[가두다]

[집]   [가두다]

[감염]이나 [가두다]와 같이 통사적 일치 현상이 합성어에 나타나는 것 외에도, 동사에 목적어를 포함시키는 포합현상(incorporation)이 나타나기도 한다. [코로나-의심(자)]는 [의심] 수어를 할 때 변형이 일어난다. [의심]의 기본형은 그림에서 보이듯이 1, 2지를 편 손으로 반대편 뺨을 스치면서 오르내리는 식으로 표현된다.

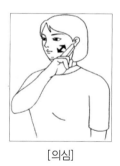

[의심]

그러나 [코로나-의심] 수어의 경우, [의심]이라는 기본형을 사용하지 않고 [의심] 수어에 비우세손으로 사람을 나타내는 수형(🖐)을 추가하여 '누군가를 의심'한다는 의미를 전달하고 있다. '코로나 의심'이라는 것은 누군가가 코로나에 걸렸음을 의심하는 것이기 때문에 기본형에 추가 의미를 더하여 명확하게 나타내고 있다. 이때 목적어인 [사람]이 [의심]과 동시에 나타나기 때문에 목적어 포합현상이라고 말한다. 즉, 포합현상이 합성어에 나타나면서 [의심]의 형태가 변형되는 것이다.

[코로나-의심(자)] = [코로나]+[(누군가를 의심)]

[코로나]　　　　　[누군가를 의심]

합성어: 순차 결합-생산적 수어의 활용

단어를 순차적으로 결합하되 일부 의미는 생산적 수어로 표현하기도 한다. 예를 들어 [진단도구 1]과 [진단도구 2]는 '입찌르기'와 '코찌르기'라는 생산적 수어와 [네모] 수어를 순차적으로 결합하고 있다. '입찌르기'와 '코찌르기'는 코로나 키트를 사용하여 진단하는 모습을 그대로 보여주고 있어 효과적으로 '진단도구'의 의미를 전달할 수 있다.

[진단도구1] = (입찌르기)+[네모]

(입찌르기)   [네모]

[진단도구1] = (코찌르기)+[네모]

 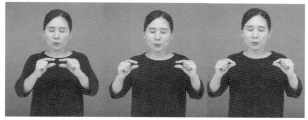

(코찌르기)   [네모]

[선별진료소] 수어 역시 중간에 집 모양을 그리듯이 표현하는 생산적 수
어를 활용한다. 선별진료소의 간이천막을 시각적으로 그대로 보여주기 때
문에 [집] 수어를 사용하는 것보다 의미 전달이 명확하다.

[선별진료소]=[희다]+(집모양)+[검사]

[희다]   (집모양)

[검사]   [곳]

[승차진료(피검사자 입장)]와 [승차진료(검사장 입장)]에도 '입찌르기'라는 생산적 수어가 활용된다. 승차한 상태로 코로나 감염 여부를 검사받기 때문에 '입찌르기'와 같은 이미지를 보여줌으로써 의사전달의 효과를 꾀한다.

[승차 진료(피검사자 관점)] = [승차]+(입찌르기)+[검사]

[승차]   (입찌르기)   [검사]

피검사자 관점으로 보면 본인이 운전하다 차창 밖으로 얼굴을 내밀고 진단을 받는 상황이고, 검사자 관점으로 보면 자동차가 다가왔을 때 차 안으로 진단 도구를 넣어 검사하는 상황이기 때문에 다르게 표현된다. 수어는 이러한 상황을 시각적 이미지로 표현하기 때문에 입장에 따라 전혀 다른 표현을 선택하게 된다. [승차진료(검사자 관점)]의 경우는 '차에 검사도구 넣기'라는 생산적 수어를 활용하게 되는데, 검사자가 다가오는 차에 검사도구를 넣어 검사를 실시하는 이미지를 그대로 보여주기 위한 것이다.

[승차 진료(검사자 관점)]: [자동차]+(입찌르기)+(차에 검사도구 넣기)+[검사]

[자동차]　　　　(입찌르기)　　　(차에 검사도구 넣기)　　　[검사]

합성어: 순차 결합-지문자 활용

지문자를 활용하는 사례도 발견된다. 지문자만으로도 하나의 개념을 표현하기도 하며, 지문자와 다른 수어를 결합하여 의미를 전달하기도 한다. [큐알코드]는 미국수어 지문자 [Q]와 [R]로만 이루어진다.

[큐알코드] = [Q]+[R]

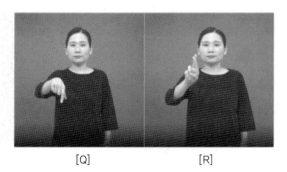

[Q]　　　　　　　　[R]

　'보건용-마스크'는 한국식품의약품안전처에서 입증한 것을 말하며 KF80, KF94, KF99로 분류되어 있다. 이러한 점에 착안하여 한국수어에서는 [보건용-마스크] 수어에 미국수어 지문자를 활용하고 있다. 미국수어 지문자 [K]와 [F]를 하고 이후 [마스크]를 순차적으로 발화한다.

[보건용-마스크]: [KF(지문자)]+[마스크]

[KF(지문자)]　　　　　　　　[마스크]

합성어: 동시 결합-지문자 활용

[요양시설 1]의 경우는 [늙다], [검사], [친절], [기관]이라는 네 개의 수어

가 순차적으로 결합된 합성어이다. [요양시설 2]는 [ㅛ]라는 지문자를 활용하고 있다. 비우세손으로 [ㅛ]라는 지문자를 표현하고 동시에 우세손으로는 [보호] 수어의 일부를 활용하고 있다. 이후 [기관]이라는 수어를 순차적으로 결합하여 나타낸다. [보호]는 원래 비우세손으로는 사람을 나타내는 수형 (🖐)을 하고 약간 구부려진 우세손이 전체적으로 위에서 덮은 채로 한 바퀴 돌리면서 표현된다. [요양]은 [보호]에서 사람을 나타내는 수형이 탈락되고 대신 지문자 [ㅛ] 수형으로 대체된다. '요양'의 [ㅛ] 와 [보호] 수어의 일부가 동시에 결합되는 형태를 보인다.

[요양시설 2] = [ㅛ]/[보호]+[기관]

[ㅛ]/[보호]　　　　　　[기관]

합성어: 생산적 수어와 비수지만으로 구성

[사회적-거리 두기 1]과 [사회적-거리 두기 2]는 모두 생산적 수어를 사용하고 있다. [사회적-거리 두기 1]은 1형 수형으로 [상대]를 나타내고 두 손이 서로 멀어지면서 '서로 거리가 벌어지고 있다는 것'을 시각적으로 나타내준다. 고정된 어휘를 사용하여 [상대], [거리], [길다]라는 수어를 결합하는 표현보다 생산적 수어를 사용함으로써 서로의 거리가 멀어지는 이미지를

시각적으로 보여줄 수 있기 때문에 효과적으로 의미를 전달하게 된다.

[사회적-거리 두기 1] = (둘 사이 거리 가까움)+(멀어지기)

[사회적-거리 두기 2]는 1형 수형으로 [상대] 수어를 하고 고개를 두 번 가로젓는 부정 의미의 비수지를 표현한다. 이후 [상대] 수어의 사이를 벌리는 생산적 수어를 통하여 의미를 전달한다. 고개가로젓기 비수지를 활용함으로써 '거리가 가까우면 안 된다'는 의미를 전달할 수 있다. 이후 생산적 수어를 활용하여 서로가 멀어지는 이미지를 시각적으로 보여줌으로써 '거리 두기'의 의미를 전달한다.

[사회적-거리 두기 2] = (둘 사이 거리 가까움)+<고개가로젓기>+(멀어지기)

(좁은 거리)　　　〈고개가로젓기 x 2〉　　　(거리 넓히기)

의미 확장

[코로나-확진]이라는 수어는 [적발]이라는 수어가 의미 확장된 사례이다. 코로나 초기 코로나 유입 경로를 확인하는 과정에서 '적발'하는 이미지가 강했기 때문에 [적발] 수어를 '코로나 확진'이라는 의미로 확장하여 사용한 것으로 보인다.

[적발]; [코로나-확진]

5. 마치며: 코로나19 관련 공공수어의 특징

2016년에 한국수어법이 제정되고 이후 2019년부터 공공수어통역이 시작되었다. 공공수어통역이 시작된 지 얼마 지나지 않아 코로나19와 같은 재난이 시작되었고, 코로나19 관련하여 새롭게 출현하게 된 다양한 어휘를 수어통역으로 전달할 필요성이 급증하였다. 이에 따라 국립국어원에서는 2020년 '새수어모임'을 발족하여 코로나19 관련 권장 표현을 선정하기에 이르렀다. 그 첫 시도로 [코로나]와 [비말감염]에 대한 표현을 선정하였다. 이후 총 28건의 코로나19 관련 용어를 한국수어 38개로 제시하였는데, 이는 하나의 용어에 한국수어를 두 개씩 제시한 경우가 있기 때문이다.

본 연구에서는 '새수어모임'에서 제시한 코로나19 관련 수어를 분석하여 한국수어 조어 방식과 그 특징에 대하여 알아보았다. 수어가 소리 언어와 조어법에서 가장 큰 차이를 보이는 것은 '동시성'이다. 청각 정보와는 달리 시각 정보는 그 전달과 입력 면에서 여러 가지 정보를 동시에 전달할 수 있고 동시에 전달받을 수 있다는 특징이 있다. 따라서 두 개 이상의 독립된 어휘를 결합하여 형성하는 합성어의 경우도 소리언어처럼 순차적으로 결합할 수도 있지만, 양손을 활용하여 동시 결합하기도 하고 혼합어처럼 두 어휘의 일부를 동시에 결합하기도 한다. 이 때 다양한 음운변화나 통사적 변화를 동반하기도 한다.

수어의 조어법에서 발견되는 또 하나의 큰 특징은 생산적 수어를 사용한다는 것이다. 생산적 수어는 발화 맥락 속에서 가장 쉽게 이해할 수 있도록 그림 그리듯이 상황을 묘사하는 표현을 말한다. 의미를 효과적으로 전달하기 위하여 고정된 어휘가 아닌 그 상황에 걸맞은 시각적 표현을 사용하는 것을 말한다.

코로나19 관련한 공공수어의 특징은 다음과 같이 요약할 수 있다. 첫째, 의미를 반영하여 몇 개의 어휘를 순서대로 발화하는 순차 결합 합성어가 가장 많이 차지하였다. '침방울차단용 마스크'라는 의미를 전달하기 위하여 [기침], [막다], [마스크]라는 세 개의 수어를 순차적으로 결합한 것, 혹은

'요양시설'의 의미를 전달하기 위하여 [늙다], [검사], [친절], [기관]이라는 네 개의 수어를 순차적으로 결합한 것이 그 예이다.

둘째, 일치동사가 사용되는 경우 통사적 일치가 합성어에도 반영된 사례가 있었다. [감염]과 [가두다] 수어에서 이를 확인할 수 있었는데, [감염]은 누가 누구에게 감염시키는가에 따라 통사적 일치가 나타나는 일치 동사이며 [가두다] 역시 누가 누구를 가두는가에 따라 통사적 일치가 나타나는 일치 동사이다. 1인칭에서 2인칭으로 이동이 나타나면 '감염시키다'와 '가두다'를 의미하며, 2인칭에서 1인칭으로 이동이 나타나면 '감염되다'와 '갇히다'를 의미하게 된다.

[감염]의 경우 양손의 손목을 부딪치며 발화자의 몸쪽으로 잡아당기게 되면 '감염되다'의 의미가 되고, 반대로 몸 앞으로 밀어내면 '감염시키다'의 의미가 된다. 따라서 [비말감염]의 어휘를 형성할 때는 몸 앞으로 밀어내어서 '침방울로 타인을 감염시키는 것'을 의미하며 [방역수칙]이라고 할 때는 발화자의 몸쪽으로 잡아당겨서 본인이 감염되지 않도록 지키는 규칙을 의미하게 된다. [자가격리]에서의 [가두다]는 밖에 나갈 수 없이 갇히게 된다는 것을 의미하므로 바깥에서 몸쪽으로 손을 이동하여 통사적 일치를 표현한다.

셋째, [승차진료]와 같은 경우는 검사자 입장인지 피검사자 입장인지에 따라 의미의 차이가 있으므로 수어로 다르게 표현한다는 것을 알 수 있었다. 검사자 입장에서 '승차 진료'는 다가오는 차량에 진단키트를 활용하여 검사하는 것을 의미하고, 피검사자 입장에서 '승차 진료'는 운전하다가 드라이

브스루를 통과하면서 검사받는 것을 의미한다. 따라서 두 가지 다른 입장을 의미적으로 구별하여 표현하고 있다. 시각적으로 묘사할 때는 검사자인지 피검사자인지에 따라 매우 다르게 묘사되기 때문이다.

넷째, 생산적 수어를 사용하여 보다 효과적으로 의미를 전달하고자 하는 경우가 발견되었다. [승차진료]의 경우 '입찌르기'나 '코찌르기'와 같은 생산적 수어를 사용하여 실제 진단키트를 이용하여 코로나19를 검사하는 이미지를 시각적으로 묘사하고 있다. 또한 [선별진료소]에도 '집모양'이라는 생산적 수어가 들어가는데 선별진료소의 임시 천막의 이미지를 그리듯이 보여주는 예이다.

생산적 수어만을 사용하거나 거기에 비수지를 곁들여 의미를 전달하는 경우도 발견되었다. [사회적-거리 두기 1]과 [사회적-거리 두기 2] 수어는 양손에 검지만 편 채로 거리를 벌리는 생산적 수어를 사용한다. 두 개의 수어 중 하나는 거리가 가까운 것을 보고 비수지로 고개를 가로저어 부정의 의미를 더한다.

다섯째, 지문자를 활용하여 신조어를 구성하는 사례가 발견되었다. 미국 수어 지문자인 [Q]와 [R]을 그대로 결합하여 '큐알코드'를 의미하기도 하고, [보건용마스크]를 [K][F]를 넣어[마스크]와 결합하기도 하였다.

여섯째, [요양병원 2]의 사례에서 지문자 [ㅛ]와 [보호] 수어가 동시결합하는 현상이 발견되었다. 비우세손으로 지문자 [ㅛ]를 하고 우세손으로 [보호] 수어에서 우세손에 해당되는 부분만 사용하여 '요양'을 나타내고 있었다.

일곱째, 의미 확장 사례가 발견되었다. [적발]이라는 수어를 [코로나-확진]에 그대로 사용하여 '적발'이라는 의미에서 '코로나 확진'이라는 의미로 확장되고 있음을 알 수 있었다.

지금까지 코로나19 관련 신조어를 한국수어에서 어떻게 표현하는지를 살펴보면서 한국수어의 조어법 특성에 대하여 알아보았다. 이번 분석을 통하여 첫째, 합성어 내부에서 통사적 일치나 목적어 포합이 나타나는 현상이나 생산적 수어를 활발하게 사용하는 현상, 그리고 지문자를 활용하여 동시 결합을 시도하는 현상과 같은 수어만의 특징을 엿볼 수 있었다.

참고문헌

강희숙, 「코로나-19 신어와 코로나 뉴노멀」, 『인문학연구』, 조선대학교 인문학연구원, 2021, 115-138.

백선주, 「코로나 시대 신조어의 형태론적 분석: 외래어를 중심으로」, 『인문사회 21』, 인문사회 21, 2021, 963-973.

여경애, 「'코로나19' 신조어 양상과 사회적 영향 및 방안 연구-2020~2022년을 중심으로-」, 『인문사회 21』, 인문사회 21, 2022, 1345-1358.

이수진, 강현아, 남길임, 「코로나-19 신어의 수집과 사용 양상 연구- 주제 특정적 신어의 수집과 사용에 대한 고찰-」, 『한국사전학』, 한국사전학회, 2020, 136-171.

송미연, 홍성은, 「한국수어의 생산적 수어 어휘에서 나타난 도상성-이미지 형성 기법을 중심으로」, 『한국청각언어장애교육연구』, 한국청각언어장애교육학회, 2020, 109-139.

정한데로, 「코로나19 신어와 언어 공동체」, 『어문론집』, 중앙어문학회, 2021, 93-128.

최혜원, 「사회 변동에 따른 어휘 변화: 국립국어원 신어 사업을 중심으로」, 『국제한국어교육학회 춘계학술발표논문집』, 국제한국어교육학회, 2018, 37-50.

Alina A. mikhailova and Olga Y. samoylenko, 「Covid-Vocabulary: Word-Formation Aspect」, Ажур, 2022.

Nabila. ersyalia, 「An analysis of new English words created during COVID-19」, Englisia Journal of language education and humanities, Volume9, Number1, 2021.

Jefwa G. mweri, 「Corona Virus Disease (COVID-19) Effects on Language Use: An Analysis of Neologisms」, Linguistics and Literature Studies, Volume9, Number1, 2021, 36-47.

Saleh M. al-salman and Ahmad S. haider, 「COVID-19 trending neologisms and word formation processes in English」, Russian Journal of Linguistics, Volume25, Number1, 2021, 24-42.

田宇, 「한·일 양어의 코로나 관련 신어의 비교 고찰」, 한국일본어학회 학술발표회 2021. 9.

국립국어원 한국수어사전
국립국어원 새수어 동영상

4장

코로나19 팬데믹과 자원봉사의 변화

이은애
(재난안전교육원 대표)

1. 들어가며: 코로나19 팬데믹의 충격과 자원봉사의 의의

코로나19는 2019년 11월 중국 우한시에서 발생 보고된 이후 2023년 5월 국제적 공중보건 비상사태(PHEIC)가 해제될 때까지, 전 세계에서 6억 8,700만 명 이상의 확진자와 690만 명의 사망자가 나왔다. 재난은 공포가 아니라 서로 돕고 연대하는 기회라는 주장도 있지만(솔닛, 2012), 팬데믹이 가져온 사회·경제적, 심리적 충격과 영향은 그야말로 전대미문의 변화 그 자체였다. 마스크 배급판매가 시행되었고, 재택근무와 줌(Zoom)과 같은 비대면 회의가 일반화되었으며, 식당은 투명 칸막이를 설치했고, 환자 가족들의 병원과 요양원 출입은 철저히 제한되었다. 사회적 거리 두기로 학교 친구나 직장 동료와 떨어져 지내며 새로운 현실을 낯선 사람들과 공유하는 상황은 '우리'라는 단어의 정의조차 바꿀 정도였다(The Guardian, 2020).

팬데믹 충격과 영향이 불러온 변화는 여러 층위에서 나타났다. 학교 교육은 온라인 강의로 바뀌었고, 친구나 동료와의 만남은 SNS로 대체되었다. 업무는 재택근무로 채워지는 단기적, 공간적 변화는 물론이고 의식과 행태 그리고 타인과의 소통 방식이 변화되는 등 사회적 관계가 영향을 받았고,

따라서 인간관계와 공동체에 대한 생각도 바뀌기 시작했다.

경제적 측면에서도 엄청난 변화가 나타났다. 청소, 배달, 건설 노동은 팬데믹 중에도 계속되었지만 노동 강도는 높아지고, 식당, 카페와 같은 자영업 종사자의 대부분은 소득이 줄거나 심지어는 일자리를 잃었다. 팬데믹의 충격이 경제적 기회를 앗아가면서 주변화된 계층은 주거와 생활환경이 취약하게 되고 이러한 취약성은 구조적으로 더 많은 변화와 어려움에 직면하게 되었다.

기후변화와 경제의 장기침체로 조건 지워지는 21세기에는 태풍과 홍수, 지진과 같은 자연재난은 물론이고 코로나19와 같은 사회재난의 일상화에서 변화와 위험은 늘 우리와 함께할 것이다.

자원봉사는 재난 일상화 시대에 주민, 특히 취약계층과 공동체가 재난충격에 대응하고 그 영향과 손실에서 벗어나도록 도울 수 있는 중요한 민간자원이다. 코로나19 기간 동안 사회적 거리 두기로 돌봄을 받기 어려웠던 저소득층의 고령자들에게 도시락을 배달하고 마스크를 제작해 배포한 자원봉사 활동은 고령자, 1인 가구, 저소득층, 다문화가정, 홈리스 등 재난취약자에게 생명선(lifeline)의 역할을 해왔다. 그러므로 재난과 함께 살아갈 21세기에 봉사정신(volunteerism)은 공동체를 지키는 문지기 노릇을 하게 될 것이다.

봉사활동을 예방-대비-대응-복구라는 재난 사이클에 비추어 자리매김해 보면, 예방-대비 단계 활동은 평상시 활동, 대응-복구 단계 활동은 재난 시 활동이라 할 수 있다. 포스트 코로나 시대의 자원봉사는 재난 사이클의 전 단계에서 생활화될 것이다. 그래야만 위기 시 지역사회와 재난취약자들의 재난적응력과 회복력을 유지하고 강화할 수 있기 때문이다.

코로나19의 전 세계적 창궐 이후 각국은 한편으로는 봉쇄와 격리, 예방과 방역, 확진자 관리로 대응하면서 또 다른 한편으로는 자원봉사의 위축과 감소를 경험하였다. 재난충격의 영향은 인적, 물적 자원의 손실로 나타났고, 이에 대한 대응(respond)과 복구(recovery)는 충격으로 변화된 상황에 적응하면서 회복력을 높여가는 과정이었다. 회복력(resilience)[1]이란 사회·공간시스템이 자연적 또는 사회적 재난의 충격으로 불안정한 상태(또는 영향이나 손실)가 될 때 이를 극복하여 재난 이전 또는 더 나은 상태로 회복하는 능력을 말한다. 이런 맥락에서 보면, 코로나19 이후 자원봉사는 충격의 변화와 어려움에서 팬데믹 이전의 상태로 돌아가는 회복력을 높이는 데 필수적인 민간 자원으로 이해되는 것이다.

이 글은 코로나19 팬데믹 전후 자원봉사 활동의 변화를 참여 규모와 활동 내용을 중심으로 살펴보고, 포스트 코로나 시대 재난 자원봉사활동의 방향을 제시하는 데 그 목적이 있다. 이하 글의 구성은 아래와 같다. 2절에서는, 우선 코로나19 발생으로 인한 충격/손실 그리고 대응과 적응/회복의 과정을 간략히 설명한 뒤, 코로나19 발생 후 봉사활동의 연기나 중단을 가입-활동-탈퇴 모델을 적용하여 이해한 다음, 우리나라와 해외의 참여 규모 변화를 설명한다. 3절에서는 우리나라와 해외 주요국의 팬데믹 대응-회복을 위

---

[1] 회복탄력성 또는 복원력 등으로 번역되기도 하며, 하나의 사회공간 시스템이 회복력을 갖기 위한 구성요소로는 가외성/대체성(Redundancy/ fungibility), 견고성/강인성(robustness), 융통성/자원가용성(resourcefulness), 신속성(rapidity) 그리고 다양성(diversity) 등을 들 수 있다.

한 자원봉사 활동의 내용을 설명한다. 4절에서는 우리나라의 팬데믹 시기 자원봉사활동의 특징과 시사점을 도출한다. 마지막으로 5절에서는 포스트 코로나 시대의 재난자원봉사 활동의 방향성과 봉사모델을 제시한다.

2. 코로나19의 충격-회복 과정과 자원봉사활동의 변화

(1) 충격-회복 과정

[그림 1]은 코로나19라는 사회재난의 발생과 확산으로 초래되는 충격/손실, 그리고 대응, 적응/회복의 과정을 그래픽으로 나타낸 것이다. 한 사회나 커뮤니티의 평상시 회복력이나 주민의 삶의 질은 세로축에, 시간 경과는 가로축에 표시된다. 그래프에서 코로나 발생(A)부터 일정 시간 후 실제 충격 수준(D), 그리고 적응과 회복(복구) 과정을 거쳐 이전 상태로 돌아오는 점(E)을 연결한 삼각형은 충격/손실의 총량이 된다.

2020년 벽두, 감염병의 전국적 유행(A)으로 실제 충격은 사회가 안전하게 유지될 수 있는 목표 수준(B)과 최대한 재난충격을 버텨낼 수 있는 허용 하한(C)을 넘어 D점까지 도달하였다. 이 과정에서, 앞서 언급한 바와 같이, 각국의 자원봉사 참여는 급격히 위축되고 D에서 E로 가는 경로는 정부와 자원봉사 부문을 포함한 민간의 대응과 적응, 회복 노력을 포함한다. 이러한 과정을 거쳐 확진자 추세가 감소, 안정화로 돌아서고 복구 속도가 빨라지면 정책과 봉사활동도 적응과 일상회복으로 무게중심을 옮겨가게 되면서 코로나19 이전의 회복력 수준(E)을 되찾게 되는 것이다.

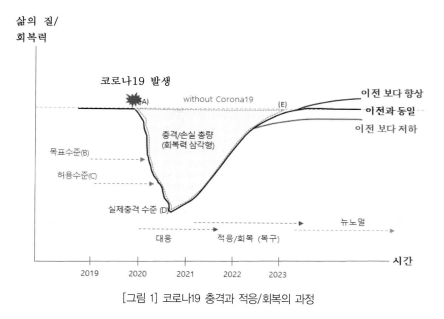

[그림 1] 코로나19 충격과 적응/회복의 과정

(2) 자원봉사 가입-활동-탈퇴 모델

코로나19 팬데믹의 창궐은 봉사 동기의 심각한 외적 동기 변화를 가져왔다. 팬데믹의 공포가 확산되고 사회적 거리 두기 등 정부 규제가 실시되는 상황은 봉사자에게 있어 봉사 여건의 급작스럽고도 엄청난 외적 충격(변화)이었다. 여기에서 가입-활동-탈퇴(Join-Stay-Leave)[2] 모델(Ramdianee, 2014)을 적용하여 코로나 팬데믹 전후에 일어난 봉사활동의 동기 변화를 살펴볼 수 있다(McCurley and Lynch, 1989).

---

2   가입은 참여, 활동은 유지/보유, 탈퇴는 중단/지연의 의미를 포함한다.

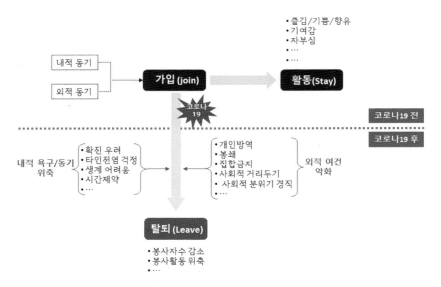

[그림 2] 코로나19와 가입-활동-탈퇴 모델
출처: McCurley and Lynch(1989)를 참조하여 필자 작성.

[그림 2]는 코로나19와 같은 팬데믹이 발생하면 외적 여건은 악화되고 봉사자의 욕구와 동기가 위축되면서 그 결과 탈퇴를 결정하는 과정을 보여준다. 재난이 발생하지 않는 평상시에는 봉사기관이나 단체에 가입하여 활동하는 봉사자들은 '무언가 기여하고 있다'거나, '자부심을 느낀다'거나, '무언가 누린다'고 생각하면서 봉사활동을 계속하게 된다. 이 경우는 봉사자의 동기와 활동(과업)이 잘 맞아떨어지는 상황이라 할 수 있다(Faletehan, Van Burg, Thomson, and Wempe, 2021). 물론 코로나19와 같은 재난이 발생하지 않고 평상시라 할지라도 봉사자를 둘러싼 내적 또는 외적 여건이 변한다든지, 참여를 주선하고 일거리를 제공하는 기관이나 단체와의 관계 변화로 탈퇴하는 경우도 생긴다.

팬데믹 창궐로 기하급수적으로 증가하는 확진자는 격리되고, 정부는 방역과 사회적 거리 두기, 학교 휴교, 병원방문 통제를 시행하고, 재택근무가 확산되면서 사회적 분위기가 경직되어 봉사의 외적 여건이 급속히 악화된다. 봉사자는 확진 리스크로 인한 심리적 부담, 근무환경 변화와 일자리 축소로 인한 생계 우려를 하게 되면서 봉사의 내적 동기 역시 위축된다. 결국, 참여의 내적 동기 위축과 봉사의 외적 여건의 악화가 상호작용하여 봉사자 수는 감소하고 활동은 중단된다. 즉 코로나19와 같은 팬데믹이 발생하면 외적 여건은 악화되고 봉사자의 욕구와 동기가 위축되면서 그 결과 탈퇴를 결정하는 과정을 보여준다.

여기서 중요한 이슈는 앞서 언급하였듯이 향후 감염병을 포함한 자연재난과 사회재난이 빈번화, 대형화, 복합화되는 상황에서, 예측 불가능의 외적 재난 충격/변화가 초래하는 다양한 탈퇴 요인들을 어떻게 관리하고 극복할 것인가의 문제일 것이다.[3] 이를 위해 자원봉사 자원, 정책 및 제도 그리고 활동과 관련된 여러 측면의 보완이 검토되어야 할 것이다.

(3) 코로나19 전후 한국의 자원봉사 참여 규모 변화

개인이나 단체가 봉사활동을 하기 위해서는 욕구와 동기가 필요하기 마련이며, 자원봉사의 활성화를 위해서는 참여의 장애 요인이 무엇이고 이를 어떻게 극복하고 해소할 것인지 생각해야 한다. 특히, 코로나19처럼 전 세계

---

[3] 이 문제는 재난봉사의 적응성(adaptability)과 가외성(redundancy) 확보 문제와도 관련된다.

적 위기가 계속되는 상황에서 자원봉사의 동기와 장애를 밝히고 활성화를 위한 지원책을 마련하는 일은 중요한 이슈이다(Whittaker, McLennan and Handmer, 2015).

자원봉사에 참여하는 동기는 성별, 연령, 학력, 종교, 직업, 봉사경험 정도, 소득수준 등 여러 요인의 영향을 받는다. 예를 들어, 학생이나 초심자의 경우 사회적 동기보다는 경험추구 동기가 강한 편이고, 활동이 간헐적이거나 일과성으로 끝나는 경우가 많다. 반면 시간적, 경제적 여유가 있고 봉사경험이 많은 사람은 사회적 인정을 위해서 또는 만족감을 기대하면서 정기적으로 활동하는 경우가 많다. 봉사참여의 욕구와 동기에 대한 설명은 학자에 따라 다양하고 약간의 차이를 보이지만, 앞에서 설명한 대로 내적 동기와 외적 동기로 나눌 수 있으며 개인의 성격이나 신념에 의한 동기,[4] 자기증진(계발)이나 자존감 향상의 동기, 반대급부 동기[5] 그리고 이타적 동기[6] 등이 제시된다.

이렇게 개인의 여건이나 동기의 다양성을 감안하면, 참여자의 동기가 자발성, 무보수성, 공익성 그리고 지속성을 예외 없이 동시에 충족시킨다고 보기는 어렵고, 네 가지 원칙이 선택적으로 충족된다고 보는 것이 더 현실적이다. '이타적 동기 때문에 참여한다'는 과거의 시각보다는 자기이해(self-interest) 때문에 참여한다는 주장(Moore, 1985)도 이러한 원칙의 선택적

---

[4] 개인적 성취감을 위해서, 자신의 즐거움 때문에, 새로운 것을 배우고 경험하기 위해서 참여하는 경우이다.
[5] 사회적으로 인정받기 위해서, 장래의 발판을 만들기 위해서 참여하는 이들이다.
[6] 타인 지향적 동기, 박애주의적 동기, 사회적 동기이기도 하다.

충족성을 반영한다.[7] 자원봉사활동으로 얻을 수 있는 삶의 만족도, 즉 이타적 행동이 자신에게도 정서적, 심리적으로 긍정 효과를 가져온다는 주장만으로 봉사활동의 동기를 모두 설명할 수는 없으며, 봉사자의 개인적 여건과 동기 파악도 중요하다(노연희·정익중, 2020: 13-14).

자신을 둘러싼 내적, 외적 여건의 변화에 따라서 봉사자의 동기도 변화하기 마련이다. 새로운 경험이 채워지면서 성격이나 생활여건이 변하며 사회적 네트워크도 변화한다. 봉사기관의 여건도 영향을 미친다. 예를 들어 병원 봉사자와 미술관 봉사자들을 대상으로 다년간 분석한 연구를 보면, 초기에는 실용적 봉사동기가 강하지만 시간이 지날수록 정서적 몰입이나 성취감이 중요해지는 것으로 나타났다. 또 나이가 들수록 경력 관련 동기는 약해지고 소속감이나 기여 등 사회적 동기가 더 뚜렷해지고, 도덕적 목적이 더 강조되기도 한다(Csordás, 2020).

이제 구체적으로 우리나라 자원봉사 활동의 변화를 참여 측면에서 살펴보자. 한국중앙자원봉사센터에 의하면 전국에는 245개의 기초자원봉사센터와 90,688개의 봉사단체, 그리고 1,500만 명의 자원봉사자가 46,773개 수요처와 매칭되어 있다.[8]

코로나19가 자원봉사에 미친 가장 큰 영향은 활동연기나 중단으로 인한

---

7   이웃과 지역사회에 대한 맹목적 관심, 사랑, 헌신, 자선을 강조하거나, 박애주의를 강조하기보다는 봉사자 자신에게 주는 다양한 변화, 예를 들어 가치관의 변화와 성취감, 봉사점수의 가치와 활용, 여가선용과 건강 도움 등을 구체적으로 설명하는 것이 효과적 홍보방법이 될 수 있다.

8   2022년 기준: https://www.v1365.or.kr/new/main/main.php

참여 규모의 위축이다. 우리나라의 인구수 대비 자원봉사자 등록률(D)은 팬데믹 이전인 2017년(23.21%) 이후 꾸준히 증가하여 팬데믹이 끝나가던 2022년에는 30% 수준(29.07%)에 이르렀지만, 인구수 대비 봉사활동 참가율(E)은 코로나19 직전인 2019년 8.08%에서 2020년 절반 수준인 4.31%로 감소하였다. 자원봉사 등록자 수 대비 참가율(F) 역시 2019년 30.39%에서 2020년 절반 수준인 15.67%로 떨어졌고, 2021년에는 12.67%, 2022년 12.75%를 기록하였다(<표 1>).

〈표 1〉 코로나19 전후 자원봉사 참여자 규모 변화 (2017–2022)

구분	코로나19 이전			코로나19 이후		
	2017	2018	2019	2020	2021	2022
인구(A)	51,778,544	51,826,059	51,849,861	51,829,023	51,638,809	51,439,038
등록자 수(B)	12,016,428	12,831,501	13,794,152	14,255,130	14,700,896	14,954,948
참가 실인원(C)	4,876,669	4,290,985	4,191,548	2,233,767	1,863,308	1,906,936
인구 수 대비 등록률(%) (D=B/A*100)	23.21	24.76	26.60	27.50	28.47	29.07
인구 수 대비 참가율(%) (E=C/A*100)	9.42	8.28	8.08	4.31	3.61	3.71
등록자 수 대비 참가율(%) (F=C/B*100)	40.58	33.44	30.39	15.67	12.67	12.75

출처: 행정안전부(1365 자원봉사포털).

참여자 연령대를 20세 이상 성인으로 한정하고 성인 인구수 대비 참여율을 살펴보아도 감소 추세는 매우 뚜렷하다. 코로나19 직전 2019년 5.0%를 보이던 참여율이 코로나가 본격적으로 확산되던 2020년에는 3.2%로 전년 대비 34.8%가 감소했고, 2021년에는 3.0%까지 떨어졌다(<표 2>). 이러한 감소 추세는, 앞서 설명한 대로 정부의 강력한 방역추진, 감염위험에 대한 개인의 심리적 부담과 생계와 경제적 어려움, 그리고 사회적 분위기의 경직 등 내·외적 요인들이 동시에 작용한 결과로 보아야 할 것이다.

〈표 2〉 코로나19 전후 성인자원봉사 참여자 규모 변화 (2017-2022)

구분	코로나19 전			코로나19 후		
	2017	2018	2019	2020	2021	2022
성인 인구수(A)	42,038,921	42,391,844	42,723,937	43,065,617	43,169,143	43,203,200
참여 실인원(B)	2,874,958	2,252,287	2,124,110	1,383,916	1,294,068	1,457,575
참여율 (C=B/A*100)	6.8	5.3	5.0	3.2	3.0	3.4
전년대비 참여 증감율	7.7	-21.6	-5.7	-34.8	-6.5	12.6

출처: 행정안전부(1365 자원봉사포털).
https://www.index.go.kr/unity/potal/main/EachDtlPageDetail.do?idx_cd=2718

14세에서 19세의 청소년 봉사활동 위축은 더 심각한 것으로 나타났다. 2019년에는 1,636,782명의 청소년이 봉사에 참여하면서 역대 최대치를 기록했으나 2020년에는 1/3 수준인 733,474명으로 감소했다. 학교와 학원 그리고 집을 중심으로 생활하는 청소년의 봉사활동은 재택 온라인 수업 운영과 같은 교육부의 방침이 우선적 영향을 미쳤을 것이다. 뿐만 아니라 2019년 교육부가 '대입제도 공정성 강화 방안' 발표에서, 2024학년도부터 봉사활동을 포함한 비교과 활동을 전형에서 폐지하기로 한 결정도 봉사활동 감소에 영향을 준 것으로 보인다.[9] 팬데믹이 거의 극복된 2023년 역시 1월부터 10월까지 청소년 봉사자가 244,625명에 그쳤는데 이러한 추세가 계속되면 2019년 규모의 1/6 수준으로 감소할 것으로 예측된다.

중고등학교에서 봉사활동 경험을 해보지 못한 채 대학 생활을 시작하는 학생들은, 봉사경험이 많은 학생에 비해서 참여하려는 자발성이나 내적 동기가 상대적으로 약하고, 이는 봉사활동의 감소를 초래할 것으로 보인다. 또 팬데믹이 시작된 2020년에 대학 생활을 시작한 학생들은 거의 3년간 온라인 수업에 의존함으로써 동아리나 선배들과 봉사활동을 경험하는 기회를 가질 수 없었던 점도 영향을 미쳤을 것이다.

(4) 코로나19 전후 해외의 자원봉사 참여 변화

팬데믹의 충격이 자원봉사 활동을 위축시키고 참여자가 줄어든 것은 여러 나라에서 살펴볼 수 있는 공통적인 변화였다. 2020년 3월부터 2개월간 미국의 Volunteer Match(n.d.)[10]가 비영리단체 관계자, 실무자, 자원봉사자, 공무원, 기업 CSR 담당자 등 730명(3월)과 2,200명(5월)을 대상으로 조사한 결과, 응답자의 53%~68%가 거의 전적으로 활동을 취소했거나 25~26% 부분적으로 취소했다고 답했다. 복수응답인 봉사활동의 장애요인, 즉 감소

---

9   그동안 많은 경우 청소년 봉사활동이 자기계발과 사회발전을 위한 '진정한 자발성'의 표출이 아니라, 대학진학을 위한 수단으로 인식되고 활용되어온 점을 부인하기 어려우며, 이는 한국의 과도한 입시경쟁이 빚은 아이러니라 할 것이다.

10   오클랜드에 본부를 둔 1998년 설립된 자원봉사단체.

이유로는 확진(노출) 두려움(46~47%), 타인에게 전염시킬 위험성(42~31%), 정부의 집합금지 규제(35~44%), 비용/수입 감소에 대한 걱정(16~29%), 봉사 시간 만들기의 어려움(15~16%) 등이 지적되었다.

런던 북부에 위치한 전국자원봉사단체협의회(National Council for Volunteer Organizations, NCVO)가 발주한 연구보고서를 보면 영국의 상황도 크게 다르지 않았다(Kanemura, Chan and Farrow, 2022). 팬데믹 초기인 2020년 5월부터 대면 봉사활동이 급격히 감소하였는데, 2021년 지역생활조사에서 성인 봉사자 참여가 2019년~2020년 기간 23% 수준에서 2020년~2021년 기간 17%로 감소한 것으로 나타났다. 아일랜드의 국가 자원봉사조직인 Volunteer Ireland가 2020년 9월, 15세 이상 개인 1천 명(성별, 연령, 거주지역, 사회계층을 고려하여 표본 추출)을 대상으로 전화인터뷰로 조사한 결과도 감소추세가 뚜렷했다(Mulcahy, 2022). 응답자의 43%가 코로나19 전에 대부분 주말 봉사에 참여하였으나, 코로나19 기간에는 6~37%로 감소하였다.

호주의 대표적 비정부기구(national peak body)인 Volunteering Australia (2021)의 이해당사자 조사 및 호주통계국의 COVID19 영향 조사 결과를 보아도 같은 추세가 확인된다. 공식적 봉사는 코로나19 이전 25% 수준에서 발생 후 20% 수준으로 감소하였고, 발생 후 1년간은 봉사자의 9% 정도가 단체나 그룹봉사를 중단하였다. 중단 이유로는 ① 유료봉사가 없어서, ② 코로나 규제 때문에, ③ 자신의 건강염려 때문에, ④ 가족일이나 돌봄일 때문에 ⑤ 코로나로 봉사방법을 몰라서 등이 지적되었다.

몽골의 대표적 비정부기구(NGO)인 Democracy Education Center(DEMO)

의 설명[11]에 의하면, 코로나19 이후 2020년 봉사참여율은 몽골 정부의 봉쇄명령 등으로 인해 거의 30%가량 감소하였다. 일부 봉사자들은 비대면 활동으로 전환하였으나, 온라인 설비가 부족한 지역/마을 그리고 벽지학교와 다자녀 가정에서는 비대면 교육의 어려움에 노출되었고 이는 장기적으로 교육 불평등 문제를 야기했다고 한다.

선진국의 봉사활동 위축은 OECD(2021)의 조사에서도 보고되었다. 우리나라를 포함하여 미국, 영국 등 절반 이상의 OECD 국가에서 공식적 봉사활동이 전반적으로 감소하였고, 이는 시민사회조직, 동네클럽, 그리고 자선조직을 통한 기존의 봉사활동 감소 경향을 가속화하는 것으로 분석되었다. 코로나19로 인한 자원봉사의 중단이 핵심적 사회적 관계와 목적의식의 상실을 초래하고, 이는 다시 공동체 소속감과 (특히 노인층) 봉사자의 정신건강에 나쁜 영향을 미쳤다고 판단하고 있다. 우리나라의 최근 연구(노법래 외, 2022)에서도, 코로나 확산 추세와 온/오프라인 봉사활동 간의 상관관계를 추세 분석한 결과, 코로나19가 본격적으로 확산하기 시작한 2020년 2월을 기점으로 오프라인 봉사참여자 수와 활동시간이 급감한 것을 확인하였으며, 온라인 활동은 상대적으로 중요도가 유지될 것으로 예측했다.

---

[11] DEMO의 사무총장이자 몽골 자원봉사조직 네트워크(NMVO) 회장인 운드랄(Undral Gombodorj)의 비대민 회의에서 설명한 내용이다.

3. 재난대응과 회복 과정으로서 자원봉사활동

(1) 한국의 대응-회복 자원봉사활동

행정안전부·한국중앙자원봉사센터(2023)에 의하면, 팬데믹의 3년(2020년~2022년) 동안 봉사자들의 활동은 빈곤층의 결식예방 및 현장관계자와 격리자 격려, 지지를 위한 도시락 지원 사업 등[12]을 포함한 '취약계층 지원'(1,363,223명, 23.28%), 재활용 분리수거 지원과 같은 탄소저감을 위한 자원봉사활동을 포함한 '기후위기 대응활동'(1,054,873명, 18.01%), 공공 및 민간의 다중집합시설을 위주로 한 방역소독(1,102387명, 17.29%)이 전체의 절반 이상(58.58%) 차지했다. 다음으로 방역준수와 확진자 증가로 인해 노동력 부족이 심화되는 '농촌일손 돕기'(437,203명, 7.47%) 그리고 사회적 거리 두기 안내와 생활방역준수를 알리고 계도하는 홍보캠페인(372,879명, 6.37%) 순으로 나타났다.

〈표 3〉 연도별 세부분야별 참여 인원 및 구성비 변화

분야	세부분야	2020		2021		2022	
		인원(명)	구성비(%)	인원(명)	구성비(%)	인원(명)	구성비(%)
캠페인	홍보캠페인1)	177,217	10.4	115,177	5.8	80,485	3.7
방역 지원	예방접종 지원2)			226,557	11.4		
	공공장소 검역 지원3)	49,698	2.9	116,721	5.9	58,809	2.7
	현장관계자 지원4)	44,597	2.6	37,133	1.9	36,903	1.7

---

12 '안녕한 한끼 드림' 사업으로 2020년 4월부터 6월까지 407,700명에게 도시락을 제공하였다.

	방역소독 지원5)	496,023	29.1	333,075	16.8	183,289	8.5
	마스크 제작 배부6)	268,937	15.8	60,422	3.1	11.392	0.5
주민 지원	상담7)	12,681	0.7	25,904	1.3	35,116	1.6
	격리자 지원8)	7,575	0.4	9,221	0.5	16,341	0.8
	취약계층 지원9)	260,622	15.3	401,212	20.3	701,389	32.3
	기후위기 대응10)	119,016	7.0	359,449	18.1	576,408	26.6
경제 지원	농촌일손 돕기	58,512	3.4	146,424	7.4	232,267	10.7
	착한 소비11)	45,705	2.7	8,564	0.4	16,253	0.7
기타		164,827	9.7	141,224	7.1	221,378	10.2
합계		1,705,410	100.0	1,981,083	100.0	2,158,649	100.0

1) 일상방역, 사회적 거리 두기 홍보 등
2) '코로나19 예방접종 통합자원봉사지원단' 운영, 예진표 작성 보조, 동선 안내, 주차안내 등
3) 관공서 공공기관 출입자 열체크 등
4) 선별진료소, 의료인력, 자원봉사자 지원
5) 공공건물, 상가, 공공시설 등
6) 마스크 의병단 활동 등
7) 주민 문의 응대 및 고충상담 등
8) 확진자 격리기간 사용 방역물품 지원 등
9) 취약계층 결식예방, 현장관계자 격리자 위한 도시락 제공 등
10) 재활용 분리수거 지원 등
11) 선결제 운동, 소상공인 지원 등

출처: 행정안전부·한국중앙자원봉사센터(2023).

코로나19 초기인 2020년에는 급속한 감염 확산을 막아내기 위한 방역소독 지원(29.1%)과 마스크 제작·배포(15.8%)와 같은 '방역지원' 분야(50.4%), 그리고 격리자를 돕거나 취약계층을 지원하는 '주민지원'(23.4%)에 집중하였고, 사회적 거리 두기와 방역수칙 준수를 위한 '홍보활동'(10.4%)에 참여하였다. 한편 경제적 지원은 초기 방역대응의 긴박성과 시급성으로 인해 상대적

으로 비중이 낮았다(6.1%). 특기할 활동으로는 3월 9일부터는 1인당 공적 마스크 구매 한도를 제한하고 5부제를 실시하면서 마스크 대란이 발생하였고, 사회·경제적 취약계층의 마스크 구매가 어려워졌다. 이에 봉사자들이 '마스크 의병단'을 조직하여 다회용 마스크를 직접 제작하고 취약계층에 배부하였다. 또한, 사회적 거리 두기로 인해 무료 급식소의 운영이 중단되면서 취약계층에 대한 공적 지원이 어려운 상황에서 기관과 단체가 즉시적, 자율적으로 도시락을 제공한 활동 역시 취약계층(아동, 1인 가구, 고령자, 장애인)의 공적 지원 공백을 채운 긍정적 사례로 볼 수 있다.[13]

[그림 3] 마스크 제작활동과 물품 지원활동

확산세가 계속되었던 2021년에는 사회적 거리 두기 단계 격상에 따라 공공장소 검역이 강화되었고(5.9%), 취약계층 지원이 증가하였으며(20.3%) 방

---

13 2016년 일본 구마모토현 지진 이후 2개 마을을 비교 분석한 현장연구(大門大朗 外, 2020)도 피해가 클수록 정부주도의 관리통제 지원이 미치지 못하는 사각지대(공극)가 나타나기 쉬우므로, 자원봉사센터(VC)의 즉흥적, 자율적 활동이 사회운동 측면에서 필요함을 강조한다.

역소독도 계속되었다(16.8%). 분야별로는 취약계층 지원을 포함한 주민지원 활동은 40.2%로 증가한 반면 시설방역과 소독, 마스크 공급과 같은 방역지원 활동은 어느 정도 안정세에 들어가 39.1%로 다소 낮아졌다. 또한 방역과 생활수칙 인식이 전국적으로 정착단계에 들어가면서 홍보 비중은 다소 낮아진 반면(5.8%), 소상공인과 농민의 피해를 지원하기 위한 경제적 지원 활동의 비중이 7.8%로 증가하였다. 2022년의 특징적인 활동으로는, 일반인에게도 백신 접종이 시작되면서 전국 277개 접종센터 중 196개 센터 현장에서 '코로나19 예방접종 통합자원봉사지원단'[14]이 운영되었다는 점이다. 지원단의 주요 활동 구성은 접종절차 및 동선 안내가 44%(99,039명), 주차 및 입·출구 안내지원이 28%(63,653명), 예약확인 및 예진표 작성 등 행정보조가 20%(44,214명)이고 기타가 9%(19,651명)였다.

[그림 4] 응원도시락 지원과 예방접종 지원활동

3년 차인 2022년에는 확진 추세의 감소 경향이 뚜렷해지자 방역지원 활

---

14 2021년 4월부터 '코로나19 예방접종 통합자원봉사지원단'이 전국적으로 조직되어 약 8개월간 총 226,557명의 자원봉사자가 전국 196개소 예방접종센터에 배치되어 활동했다.

동 비중은 13.4% 수준으로 낮아졌으며, 주민들의 팬데믹 재난 적응과 일상 생활 회복력을 강화하는 주민지원 활동 비중이 61.3%로 더 높아졌고, 소상 공인과 농민을 위한 경제적 지원 활동도 11.4%로 증가하였다. 특히 2021년 부터 재활용 분리수거 등 기후위기 대응 활동이 26.6%로 큰 폭으로 증가하 였는데, 이는 2020년 8월 중앙자원봉사센터와 행정안전부가 수도권을 중심 으로 자원봉사 참여 및 새로운 자원봉사 운동 조성을 위한 전국 센터 대상 '안녕 함께 할게' 캠페인 공모 사업을 추진한 것이 영향을 미친 것으로 보인다.

[그림 5] 농촌 일손돕기 활동과 캠페인 활동

3년간의 봉사활동을 간략히 종합하면, 2020년에는 대응중심으로 방역소 독과 마스크 제작 등 방역 지원과 수칙 준수를 위한 홍보 지원에 집중하였 고, 2021년에는 방역소독 지원과 예방접종 지원 그리고 취약계층 지원에 주력하였으며, 확산이 통제되기 시작한 2023년에는 주민, 특히 취약계층을 위한 주민지원과 소상공인, 농민을 위한 경제적 지원에 집중했다고 할 수 있다.

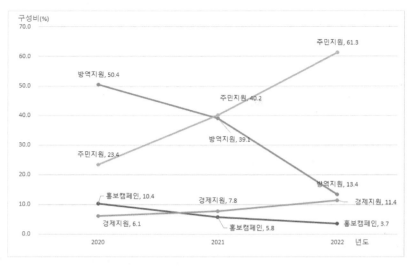

[그림 6] 연도별 자원봉사 활동 분야의 구성비 변화
출처: 행정안전부·한국중앙자원봉사센터(2023)에서 필자 작성.

(2) 해외의 대응-회복 자원봉사활동

• 대면 봉사활동을 대신한 비대면 봉사활동

영국에서는 봉쇄와 사회적 거리 두기로 대면 봉사가 어려워지자 배달, 친구맺기, 멘토링 등이 온라인으로 활성화되면서 봉사활동의 주류가 되었다. 또한 봉사경험이 없는 사람이 온라인을 통해 쉽게 참여 동기가 유발되어 정부주도의 대규모 공식 봉사(예: 코로나 검사, 백신 봉사 등)의 빈틈을 채우는 역할을 하였다(Kanemura, Chan and Farrow, 2022). 미국의 경우도 대면 봉사활동은 감소하였지만, 참여하는 경우 비대면으로 하겠다는 응답자가 전체의 32~45%를 차지했다(Volunteer Match, n.d). 대면 봉사의 대체재로서 온라인 봉사는 한국, 아일랜드, 몽골, 홍콩 등 많은 나라의 공통된 적응 전략이었다. 특히 회의, 훈련, 교육을 온라인으로 대체하는 경향이 확산되었고, 규제가 점진적으로 풀리면서 온/오프라인을 동시에 활용하는 복합(hybrid)방식이 정착되는 계기로 작용하기도 하였다.

• 상호부조의 비공식 봉사와 소규모 봉사의 부상

공식적 봉사의 손길이 미치지 못하는 부분은 상호부조의 소규모 비공식 봉사로 채워졌다. 예를 들어, 영국에서는 봉쇄기간 동안 4,000개 이상의 소규모, 비공식 봉사그룹이 생겨나 식품 전달, 약품 픽업 등 기초서비스를 제공하였다(Kanemura, Chan and Farrow, 2022). 아일랜드 역시, 봉쇄기간 동안 봉사에 참여하는 대부분(75%)이 소규모 비할당(non-assigned) 봉사를 하였는데 식료품점 물건 사기(40%), 외로운 사람 친구하기(31%), 처방전 모으기(29%) 등 비공식적 상호부조 활동이 주류를 이루었다(Mulcahy, 2022).

OECD(2021) 조사에서도 응답자의 44%가 2020년 동안 낯선 사람을 도운 경험이 있다고 응답하였는데, 이는 코로나19를 경험하면서 비공식적 봉사 활동이 과거보다 더 활발해졌음을 함축한다. 또 2020년 9월에는 14개 OECD 국가 응답자의 25%가, 어떤 보상이나 기대도 없이 다른 이의 심부름을 하거나 친구나 이웃 또는 직장 동료의 자녀를 돌보는 활동을 한 것으로 나타났다.

• 취약계층을 위한 전략

홍콩에서는 사회경제적 주변 그룹이 경제적으로 그리고 정신적으로 팬데믹 충격에 더 약하다는 점에 착안하여 팬데믹 초기부터 청소부, 경비원, 택시운전사 등 사회안전망 밖의 취약계층에 봉사활동을 집중하면서 마스크 등 개인보호 용품을 지급하였다. 또 커뮤니티 기반 활동으로서 공유냉장고(Blue Fridge Project) 운영, 홈리스 점심도시락 지원(Power Moms), 길을 잃거나, 상처를 입거나, 아픈 개를 구출하는 활동(Dog rescue)을 전개하였다(Undral, 2021). 필리핀에서는 남은 음식이나 식료품을 주로 저소득층을 위해 기부하는 '커뮤니티 팬트리(식품저장소)' 활동이 도시 지역을 중심으로 전개되었는데, 빈민층과 취약계층이 봉사활동을 주도했다는 점이 주목된다.[15] 우리나라의 취약계층 봉사활동은 앞서 설명한 대로 결식예방과 현장관계자 격리자를 위한 도시락 제공 등이 주를 이루었고, 홍콩이나 필리핀처럼 근린이나 커뮤니티를 거점으로 하는 지원 활동은 아니었다.

4. 한국의 자원봉사활동 변화의 특징과 시사점

(1) 정부주도형 자원봉사와 공백

2020년 1월 20일 국내 첫 확진자가 발생한 이후 2023년 상반기까지의

---

15 나중에는 경찰과 군인들이 이 활동에 대해 공산주의 반란군과의 연계를 의심하여 팬트리를 빨간점으로 표시하고 모니터하기도 했다(Undral, 2021).

정부의 대응과 자원봉사활동을 살펴보면, 자원봉사센터와 단체는 행정이 주도하는 정책과 지침을 충실히 전달하고 실천하는 역할에 집중한 것을 알 수 있다(별표 1-4 참조). 이러한 정부주도형 접근은 팬데믹 대응 봉사경험이 없는 기관이나 단체가 전문성을 갖고 자발적으로 활동을 기획·실행하기는 어렵고, 또 당시의 급박한 상황을 고려하면 보완적 역할의 필요성과 중요성이 충분히 인정된다.[16]

하지만 행정 주도형 접근이 중·대규모 그룹 중심의 공식적 봉사에는 효율적이고 효과적일 수 있으나, 소규모의 비공식적이고 개인 대 개인 간 일상형 봉사수요는 대응하지 못하는 한계를 지니게 된다. 이 지점이 행정의 공백을 메우는 자원봉사 부문의 중요한 역할이 되어야 한다. 개인적 관심이나 열정을 반영하는 예술, 문화, 취미 관련 봉사활동(leisure)이나, 개인과 개인 사이에 도움을 주고받는 형태의 상호부조(mutual-aid) 역시 비공식적 속성(informality) 때문에 정부주도의 공식적 지원을 기대하기 어렵다. 팬데믹 기간 격리된 이웃을 위해 식료품을 가져다주고, 발코니에 나와 서로 대화하고 이웃 아이를 학교에 데려다주는 상호부조의 비공식 활동 역시 적응과 회복에 필수적이기 때문이다. 따라서 행정이 기획하고 자원봉사센터와 단체가 실행하는 공식적 봉사와 기관과 단체가 즉시적·자율적으로 시행하는 소규모 비공식적 봉사가 유기적으로 연계되는 거버넌스 구축이 중요하다고 하

---

16 온 나라가 방역과 확진자 관리, 그리고 팬데믹 생계의 어려움 속에서 전력투구하는 상황에서, 팬데믹 대응과 관리를 위한 거버넌스나 의사결정 과정에 봉사기관이나 단체가 초기부터 참여하는 방식은 비현실적이라 여겨질 수도 있다.

겠다.

(2) 온라인 플랫폼 활용 확대

코로나19라는 팬데믹의 지속은 곧 비접촉(untact) 사회의 부상을 의미했다. 온라인 회의와 교육을 포함한 비대면 활동이 증가하면서, 기관이나 단체 그리고 봉사자들의 온라인 친숙도와 활용도가 높아졌다.[17] 특히 봉사자 교육의 대부분이 줌(Zoom) 등을 이용하여 온라인으로 이루어졌고, 실습이 필요한 심화 교육이나 워크숍 등은 선택적 대면으로 이루어졌다. 자원봉사자 모집방식도 온/오프라인을 병행하는 하이브리드 형으로 전환되었다. 물론 단체 대표자에게 전화하거나 회의 등을 통해 모집을 홍보하기도 했지만, 온라인으로 봉사프로그램을 홍보하고 모집하는 사례도 늘어났다. 당근마켓처럼 일반인에 잘 알려진 SNS 플랫폼에서 봉사자를 모집하는 것처럼 젊은 층에 익숙한 일상적인 온라인 플랫폼을 활용하는 사례도 나타났다.

한편, 온라인 봉사의 혜택을 받기 어려운 사람들의 문제도 관찰된다. PC와 관련 장비가 없어서 온라인 플랫폼 접근이 불가능한 빈곤층이나, 사용방법 숙지가 어려운 1인 가구 노인, 또 온라인 장비가 한 대뿐인 다자녀가구 등은 비대면 소통, 훈련, 교육이 어렵다. 특히 팬데믹 3년 동안 원격수업으로 온라인 학습을 계속해 온 저소득층 가구 아이들의 학습역량이 저하

---

17   많은 자원봉사센터에서는 줌(Zoom)과 같은 온라인 교육프로그램의 설치와 사용 방법을 봉사자에게 메일이나 카톡, 블로그, 페이스북 같은 SNS로 안내하였다.

되었다는 여러 연구(예컨대, 황인아·김인경, 2022)는 재난 취약계층에 대한 비접촉 지원의 어려움을 잘 보여준다.

(3) 개인의 인정욕구나 자기 효능감이 봉사의 주요 동기로 부상

비대면 봉사활동의 증가로 인해 현장중심 대면 단체봉사는 급속히 줄고, 개인의 감염위험과 안전에 대한 민감도가 높아지면서 개인 중심 온라인 봉사가 늘어났고 봉사자의 욕구와 동기도 변화하였다. 자기효능감이나 인정욕구가 중요한 동기가 되었고, 봉사 후에는 활동내용을 페이스북, 인스타그램 등 개인 SNS로 올리는 사례가 증가하였다. 단체 봉사활동의 경우 참여자의 홍보나 인정욕구는 단체의 이름으로 실현되지만, 팬데믹으로 '단체'라는 봉사단위가 사라지게 되자 개인 한 사람 한 사람이 봉사단위가 되면서 생겨난 새로운 현상이라 하겠다.

감염의 위험 때문에 비대면 봉사로 전환되면서 교육과 훈련을 온라인으로 하는 것은 차선책이 될 수 있고, 때로는 온라인 방식이 비용과 시간 측면에서 기관/단체나 봉사자 모두에게 더 효율적일 수 있다. 하지만 인정욕구와 자기 효능감 같은 개인 차원의 동기로 봉사가 계속되면 이웃, 단체 그리고 사회를 생각하는 공동체 의식이 낮아지고, 이는 결국 봉사의 기본속성인 이타성과 공공성을 약화시켜, 종국에는 자원봉사의 총체적 역량 저하를 가져올 수도 있다. 따라서 포스트 코로나 시대의 자원봉사는 미래의 재난에 대비하여 온/오프라인의 하이브리드 방식을 유지하더라도 사회적 관계와 공동체 의식유지의 이슈는 반드시 정책과 프로그램에 녹아들어야 할 것이다.

(4) 기후위기에 대한 관심 고조

'코로나19와 함께 살기'가 3년 동안 계속되면서 봉사자와 국민 사이에서 기후변화에 대한 인식이 제고된 것으로 보인다. 팬데믹을 함께 겪으면서 재난의 근원이 기후변화에 뿌리를 두고 있다는 주장이 설득력을 얻게 되고, 이는 다시 기후대응 관련 봉사활동의 참여로 이어졌다고 볼 수 있다. 앞의 <표 3>에서도 보여주듯이 재활용 분리수거 지원 등 '기후위기 대응활동에' 참여한 봉사자 수가 2020년 119,016명(7.0%)에서 2021년 259,449명(18.1%), 2022년 576,408명(26.6%)으로 증가하였다. 팬데믹이 엔데믹으로 전환된 이후, 최근에는 버려진 쓰레기를 주우면서 조깅이나 산책을 하는 플로깅(plogging)[18]이 각광을 받고 있는데 이 역시 건강과 환경을 동시에 생각하는 포스트 코로나 시대의 기후위기 대응 뉴노멀의 하나로 이해할 수 있다.

---

18 2016년 스웨덴에서 처음 시작되어 북유럽을 중심으로 확산한 운동으로, '이삭을 줍는다' 는 뜻의 스웨덴어 plocka upp과 영어의 jogging이 합쳐진 말이다.

[그림 7] 안녕캠페인 활동

5. 나가며: 포스트 코로나 시대의 자원봉사활동 방향

코로나19의 엄청난 충격은 정부의 방역규제, 봉사자의 심리적 위축과 우려, 생계의 변화와 어려움, 사회적 관계의 위기를 동시다발적으로 불러왔으며, 봉사활동은 한동안 급감하는 추세를 보였다. 이런 가운데서도 팬데믹 동안의 봉사활동으로 오히려 봉사의 동기와 목적의식이 분명해지고, 사회 기여감이 높아지는 긍정적 효과를 기대할 수 있다는 목소리도 있다. 또 자원봉사가 소외감이나 고독감을 이기는 데도 도움이 된다는 연구결과도 있다. 유럽의 건강·노화·은퇴조사(SHARE)[19] 자료에서 50세 이상 31,677명을 추출하여 고독감(종속변수)과 봉사활동(독립변수) 간 관계를 분석한 결과, 팬데믹 기간 중 봉사활동을 계속한 사람들이 고독감을 덜 느끼는 것으로 나타났다(Torres, Martinez-Gregorio and Oliver, 2023). 또 이탈리아 노인 240명을 대상으로 봉사활동 경험을 조사한 연구는, 팬데믹 중임에도 불구하고 봉사활동을 계속함으로써 건강을 유지하고 외로움을 극복할 수 있었고, 코로나19가 응답자들의 봉사활동에 영향을 주지 못했음을 보여준다(Principi and et al, 2022). 이는 팬데믹 기간 중이라도 봉사의 동기와 전략을 달리하면 봉쇄와 규제 그리고 위기가 오히려 봉사의 기회로 작용할 수도 있음을 함축한다.

코로나19와 같은 갑작스러운 재난이 닥치고 공식적 봉사활동이 감소하면 취약계층은 사각지대에 놓이게 된다. 이들의 대부분은 교육수준이 낮고 저소득층인 관계로 온라인 봉사 혜택을 받기도 어렵다. 온라인 서비스에 접근 가능하다고 해도 비대면 봉사는 사회적 접촉에 의한 대면 봉사와 비교하면 분명한 한계가 있다. 온라인 기술은 긍정적 기여도 하지만, 적어도 취약계층에게는 양날의 칼인 셈이다.

포스트 코로나 시대는 기후(환경)위기와 재난의 일상화, 경제적 불확실성과 양극화, 개인주의 심화와 공동체성 약화의 시대다. 그리고 이제 뉴노멀(post- corona new normal)로 불리는 새로운 생활방식과 삶의 가치를 생각해야 할 때이다. 우리는 '타인을 위해 무엇을 하느냐가 아닌 '우리 모두를 위해서 무엇을 하느냐'의 문제를 고민해야 한다. 이것이 21세기 자원봉사의 진정한

---

19 이는 The Survey of Health, Ageing and Retirement in Europe의 약어이다.

의미이다. 지금은 시시각각 닥쳐올 자연적, 사회적 재난에 적응하는 동시에 회복력이 충분한 커뮤니티를 만들어가야 할 때이다. 삶과 생계의 어려움이 가중되면 봉사는, 한편으로는 무관심과 회피의 대상이 되기도 하지만 다른 한편으로는 부담이 아니라 서로의 위안과 회복의 원천이 될 수도 있다. 자원봉사가 재난회복력을 키우고 연대와 공동체성을 강화하여 더 나은 지역을 만드는 희망의 신호등이자 절망의 해독제이다(Accicus, 2023).

포스트 코로나 시대의 자원봉사는 정부나 봉사기관이 봉사자에게 (일방적으로) 동기를 부여하거나 요청하는 방식을 지양하고,[20] 봉사자들 스스로 욕구가 생기고 동기를 부여하도록 '여건'과 '상황'을 만들어 주는 것이 중요하다. 이런 측면에서 유엔자원봉사프로그램(UNVP, 2021: 18-19)이 제시하는 21세기 재난자원봉사의 실무차원 프레임은 매우 유용한 것으로 보인다. 이 모델을 지지하는 5가지 차원은 구조(공식/ 비공식), 장소(온라인/ 현장), 강도(간헐적/ 정기적), 방향성(자아형성/ 커뮤니티 형성) 그리고 봉사 유형(참여, 상호부조, 서비스, 레저, 캠페인)이다.

이 실무모델에는 지난 3년간의 팬데믹 경험에서 얻은 교훈이 녹아있다. 복잡다기한 사회의 속성[21]상 정부와 봉사기관이 주도하는 공식적 봉사로 해소되지 않는 부분은 비공식적 봉사로, 또 정기적 현장봉사가 어려운 경우

---

[20] 예를 들어, 재난(팬데믹) 위기에서 봉사센터나 단체가 '신속하게' 인력을 확보·배치해야 한다는 압박을 받게 되어 일방적으로 모집·추진하게 되면, 내면으로부터 동기가 형성되지 못한 봉사자와 갈등과 불협화음이 생기기도 한다.
[21] 개인과 집단의 가치(비전)와 목표, 일하는 방식과 여가 시간 등은 우리 사회에서 다양성과 차이로 표출되면서 보다 유연한 방식의 봉사활동을 요구하고 있다.

[그림 8] UNVP의 21세기 자원봉사 실무모델 (UNVP, 2022: 18).
*개인적 관심이나 열정을 표현하는 활동, 예컨대 예술, 문화, 스포츠 활동을 말하며
이 역시 복지와 커뮤니티 결속에 기여한다.

간헐적으로, 온라인의 방식으로 참여하는 길을 열어둔다. 개인과 집단의 가치(비전)와 목표, 일하는 방식과 여가 등은 우리 사회에서 다양성과 차이로 표출되며, 유연한 방식의 봉사활동을 요구하는 것이다. 줌(Zoom)과 같은 온라인 툴을 활용하면 반드시 현장에 없어도 활동이 가능한 경우도 많다. 가령 지역변호사의 무료 법률지원 서비스나 정보전문가의 웹개발 봉사는 온라인으로 전문기술을 기부하는 봉사이다. 또 특별한 기술이 없어도 온라인을 활용하면 고독한 노인이나 친구와 대화하거나 친구 맺기를 할 수도 있다.

UNVP 모델의 성취수준을 높이면서 재난적응력과 회복력을 강화하는 데

필요한 핵심 전략(방향)은 아래 네 가지로 요약된다(Accius, 2023).

1) 기술통합: 비대면, 온라인 기술을 통합하여 봉사자 간 네트워킹과 소통, 봉사활동 선정과 조정이 요구된다. 예컨대 봉사자의 스마트폰 어플과 기관의 홈페이지 간 손쉬운 연결로 봉사자와 기관은 실시간으로 소통되면서 관심 분야, 스킬/역량, 활동 일정과 시간 등이 빠르게 합의된다.

2) 조직/부문 간 협력: 행정부서, 센터, 단체, 기업, 대학, NGO 간 칸막이를 치워야 한다. 장벽을 치우고 파트너십을 키워야만 커뮤니티 내 가외의 자원, 기술, 시간의 신속한 공유·동원이 가능해지고 적응력과 회복력을 키울 수 있다.

3) 기업 사회적 책임성(CSR) 강화: 기업은 봉사활동을 그들의 기업문화와 통합함으로써 지역사회 봉사에 보다 적극적으로 참여해야 한다. 기부금 확대, 직원 봉사활동, 일자리 지원(유급봉사자), 고용창출 기금마련은 위에서 언급한 부문 간 협력 강화에도 기여한다.

4) 포용성과 다양성 확대: 성별, 연령, 계층, 장애, 소수자 여부 등에 관계없이 누구나 봉사할 수 있도록 진입장벽을 낮추거나 없애고 다양한 봉사 분야를 개발해야 한다. 예를 들어, 평시에는 물론이고 특히 재난 시에는 노인을 돌봄의 수동적 대상으로만 생각하는 경향이 강하나, 지금까지 설명한 대로 봉사전략과 방법을 세밀하게 준비하고 접근한다면 노인이라 할지라도 일방적 수혜의 대상이 아니라, 재난 시에도 적응력과 회복력 강화에 긍정적으로 기여하는 지역 주체로 바라볼 수 있다.

자원봉사(volunteering)는 '개인이나 집단이 자발적으로 타인이나 공동체를 위한 일을 하는 것'이다. 자원봉사는 공동체를 인간 중심적이고 공공선을 향해 나아가도록 하는 중요한 사회자산(social assets)이다. 시장경제에서 공공과 민간이 감당하는 기능과 역할은 많은 문제와 한계를 노출하고 있다. 계층 간, 지역 간 격차와 불균등의 심화는 이러한 상황을 여실히 보여준다. 소외와 배제는 격차와 불균등의 또 다른 얼굴이다. 경제적, 사회적, 심리적으로 소외되고 배제되는 계층을 위한 비영리 민간부문의 필요성, 즉 시민사회의 역할이 그 어느 때보다 중요한 시점이며, 자발성을 전제로 하는 자원봉사는 시민사회를 떠받치는 핵심 기반이다.

기후위기와 경제의 장기침체로 조건 지워지는 21세기에는 태풍과 홍수, 지진과 같은 자연재난은 물론이고 코로나19와 같은 사회재난도 일상화할 것으로 보인다. 자원봉사는 이러한 극단적 재난에 맞서 우리 사회의 재난적 응력과 회복력을 강화하는, 특히 사회적 포용성(social inclusiveness)을 지켜내는 마지막 보루가 될지도 모른다.[22]

---

22 유엔이 2016년부터 2030년까지 선진국과 개발도상국이 함께 이해하자고 제안한 '2030 지속가능발전의제' 지속가능발전목표(Sustainable Development Goals)도 '단 한 사람도 소외되지 않는 것(Leave no one behind)'을 슬로건으로 하여 자원봉사의 중요성을 강조하고 있다[United Nations Volunteers(UNV) Programme, 2021: 16].

참고문헌

김남호, 신주미, 「코로나19 이후 청소년 자원봉사활동 현황 분석 및 발전방안 연구」, 『상담심리교육복지』 8(5), 한국상담심리교육복지학회, 2021, 7-20.

노법래 외 3인, 「코로나19 팬데믹 이후 국내자원 봉사활동 변화의 실제: 온라인과 오프라인 활동의 시계열적 추세분석을 중심으로」, 『한국사회복지학』 74(1), 한국사회복지학회, 2022, 133-155.

노연희, 정익중, 「신뢰, 기부태도 및 기부행위간의 구조적 관계」, 『사회복지연구』 51(2), 한국사회복지연구회, 2020, 5-25.

레베카 솔닛, 정해영 역, 『이 폐허를 응시하라』, 서울: 펜타그램, 2012.

하재현, 김기련, 「코로나19 대유행 시 간호사의 대구지역 의료자원봉사 경험: 질적 사례연구」, 『Nursing and Health Issues』 26(1), 전남대학교 간호과학연구소, 2021, 18-28.

하지선, 황진환, 김유경, 「코로나19 이후의 서울시 자원봉사 활동 발전 방안에 대한 연구」, 『한국사회복지행정학』 23(1), 한국사회복지행정학회, 2021, 119-145.

한국중앙자원봉사센터, 『자원봉사의 뉴노멀과 실천전략 수립연구』, 한국중앙자원봉사센터, 2022.

행정안전부, 『2020 자원봉사활동 실태조사 및 자원봉사활동 기본법 개정연구』, 행정안전부, 2020.

행정안전부, 『재난현장 통합자원봉사지원단 운영 매뉴얼』, 2022a.

행정안전부, 한국중앙자원봉사센터, 『코로나19 자원봉사활동 기록』, 2022b.

행정안전부, 한국중앙자원봉사센터, 『2023 자원봉사센터 현황』, 2023.

황인아, 김인경, 「코로나19 이전 대면 수업과 코로나19 이후 온라인 수업의 수학학업성취도 비교분석: 공과대학 1학년을 대상으로」, 『열린교육연구』 30(4), 한국열린교육학회, 2022, 215- 239.

Accius, J., 「Rethinking the American Spirit: Volunteerism in a Post-Pandemic World」, 『Forbes』 Sept. 26, 2023.

Cai, Q., Okada, A., Jeong, B.G. and Sung-Ju Kim, 「Civil Society Responses to the COVID-19 pandemic: A Comparative study of China, Japan, and South Korea」, 『The China Review』 21(1), 2021, 107-137.

Csordás, Izabella, 『Practical Guide for the Establishment and Operation of Volunteer Programmes at Institutions(abridged English version)』, 2020.

Faletehan, A. F., Van Burg, E., Thomson, N. A. and J. Wempe, 「Called to Volunteer and Stay Longer: The Significance of Work Calling on Volunteering Motivation and Retention」, 『Volunteer Sector Review』 12(2), 2021, 235-255.

Kanemura, R., Chan, O. and A. Farrow, 「Time well Spent: The Impact on COVID-19 on the Volunteer Experience(NCVO Research Report)』, 2022.

Lee, Y.H., Ha, J. and H.M. Park, 「Volunteering and social engagement of medical students in South Korea during the COVID-19 pandemic」, 『Korean Journal of Medical Education』 33(4), 2021, 441-444.

McCurley, S. and R. Lynch, 「Essential Volunteer Management, The Volunteer Management Series of VMSystems』, 1989.

Moore, L. F., 「Motivating Volunteers: How the Rewards of Unpaid Work Can Meet People's Needs, Vancouver Volunteer Center』, 1985.

Mulcahy, R., 「Impact of COVID on Volunteer Participation in Ireland: Omnipoll Research』, 2022.

OECD, 『COVID-19 and Well-being: Life in the Pandemic』, OECD Publishing, 2021.

Principi, A. and et al, 「Changes in Volunteering of Older Adults in the Time of the COVID-19 Pandemic: The Role of Motivations」, 『International Journal of Environmental Research and Public Health』 19(22), 2022, 14755-14772.

Ramdianee, M., 「Motivation of volunteers: the join-stay-leave model」, 『Third Sector Review』 20(1), 2014, 23-42.

The Guardian, 『코로나는 기회다』, 서울: 스리체어스, 2020.

Torres, Z., Martinez-Gregorio, S. and A. Oliver, 「Senior Volunteers: Addressing Loneliness in Times of COVID-19」, 『European Journal of Ageing』, 2023, 20-40.

Undral, G., 「Volunteering in a Global Pandemic」, 2021, Available at https://bit.ly/2ZH7Sim. (접속년월일: 2023.12.05.)

UNVP, 『2022 State of the World's Volunteerism Report: Building Equal and Inclusive Societies』, Bonn, 2021.

VolunteerMatch, 『The Impact of COVID-19 on Volunteering: A Two month Comparison』, Pleasanton: VolunteerMatch, n.d.

Volunteering Australia, 『Volunteering and the Ongoing Impact of COVID-19』, Volunteering Australia, 2021.

Whittaker J, McLennan B. and J. Handmer, 「A review of informal volunteerism in emergencies and disasters: definition, opportunities and challenges」, 『International Journal Disaster Risk Reduction』 13, 2015, 358-368.

大門大朗 外,「災害ボランティアの組織化のための戦略」,『実験社会心理学研究』xx(x), 2020, 1-19.

https://cselekvokozossegek.hu/wp-content/uploads/csk_utmutato_intezmenyi_onken tesseg_r%C3%B6vid%C3%ADtett-angol-verzi%C3%B3.pdf (접속연월일: 2023. 12. 5.)

https://www.volunteeringaustralia.org/wp-content/uploads/VA-Volunteering-and-the -Ongoing-Impact-of-COVID19-14-May-2021.pdf (접속연월일: 2023. 12. 5.)

https://www.ncvo.org.uk/news-and-insights/news-index/time-well-spent-research-i mpact-of-covid-19-on-the-volunteer-experience/ (접속연월일: 2023. 12. 5.)

https://www.volunteer.ie/wp-content/uploads/2022/04/20-071440-Volunteer-Ireland- Omnipoll-Research-FINAL-23rd-Oct-2020.pdf (접속연월일: 2023. 12. 5.)

국가통계포털(KOSIS) https://kosis.kr/index/index.do (접속연월일: 2023. 12. 5.)

1365자원봉사포털 https://www.1365.go.kr/vols/main.do (접속연월일: 2023. 12. 5.)

지표누리 https://www.index.go.kr/unity/potal/main.do (접속연월일: 2023. 12. 5.)

한국중앙자원봉사센터 https://www.v1365.or.kr/new/main/main.php (접속연월일: 2023. 12. 5.)

[별표 1] 2020년 코로나19 대응 정부 및 자원봉사 부문 주요 활동

월.일	코로나19 동향과 정부*	자원봉사 부문**
1.20	국내 첫 확진자 발생, 위기경보 '주의' 단계 상향	
27	위기경보 '경계' 단계 상향	
31	WHO, 코로나19 국제 공중보건 비상사태 선포	
2.11	WHO, 공식 명칭을 'COVID-19'로 명명	
18		자원봉사 현장 안전관리 대응지침 배포
21	대구·경북지역 감염병전담병원 및 감염병 특별 관리지역 지정	유학생 격리자 및 재난취약계층 지원 (대구 외 6개 자원봉사센터)
23	감염병 위기 경보 '심각'단계로 격상 중앙재난안전대책본부 설치	
25	공적 마스크 공급	
29	'사회적 거리 두기' 첫 선언	
3.9	공적 마스크 구매 5부제 실시	마스크 의병 활동 및 착한 마스크 캠페인
12	WHO, 코로나19 '팬데믹'(세계적 대유행) 선언	지역경제활성화를 위한 '지역사랑 5% UP' 캠페인
15	대구광역시, 경산시·청도군·봉화군 특별 재난지역 선포	
20		대구사회복지시설, 다중집합장소 방역 자원봉사단 운영
4.1	모든 입국자 2주간 자가격리 의무화	
15	중앙재난안전대책본부, # 덕분에 챌린지 추진	
20		취약계층 사랑의 밥차, 반찬키트 제작/배부
5.6	방역체계 '사회적 거리 두기'에서 '생활속 거리 두기'로 완화	
8		'안녕한 한끼 드림'(취약계층 대상 전국 40만개 도시락 지원)
15		지역사회 회복력 증진을 위한 농촌일손 돕기
29	수도권 방역강화조치 시행	
6.1	공적마스크 구매 5부제 폐지	
4		생활방역 실천사업 '항균 히어로'
12		지역경제 활성화 '안녕! 봄 캠페인'
7.20		긴급헌혈 캠페인
8.3		자원봉사 현장 안전관리 대응지침 VI 배포(폭우로 인한 이중재난 대처 방안)
23	전국 사회적 거리 두기 2단계 격상, 시행	
27		범국민 자원봉사 온라인 캠페인 '안녕! 함께할게'

9.16	질병관리본부, 질병관리청으로 승격	
23		추석맞이 집중 자원봉사 주간 운영
10.13	대중교통, 집회, 의료기관, 요양시설 등 다중이용시설 중심 마스크 착용 의무화	
12.2	화이자 백신 최초 긴급사용 승인	신종감염병 재난대응 자원봉사 관리 가이드라인 발간

*연합뉴스(2023. 5. 11.), https://www.yna.co.kr/view/AKR20230511027100530.
**한국중앙자원봉사센터·행정안전부(2022), 코로나19 자원봉사활동 기록.

[별표 2] 2021년 코로나19 대응 정부 및 자원봉사 부문 주요 활동

월.일	코로나19 동향과 정부	자원봉사 부문
2.1	의료진부터 코로나19 백신 접종 시작	
5		재난대응 민간협력 간담회
6	코로나19 예방접종 시행	
3		폭설피해 복구 및 취약계층 지원
4.22	국내 첫 델타 변이 감염자 확인	
5.7		전국 246개 자원봉사센터, 코로나19 예방접종 통합자원봉사지원단 전환
6		'비대면 자원봉사 활동 운영 가이드' 발간
7.12	수도권 거리 두기 4단계 최고 수위 격상. 사적 모임 인원 2명 제한, 오후 6시 이후 3인 모임 금지 등 사실상 야간 외출 제한	코로나19 의료진 및 현장관계자 안녕 키트 지원
8.15		코로나19 예방접종 안내자료 다언어 자료(5개 언어) 배포
10.18	부스터 샷 접종 시작	
29	단계적 일상회복 이행 계획 발표	
11.1	단계적 일상회복 '위드 코로나' 방역체계 전환·사회적 거리 두기 종료 시도. 실내체육시설·유흥시설 등에 '방역패스' 도입	코로나19 예방접종지원 우수센터 표창
24	국내 첫 오미크론 변이 감염자 확인	
12.18	유행 재확산에 일상회복 중단, 고강도 사회적 거리 두기 회귀	

[별표 3] 2022년 코로나19 대응 정부 및 자원봉사 부문 주요 활동

월.일	코로나19 동향과 정부	자원봉사 부문
3.1	예방접종 증명, 음성확인제도(방역패스) 잠정 중단	
4		경북 울진 강원도 산불 대응 활동(12,303명)
31	백신 접종 완료한 입국자 격리 면제	
4.18	사회적 거리 두기 전면 해제	사회적 거리 두기 조치 해제에 따른 자원봉사 운영 지침 배포
25	코로나19 감염병 등급 1→2급 하향	
5.2	실외 마스크 착용 의무 해제. 50인 이상 밀집시는 유지	
6.8	입국자 격리 의무 전면 해제	
9.26	실외 마스크 착용 의무 전면 해제	
10.1	입국자 검사 의무 전면 해제	

[별표 4] 2023년 코로나19 대응 정부 및 자원봉사 부문 주요 활동

월.일	코로나19 동향과 정부 대응	자원봉사 부문 대응
1.2	중국발 입국자 입국 후 PCR 검사 의무화·단기비자 발급 제한. 2월부터 순차 해제	
1.30	실내마스크 의무 해제. 대중교통·의료기관 등 유지	
3.20	대중교통 마스크 착용 의무 해제	
4.23	엔데믹 선언	
5.5	WHO, 코로나19 비상사태 해제 발표	
6.1	위기 경보 '경계' 하향 발표. 확진자 격리의무 5일 권고 조정예정. 의원·약국 마스크 의무 해제 예정	

5장

코로나 이후 중국의 경제, 사회 변화 및 영향

진앵화

(강소대학교 행정학과 부교수, 위기관리 및 공공정책연구소 부소장)

세계보건기구(WHO)가 'COVID-19'로 지정한 코로나는 2019년 말부터 전 세계 여러 나라에서 기승을 부리고 있으며, 2020년 1월 30일에는 최고 수준의 경보가 발령되었다. 그러다 2023년 5월 5일, WHO 사무총장인 테워드로스는 전날 열린 제15차 코로나19 긴급회의에서 코로나19를 더 이상 전 세계 공중 보건 비상사태로 지정하지 않겠다는 제안을 수락한다고 발표했다. 이는 코로나로 인한 건강 위협이 더 이상 세계적 대유행을 구성하지 않는다는 것을 의미하지만, 그렇다고 코로나19가 더 이상 건강의 위협이 아니라는 뜻은 아니다. 정확히 말하면 코로나는 아직 완전히 끝나지 않은 상태다.

다른 국가에 비해 중국은 오랫동안 더 엄격한 격리 및 통제 정책을 채택했으며 국가 경제, 사회 및 기타 측면이 감염병에 심각한 영향을 받았다. 2022년 12월 7일까지 국가위생건강위원회는 '신종 코로나바이러스 감염 진단 및 치료 계획(시행 제10판)'을 발표했다. 국무원 합동 예방 및 통제 메커니즘 종합팀의 '신종 코로나바이러스 감염에 대한' B종 B관[1] '시행에 관한

---

1   B종 B관이란 B종 감염병에 대한 B급 관리 조치를 말한다. 중국의 '중화인민공화국 감염병 예방과 통제법'에 따르면 감염병은 발병, 감염병 상황 및 피해 정도에 따라 A, B, C의 세 가지 범주로 나눌 수 있으며 일반적으로 감염병의 등급에 따라 A, B, C 등급의 예방 및 통제 조치를 취한다. 또한 이상의 통제법 제4조는 B급 감염병의 전염성 사스, 폐 탄저병 및 고병원성 조류인플루엔자 등은 'B급 A관'라는 A급 감염병의 예방 및 통제

일반 계획'에 따르면 질병 이름은 '신종 코로나바이러스 폐렴'에서 '신종 코로나바이러스 감염'으로 변경되었다. 국무원의 통과 절차를 거쳐 2023년 1월 8일부터 신종 코로나바이러스 감염에 대한 「중화인민공화국 감염병 예방 및 통제법」에 규정된 A급 감염병 예방 및 통제 조치가 해제되며 신종 코로나바이러스 감염은 더 이상 「중화인민공화국 국경위생검역법」에 규정된 검역 감염병 관리에 포함되지 않는다. 이것이야말로 기본적으로 코로나 19에 대한 업그레이드된 통제 단계를 해제한 셈이다.

통제 조치가 느슨해진 후 생산과 생활 질서는 빠르게 정상으로 돌아왔지만, 지역 감염병의 발생은 더러 나타나고 있다. 대규모 감염병 발생의 단계를 거쳤지만, 감염병의 확산 단계에서 국가 각급 정부의 거버넌스 능력과 거버넌스 탄력성에 대한 도전은 여전히 장기적이며 글로벌 거버넌스의 단점이 두드러질 것이다. 물론 감염병 대유행 단계 이후 중국 정부가 첫 번째로 직면해야 하는 도전은, 다른 나라와 마찬가지로 감염병 이후 국가의 발전을 재정비하고 반성하여 가능한 한 빨리 경제를 회복하는 것이다. 코로나 이후 다양한 분야에 미친 영향과 변화를 재정의하고, 그러한 변화 속에서 경제 회복을 활성화하고 지속 가능한 사회 발전을 촉진하는 경로를 찾는 것은 중국 정부의 급선무다.

조치를 취해야 한다고 규정하고 있다. 신종 코로나바이러스 감염증이 발생하기 시작할 때부터 'B종 A관'을 실시해 왔다. 2022년 12월 26일 중화인민공화국 국가위생건강위원회는 신종 코로나바이러스 감염에 대한 'B종 B관' 시행에 관한 일반 계획을 발표했다. 이 계획에 따라 2023년 1월 8일부터 신종 코로나바이러스 감염에 대한 'B종 B관'이 시행된다고 명시되어 있다.

1. 코로나 이후 중국의 경제 변화

『2022년 중화인민공화국 국가경제사회발전통계공보』는 중국의 코로나 이후 경제 변화를 이해하는 주요 데이터의 출처다. 이 공보는 중국의 국가 통계국에서 제공한 것으로, 공식 권위를 가지고 있다. 또 2018년부터 2022년까지 5년간의 데이터를 포함하고 있어, 전체 코로나 기간의 변화 과정을 볼 수 있고 미시적인 변화를 이해하는 데 도움이 된다고 본다.

1) 중국의 경제 변화 현황

코로나가 3년 동안 중국 경제에 어떤 큰 영향을 미쳤는지를 심층적으로 알아보기 전에, 중국 경제의 주요 데이터인 국내총생산, 산업 형태의 변화, 인구 고용 패턴의 변화와 같은 몇 가지 지표를 통해 중국 경제의 예비 프레임워크를 볼 필요가 있다고 생각한다.

(1) 국내총생산

● 전국 국내총생산

예비 계산에 따르면 2022년 중국의 연간 GDP는 121조 207억 위안으로 전년 대비 3.0% 증가했다. 그중 1차 산업의 부가가치는 8조 8,345억 위안으로 전년 대비 4.1% 증가했고, 2차 산업의 부가가치는 48조 3,164억 위안으로 3.8% 증가했으며, 3차 산업의 부가가치는 63조 8,698억 위안으로 2.3% 증가했다. 연간 최종 소비 지출은 GDP 성장 1.0%포인트, 총 자본 형성은 GDP 성장 1.5%포인트, 순 상품 및 서비스 수출은 GDP 성장 0.5%포인트다.

• 1인당 국내총생산

연간 1인당 GDP는 85,698 위안으로 전년 대비 3.0% 증가했다. 총 국민 소득은 1조 2,215억 위안으로 전년 대비 2.8% 증가했다. 전체 직원의 노동 생산성은 1인당 152,977 위안으로 전년 대비 4.2% 증가했다.

(2) 산업 형식

• 새로운 업태 모델

2022년 중국의 새로운 업종과 새로운 형식의 모델은 빠르게 성장하였다. 연간 지정 규모 이상의 산업 중 첨단 제조업의 부가가치는 전년 대비 7.4% 증가하여, 지정 규모 이상 산업 부가가치의 15.5%였다. 또 장비 제조업의 부가가치는 5.6% 증가하여, 지정 규모 이상 산업 부가가치의 31.8%를 차지하였다. 연간 규모 이상의 서비스업 중 전략적 신흥 서비스업 기업의 영업 이익은 전년 대비 4.8% 증가했다. 연간 첨단 산업 투자는 전년 대비 18.9% 증가했다. 연간 신에너지 자동차 생산량은 700만 3,000대로 전년 대비 90.5% 증가했으며, 태양전지(광전지) 생산량은 3억 4,000만 kW로 46.8% 증가했다. 연간 전자 상거래 거래액은 43조 8,299억 위안으로 전년 대비 3.5% 증가했다. 연간 온라인 소매 판매액은 13조 7,853억 위안으로 전년 대비 4.0% 증가했다.

• 녹색산업으로의 전환

산업 형식과 밀접한 관련이 있는 또 다른 새로운 압력은, 중국의 이른바 '3050 탄소 피크 및 탄소 중립' 목표의 달성이다. 2022년 중국 산업의 녹색 전환과 발전도 새로운 발걸음을 내디뎠다. 연간 전국 1만 위안 GDP의 에너지 소비량은 전년 대비 0.1% 감소했다. 연간 수력 발전, 원자력 발전, 풍력 발전, 태양광 발전 등 청정에너지 발전량은 29,599억 kWh로 전년 대비 8.5% 증가했다. 모니터링한 339개 지급(地級)[2] 이상 도시 중 연간 대기질이 기준을 충족하는 도시는 62.8%, 기준에 부합하지 않는 도시는 37.2%, 초미세먼지(PM2.5)의 연평균 농도는 29μg/㎥로 전년 대비 3.3% 감소했다. 3,641개 국가 지표수(地表水) 평가 섹션 중 수질 우수(유형 I-III) 섹션의 비율은 연간 87.9%, 유형 IV 섹션의 비율은 9.7%, 유형 V 섹션의 비율은 1.7%, 하위 유형 V 섹션의 비율은 0.7%이다. 이러한 통계로 볼 때, 신종 코로나바이러스 감염병이 중국에 큰 영향을 미쳤지만, 중국은 여전히 에너지 전환 및 환경 보호 측면에서 확립된 목표를 향해 나아가고 있다고 할 수 있다.

(3) 취업 상황

• 도시고용의 안정 회복

2022년 말 현재 전국 취업자는 7억 3,351만 명이며, 그중 도시 취업자는

---

2   지급시(地級市)는 중국의 행정구역 중 하나로 행정 지위가 지역, 자치주, 연맹과 동일하고, 지급행정구에 속하며 건설과 지역이 동일한 시로 성, 자치구가 관할한다.

4억 5,931만 명으로 전국 취업자의 62.6%를 차지한다. 한 해 동안 도시와 마을의 신규 고용은 1,206만 명으로 전년 대비 63만 명 증가했다. 한 해 동안 전국 도시 및 마을의 평균 실업률은 5.6%다. 연말 전국 도시 조사 실업률은 5.5%다. 전국 이주노동자 총수는 2억 9,562만 명으로 전년 대비 1.1% 증가했다.

● **청년 실업률 심각**

최근 몇 년 동안 청년 취업난은 코로나 발생 이후 더욱 두드러졌다. 중국 국가통계국은 2018년부터 청년 연령별 실업률을 발표했지만, 2023년 7월 15일 국무원 신문판공실이 개최한 국민경제 운영상황 발표회에서 2023년 8월부터 도시조사 청년 연령별 실업률 수치를 발표하지 않겠다고 발표했다.

이 조치에 대해 각계각층의 해석이 분분하다. 구체적으로 볼 때 청년 실업률이 급격히 상승하고 있는데, 2018년 10.8%에서 2022년 19.8%로 껑충 뛰었고, 2023년 2분기 현재 청년 실업률은 21.4%로 사회적 논의와 우려를 불러일으켰다. 사실 이 급상승의 시점은 마침 코로나가 발생한 시점이기도 하다. 그동안 경제난으로 기업들이 고용을 줄이고 구조조정을 한 데다 피해가 큰 영세기업도 도산하는 경우가 많아 실업률 상승은 불가피한 결과다.

또 다른 해석은, 청년 실업률 발표를 일시적으로 중단한 것도 실제 고등교육 보편화에 걸맞은 후속 조치라고 보는 견해다. 2022년 중국의 16~24세 도시 청년 인구는 9,600만 명이고, 그중 6,500만 명 이상이 여전히 학교에서 교육을 받고 있다. 따라서 일반적으로 학력이 향상되고 청년이 사회에 진출하여 일할 수 있는 연령이 계속 증가함에 따라 청년 실업률의 표준 연령 설정도 재고할 가치가 있다고 본다.

또한 중국 국내에서 국제노동기구(ILO)의 고용 및 실업 통계 기준에 따라 16세 이상 인구를 고용, 실업, 비노동력의 세 가지 범주로 분류하고 있다는 주장도 있다.

국제노동기구(ILO)의 기준에 따르면, 조사 기준기간 중 통상 1주일 동안 근로수당이나 사업소득을 얻기 위해 1시간 이상 근무하거나, 휴직 혹은 임시휴직 등으로 일시 이탈한 사람을 취업 인구에 포함시킨다. 비노동력은 16세 이상이지만 취업 인구도 실업 인구도 아닌 사람을 말한다. 예를 들어, 일할 의향이 없거나 노동력을 잃은 사람들은 고용 및 실업 통계에서 제외된다. 중국은 현재 고용과 비고용 두 가지 범주로 분류된 이전의 통계 발표를 중단하고 있는데, 이는 국제노동기구(ILO)의 기준에 부합하지 않는다. 앞으로 중국은 국제노동기구(ILO)의 기준을 채택해 청년 실업률을 다시 집계해야 할지도 모른다. 따라서 발표를 중단하는 것도 전환의 필요성 때문이라고 할 수 있다.

2) 국내외 경제 및 무역의 변화

(1) 국내 경제 상황

● 사회적 소비의 총체적 감소

2022년 연간 소비재 소매 총액은 43조 9,733억 위안으로 전년 대비 0.2%

감소했다. 사업지 통계에 따르면, 도시 소비재의 소매 판매액은 38조 448억 위안으로 0.3% 감소했으며 농촌 소비재의 소매 판매액은 5조 9,285억 위안으로 기본적으로 전년도와 동일하다. 소비 유형 통계에 따르면 상품 소매 판매액은 39조 5,792억 위안으로 0.5% 증가했으며, 요식업 수입은 4조 3,941억 위안으로 6.3% 감소했다.

연간 기준으로 볼 때 2020년 소비재 소매 총액은 전년 대비 8%에서 -3.9%로 감소했다. 이것은 코로나의 엄격한 통제하에 경제가 거의 침체되었음을 직접적으로 보여 준 것이다. 2021년 중국의 감염병 통제는 비교적 안정적이고 생산과 생활은 일반적으로 정상으로 유지되어 소비재 총 소매 판매량도 크게 반등했다. 그러나 2022년에는 감염병 예방 및 통제가 다시 엄격한 예방 및 사수 단계에 진입하고 일부 지역에서는 2020년보다 더 엄격해짐에 따라 소비재 총 소매 판매량이 다시 급격히 감소했다. 일반적으로 사회적 소비의 소매 총액에는 중국의 코로나 발생과 통제 정책의 엄격함이 거의 다 반영된다.

[그림 1] 소비재 소매 판매 총액과 그 증가 속도(2018~2022년)
출처: 중국 국가통계국, 『2022년 중화인민공화국 국가경제사회발전통계공보』
㈜ 분홍색: 사회소비재소매총액, 녹색: 전년 대비 증가

● 증감이 엇갈리는 단위상품 소매 판매액

연간 한도 이상의 단위상품 소매 판매액은 품목에 따라 증가와 감소가 엇갈렸다. 예컨대 가구 7.5%, 의류 신발 모자 편물 6.5%, 건축 및 의장재 6.2%, 화장품 4.5%, 가전 및 영상기기 3.9%, 통신기기 3.4%, 금은보석 1.1%, 일용품 0.7% 등의 하락이 있었다. 이에 반해 중서양 약품 12.4%, 석유 및 제품 9.7%, 곡물, 기름 및 식품 소매 판매 8.7%, 음료 5.3%, 문화 사무용품 4.4%, 담배 및 주류 2.3%, 자동차 0.7%의 성장세를 보였다.

감소한 항목 중에 전반적으로는 비필수품 유형, 특히 삶의 질을 향상시키거나 즐기는 품목이다. 의약품이 가장 많이 증가한 것은 코로나 이후 사람들의 건강이 큰 영향을 받았다는 것을 잘 보여 준다. 또한 기본 식음료 구매의 증가는, 코로나 이후 주민들의 소득 감소를 반영하고 미래에 대한 불확실성으로 기본 식료품과 음료의 구매 의사가 높아졌음을 반영한다.

위의 품목 중에 흥미로운 것은 문화 사무용품 소비가 4.4% 증가했다는 것이다. 이러한 현상에 대한 설명은 코로나 통제 기간 동안 온라인 교육 및 과학 연구의 관점에서 고려할 수 있다. 전국 모든 학교가 수시로 온라인 교육에 들어갔던 코로나 기간 동안, 온라인 수업을 위해 필요한 컴퓨터, 휴대폰, 프린터 및 기타 장비의 수요가 많아졌다는 배경에 힘입어, 컴퓨터 관련 품목들은 이미 필수품으로 전환한 셈이다.

연간 실물 상품의 온라인 소매 판매액은 111억 9,642만 위안으로 전년 대비 6.2% 증가했으며, 전체 소비재 소매 판매의 27.2%를 차지했다. 이 현상은 코로나 기간 동안 외부와의 접촉을 피하던 것이 직접적으로 반영된 결과라 할 수 있다. 과거에는 온라인 쇼핑이 적었던 대중도 2022년에는 온라인 쇼핑 사용법을 배워야 했고, 특히 격리 또는 폐쇄된 후에는 온라인 쇼핑이 유일한 생활용품 구매 방법이 되었다. 격리 및 통제가 끝나면 온라인 쇼핑에 익숙하거나 의존하는 사람들의 수도 자연스럽게 증가했다. 일반적으로 2022년에 발생한 온라인 쇼핑 소매 판매의 명백한 증가는, 사실 코로나의 직접적인 결과이며 코로나 기간 동안 폐쇄 및 통제가 빈번했던 생활 상태에 대한 직접적인 투영으로 간주할 수 있다.

(2) 국제무역상황

● 화물 수출입 상황

2022년 중국의 연간 상품 수출입 총액은 42조 678억 위안으로 전년 대비 7.7% 증가했다. 그중 수출은 239,654억 위안으로 10.5% 증가했고 수입은 181,024억 위안으로 4.3% 증가했다. 상품 수출입 흑자는 5조 8,630억 위안으로 전년 대비 1조 5,330억 위안 증가했다. '일대일로' 연선 국가의 수출입 총액은 13조 8,339억 위안으로 전년 대비 19.4% 증가했다. 그중 수출은 7조 8,877억 위안으로 20.0% 증가했고 수입은 5조 9,461억 위안으로 18.7% 증가했다. 지역포괄적경제동반자협정(RCEP)의 기타 회원국에 대한 수출입액은 12조 9,499억 위안으로 전년 대비 7.5% 증가했다.

지표	금액(억 위안)	전년 대비 증가(%)
화물수출입총액	420678	7.7
화물수출액	239654	10.5
그중 : 일반무역	152468	15.4
가공무역	53952	1.1
그중 : 전기 기계 제품	136973	7.0
첨단 기술 제품	63391	0.3
화물수입액	181024	4.3
그중 : 일반무역	115624	6.7
가공무역	30574	-3.2
그중 : 전기 기계 제품	69661	-5.4
첨단 기술 제품	50864	-6.0
화물수출입흑자	58630	35.4

출처: 중국 국가통계국, 『2022년 중화인민공화국 국가경제사회발전통계공보』의
데이터 기준으로 필자 제작.

2018년부터 2022년까지 총 상품 수출입 차트를 보면, 2020년 코로나 발생 이후 3년 연속 중국의 수출입이 상승세를 유지하고 있음을 알 수 있다. 특히 2021년에는 상승 속도가 빨라서 2022년에는 전체적으로 상승 중이지만 속도는 떨어졌다. 그리고 2022년에는 상품 수출에 비해 수입 증가율이 크게 감소하여, 수출입 곡선 사이의 공간이 확대되기 시작할 것이다. 이를 통해 중국의 국제 무역이 정상 궤도로 돌아가기 위해 노력하고 있다는 것을 어느 정도 이해할 수 있다. 구체적인 수출입 변화는 <표 1>에서 더 명확하게 볼 수 있다. 2022년 상품 수입의 세 가지 범주는 마이너스인데, 첨단 기술 제품 수입은 6.0% 감소, 전기 기계 제품 수입은 5.4% 감소, 가공 무역 수입은 3.2% 감소, 상품 수출입 흑자는 전년 대비 35.4% 증가했다.

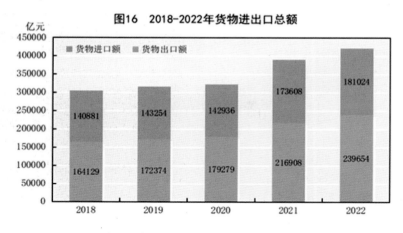

図16 2018-2022年货物进出口总额

[그림 2] 화물 수출입 총액(2018~2022년)

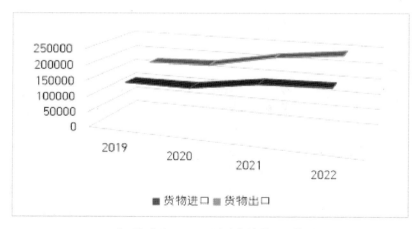

[그림 3] 2019~2022년 수출입 화물 동향

(주) 분홍색: 화물수입액, 녹색: 화물수출액

출처: 중국 국가통계국, 『중화인민공화국국가경제사회발전통계공보』(2019/2020/2021/2022년)의
데이터 기준으로 필자 제작.

수출입 교역 대상 국가별 변화를 보면 전년 대비 2022년 수출이 감소한
곳은 홍콩뿐이고, 수입이 감소한 국가는 EU, 한국, 일본, 대만, 홍콩, 인도

등 비교적 많다. 특히 인도에 대한 수입액이 가장 큰 폭으로 감소했다.

〈표 2〉 주요국 및 지역의 상품 수출입 금액, 성장률 및 비중(2022년)

국가와 지역	수출액 (억 위안)	전년 대비 증가(%)	전체 수출에서 차지하는 비중(%)	수입액 (억 위안)	전년 대비 증가(%)	전체 수입에서 차지하는 비중(%)
아세안	37907	21.7	15.8	27247	6.8	15.1
유럽 연합	37434	11.9	15.6	19034	-4.9	10.5
미국	38706	4.2	16.2	11834	1.9	6.5
한국	10843	13.0	4.5	13278	-3.7	7.3
일본	11537	7.7	4.8	12295	-7.5	6.8
중국 대만	5423	7.2	2.3	15840	-1.8	8.8
중국 홍콩	19883	-12.0	8.3	527	-16.0	0.3
러시아	5123	17.5	2.1	7638	48.6	4.2
브라질	4128	19.3	1.7	7294	2.6	4.0
인도	7896	25.5	3.3	1160	-36.2	0.6
남아프리카공화국	1615	18.6	0.7	2173	2.0	1.2

출처: 중국 국가통계국, 『중화인민공화국 국가경제사회발전통계공보』

● 서비스 수출입 상황

서비스 무역의 규모와 발전 수준을 반영하는 중요한 지표로서 서비스 수출입은 상주 단위와 비상주 단위 간의 상호 서비스를 의미하므로 한 국가가 서비스 무역 정책을 수립하는 중요한 기반이다. 서비스 수출입에는 구체적으로 운송, 관광, 통신, 건설, 보험, 금융, 컴퓨터 및 정보, 컨설팅, 광고, 홍보, 영화 및 비디오, 전유권 사용료 및 특허료가 포함된다. 상품 수출입 무역과 달리 서비스 수출입의 지불 방법은 일반적으로 국경을 넘나드는 지불, 해외 소비, 상업적 존재 및 자연인의 이동으로 나타난다. 따라서 서비스 수출입의 활성도 특정 국가 경제 교류 수준을 고려하는 중요한 지표이다.

2022년 중국의 연간 서비스 수출입 총액은 5조 9,802억 위안으로 전년 대비 12.9% 증가했다. 그중 서비스 수출은 2조 8,522억 위안으로 12.1% 증가했고 서비스 수입은 3조 1,279억 위안으로 13.5% 증가했다. 서비스 수출입 적자는 2,757억 위안이다.

중국의 경우 외국인 투자 유치는 국가의 중요한 정책이었다. 2022년 전체 외국인 직접투자는 38,497건으로 전년 대비 19.2% 감소했고 감소율은 매우 높은 수준에 달한다. 실제 외국인 직접투자 사용액은 1조 2,327억 위안으로 6.3%, 8.0% 증가했다. 최근 몇 년 동안 중국이 중점을 둔 '일대일로' 프로젝트로서 '일대일로' 주변 국가와 중국의 경제적 교류는 중국에 큰 의미가 있다. 2022년 '일대일로' 연선 국가의 대중 직접투자(일부 자유항을 통한 대중 투자 포함)는 4,519개 신규 기업으로 15.3% 감소했으며, 대중 직접 투자 금액은 891억 위안으로 17.2%, 18.6% 증가했다. 중국에 대한 외국인 투자의 감소는 한편으로는 코로나의 영향으로 각국의 경제력이 감소하고 경제 활력이 충분하지 않다는 것을 반영하고, 다른 한편으로는 중국 정부에 대한 다른 국가의 신뢰 하락과 향후 중국 정책의 예측 가능성에 대한 의구심이 반영된 것이라 할 수 있다.

외국인들의 대중국 투자와 대조적으로 2022년 중국의 대외 비금융 직접 투자는 7,859억 위안으로 전년 대비 7.2% 증가했다. 그중 '일대일로' 연선 국가에 대한 비금융 직접 투자액은 1,410억 위안으로 7.7% 증가했다.

2022년 한 해 동안 중국의 대외 계약 프로젝트 매출은 1조 425억 위안으로 전년 대비 4.3% 증가한 1,550억 달러로 기본적으로 전년과 동일하다. 그중 '일대일로' 연선 국가의 매출액은 849억 달러로 5.3% 감소하여 대외 계약 프로젝트 매출액의 54.8%를 차지했다.

추세의 관점에서 볼 때 중국의 대외 교류는 가속화되고 대외투자 및 협력 상황은 꾸준히 상승하여 안정적인 발전 추세를 계속 보일 것이다. 상무부 국제무역경제협력연구원 미주·대양주연구소 부소장과 연구원은 중국경제 시보 기자와의 인터뷰에서, "중국의 첫 4개월 동안 대외 직접투자가 크게 증가한 것은 지난해 코로나 충격으로 대외 직접투자에 큰 영향을 미쳤기 때문이며 올해 기업은 해외로 진출할 수 있고 매우 적극적이다. 경제 및 무역 거래는 투자 활동을 통해 회복 속도를 높일 것이다."라고 말했다.

3) 재정금융 분야의 변화

(1) 공공예산 상황

2022년 중국의 국가 일반 공공 예산 수입은 20조 3,703억 위안으로 전년 대비 0.6% 증가했으며 그중 조세 수입은 16조 6,614억 위안으로 3.5% 감소 했다. 국가 일반 공공 예산 지출은 26조 6,609억 위안으로 전년 대비 6.1% 증가했다.

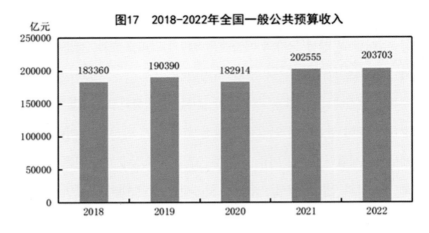

图17 2018-2022年全国一般公共预算收入

[그림 4] 전국일반공공예산수입(2018~2022년)

㈜ 그림에서 2018년부터 2021년까지의 데이터는
국가 일반 공공예산 수입의 최종 계산이고 2022년에는 실행 수

(2) 통화 공급량 상황

연말 광의통화 공급(M2) 잔액은 266조 4,000억 위안으로 전년 말 대비 11.8% 증가했고, 협의통화 공급(M1) 잔액은 67조 2,000억 위안으로 3.7% 증가했으며, 유통 중인 통화(M0) 잔액은 10조 5,000억 위안으로 15.3% 증가했다. 통화 공급량의 증가는 일반적으로 물가 상승을 의미하며, 일반적인 물가 상승은 인플레이션을 유발할 수 있다. 인플레이션은 한 나라의 통화 가치를 떨어뜨릴 수 있는 그 나라 국내 주요 상품의 보편적이고 지속적이며 돌이킬 수 없는 상승이다.

(3) 사회금융 상황

2022년 중국의 사회 자금 조달 규모는 32조 위안으로 전년 대비 0.7조 위안 증가했다. 연말 사회적 자금 조달 규모는 344조 2,000억 위안으로 전년 말 대비 9.6% 증가했으며 그중 실물 경제에 대한 위안화 대출 잔액은 212조 4,000억 위안으로 10.9% 증가했다. 사회 융자 규모의 증가가 전체 경제 성장에 긍정적인 영향을 미치며 향후 거시 경제의 점진적인 개선과 기업 안정에 긍정적인 영향을 미친다. 동시에 사회적 자금 조달 규모의 증가는 시장 유동성이 보장되었다는 비교적 분명한 신호를 시장에 방출했다. 이러한 변화는 또한 중국이 코로나의 영향 속에서도 경제 회복의 길을 찾기 위해 노력하고 있음을 어느 정도 보여 준 것이다.

(4) 예금 및 대출 현황

● 예대잔액 변화 태세

2022년 말 중국 전체 금융기관의 외화예금 잔액은 264조 4,000억 위안으로 연초 대비 25조 9,000억 위안 증가했으며 그중 인민폐 예금 잔액은 258조 5,000억 위안으로 26조 3,000억 위안 증가했다. 모든 금융 기관의 외화 대출 잔액은 219조 1천억 위안으로 20조 6천억 위안 증가했으며 그중 인민폐 대출 잔액은 214조 위안으로 21조 3천억 위안 증가했다. 인민폐 보편적 금융 대출 잔액은 32조 1천억 위안으로 5조 6천억 위안 증가했다.

연말에 주요 농촌 금융기관(농촌 신용 협동조합, 농촌 협동 은행, 농촌 상업 은행)

의 위안화 대출 잔액은 26조 7,195억 위안으로 연초보다 2조 4,702억 위안 증가했다. 모든 금융기관의 위안화 소비 대출 잔액은 56조 361억 위안으로 1조 1,522억 위안 증가했다. 그중 가구의 단기 소비 대출 잔액은 9조 3,473억 위안으로 90억 위안 감소했고 가구의 중장기 소비 대출 잔액은 46조 6,888억 위안으로 1조 1,613억 위안 증가했다.

〈표 3〉 2022년 말 전체 금융기관의 외화예금 및 대출잔액 및 증가율

지표	연말 수억 위안)	전년 말 대비 증가(%)
각종 예금	2644472	10.8
그중 : 국내거주자 예금	1212110	17.3
그중 : 인민폐	1203387	17.4
역내 비금융기업 예금	779398	6.8
각종 대부금	2191029	10.4
그중 : 역내 단기 대출	560304	7.7
역내 중장기 대출	1427739	10.6

출처: 중국 국가통계국, 『중화인민공화국 국가경제사회발전통계공보』

위의 2022년 데이터에 따르면 2019년, 2020년, 2021년 국민경제와 사회발전통계공보의 해당 예금과 대출 잔액을 결합하여 먼저 아래 표를 작성한 다음 꺾은선 그래프를 그리면 코로나 이후 3년 동안 예금과 대출의 잔액 변화 추세를 더 명확하게 볼 수 있다.

〈표 4〉 2019~2022년 예대잔액 현황 일람

연도	예금 잔액(조 위안)	대출 잔액(조 위안)
2019	198.2	158.6
2020	218.4	172.7

2021	238.6	198.5
2022	264.4	219.1

출처: 중국 국가통계국, 『중화인민공화국 국가경제사회발전통계공보』

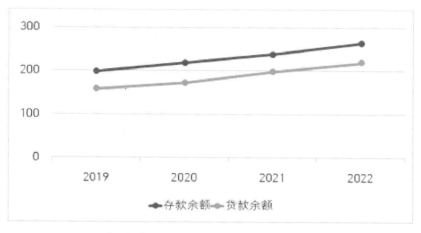

[그림 5] 2019~2022년 예금·대출 잔액 추이도

㈜ 남색: 예금잔고, 주황색: 대출 잔액

위의 표와 그림에서 알 수 있듯이 코로나 이후 중국의 예금과 대출 잔액은 동반 증가 추세를 유지하고 있다. 그러나 성장이 곧 경제 상황을 의미한다고 단순하게 볼 수는 없으며 예금과 대출 잔액의 성장 추세를 몇 가지 다른 관점에서 해석할 필요가 있다.

● 예금잔고 증가에 관한 해석

예금잔고의 증가는 은행이 실물 경제에 더 많은 자금 지원을 제공하여 경제 회복과 안정을 촉진한다는 것을 의미한다. 대출 증가가 부채 및 금융 위험을 초래할 수 있기 때문에 대출 증가가 반드시 경제 성장을 의미하는 것은 아니다. 적당한 대출 증가는 기업이 어려움을 극복할 수 있도록 필요한 유동성 지원을 제공할 수 있다.

첫째, 코로나가 중국 경제에 큰 불확실성을 가져왔다. 코로나의 영향으로 많은 중소기업이 심각한 손실을 입어 사람들의 투자 및 창업 의지에 영향을 미쳤다. 사람들은 안정적인 수익을 얻기 위해 은행에 돈을 예치하는 것을 더 선호하게 되었다. 동시에 더 불안정한 환경에서 개인의 소비 의욕이 감소하고 금융 및 재정 관리 위험을 견딜 수 있는 능력이 더욱 감소하여, 저축은 대부분의 사람들이 더 선호하는 재정 관리 옵션이 되었다.

둘째, 지난 1년 동안 중국 증시는 크게 변동했는데, 예를 들어 상하이-선전 300지수는 2022년에 20% 변동했다. 증시 변동의 영향으로 투자자들은 증시에서 자금을 회수하고 보다 안정적인 은행 예금으로 전환했다.

셋째, 금리 시장화 과정의 영향이다. 예금 금리 하락과 거주자 저축 증가는 향후 금리 정책을 조정할 때 중앙은행으로 하여금 일정한 제한을 받게 하여 금리 시장화 과정에 영향을 미칠 수 있다.

● 대출 잔액 증가세에 대한 해석

이 데이터는 중앙은행과 정부의 경제 안정과 고용 촉진 정책이 어느 정도 성과를 거뒀음을 보여 준다. 코로나의 영향으로 중앙은행과 정부는 기업의 생산, 운영 및 고용을 지원하기 위해 금리 인하, 감세, 대출 등 일련의 조치를 취했다. 현재 경제는 점차 회복되고 있으며 대출 증가도 이러한 추세를 반영한다.

그러나 은행 대출의 증가는 정책 지원, 시장 수요, 기업 신용 등 많은 요인에 의해 영향을 받는다는 점에 유의해야 한다. 따라서 금융 위험 및 부채 위험을 방지하기 위해 대출의 성장을 보장하면서 위험 관리 및 감독을 강화할 필요가 있다.

5) 주식과 채권 상황

● 주식거래소

2022년 상하이-선전거래소의 A주 누적 펀딩액은 1조 5,109억 위안으로 전년 대비 1,634억 위안 감소했다. 상하이-선전거래소는 처음으로 341개의 A주를 공개 상장하고 5,704억 위안을 조달하여 전년 대비 353억 위안 증가했으며, 상하이-선전거래소 A주 재융자(공개증발, 방향성증발, 배당, 우선주, 전환가능주식 포함)는 9,405억 위안으로 1,986억 위안 감소했다. 베이징 증권거래소는 83개의 주식을 공개 발행하고 164억 위안의 자금을 조달했다.

코로나 기간 동안 기업은 물론이고 일반인의 생활 수준도 심각한 영향을 받았으며, 다양한 상품 가격이 급등하여 일부 저소득층의 생활이 더욱 어려워졌다. 또한 코로나로 인한 회사 및 산업의 감원과 폐쇄로 인해 많은 사람들이 일자리를 잃고 경제적으로 어려움을 겪고 있다. 주식시장에 영향을 미치는 다른 요인도 있지만 코로나는 중요한 이유 중 하나다. 코로나로 인한 경제적 불안정성과 기대치가 점점 더 나빠지고 있다.

● **채권발행 상황**

1년 동안 다양한 주체는 상하이-선전거래소의 채권(회사채, 자산 지원 증권, 국채, 지방 정부 채권 및 정책 은행 채권 포함)을 발행하여 6조 4,494억 위안을 조달했으며 그중 상하이-선전거래소는 상장 인프라 분야의 총 13개의 리츠를 발행하고 419억 위안을 모금했다. 연간 회사 신용 채권은 13조 7천억 위안으로 전년 대비 1조 위안 감소했다.

중국 시장의 채권은 주로 통화 정책의 중요한 수단인 중앙은행에 의해 통제되는 국채를 말한다. 채권 발행량이 감소하면 시중 유동성이 약하고 자금이 부족하여 중앙은행이 화폐를 회수할 필요가 없음을 의미한다. 발행 주체가 회사인 경우, 발행 감소는 발행 비용이 크고 시장 금리가 높으며 시장에 자금이 부족함을 의미한다. 2022년 국채 발행은 또한 감염병 기간 동안 중국 경제가 큰 타격을 받았고 시장에 자금이 부족했음을 보여준다.

4) 농업 분야의 변화

(1) 곡물 재배 면적의 변화 추세

● **곡물 재배 면적의 변화**

2020년부터 2022년까지 코로나가 맹위를 떨친 3년 동안 중국의 총 곡물 재배 면적은 안정적으로 유지되었다. 2019년에는 전년 대비 97만 헥타르 감소했으나 4년 동안 227만 헥타르 순 증가했다. 특정 재배 유형은 주로 쌀, 밀, 옥수수, 면화, 유료 작물 및 설탕 작물의 6가지 가장 중요한 유형을 살펴보기로 한다. <표 5>에 제시한 바와 같이 이 6가지 유형의 작물의 재배 면적이 대부분 감소하고 있음을 알 수 있다. 특히 면화의 경우 매년 재배면적이 전년보다 적으며 4년 동안 순 감소량도 34만 헥타르에 달하여 모든 작물 중 재배면적의 감소가 가장 두드러진다.

연간 감소의 관점에서 2019년에는 총 곡물 재배 면적과 6가지 유형의 곡물 재배 면적이 모두 감소했다. 2020년부터 총 곡물 재배 면적의 6가지 범주 중 밀, 옥수수, 면화 및 설탕 작물의 4가지 범주가 모두 감소하였다. 그런가 하면 2021년에는 이들 중 쌀, 면화, 유지 작물 및 설탕 작물의 4가지 가, 또 2022년에는 설탕 작물을 제외한 5개 범주가 감소하였다. 구체적인 유형의 관점에서 볼 때 4년 동안 면화 재배 면적이 해마다 감소하는 것을 제외하고 다른 5개 범주는 모두 3년을 제외하고 감소 추세를 보였다.

2022년을 기준으로 2019년 데이터와 비교하면 코로나가 곡물 재배 면적에 영향을 미치는지의 여부를 더 잘 반영할 수 있다. 마찬가지로, 다음 표에서 곡물 재배 총면적은 증가했지만 쌀, 밀, 면화 및 설탕 작물의 재배 면적은 감소한 반면 옥수수와 유지 작물의 재배 면적은 증가했음을 알 수 있다.

〈표 5〉 2019년~2022년 곡물 재배 면적 및 전년 대비 증감 면적 단위: 만 헥타르

연도	재배총면적	벼	밀	옥수수	목화	기름작물	설탕작물
2019	11606 (-97)	2969 (-50)	2373 (-54)	4128 (-85)	334 (-2)	1293 (-6)	162 (-1)
2020	11677 (+70)	3008 (+38)	2338 (-35)	4126 (-2)	317 (-17)	1313 (+20)	157 (-4)
2021	11763 (+86)	2992 (-15)	2357 (+19)	4332 (+206)	303 (-14)	1310 (-3)	146 (-11)

2022	11833 (+70)	2945 (-47)	2352 (-5)	4307 (-25)	300 (-3)	1314 (+4)	147 (+1)
4년 순 증감	227	-24	-21	179	-34	21	-15

- **4년간의 곡물 재배 면적 변화 추이**

[그림 6]에서는 지난 4년 동안 총 곡물 면적 및 기타 6가지 주요 곡물 품종의 재배 면적의 변화 추세를 생생하게 볼 수 있다. 4년 동안 전체 면적과 다양한 작물의 재배 면적이 안정적으로 유지되었음을 알 수 있다. 표에서 더 정확한 숫자를 볼 수 있지만 증가 또는 감소 폭이 비교적 작아 그림에서는 명확하게 나타나지 않는다. 옥수수 재배 면적만 2021년에 비교적 뚜렷한 증가 추세를 보였고, 표에서 볼 수 있듯이 이 해에 206만 헥타르가 증가했는데, 이는 다른 유형의 작물에 비해 실제로 큰 증가다.

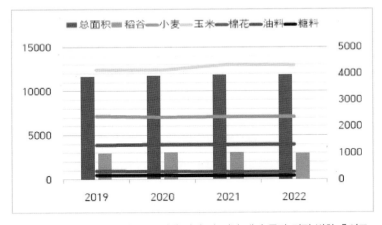

[그림 6] 2019년~2022년 곡물 재배 면적 및 전년 대비 증감 면적 변화 추이도

(주) 남색: 총면적, 주황색: 벼, 회색: 밀, 황색: 옥수수,
연한 남색: 면화, 녹색: 기름작물, 짙은 남색: 설탕 작물

2) 식량 생산량의 변화

● 곡물 생산량의 변화 추세

다음 표에서는 2019년부터 2022년까지 중국의 총 곡물 생산량과 7가지 특정 작물의 생산량 데이터를 보여 준다. 연간 곡물 생산량 증감의 관점에서 볼 때, 2019년 초기 쌀의 생산량은 전년도에 비해 감소했지만, 총 생산량과 기타 5가지 범주는 모두 증가했다. 2020년에는 옥수수 생산량만 감소하고 2021년에는 전체 생산량이 증가하고 2022년에는 쌀 생산량이 감소한다.

유형별로는 쌀이 4년 동안 2년 감소했고, 옥수수가 1년 감소했다. 2019년과 2022년의 경우를 비교하면 전체 코로나 기간 동안 코로나19가 곡물 생산량에 미치는 영향을 가장 명확히 알 수 있다. 표에서 쌀 수확량만 감소했음을 알 수 있다.

〈표 6〉 2019–2022년 식량 생산량 및 증감 상황 일람 단위: 만 톤(%)

연도	총 식량 생산량	여름 식량	올벼	가을 식량	곡물	벼	밀	옥수수
2019	66384 (0.9)	14160 (2.0)	2627 (-8.1)	49597 (1.1)	61368 (0.6)	20961 (-1.2)	13359 (1.6)	26077 (1.4)
2020	66949 (0.9)	14286 (0.9)	2729 (3.9)	49934 (0.7)	61674 (0.5)	21186 (1.1)	13425 (0.5)	26067 (-0.04)
2021	68285 (2.0)	14596 (2.2)	2802 (2.7)	50888 (1.9)	63276 (2.6)	21284 (0.5)	13695 (2.0)	27255 (4.6)
2022	68653 (0.5)	14740 (1.0)	2812 (0.4)	51100 (2.0)	63324 (0.1)	20849 (-2.0)	13772 (0.6)	27720 (1.7)
4년 순 증감	+2269	+580	+185	+1503	+1956	-112	+413	+1643

아래 그림에서 볼 수 있듯이 지난 4년 동안 곡물 생산량이 약간 증가하든 소량 감소하든 그 정도가 크지 않아 그림의 접힌 선이 매우 매끄럽게 나타난다.

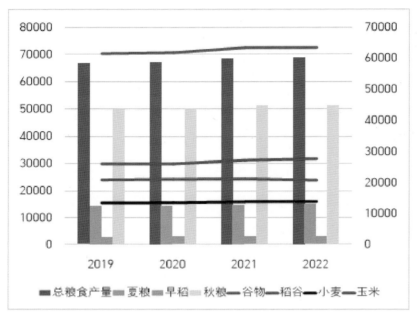

[그림 7] 2019년~2022년 곡물 생산량 및 전년 대비 증감 면적 변화 추이도

(주) 남색: 총식량 생산량, 주황색: 여름 식량, 회색: 올벼, 황색: 가을 식량, 연한 남색: 곡물, 녹색: 벼, 짙은 남색: 밀, 짙은 옥색: 옥수수

● 식량 생산량 증가 분석

곡물 재배 면적은 2019년부터 2022년까지 전반적으로 감소했지만 곡물 생산량은 전반적으로 증가하는 경향을 보였으므로 이를 어떻게 설명해야 하는지가 더 의미가 있다.

첫째, 재배 기술의 업그레이드가 이 현상을 설명하는 주요 원인으로 꼽힌다. 재배 기술의 업그레이드는 구체적으로 두 가지 측면을 포함하는데, 하나는 쌀 종자의 업그레이드이고 다른 하나는 재배 기술의 업그레이드다. 지금은 모두 잡종 종자가 사용되며 수확량이 더 많고 기계화 재배도 많이 사용된다. 우수한 종자와 정교한 관리로 곡물 생산량도 지속적으로 증가하고 있다. 동시에 쌀과 옥수수의 재배 면적은 감소했지만 콩, 특히 대두의 재배 면적이 크게 증가하여 전반적인 곡물 생산량이 증가했다는 양상을 보인다.

둘째, 면화 재배 면적의 감소와 생산량 증가가 가장 두드러지며, 특히 면화 고수율 지역인 신장(新疆)에서 가장 두드러진다. 또한 최근 몇 년 동안 신장은 농업 기계 작업의 현대화, 지능화 및 정보화 수준을 지속적으로 개선하고 무인 트랙터와 같은 첨단 기술을 도입하여 농민에게 토지 준비, 파종, 식물 보호 및 수확의 전 과정을 기계화하고 있다. 식물 보호 드론, 포장 채면기, 잔류 필름 재활용기, 지능형 딥 쟁기, 무인 트랙터와 같은 첨단 기술의 적용으로 신장의 농업 기계화 수준이 해마다 향상되었으며 면화 종합 기계화 수준이 80% 이상에 도달했다.

마지막으로 코로나 기간 동안 중국의 곡물 재배 면적과 생산량은 전반적으로 안정적으로 유지되었던 것으로 보아, 코로나의 영향은 전혀 받지 않았다고 할 수 있다. 이것은 최근 몇 년 동안 중국의 식량 안보 정책의 관점에서 이해할 수 있다. 2019년 10월, 중국 국무원 신문판공실은 14일『중국의 식량 안보 백서』를 발표하여 식량의 절대적 안전을 보장해야 한다고 강조했다. 최근 몇 년 동안 쌀과 밀의 과잉 생산은 완전히 자급자족할 수 있었고 수출입은 주로 품종을 조정하여 중국인의 밥그릇을 손에 넣었다.

이를 기반으로 식품 안전 입법 작업이 더욱 가속화되었다. 「식품 안전
보장법」의 제정은 2022년 입법 작업 계획에 포함되어 법률 수준에서 정책
을 강화하고 효율성을 높였다. 또한 비용을 절감하고 위험을 예방할 뿐 아
니라 장기적인 계획을 수립하여 국가 식량 안보를 포괄적으로 보장한다.
2023년 6월 26일 「중화인민공화국 식품안전보장법(초안)」은 제14기 전국인
민대표대회 상무위원회 제3차 회의에 심의를 위해 제출되었다.

5) 산업의 변화

산업 부가가치는 산업 생산 활동의 최종 결과에서 생산 과정 중 소비되거
나 이전된 물질 제품을 뺀 잔액으로 기업이 새로 창출한 가치이다. 산업
부가가치율의 크기는 중간 소비를 줄이는 기업의 경제적 이익을 직접적으
로 반영하고 투입 및 생산의 효과를 반영한다. 산업 부가가치율이 낮을수록
기업의 부가가치가 낮고 수익성이 낮을수록 투입 및 생산 효과가 좋지 않다.
산업은 국가 경제의 중요한 기둥이며, 산업 성장을 안정시키고 기업의 이윤
개선을 촉진하는 것은 경제 회복을 촉진하는 중요한 기초이다. 따라서 산업
이익의 상승은 국가 경제의 풍향계이다. 따라서 여기에서 산업 부가가치
와 산업 이익 두 가지 지표를 선택하여 중국 산업의 변화 추세를 고려할
것이다.

(1) 산업 전반의 부가가치 변화 및 해석

부가가치율은 지역 산업의 수익성과 발전 수준을 종합적으로 반영하며, 지역의 발전 수준과 효율성 수준을 직접적으로 결정한다. 따라서 산업 부가가치는 특정 국가 또는 지역의 경제 상황을 측정하는 중요한 지표다.

[그림 8]은 2018년부터 2022년까지 중국 산업 부가가치의 성장 추세를 명확하게 보여 준다. 그림에서 볼 수 있듯이 2019년부터 산업 부가가치의 성장률은 감소하는 경향을 보였으나, 감소 폭이 크지 않고 현금화가 비교적 완만함을 알 수 있다. 2020년까지 하락 속도가 가속화되고 2021년에 상당한 반등 후 2022년에 다시 급감하였다.

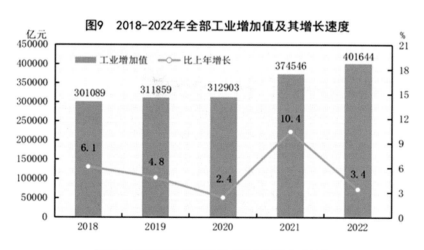

[그림 8] 전체공업부가가치 및 성장속도(2018~2022)

(주) 분홍색: 공업부가가치, 녹색: 전년 대비 증가

출처: 중국 국가통계국, 『2022년 중화인민공화국 국가경제사회발전통계공보』

위의 산업 부가가치의 급격한 증가 및 감소 추세로 볼 때, 코로나 동안 중국 경제가 심각한 타격을 받았고, 2021년에는 코로나가 비교적 안정되고 통제가 상대적으로 완화될 때 경제가 회복되었음을 알 수 있다. 또 2022년에는 코로나 통제 정책이 다시 강화되어 산업이 다시 심각한 타격을 입는 과정을 볼 수 있다.

(2) 산업이익의 변화 및 해석

<표 7>에서는 2019년부터 2022년까지 중국의 산업 이익과 전년 대비 상승 및 하락 상황을 나열한다. 이 표에서는 경제 유형과 경제 범주의 두 가지 차원에서 중국의 산업 이론 변화 추세를 정리했다. 시간적 관점에서 볼 때, 경제 유형에 따라 분류하든 산업 범주에 따라 분류하든 중국의 산업 이익이 크게 변동했음을 알 수 있다. 2019년과 2022년에는 거의 모든 측면에서 산업 이익이 감소했다. 2021년에는 기본적으로 성장세를 보였다. 이러한 발전 추세는 산업 부가가치의 발전 추세와 일치하며 코로나가 중국 경제에 미치는 영향을 매우 생생하게 반영한다.

〈표 7〉 2019~2022 산업 이익 상황 일람 단위: 억 위안(%)

분류별 내용		2019	2020	2021	2022
규모 이상의 공업기업이익		61996(-3.3)	64516(4.1)	87092(34.3)	84039(-4.0)
	국유지배기업	16356(-12.0)	14861(-2.9)	22770(56.0)	23792(3.0)
	주식회사	45284(-2.9)	45445(3.4)	62702(40.2)	61611(-2.7)

경제 유형	외국인 및 홍콩, 마카오, 대만 기업	15580(-3.6)	18234(7.0)	22846(21.1)	20040(-9.5)
	사기업	18182(2.2)	20262(3.1)	29150(27.6)	26638(-7.2)
분 류	광업	5275(1.7)	3553(-31.5)	10391(190.7)	15574(48.6)
	제조업	51904(-5.2)	55795(7.6)	73612(31.6)	64150(-13.4)
	전력·열력·가스 및 수도 생산·공급업	4816(15.4)	5168(4.9)	3089(-41.9)	4315(41.8)

출처: 중국 국가통계국, 『중화인민공화국국가경제사회발전통계공보』(2019/2020/2021/2022년)의 데이터 기준으로 필자 제작.

[그림 9]와 [그림 10]에서는 4년 동안 중국의 산업 이익 변화를 좀더 직관적으로 볼 수 있다. 5가지 기업 유형 중 사기업의 변화가 가장 컸으며, 이는 시장 변화에 상대적으로 의존하는 사기업의 특성을 충분히 반영한다.

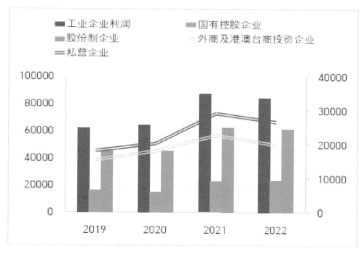

[그림 9] 2019~2022 중국 경제 유형별 공업 기업 이익 변화 상황도

(주) 남색: 공업 기업 이윤, 주황색: 국유지배기업,
회색: 주식회사, 노란색 두 줄: 외국인 및 홍콩, 마카오, 대만 기업, 남색 두 줄: 사기업

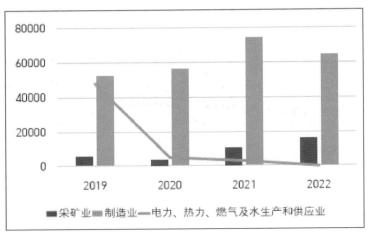

[그림 10] 2019~2022 중국 분류별 산업기업 이익 변화 상황도
(주) 남색: 광업, 주황색: 제조업, 회색: 전력, 열, 가스 및 물 생산 및 공급업

6) 서비스업

1) 서비스산업의 부가가치 및 성장 속도

• 성장세 설명

2022년 중국 전체 규모 이상 서비스업 기업의 영업이익은 전년 대비 2.7%, 총 이윤은 8.5% 증가하였다. 다음 그림은 2018년부터 2022년까지 서비스산업의 부가가치와 성장 속도를 보여 준다. 그림에서 볼 수 있듯이 서비스산업의 부가가치는 2020년에 크게 감소하고 2021년에는 급격히 상승하였으며 2022년에는 다시 급격히 감소했다. 이 발전 추세는 산업 부가가치의 변화와 일치한다.

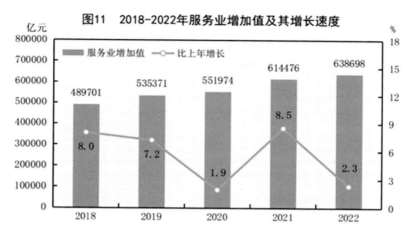

图11 2018-2022年服务业增加值及其增长速度

[그림 11] 2019~2022 중국 서비스산업의 부가가치 및 성장속도

(주) 분홍색: 서비스업부가가치, 녹색: 전년 대비 증가

출처: 중국 국가통계국, 『중화인민공화국 국가경제사회발전통계공보』(2022년)

(2) 서비스업별 부가가치 변화

서비스산업은 주로 아래 표에 나열된 7가지 산업을 포함한다. 표에서 보는 바와 같이 부동산이 가장 많이 감소한 업종 중 하나이며, 숙박 및 요식업, 운송, 창고 및 우편업이 그 뒤를 잇는다. 서비스 부가가치가 증가한 유형 중 가장 눈에 띄는 것은 정보 전송, 소프트웨어 및 정보 기술 서비스로 10% 가까이 증가했다.

<표 8>에서 볼 수 있듯이, 더 심하게 감소한 업종은 모두 코로나의 직접적인 영향을 받는 산업이며, 가장 많이 증가한 정보 산업은 코로나로 인한 인간 격리의 필요성을 역설적으로 증명하고, 작업 및 학습 형태에 대한 새로운 요구 사항과 도전을 제시한다. 코로나 기간 동안 정보 서비스에 대한

수요가 급격히 증가했다.

〈표 8〉 2022년 서비스업 부가가치 변화현황 일람표

서비스업명	부가가치(억 위안)	증감비(%)
도소매업	114518	+ 0.9
교통운수·창고·우편업	49674	-0.8
숙박 및 음식점업	17855	-2.3
금융업	96811	+5.6
부동산업	73821	-5.1
정보 전송, 소프트웨어, 정보 기술 서비스업	47934	+9.1
임대 및 상업서비스업	39153	+3.4

또한 자동차와 택배의 변화는 이 규칙을 검증하는 전형적인 예다. 2022년 말 중국의 민간 자동차 보유량은 3억 1,903만 대(삼륜자동차 및 저속화물차 719만 대 포함)로 전년 말보다 1,752만 대 증가했으며, 그중 개인 자동차 보유량은 2억 7,873만 대로 1,627만 대 증가했다. 민간 승용차 보유량은 1억 7,740만 대로 1,003만 대 증가했으며 그중 개인 승용차 보유량은 1억 6,685만 대로 954만 대 증가했다.

2022년 중국은 우정 산업의 총사업 수 1조 4,317억 위안을 완료하여 전년 대비 4.5% 증가했다. 택배 업무량은 1,105억 8,000만 건, 택배 업무 수입은 1조 567억 위안이다. 연간 통신 사업 총액은 1조 7,498억 위안으로 전년 대비 21.3% 증가했다. 택배의 이러한 성장 속도는 코로나 동안 비대면 구매의 필요성을 반영한다.

[그림 12] 2019~2022 택배 업무량과 그 증가 속도

(주) 분홍색: 택배 업무량, 녹색: 전년 대비 증가
출처: 중국 국가통계국, 『중화인민공화국 국가경제사회발전통계공보』(2022년)

2. 코로나 이후 중국의 사회 변화

1) 주민소득지출 및 소비변화 추세

2022년 말 중국의 전체 인구는 14억 1,175만 명으로 전년 말보다 85만 명 감소했다. 연간 출생 인구는 956만 명, 출산율은 6.77%, 사망 인구는 1,041만 명, 사망률은 7.37%, 자연 성장률은 -0.60%이다. 전반적으로 인구 기반이 크고 총량은 기본적으로 안정적으로 유지되고 있다. 노인 인구의 데이터 관점에서 보면, 전국 31개 성(省/直轄市,/自治區)의 65세 이상 노인 인구가 전체 인구의 14% 이상을 차지하여 고령 사회에 진입했음을 알 수 있다. 동시에 인구의 자연 증가율이 처음으로 마이너스를 기록하여 매우 위험한 신호다.

주민 1인당 가처분소득은 주민 가처분소득을 상주인구 수로 나눈 평균을 말한다. 주민의 1인당 가처분소득은 국민의 생활수준과 구매력을 측정하는데 사용할 수 있으며, 민생을 보장하고 개선하기 위한 정책을 수립하는 데 중요한 참고 자료를 제공할 수 있다. 이 중 주거서비스 소비지출은 요식업, 교육문화오락서비스, 의료서비스 등 다양한 생활서비스에 대한 주거의 소비지출을 말하며, 일반적으로 거주자의 소비활성도를 측정하는 데 사용된다. 따라서 코로나 이후 중국의 사회 변화를 측정할 때 이 두 가지 지표가 매우 중요하다.

(1) 주민 1인당 가처분소득의 변화

- 가처분 소득

<표 9>는 전국 거주자의 1인당 가처분 소득의 증감을 보여 준다. 2019년부터 통계에 따르면 전국 거주자의 1인당 가처분소득은 여전히 상승세를 유지하고 있으며, 실질 가처분소득 증가율도 모두 플러스이다. 마찬가지로 중위수 금액도 상승하는 경향을 보였고, 중위수의 실제 성장률은 4년 동안 변동했지만 항상 양수였다.

〈표 9〉 2019~2022년 전국 주민 1인당 가처분소득 변화 일람

연도	전국주민 1인당 가처분소득 및 증감률(위안, %)	실질처분가능 소득증가율(%)	중위수(위안)	중위수증가율(%)
2019	30733(+8.9%)	+5.8%	26523	+9.0%
2020	32189(+4.7%)	+2.1%	27540	+3.8%
2021	35128(+9.1%)	+8.1%	29975	+8.8%
2022	36883(+5.0%)	+2.9%	31370	+4.7%

출처: 중국 국가통계국, 『중화인민공화국 국가경제사회발전통계공보』(2019/2020/2021/2022년)

• 주민 가처분 소득 변화에 대한 해석

[그림 13]과 [그림 14]에서는 4년 동안 거주자의 가처분 소득이 꾸준히 증가했음을 알 수 있다. 그중 2021년에는 전년보다 상승률이 더 빠르고 2022년에는 상승률이 둔화되며 꺾임선이 비교적 완만했다. 이는 산업 성장률, 산업 이익 및 기타 경제 지표의 변화 추세와 일치하며, 코로나 기간인 2021년은 코로나 상황이 비교적 안정적이고 코로나 통제 정책이 비교적 온건한 해이며 경제 회복이 비교적 빠른 해임을 반영한다. 주민 평균 가처분소득에 대한 반응도 같은 추세다.

그러나 경제 지표는 코로나 기간 동안 중국 경제가 심각한 타격을 입은 반면, 거주자의 가처분소득은 증가하는 모순을 보인다. 이 모순에 대한 해석은 심층 분석을 위해 더 많은 실제 지표에 의존해야 한다.

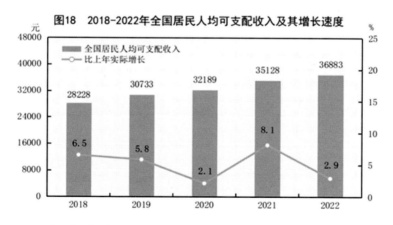

[그림 13] 전 국민 1인당 가처분 소득과 그 증가 속도(2018~2022)

(주) 분홍색, 전국주민 1인당 가처분소득, 녹색: 전년 대비 실제 증가
출처: 중국 국가통계국, 『중화인민공화국 국가경제사회발전통계공보』(2022년)

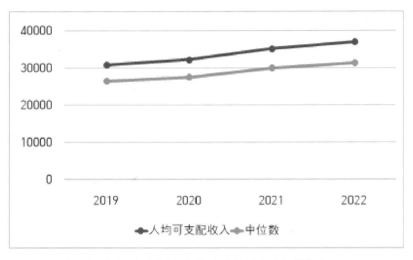

[그림 14] 1인당 가처분소득 및 가처분소득 중위수 변화 추이도

(주) 남색: 1인당 가처분 소득, 주황색, 중위수
출처: 중국 국가통계국, 『중화인민공화국 국가경제사회발전통계공보』
2019/2020/2021/2022년)의 데이터 기준으로 필자 제작.

(2) 주민 1인당 소비지출의 변화

● 주민 1인당 소비지출 현황

<표 10>에 제시한 바와 같이, 전국 거주자 1인당 소비지출의 절대치로 볼 때, 2020년에는 감소폭이 크지 않지만 물가 상승 등의 요인을 제외하면 실제 감소율은 훨씬 높다. 2018년을 기준으로 2019년 1인당 소비지출이 크게 증가한다는 전제하에 2020년은 2019년에 비해 크게 감소했다. 이후 2021년에는 전면 반등했고, 2022년에는 절대치가 플러스로 돌아섰지만 실제 증감률은 마이너스를 기록했다. 1인당 서비스 소비지출은 2020년에 더 큰 폭으로 감소하고 2021년에는 크게 반등했지만 2022년에는 다시 마이너스

가 되었다.

1인당 소비지출이든 1인당 서비스 소비지출의 변화든 산업경제와 일치하는 추세를 보이고 있음을 알 수 있다.

〈표 10〉 2019년부터 2022년까지 전국 거주자 1인당 소비지출 변화 일람

연도	전국주민 1인당 소비지출 및 증감	실질증감률	1인당 서비스소비지출 및 증감률	소비지출비중
2019	21559(+8.6%)	+5.5%	9886(+12.6%)	45.9%
2020	21210(-1.6%)	-4.0%	9037(-8.6%)	42.6%
2021	24100(+13.6%)	+12.6%	10645(+17.8%)	44.2%
2022	24538(+1.8%)	-0.2%	10590(-0.5%)	43.2%

출처: 중국 국가통계국, 『중화인민공화국 국가경제사회발전통계공보』
(2019/2020/2021/2022년)의 데이터 기준으로 필자 제작.

● 주민 1인당 소비지출에 관한 해석 및 평가

주민 1인당 소비지출의 변화 과정은 경제 지표의 전반적인 추세와 일치하여 급격한 하락, 응답 요구, 다시 하락 추세를 반영한다. 주민들의 소비 욕구와 선택에 영향을 미치는 다른 요인에도 불구하고 코로나의 영향은 매우 분명하다. 코로나 동안 거주자의 개인 소득은 전반적으로 영향을 받았고, 거주자의 미래 소득 안정성에 대한 기대는 크게 감소했다. 그리고 많은 조사에서도 사람들의 코로나 기간 및 이후 소비 의향이 크게 감소했으며, 더 많은 사람들이 보수적인 저축 방법을 선택한 것으로 나타났다.

2) 과학기술과 교육

(1) 연구개발비 지출 상황

[그림 15]에 제시한 바와 같이, 연구 및 실험 개발(R&D)에 대한 연간 지출은 3조 870억 위안으로 전년 대비 10.4% 증가했으며 GDP 대비 비율은 2.55%였다. 그중 기초 연구 자금은 1,951억 위안이다. 국가 자연 과학 기금은 총 51,900개의 프로젝트에 자금을 지원한다. 연말까지 533개의 국가 중점 실험실이 운영 중이며 191개의 국가 공학 연구 센터, 1,601개의 국가 기업 기술 센터, 212개의 대중 창업 및 혁신 시범 기지가 포함되어 있다. 국가 과학기술 성과 전환 지도 기금은 총 36개의 하위 기금을 설립했으며, 총자금 규모는 624억 위안이다. 국가급 과학기술 기업 인큐베이터는 1,425개, 국가 등록 크라우드소싱 공간은 2,441개다. 연간 특허권 부여 건수는 432만 3,000건으로 전년 대비 6.0% 감소했으며 PCT 특허 출원 접수 건수는 74,000건이다. 연말 기준 유효 특허는 1,787만 9,000건이며 그중 국내 유효 발명 특허는 328만 건이다. 인구 1만 명당 고부가가치 발명 특허 보유 건수는 9.4건이다. 연간 상표 등록 건수는 617만 7,000건으로 전년 대비 20.2% 감소했다. 한 해 동안 총 77만 건의 기술 계약이 체결되었으며 기술 계약 거래액은 4조 7,791억 위안으로 전년 대비 28.2% 증가했다.

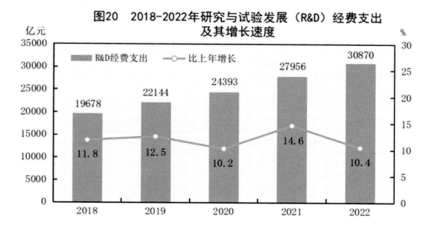

[그림 15] 연구개발비 지출과 그 증가 속도(2018~2022)

(주) 분홍색: R&D 비용 지출, 녹색: 전년 대비 증가
출처: 중국 국가통계국, 『중화인민공화국 국가경제사회발전통계공보』(2022년)

(2) 교육의 변화 상황

2022년 말까지 연간 대학원 교육 모집은 124.2만 명, 재학 중인 대학원생 365.4만 명, 졸업생 86.2만 명이다. 일반 및 직업 학과의 모집은 1,014만 5,000명, 재학생은 3,659만 4,000명, 졸업생은 967만 3,000명이다. 중등 직업교육은 6,507,000명, 재학생 17,847,000명, 졸업생 5,192,000명을 모집한다. 일반계 고등학교는 947만 5,000명, 재학생 2,713만 9,000명, 졸업생 824만 1,000명을 모집한다. 중학교 학생 수는 1,731만 4,000명, 재학생은 5,120만 6,000명, 졸업생은 1,623만 9,000명이다. 일반 초등학교는 1,701만 4,000명, 재학생 1억 732만 명, 졸업생 1,740만 6,000명을 모집한다. 특수교육생은 146,000명, 재학생은 919,000명, 졸업생은 159,000명이다. 취학 전

교육은 4,627만 5,000명의 어린이가 대상이 된다. 9년 의무교육 통합률은 95.5%, 고등학교 총 입학률은 91.6%이다. 구체적인 수치는 <표 11>과 [그림 16], [그림 17]을 통해 알 수 있다.

〈표 11〉 2022년 중국 수준별 신입생 모집 계절별 졸업 현황

교육 수준	학생 모집(만 명)	재학(만 명)	졸업생(만 명)
대학원생	124.2	365.4	86.2
일반·직업 본과, 전문대	1014.5	3659.4	967.3
중등 직업교육	650.7	1784.7	519.2
고등학교	5120.6	2713.9	824.1
중학교	1731.4	5120.6	1623.9
초등 학교	1701.4	10732.0	1740.6
특수교육	14.6	91.9	15.9
취학 전 교육		4627.5	

출처: 중국 국가통계국, 『중화인민공화국국가경제사회발전통계공보』
(2019/2020/2021/2022년)의 데이터 기준으로 필자 제작.

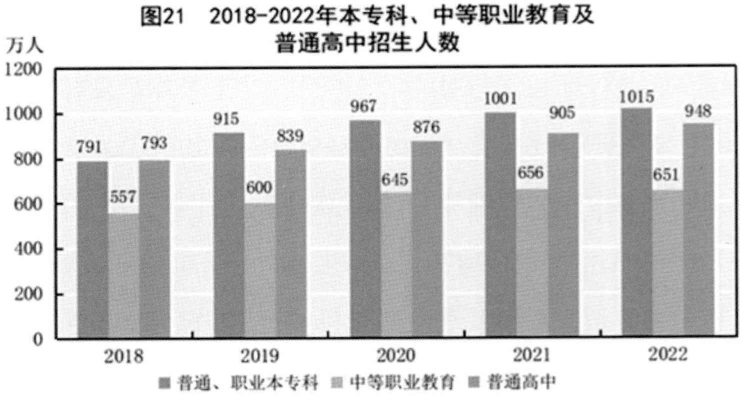

图21 2018-2022年本专科、中等职业教育及
普通高中招生人数

万人

	2018	2019	2020	2021	2022
普通、职业本专科	791	915	967	1001	1015
中等职业教育	557	600	645	656	651
普通高中	793	839	876	905	948

■ 普通、职业本专科 ■ 中等职业教育 ■ 普通高中

[그림 16] 4년재 대학·전문대·중등직업교육 및 일반고 학생 모집 인원수

(주) 분홍색: 일반·직업본과, 전문대, 남색: 중등 직업교육, 녹색: 고등학교
출처: 중국 국가통계국, 『중화인민공화국 국가경제사회발전통계공보』(2022년)

在学人数

■ 研究生　　■ 普通、职业本专科　■ 中等职业教育
■ 普通高中　■ 初中　　　　　　■ 小学
■ 学前教育　■ 特殊教育

[그림 17] 중국 각종 교육 2022년 재학생 수

(주) 남색: 대학원생, 주황색: 일반·직업본과, 전문대, 회색: 중등 직업교육, 황색: 고등학교,
연한 남색: 중학교, 녹색: 초등학교, 짙은 남색: 취학 전 교육, 갈색: 특수교육
출처: 중국 국가통계국, 『중화인민공화국 국가경제사회발전통계공보』
(2019/2020/2021/2022년)의 데이터 기준으로 필자 제작.

3) 문화관광과 위생건강의 변화

(1) 문화 산업 상황

연말 전국 문화관광시스템에는 총 2,023개의 예술 공연 단체가 있다. 전국에 총 3,303개의 공공도서관이 있으며 총 7억 2,375만 명이 유통되고 3,503개의 문화관이 있다. 케이블 TV의 실제 사용자는 1억 9,900만 명이며 그중 케이블 디지털 TV의 실제 사용자는 1억 9,900만 명이다. 연말 방송 프로그램 종합 인구 커버율은 99.6%, 방송 프로그램 종합 인구 커버율은 99.8%다. 연간 드라마 160편 5,283부작, TV 애니메이션 89,094분 생산. 연간 380편의 스토리 영화와 105편의 과학 교육, 기록, 애니메이션 및 특수 영화를 생산한다. 각종 신문 266억 부, 각종 정기 간행물 20억 부, 도서

114억 부(장), 1인당 도서 보유량은 8.09권이다. 연말에 전국에 4,136개의 기록 보관소가 있으며 2억 886만 권(건)의 다양한 기록 보관소가 개방되었다. 연간 전국 지정 규모 이상의 문화 및 관련 산업 기업의 영업이익은 12조 1,805억 위안으로 비교 가능한 구경에 따라서 계산하면 전년 대비 0.9%가 증가하였다.

(2) 관광산업 상황

[그림 18]에 따르면, 2022년 내국인 관광객은 25억 3천만 명으로 전년 대비 22.1% 감소했다. 그중 도시 거주자는 19억 3,000만 명으로 17.7% 감소했고 농촌 거주자는 6억 1,000만 명으로 33.5% 감소했다. 국내 관광 수입은 2조 444억 위안으로 30.0% 감소했다. 그중 도시 거주자의 관광객 지출은 1조 6,881억 위안으로 28.6% 감소했고, 농촌 거주자의 관광객 지출은 3,563억 위안으로 35.8% 감소했다.

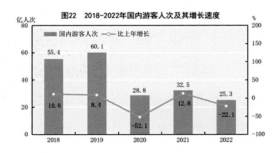

[그림 18] 내국인 관광객 수와 증가 속도

출처: 중국 국가통계국, 『중화인민공화국 국가경제사회발전통계공보』(2022년)
(주) 분홍색: 국내 관광객 인원수나 회수, 녹색: 전년 대비 증가

(3) 의료 및 위생 상태

2022년 말 기준, 전국적으로 103만 3,000개의 의료 및 보건 기관이 있는 것으로 조사되었다. 그중 병원은 37,000개로 12,000개의 공립과 25,000개의 민간으로 구성되었다. 1차 의료 및 보건 기관은 34,000개, 지역 보건 서비스 센터(스테이션)는 36,000개, 외래 진료소 321,000개, 마을 보건실 588,000개, 질병 예방 및 통제 센터 3,385개, 보건 감독소(센터) 2,796개를 포함하여 13,000개의 전문 공중 보건 기관이 있다. 연 40만 명의 개업의와 520만 명의 등록 간호사를 포함하여 1,155만 명의 보건 기술자가 있다. 의료 및 보건 기관에는 병원 766만 개와 향진 보건원 145만 개를 포함하여 975만 개의 병상이 있다. 연간 총 진료 건수는 84억 명, 퇴원 건수는 2억 5,000만 명이다.

4) 자원, 환경 및 비상 관리

(1) 자원 보유 및 소비 상황

연간 수자원의 총량은 2조 6,634㎥이다. 연간 총 물 소비량은 5,997억㎥로, 전년 대비 1.3% 증가했다. 그중 생활용수는 0.5%, 공업용수는 7.7%, 농업용수는 3.7%, 인공생태환경보충수는 8.3% 증가했다. 1만 위안 GDP의 물 소비량은 53㎥로 1.6% 감소했다. 10,000위안 산업 부가가치의 물 소비량은 27㎥로 10.8% 감소했다. 1인당 물 소비량은 425㎥로 1.3% 증가했다.

연간 조림 면적은 383만 헥타르이며 그중 인공조림(造林) 면적은 120만 헥타르로 전체 조림 면적의 31.4%를 차지한다. 풀 재배 개선 면적은 321만 헥타르다. 연말까지 국립공원은 5개다. 새로 추가된 토양 침식 처리 면적은 63,000제곱킬로미터다.

(2) 환경 상황

예비 회계에 따르면 연간 총 에너지 소비량은 54.1억 톤으로 전년 대비 2.9% 증가했다. 석탄 소비는 4.3%, 원유 소비는 3.1%, 천연가스 소비는 1.2%, 전력 소비는 3.6% 증가했다. 석탄 소비량은 전체 에너지 소비량의 56.2%를 차지하여 전년 대비 0.3%p 증가했으며, 천연가스, 수력 발전, 원자력 발전, 풍력 발전, 태양광 발전 등 청정에너지 소비량은 전체 에너지 소비량의 25.9%를 차지하여 0.4%p 증가했다([그림 19] 참조).

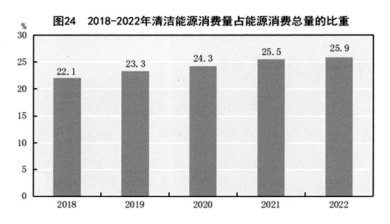

图24 2018-2022年清洁能源消费量占能源消费总量的比重

[그림 19] 청정에너지 소비량이 전체 에너지 소비량에서 차지하는 비중
출처: 중국 국가통계국. 『중화인민공화국 국가경제사회발전통계공보』(2022년)

주요 에너지 소비 산업에 속한 기업의 단위 전석 종합 에너지 소비량은 1.6% 감소하고 단위 합성 암모니아(synthetic ammonia) 종합 에너지 소비량은 0.8%, 철강/톤 종합 에너지 소비량은 1.7%, 단위 전해 알루미늄(Electrolytic aluminum) 종합 에너지 소비량은 0.4%, 킬로와트시당 화력 발전 표준 석탄 소비량은 0.2% 감소했다. 전국 1만 위안 GDP의 이산화탄소 배출량은 0.8% 감소했다.

일 년 내내 연안 해역의 해수 수질은 국가 1급 및 2급 수질 기준에 부합하는 면적이 81.9%, 3급 해수가 4.1%, 4급 해수가 14.0%를 차지한다. 도시 지역 음향 환경 모니터링을 수행하는 320개 도시 중 주간 음향 환경 품질이 우수한 도시는 5.0%, 양호한 도시는 66.3%, 일반은 27.2%, 나쁜 도시는 1.2%, 나쁜 도시는 0.3%를 차지한다. 연간 평균 기온은 10.51°C로 전년 대비 0.02°C 감소했다. 총 4개의 태풍이 상륙했다.

(3) 안전관리 실태

연간 농작물 피해 면적은 1,207만 헥타르이며 그중 135만 헥타르가 수확되지 않았다. 연간 홍수 및 지질 재해로 인한 직접적인 경제적 손실은 1,303억 위안, 가뭄 재해로 인한 직접적인 경제적 손실은 513억 위안, 저온 냉동 및 눈 재해로 인한 직접적인 경제적 손실은 125억 위안, 해양 재해로 인한 직접적인 경제적 손실은 24억 위안이다. 한 해 동안 중국 본토에서 규모 5.0 이상의 지진이 27회 발생하여 224억 위안의 직접적인 경제적 손실이 발생했다. 연간 총 709건의 산불이 발생했으며 피해 산림 면적은 약 0.5만 헥타르다.

한 해 동안 다양한 생산 안전사고로 총 20,963명이 사망했다. 공업과 광업 및 상업 기업에 걸쳐 발생한 100,000명의 생산 안전사고로 인한 사망자 수는 1,097명으로 전년 대비 20.2% 감소했으며, 탄광 100만 톤당 사망자 수는 0.054명으로 22.7% 증가했다. 도로 교통 사고로 차량 1만 대당 사망한 사람은 1.46명으로 7.0% 감소했다.

3. 논문에 나타난 포스트 코로나 시대 중국의 변화와 영향

코로나 발생 후 3년여 동안 중국 학자들은, 코로나에서 정상적인 예방 및 통제 단계에 진입하면서 발생하는 다양한 문제에 대한 적극적인 과학적 연구를 수행했다. 이러한 연구는 중국과 전 인류가 인간의 생존 모델과 생산 모델의 변화 요구 사항에 공동으로 직면하는 운명 공동체로서의 효과적인 방법을 찾는 데 도움이 될 것이다.

중국의 시진핑 주석은 2020년 6월 15일, 라흐몬 타지키스탄 대통령과의 전화통화에서 '포스트 코로나'라는 용어를 처음 사용한 이후 여러 차례에 걸쳐 이 용어를 사용하였다. 포스트 코로나 시대는 코로나 이후 장기간의 상황을 포괄할 수 있는 단계가 되었으며, 이 단계는 상황이 복잡하고 도전과 기회가 공존하므로 이러한 관점에서 수행된 문헌을 분류하는 것은 중국의 코로나 퇴치 관행 및 관련 이론 연구에 매우 중요하다.

1) 포스트 코로나 시대에 관한 중국어 문헌 계량 개요

2023년 12월 21일 현재, CNKI에서 '포스트 코로나'를 키워드로 중국어 문헌 검색을 수행한 결과, 학술지 논문 7,064편, 회의 논문 501편, 학위 논문 969편, 신문 기사 212편, 학술지 논문 94편, 특색 저널 논문 736편, 비디오 211편, 도서 4편, 성과 2편을 포함하여 총 9,570건의 결과를 얻었다. 회의 논문, 신문, 동영상을 삭제한 후 보유 논문 수는 8,863편이다. 그중 958편이 석사학위 논문이고 11편이 박사학위 논문이다. 학위 취득 기간 및 해당 논문 수는 2020년 15편(전부 석사논문), 2021년 272편(석사논문 268편, 관련성이 약한 박사논문 4편), 2022년 459편(석사논문 453편, 박사논문 6편), 2023년 227편(석사논문 226건, 박사논문 1)이며, 관련 분야는 기업경제(154건), 무역경제(104건), 교육 이론 및 교육 관리(102건), 언론 및 커뮤니케이션(100건), 건축 과학 및 공학(99건), 컴퓨터 소프트웨어 및 컴퓨터 응용(86건), 중국 정치 교육 및 국제 교육 (70건)이다. 2022년 초까지의 데이터와 비교하여 더 많은 부분을 차지하는 분야가 크게 변경되었다. 2022년 초에 포스트 코로나 시대와 관련된 대학원 학위 논문 중 교육, 교사, 교육 관련 주제가 가장 높은 비율을 차지했다. 전공별로 보면 교과와 교수론(5), 교육학의 원리(2), 교육경제와 경영(2)이 상위 3위지만, 2023년 말 현재 1, 2위 학과는 기업경제와 무역경제로 바뀌었다. 반면 '교육이론과 교육관리'는 3위로 하락했다. 또한 교육이 코로나의 영향을 가장 직접적으로 받는 분야임을 알 수 있지만, 코로나가 더 오래 지속되면서 감염병의 영향을 받는 분야는 교육과 관련 분야뿐만 아니라 경제와 사회 등 기타 분야에서도 더 깊게 받게 된다. 감염병의 영향을 더 많이 받고 더 깊은 국가 경제, 기업 및 기타 분야가 학자들에 의해 더 많은 관심을 받기 시작했다.

(1) 시간 차원의 논문 발표 수 추이

발표 시점의 관점에서 보면 2020년 1,399편, 2021년 2,392편, 2022년 1975편, 2023년 1074편이 매우 빠른 상승세를 보이고 있다(자세한 내용은 그림 20 참조). 이 추세는 특히 2020년 상반기의 대규모 발병 이후 COVID-19 감염병이 사회 전체의 지속적인 관심을 불러일으켰다는 사실을 확인해 준다. 2021년 논문 수는 2020년에 비해 거의 2배 증가했는데, 이는 감염병 퇴치의 새로운 상태에 대한 학계의 사고와 연구의 상당한 증가를 시사한다. 또한 2023년에 논문수가 정점에 도달한 후 2022년에 약간 감소하기 시작했지만 2023년에는 급격히 감소했다.

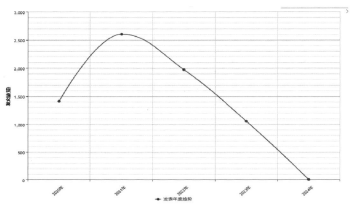

[그림 20] 논문 발표 수 추이 그래프

(2) 논문의 학과 분포 상황

[그림 21]에서 보는 바와 같이, 관련 논문이 발표된 상위 30개 학과 중 고등교육(13.67%), 교육 이론 및 교육 관리(8.17%), 무역 경제(8.02%), 컴퓨터 소프트웨어 및 컴퓨터 응용(7.71%), 산업 경제(7.06%), 기업 경제(6.13%), 경제시스템 개혁(5.57%), 거시 경제 관리 및 지속 가능한 개발(4.63%) 등이 비교적 높은 순위를 차지했다. 컴퓨터 소프트웨어 및 응용 분야를 제외하고 다른 학과는 인문사회과학 분야에 해당한다. 이는 또한 감염병이 사회 전체에 미치는 영향에 대해 인문사회과학 분야의 일치도가 더 긴밀하고 광범위하며, 이러한 분야의 연구 반응도 매우 예리함을 반영한다.

다음으로, 저널 논문으로서 적재량이 적기 때문에 교육 관련 주제는 여전히 상위권이며 고등교육 및 교육 이론과 교육 관리의 합계가 21.84%를 차지한다. 또한 무역 경제, 산업 경제, 기업 경제, 경제 시스템 개혁, 거시 경제 및 지속 가능한 개발 등 경제에 속하는 주제에 대한 논문이 전체 전공의 31.41%를 차지했다. 2022년까지의 저널 논문과 비교했을 때, 코로나19 이후 경제 분야를 다루는 논문은 교육 분야를 다루는 논문을 넘어섰고, 수치상으로는 경제를 주제로 한 논문이 교육 분야를 거의 10%나 초과했다. 이러한 경향은 학위 논문의 상황과 일치하며, 이는 코로나 이후 더 심각한 영향을 받는 것이 교육 분야가 아니라 전체 국가와 사회 경제라는 것을 반영한다.

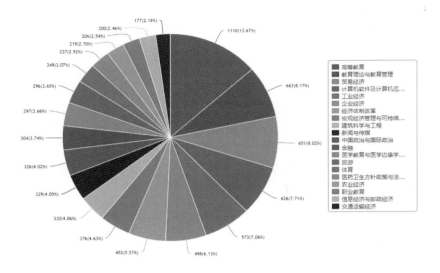

[그림 21] 정기간행물 논문의 학과 분포도

(3) 논문의 연구 차원

[그림 22]에서 보는 바와 같이 '포스트 코로나'와 관련된 논문 중 응용 연구 논문 수는 333편으로 1위, 개발 연구 카테고리는 180편으로 2위, 개발 연구-산업 연구 카테고리는 173편으로 3위, 교과 교육 및 교육 카테고리는 147편, 개발 연구-정책 연구 카테고리는 120편으로 각각 4위와 5위를 차지 했다. 2022년 초까지의 데이터와 비교하여 기본 유형은 변경되지 않고 상위 5개 중 '학과 교육 및 교육'과 '개발 연구-정책 연구'만 변경되었다.

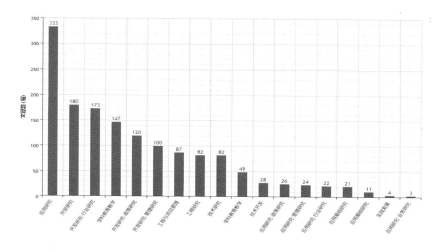

[그림 22] 발표론 문과 차원 개황도

(4) 주요 연구 주제 분포 및 공기 상황

연구 주제 차원에서 검색 키워드로 '포스트 코로나'가 1,186회 문헌에 등장해 1위를 차지했다. 다음으로 '코로나19'(59회), '혼합수업'(44회), 온라인수업(41회), '감염병 예방 및 통제'(39회) 등이 있으며 자세한 것은 [그림 23]에 나와 있다. 이러한 주제의 출현 빈도에서 교육 모델에 대한 많은 논문이 있음을 알 수 있으며, 이는 감염병이 사회 전체에 미치는 영향 중 가장 중요한 것이 교육 및 교육 형태를 변경하는 것임을 보여 준다.

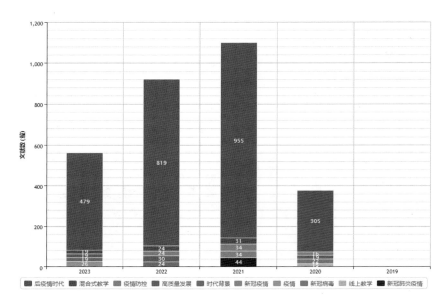

[그림 23] 2019~2023년 주제별 발표한 논문 현황

〈표 12〉 주요 주제 발생 건수 및 비중

주요 주제	2020年	2021年	2022年	2023年	四年总数
포스트 코로나 시대	305 (80.90%)	955 (86.98%)	819 (88.93%)	479 (85.23%)	2558
혼합식 교학		31 (2.82%)	24 (2.60%)	19 (3.38%)	74
감염병 예방과 통제	16 (4.24%)	34 (3.10%)	24 (2.61%)		74
질 높은 발전	19 (5.04%)	44 (4.01%)	30 (3.26%)	19 (3.38%)	112
시대적 배경			24 (2.61%)	19 (3.38%)	43
코로나19		34 (3.10%)			34
감염병 발생 상황				26 (4.63%)	26

코로나 바이러스	22 (5.84%)				22
온라인 강의	15(0.27%)				15
코노라 폐렴 감염병 발생 상황		44 (4.01%)			44
금년도 발표 논문 총수	377	1098	921	562	2958

출처: CNKI 데이터를 결합하여 필자 제작

이를 통해 다음과 같은 결론을 내릴 수 있다. 첫째, 코로나의 지속 시간이 증가함에 따라 주제가 크게 변경되었으며, 이는 사람들의 관심 대상과 해당 분야도 그에 따라 변경되었음을 반영한다. 2020년 코로나 발생 초기 분명히 '코로나19'와 '온라인 교육'에 대한 관심이 더 많았다. 하지만 두 주제에 대한 관심이 이후 몇 년 동안 크게 감소하여 주요 주제 상위 5위 안에 들지 못했다. 이후 3년 동안 바이러스 자체에 대한 관심은 크게 감소했지만, 교육 및 교육 방법에 대한 관심은 사라지지 않았고 코로나가 어느 정도 안정화됨에 따라 오프라인 교육도 때때로 재개되어 교육 방식에 대한 관심이 '온라인 교육'에서 '혼합 교육'으로 변경되었다. 같은 맥락에서 '코로나19'에 대한 관심도 2021년 한 해에만 집중된다. 2023년에는 내용 악화의 외연이 더 큰 주제인 '코로나'가 다시 언급되기 시작했다. 포스트 코로나 시대가 더 많이 논의됨에 따라 2023년까지 사람들의 관심은 '코로나 예방 및 통제'에서 포스트 코로나 시대에 고품질 개발을 보장하는 방법으로 옮겨갈 것이다. 코로나19의 엄격한 예방 및 사수 단계가 종료됨에 따라 사람들은 코로나19를 배경으로 이 새로운 시대에 어떻게 회복되고 발전해야 하는지에 대해 더 많이 생각하게 되었다.

둘째, 2020년부터 2023년까지 4년 동안 이 10가지 주제에 대한 논문 총수를 보면 포스트 코로나 시대, 고품질 개발, 혼합 교육, 감염병 예방 및 통제, 코로나19 감염병, 시대 배경, 코로나19 바이러스 및 온라인 교육 순으로 나열된다. 논문 주제의 관점에서 볼 때 감염병에 대한 초기 우려 주제 논문의 수가 코로나에 대한 영향을 고려하는 후기 논문보다 적다는 것도 반영된다.([그림 24] 참조)

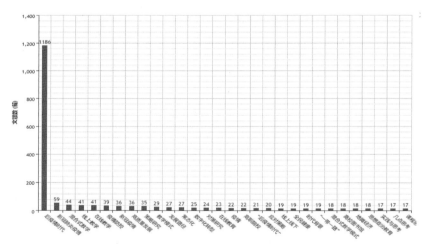

[그림 24] 키워드별 발표한 논문 수

(5) 논문의뢰기금배분

[그림 25]에서 알 수 있듯이 국가사회과학기금 사업에 기고한 글은 343건으로, 2위인 교육부 인문사회과학기금 사업(139건)과 3위인 국가자연과학기

금 사업(121건)보다 훨씬 많다. 상위 3개 다음은 대부분 지방 철학 및 사회과학 기금 프로젝트, 대학 교육 특별 프로젝트 및 기타 기금 프로젝트다. 중국의 가장 대표적인 국가급 과학연구프로젝트인 국가자연과학기금과 사회과학기금, 성급 및 부처급 프로젝트의 대표인 교육부 인문사회과학기금은 기본적으로 중국 과학연구기금 프로젝트가 지원하는 철의 삼각형을 형성하고 있음을 알 수 있다. 또한 다른 관점에서 볼 때 이 3대 프로젝트의 연구 방향도 '포스트 코로나 시대'에 가장 많은 관심을 기울이고 있으며, 이는 코로나가 중국의 다양한 분야에 큰 영향을 미친다는 것을 더욱 강하게 증명한다. 또한 국가사회과학기금사업과 교육부 인문사회과학기금사업의 지원이 국가자연과학기금사업보다 높고, 논문 발표 대학의 출처가 인문사회과학 종합대학이라는 사실이 확인된다.

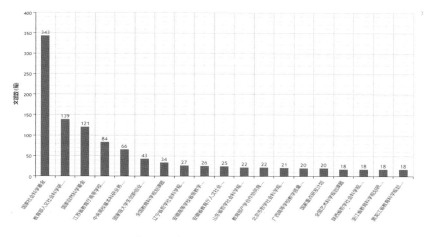

[그림 25] 논문의뢰기금별 논문 수

2) 포스트 코로나 관련 문헌 주요 연구 분야 기여

팬데믹이 일단락되고 인류가 장기간 코로나와 공존하는 시기, 즉 '포스트 코로나 시대'에 다양한 분야와 산업이 코로나19로 인해 발생하고 있다. 또 많은 변화가 있을 수밖에 없으며 코로나가 다음 분야에 미치는 영향은, 학자들이 코로나 이후 정상화된 상황에서 주목하는 초점이 되었다.

(1) 교육 분야

학교 교육은 코로나19 사태 이후 가장 두드러진 영향을 받은 분야다. 2020년부터 2023년까지 '포스트 코로나 시대'에 대한 연구에서 교육을 대상으로 한 논문은 1,891편으로 전체 7,064편 중 27%를 차지한다. 이러한 추세는 포스트 코로나 관련 논문의 다운로드 순위에서도 확연히 드러난다. <표 13>과 같이 다운로드 상위 10개 논문 중 7개가 교육과 관련한 논문이다.

〈표 13〉 인용된 상위 10개 논문의 일람표

	논문 제목	저자	발표시간	피인용수	다운로드수
1	后疫情时代：教育应如何转型？	王竹立	2020.04	667	30726
2	"新冠疫情下的汉语国际教育:挑战与对策"大家谈(下)	陆俭明、崔希亮、张旺喜等	2020.09	345	15056
3	基础教育的后疫情时代，是"双线混融教学"的新时代	李政涛	2020.05	270	14393
4	后疫情时代高校教师在线教学态度的调查研究	郑宏、谢作翊	2020.07	163	9454
5	后疫情时期高校混合式教学模式的构建与建议	张倩、马秀鹏	2021.02	157	5743

6	替代课堂，还是超越课堂？——关于在线教育的争鸣与反思	王竹立	2020.09	133	5896
7	重拾信任：后疫情时代传播治理的难点、构建与关键	喻国民	2020.05	121	13121
8	后疫情时代体育产业发展的空间转向与价值重构——基于新冠肺炎疫情背景下体育产业发展的分析	张亮、焦英奇	2020.05	121	8187
9	线上线下混合教学讲师后疫情时代的主要教学模式	王杜春	2020.04	102	5814
10	韧性治理：中国韧性城市建设的实践与探索	朱正威、刘莹莹、杨洋	2021.05	99	7854

교육 관련 분야의 연구에서 주요 주제는 포스트 코로나(937편), 혼합 교육(84편), e-learning/(70편), 온라인 교학(24편), 온라인 교육(52편), 고등 교육 기관(51편), 교육 모델(48편), 사상 및 정치교육(48편), 혼합 교수 모델(45개) 등이다. 교육 분야의 연구 주제는 주로 교육 모델의 변화에 초점을 맞추고 있음을 알 수 있다. 이를 기반으로 일부 연구는 대학의 온라인 사상 및 정치교육의 변화와 고등 교육 기관이 직면한 교육 문제에 초점을 맞추기 시작했다.([그림 26] 참조)

전체적으로 코로나 발생 이후 교육은 세 가지 주요 인식의 임계값, 즉 교육 관리 수준 임계값, 교육실시 수준 임계값 및 교육 평가 수준에 도달했다. 따라서 포스트 코로나 시대의 학교 교육은 여러 측면에서 전환되어야한다. 구체적으로 말하면, 학생들에게 독서 위주에서 '인터넷' 위주로, '하드지식' 위주에서 교사와 학생이 공동으로 '소프트 지식'을 구축하는 위주로, 교육 평가는 학습 입력 평가 위주에서 학습 출력 위주로, 교육 관리는 경

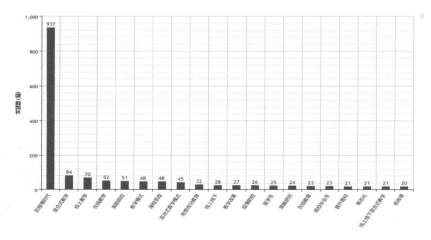

[그림 26] 교육 및 교육 분야 주제 분포도

직성 관리 및 계층화 관리에서 탄력성 관리 및 수평성 관리로 변경된다. 물론 이를 바탕으로 많은 연구에서 '포스트 코로나 시대'의 요구에 맞는 교육 및 교육 시스템을 탐색하는 방법에 대한 대책과 제안을 제시했다.

2020년 2월 말과 3월 초에 새 학기가 시작된 후 전국 대부분의 학교에서 온라인 교육을 시작했다. 정훙, 셰쥐쉬, 왕징은 2020년 코로나 기간(3월 13일~3월 31일) 동안 샤먼대학교(廈門大學) 교원개발센터에서 실시한 '국가고등학교 품질보증기관연맹-온라인교육실태조사'(교수 버젼)의 조사 데이터를 이용하여 기술통계분석, 카이제곱 검정, 일원분산분석, 다중비교 등 통계 방법을 사용하여 온라인 교육에 대한 교수의 태도를 조사하였다. 이를 통해 온라인 교육에 대한 다양한 배경을 가진 교수들의 태도와 개선 의견에 유의미한 차이가 있는지의 여부를 확인했다. 그들은 통계 분석을 통해, '포스트 코로나 시대'에 진입한 후 대학 교수의 3/4 이상이 '온라인+오프라인' 혼합 교육 모델을 기꺼이 수락했음을 알았다. 또 이러한 경험도 교사의 온라인 교육 태도에 영향을 미치는 중요한 요소임을 발견했다. 그러함에도 불구하고 유형별, 지역별, 나이별, 전공별 대학 교수도 온라인 교육 개선에 대한 의지에 상당한 차이를 보였다. 온·오프라인 교육에 대해 다른 태도를 가진 교수들은 모두 '학생'의 의견 개선을 가장 강화해야 할 요소로 간주하고 있다는 것은 반가운 점이다.

그러나 이번 조사는 2020년 3월에 실시한 것인데 그 당시에 온라인 수업을 실시한 지 얼마 되지 않았다. 또 1년 이상 온라인 수업과 온·오프라인 융합 수업을 실시한 후 교수들이 과연 만족하는지 관심 포인트다. 2021년에는 유사한 대규모 표본 조사가 부족했다. 그런데 2021년에는 온라인 교육에 대한 교사와 학생의 만족도에 관한 연구가 등장하기 시작했다. 이러한 후속 연구는 온라인 교육을 사용한 초기 결과 간에 차이를 보였다. 교수는 전반적으로 온라인 교육에 만족하지만, 오프라인 교육에 대한 만족도보다 현저히 낮고 온라인 교육의 지속적인 사용에 대한 교수의 의욕 점수는 낮게 나타났다. 한편, 교수 집단과 학생 집단은 만족도 측면에서 분명한 차이를 보여, '포스트 코로나' 이후 온라인과 오프라인 교육의 결합이 새로운 상시화 수단이 되는 데 큰 도전을 제기하고 있다. 교수와 학생의 만족도는 온라인 교육의 지속적인 사용을 위한 매개 변수가 되었다. 동시에 다양한 학문 및 외부 환경과 같은 조건도, 온라인 교육의 효과와 방법을 지속적으로 사용하려는 교사와 학생의 의지에 영향을 미친다.

(2) 의학연구 및 병원관리에 미치는 영향

코로나19 발생 후 의료, 바이러스 추적, 백신 개발 등 어떤 의미에서 중국은 단계적 성공을 거뒀다고 할 수 있지만, '포스트 코로나'에 진입한 후이 발병은 필연적으로 사회 전체, 특히 의학 교육, 의학 연구 및 의학 실천에 대한 깊은 사고를 불러일으킬 것이다. 베이징대학교 부총장이자 의학부 주임인 젠치민 교수는 인터뷰에서 코로나 예방과 통제에 대한 의학의 중요성과 의료 교육의 중요성을 강조했다. 그는 COVID-19 감염병이 우리에게 두가지 중요한 시사점을 제공한다고 지적했는데, 하나는 인수공통감염병의확산 문제이고, 다른 하나는 감염병이 인류의 전반적인 발전을 방해할 수있다는 것이다.

이러한 상황에서 병원이나 의료기관의 코로나19 대응 능력과 관리 수준도 국민의 관심을 끄는 핫스팟이 되었다. 따라서 '포스트 코로나 시대'에대한 연구에서는, 다양한 수준의 의료기관의 대응 능력을 향상시키는 방법에 관한 많은 기사가 등장했다. 상위 등급의 종합 3개 대형 병원의 경우,학자들은 코로나 대응에서 병원의 유연성을 향상시키는 방법에 중점을 둔다. 코로나 상황에 직면하여 병원의 진단 및 치료 방법과 운영 관리 모델을상황에 따라 변경해야 하며, 병원의 위험 관리 시스템도 그에 따라 업그레이드해야 한다. 치료 모드, 치료 프로세스 또는 관리 모드 측면에서 병원의대응 전략은 항상 응급 관리의 향상을 강조해야 한다. 물론 일선 의료기관의 비상경영시스템 구축과 역량 향상에 초점을 맞춘 연구도 적지 않다.

(3) 기업경영에 미치는 영향

코로나19로 인한 국내 정체성의 셧다운 상태에 가까운 사태는 기업에 큰 충격을 주었다. 포스트 코로나 시대에 접어들면서 가동 중단 상태는 점점 줄어들고 있지만, 작업 및 생산 재개가 충분하지 않고 코로나로 인한 기업의 생산 및 운영의 다양한 변화는 여전히 기업 운영에 많은 실질적인 영향을 미치고 있다. 포스트 코로나 시대에 대한 문헌에는 1,637개의 기업과 관련된 문헌이 있다. 기업 유형 측면에서 연구는 금융 은행 기업, 생산 및 제조 기업, 유통 기업, 무역 기업, 요식업 및 관광 기업을 포함한다. 기업 규모 측면에서 대부분의 문헌은 상대적으로 규모가 작은 중소기업에 더 중점을 둔다.

코로나 이후의 시대가 기업에 미치는 영향에 관한 연구에서 주요 주제는 고품질 개발, 중소기업, 개발 경로, 디지털 전환 등이며, 이는 또한 소규모 기업이 비상사태에 더 취약하다는 것을 보여 준다. 룽타오 등은 코로나 상황에서 기업의 인적 자원 관리 부족과 부정적인 영향을 분류하고 해당 개선 제안을 제시했다. 왕아이핑은 기업 물류에 중점을 두고 포스트 코로나 시대에 진입한 후 기업이 직면한 상황을 분석하고 기업 관리의 지도 원칙과 기업 물류 관리의 주요 아이디어와 제안을 제시했다. 또한 다양한 유형의 기업과 리더십, 비상 관리 능력 등에 중점을 둔 많은 선택 항목이 있다.

(4) 물류 공급망에 미치는 영향

코로나가 발생한 후 물류의 중요성이 더욱 부각되었으며, 과거 정상 사회에 적응한 물류가 비상 상황에서 어떻게 대응하느냐가 포스트 코로나 시대에 진입하는 데 많은 관심을 기울이는 포인트가 되었다. 물류 공급망이 포스트 코로나 시대에 진입한 후 사고 및 반성 문헌은 주로 콜드체인 물류, 크로스보더 전자상거래, 항공우주 물류 및 기타 분야에 중점을 둔다. 오운선은 비상물류의 개념을 명확히 정의하고, 비상물류는 돌발적 자연재해와 돌발적 공중보건사태 등 돌발사태에 필요한 비상물자를 제공할 목적으로 시간효율 극대화와 재해손실 최소화를 목표로 하는 특수물류 활동을 말한다. 동시에 이 기사는 '중화인민공화국 국가 표준·물류 용어'(GB/T18354-2006)의 비상 물류에 대한 정의를 제공한다.

비상사태에 대처할 때 공급망의 전반적인 견고성을 향상시키는 것이 매우 중요하다. 견고성을 고려하여 비상물류시설의 전반적인 수요와 현황을 고려하고 신흥도시 비상물류시설 시스템을 구축하기 위한 노력도 많은 학자들이 수행하고 있는 연구 작업이다.

많은 물류 중 콜드체인 물류는 높은 위험 노출로 인해 코로나19 감염병 기간 동안 여러 번 주목을 받았다. 완위룽은 콜드체인 물류의 정보 감독 관점에서 콜드체인 물류의 감독 수준을 향상시키는 방법을 논의했다. 그는 콜드체인 물류 시스템의 정보 흐름과 정보 노드를 분석하고 핵심 결정 요인을 논의하고, 콜드체인 물류를 개선할 때 전체 정보 흐름을 추적하여 감독을 강화하기 위해 노력해야 한다고 제안했다.

셰쓰신과 허밍쥐안은 포스트 코로나 시대의 항공 물류 발전에 큰 관심을 가지고 있다. 그들은 시스템, 균형 및 복원력 기준을 기반으로 감염병 충격 하에서 항공 물류 평가의 지표 시스템을 구축하고 전략적 차원 및 내부 차원에서 항공 물류의 취약성을 진단하고 거시적 차원, 지방 정부 차원, 산업적 관점 및 기업 미시적 차원에서 중국 항공 물류의 탄력성 향상을 위한 대책을 제안했다. 궈췬과 장하오는 감염병 퇴치에 있어 항공 긴급 구조 정보의 소통이 원활하지 않고 조직이 무질서하며 구조 자원이 부적절하고 구조 장비 및 시설이 부족한 문제를 기반으로, 후베이성 항공 긴급 구조가 직면한 기회를 논의하고 후베이성 긴급 구조 항공 시스템 구축의 목표, 원칙 및 내용에 대해 논의했다.

(5) 다른 분야에 미치는 영향

코로나19는 교통 이동 방식, 기술 혁신, 도시 개발, 국제 협력, 자원 안전, 사회 보장 및 사회사업과 같은 다양한 분야에 심각한 영향을 미치고 있다. 코로나 대유행 이후 확산 상태는 장기간 지속될 것으로 예상되며 경제, 정치, 문화, 사회 및 기타 분야가 새로운 '포스트 코로나 시대'의 요구 사항에 맞게 전환될 것이다.

교통 이동 측면에서 왕광타오 등은 코로나 이후의 도시 교통 발전 추세를 분석하고, 예약 이동 및 도시 교통 효율성 향상 관점을 강조하며 '맞춤형 버스'가 예약 이동의 새로운 형태가 될 것이라고 제안했다.

과학기술 혁신 측면에서 리광과 왕차이웨이는, 중국의 코로나19 대응 과학기술 지원 배경을 분석했을 뿐 아니라, 코로나19가 우한 과학기술 혁신의 발전에 미치는 영향을 중점적으로 분석하고 그 발전을 가속화하기 위한 대책과 제안을 제시했다.

옌진밍 등은 감염병이 천연자원 안전에 미치는 영향에 주목했다. 그들은 천연자원 안전에는 생태 안전, 식량 안보, 주거 안전 및 산업 안전이 포함된다고 지적했다. 전략적 관점에서 천연자원의 안전관리는 생태, 식량, 인민의 생활 및 산업의 여러 측면에 중점을 두고 수행되어야 한다. 유연한 도시 건설을 강화하고 비상 관리를 위한 유연한 공간을 확보하며 공중 보건 인프라 건설을 촉진하고 빅데이터 스마트 건설을 가속화하는 것은, 감염병 시대의 천연자원 안전 거버넌스를 위한 전략적 보장이 될 것이다. 물론 안전 중 하나를 논의하는 것도 학자들의 관심사이며, 특히 식량 안보는 많은 학자들의 관심을 끌고 있다.

코로나의 발생은 국가, 특히 도시의 발전에 대한 일련의 개혁 요구 사항을 제시했다. 리두와 양루는 도시의 풍경과 정원의 공중 보건 개선, 감염병 예방 및 통제 사이의 관계에 주목하여 고정 설계, 관리 및 보증 메커니즘의 세 가지 관점에서 공원 녹지를 감염병 예방 및 비상 대응에 사용할 수 있는 예비 공간으로 전환하는 타당성에 대해 논의했다. 나아가 공중 보건 비상사태에 대비한 공원 정밀 관리 시스템 구축에 대한 아이디어를 강조했다.

또한 코로나 상황은 다양한 분야의 국제 협력 및 국제 전파의 발언권에 대한 새로운 요구 사항을 제시했다. 국내 인민의 생활보장제도 측면에서 사회보장제도, 특히 의료보장제도가 돌발적인 주요 감염병에 어떻게 대처하고 의료보험기금의 재정적 지속가능성을 보장하는가가 중요한 문제가 되었다.

3) '포스트 코로나 시대' 돌발 공중보건 사태 관리의 변화

코로나19 발생 후 급증한 의료자원의 수요, 치료 수요, 응급대응 및 대처의 수요는 단기간에 중국의 공중보건 비상사태에 대한 중대한 시험을 구성하였다. 동시에 2003년의 SARS가 중국의 비상관리를 역추진했던 것과 마찬가지로, 이번 감염병 또한 어느 정도 중국의 각급 정부와 비상관리 부서로 하여금 중국이 감염병 예방 과정에서 보여 준 부족함을 반성하게 하였다. 그로써 '포스트 코로나 시대'가 장기적으로 지속될 경우, 중국의 공중 보건 비상대응력과 각급 정부의 관리능력을 향상시키는 경로와 방법을 모색하기 위해 노력하고 있다. 지난 2년간의 관련 문헌 연구를 돌이켜보면, 코로나19 이후 거시적 수준에서 미시적 수준까지 거버넌스가 상당한 영향을 받았고 앞으로도 많은 새로운 거버넌스 도전에 직면하게 될 것이다.

(1) 국가의 거시적 관리에 미치는 영향

천전밍은 신종 코로나바이러스 감염병이 국가 거버넌스 수준에서 형성되는 영향을 분석했다. 그는 대규모 시험과 같은 이 코로나19 감염병이 위험, 위기 및 비상 관리에 영향을 미쳤고 공공 관리 모델이 주요 변화를 겪었다고 서술했다. 그러면서 이는 주로 변화하는 상황에서 글로벌 거버넌스, 제도적 기반 및 거버넌스 효율성, 지역, 도시, 풀뿌리 및 사회 거버넌스, 디지털 기술로 인한 거버넌스 전환, 국가와 사회 및 시장의 관계가 개념과 생활 방식 및 공공 서비스의 변화에 반영된다고 제안했다.

주정웨이 등은 황스와 베이징이 코로나19에 대응할 때 보인 차이점을 분석하고, 각각의 전략적 위치와 주요 관행을 비교하였다. 마지막으로 '포스트 코로나 시대'의 탄력성 있는 도시 건설을 촉진하기 위해 탄력성 있는 거버넌스를 사용할 것을 제안했다.

포스트 코로나 시대에서 국가 간의 긴밀한 유대 관계가 더 많은 사람에게 깊이 이해되었음을 알 수 있다. 국가 차원의 거버넌스에서 가장 중요한 변화는 거버넌스 개념의 변화와 기술 혁신의 포괄적인 통합에서 비롯된다. 관리의 업그레이드 개념 또는 패러다임 전환의 새로운 단계인 '관리'는, 코로나19의 테스트를 거친 후 탄력성 건설에 더 많은 관심을 기울일 것이다. 이 탄력성에는 도시 하드웨어 인프라의 탄력성뿐만 아니라 거버넌스 시스템 및 방법과 같은 소프트 프로젝트의 탄력성도 포함된다. 회복 가능성과 탄력성은 새로운 '감염병 이후의 시대'에 요구되는 국가 거버넌스의 기본 사항이 되었다.

(2) 비상 관리체계 및 공중위생 관리체계에 미치는 영향

공중 보건 비상사태에 대한 비상 관리에 대한 코로나19 감염병의 영향은 주로 비상 관리 시스템, 시스템 및 메커니즘과 같은 여러 측면에서 나타난다. 류빙과 펑밍창은 중국 공중보건 비상관리의 문제점으로 질병통제 관리

체제의 불완전한 운영, 감염병 비상대응 체제의 불완전한 운영, 생물안전법제 구축 공백, 공중보건 비상사태 비상계획 미비, 의료보호물자 비축의 심각한 부족, 위생재정 투자 부족, 중의료 및 경예방 개념의 변화가 시급하다고 지적했다. 이러한 문제를 바탕으로 그들은 논문에서 질병 통제 관리 시스템의 구축 및 개선, 감염병 비상 대응 메커니즘의 원활한 운영, 생물 안전법 입법 프로세스 가속화, 공중 보건 비상 대응 계획 개선, 공중 보건 비상 대응 의료 보호 자재 비상 비축 시스템 구축, 재정 투자 증가, 홍보 강화 등을 제안했다. 쑨펑 등은 비상 관리 시스템, 스마트 기술 기능 부여 비상 관리, 비상 관리 고등교육, 심리 관리 및 지역사회 거버넌스와 같은 문제에 대해 논의했다. 류예는 전체 수명 주기의 4단계에 따라 대련의 감염병 상황을 분석하고 이에 대한 대책을 제안했다.

신종 코로나바이러스 감염증의 발병은 단기간에 의료 치료 시스템에 큰 압박을 가할 것이며, '포스트 코로나 시대'에 진입한 후 감염병의 확산은 역동적인 정상 상태가 될 것이기 때문에 기존 공중 보건 치료 시스템의 탄력성은 비상 상태와 기존 플랫폼 간의 유연한 전환을 실현하고 상호 연결을 위한 불가피한 보장이 되었다. 후핑핑은 기술 응용에 중점을 두고 유사 매칭 기술, 클러스터 등급 기술 통계, 빅데이터 디지털 관련 규칙 및 블록체인 기술의 공중 보건 비상사태 발생 시 적용에 대해 논의했다. 그리고 현재 중국은 데이터 사용 단편화, 디지털 이상화 및 공동 거버넌스 시스템이 구축되지 않은 세 가지 큰 문제가 있다고 생각한다.

덩웨이와 둥리윈은 코로나 기간 동안 일반 대중의 강한 관심을 불러일으킨 의료 압출 현상에 주목하여, 의료 압출 효과를 설명할 수 있는 6가지 전통적인 관점 —즉 균형 파괴 바퀴, 정보 비대칭 이론, 공황 전달 바퀴, 양 무리의 맹종 바퀴, 자기실현 이론, 의료 취약성 효과을 들었다. 그리고 이를 기반으로 조직 응급 지식 분포의 불균일 효과, 진단 및 치료 등급 시스템의 기능 상실 효과 및 의료 응급 자원 할당 부족 효과라는 세 가지 새로운 설명 메커니즘을 제안했다. 포스트 코로나 시대에는 여전히 유사한 문제가 발생할 수 있으므로 그들은 협력적 관점에서 의료 비상 모델을 제안한 것이다. 전시 상태 조직 문제 해결, 정보 공개 및 공황 문제 해결, 의료자원 부족 문제 해결. 마지막으로 그들은 포스트 코로나 시대의 협력 거버넌스 경로를 제시했는데, 계층적 시스템, 전반적인 조정, 사회적 조정 및 정보 수렴이 그것이다.

자오루이 등은 1차 의료 및 보건 기관이 지역사회 예방의 주역이라고 생각하지만, 현재 중국의 1차 의료 및 보건 기관은 공중 보건 비상사태에 대처할 능력이 부족하다. 따라서 풀뿌리 수준의 다양한 위기 대응 패턴을 구축하고 풀뿌리 의료 및 보건 기관의 공중 보건 비상 대응 능력을 향상시키는 것이 좋다고 제안했다.

지역 사례의 경험이든 국가 보편적 경험이든 비상 관리 시스템 측면에서 몇 가지 공통적인 문제를 보여 준다. 비상 관리부와 보건 위원회, 질병 통제 시스템 간의 협력 관계, 다양한 수준의 지방 정부, 비상, 질병 통제, 병원 및 기타 관련 사업 부서 간의 협력 관계, 통일된 국가 체스 하에서 지방 정부의 비상 관리 시스템이 중앙 수준과의 합리적인 분업 관계를 구축하는 방법 등은 감염병 대처의 부족함을 보여준다. 따라서 다양한 유형의 비상사태, 특히 주요 관할 구역이 비상 관리 부서에 있지 않고, 사건 자체의 전문성이 매우 강한 상황에서 비상 관리 시스템을 더욱 합리화하는 방법은 미래에 장기적인 관심과 노력을 기울여야 하는 문제가 될 것이다.

(3) 리스크 관리에 미치는 영향

포스트 코로나 시대는 또한 중국의 진행 중인 현대화 과정과 그에 수반되는 거버넌스 능력에 새로운 도전을 제기했다. 감염병은 국가 거버넌스, 사회 거버넌스 및 풀뿌리 거버넌스에 더 큰 영향을 미친다. 거시적 수준에서 장성강은, 현대화로 인한 전 세계적인 위험 사회 진입을 전제로 포스트 코로나 시대에 진입한 중국이 직면한 몇 가지 주요 위험 거버넌스의 도전에 대해 논의했다. 주로 사회 거버넌스의 수요와 수요의 불일치 사이의 도전, 위험 불확실성과 사회 거버넌스의 항상성 특성 사이의 모순으로 인한 도전, 사회 거버넌스의 시스템, 협동성 및 지속 가능성으로 인한 도전, 비상 사회 거버넌스 메커니즘으로 전환되는 도전으로 나타난다. 따라서 이러한 도전에 대처하는 방법은 중국의 주요 과제가 될 것이며, 책임 중심의 협력 거버넌스의 길을 견지하는 것은 위험 거버넌스 능력의 현대화를 실현하기 위한 필수 옵션이다.

미시적 커뮤니티 거버넌스 수준에서 양쓰샤오는, 슈나이더와 잉그램, 맥도넬과 에모어가 제안한 표준을 사용하여 정책 도구를 명령 도구, 홍보 도구, 규제 도구 및 역량 강화 도구의 네 가지 범주로 나누었다. 이 4가지 유형의 도구는 가로축으로 볼 수 있으며, 일일 예방과 제어 및 비상 관리는 세로축의 양쪽 끝이다. 그는 차오양구 인민정부 인터넷 뉴스 센터를 검색(키워드 '감염병' 및 '감염병 예방 및 통제')하여 99개의 보고서를 얻었고, NVIVO11을 사용하여 이러한 보도 텍스트를 인코딩 처리했다. 그리고 인코딩 처리 결과를 기반으로 일상 예방 및 통제와 비상 관리의 두 가지 상태에 대한 4가지 도구의 사용에 대해 논의했다. 그런 다음 차오양구의 갑작스러운 공중 보건 위험 관리에 존재하는 문제를 제시하고 이에 대한 대책을 제시했다.

4) 문헌 평가와 토론

문헌 분류를 통해 신종 코로나 바이러스 감염증 예방 및 통제가 뉴노멀에 진입한 후, 중국 학자들은 거시적 또는 미시적 측면에서 다양한 분야의 특성에 따라 실제 어려움 또는 이론 혁신과 같은 다양한 측면을 연구했음을 알 수 있다. 이러한 연구 결과는 중국이 갑작스럽게 직면한 사회 변화와 공중 보건 비상사태에서 주도적이고 지도적인 역할을 했지만, 이러한 문헌에도 논의할 가치가 있는 몇 가지 문제가 있다.

(1) 포스트 코로나 시대의 정의 문제

'포스트 코로나 시대'를 키워드로 검색하여 얻은 문헌의 대부분은, 이 키워드를 명확하게 정의하지 않고 일부 논문의 연구 내용에 편향되어 있다. 예를 들어 일부 논문은 실제로 코로나 기간 동안 관련 문제를 연구한 것인데, 제목에 '포스트 코로나 시대'라는 용어는 사용하고 있지만 실제로 토론하는 내용은 여전히 '코로나 시대'의 문제에 국한되어 있다. 또 일부 논문에서는 코로나 발생 시기와 코로나 발생 직전부터 정상화에 이르기까지 두 가지 상태의 차이를 혼동하고 있으며, '포스트', '포스트 코로나' 그리고 '코로나 시대'의 차이점을 구분하여 사용하지 않고 있다.

문헌 읽기를 통해 '포스트 코로나 시대'를 정의하는 논문은 소수에 불과하다는 것을 발견했다. 이러한 정의 중 일부는 비교적 체계적이고 일부는 매우 간단하지만, 포스트 코로나 시대의 특성을 언급할 뿐이고 일부는 인용에 속한다. 논문 발표 시기에 따라 2020년 4월 1일에 발표된 왕주리의 논문이 '포스트 코로나 시대'를 명확하게 정의한 최초의 논문이다. 이 논문에서 그는 소위 '포스트 코로나 시대'는 원래 우리가 생각했던 감염병이 완전히 사라지고 모든 것이 예전과 같이 회복되는 것이 아니라, 감염병이 때때로 발생하여 언제든지 소규모로 발생할 수 있고 외국으로부터 역류 및 계절적 발현이 생길 수 있다고 본다. 또 장기간 지속되어 모든 측면에 지대한 영향을 미치는 시대라고 생각한다. 동시에 이 논문은 학교 교육의 관점에서 '코로나 이후의 시대'에 대한 상징적인 정의를 내렸다.

2020년 7월 20일에 발표된 Jeng Hong 등의 논문은 '포스트 코로나 시대'를 교육적 관점에서, "중국의 경우 4월 8일 '우한 금지 해제'로 대규모 감염병이 기본적으로 통제되고 전국의 초·중·고교가 잇달아 복학하면서, 우리는 정상적인 감염병 예방과 통제에서 교육 질서의 전면적인 회복을 촉진하는 단계에 진입했다. 이 회복 단계의 중간과 후에 '온라인 교육'은 대학에서 교사와 학생을 가르치고 배우는 데 없어서는 안 될 중요한 부분이 될 것이므로 이 단계를 교육 분야의 '포스트 코로나'라고 한다."라고 정의했다. 리광과 왕차이웨이는 2020년 12월 25일 발표한 논문에서 코로나19에 맞서 승리한 후 일정 기간을 '포스트 코로나 시대'라고 보았고, 같은 날 논문을 발표한 쑤젠은 '포스트 코로나 시대'의 주요 특징으로 '역세계화 사고'를 제시했다.

2021년 1월 28일 발표된 논문에서 왕주리는, 2020년 4월 1일에 정의한 '포스트 코로나 시대'의 개념을 인용하여 "코로나19 감염병이 점차 안정되고 작업 재개, 생산 재개, 복학이 점차 진행됨에 따라 우리나라는 포스트 코로나 시대에 진입하기 시작했다. 즉 감염병이 완전히 사라지지 않고 언제든지 소규모로 발생할 수 있으며, 이러한 상태가 오래 지속되어 계속해서 모든 측면에 일정한 영향을 미칠 것이다."라고 했다. 또 양쓰샤오는 2021년 5월 5일에 발표된 논문에서, 지역사회 차원의 '포스트 코로나 시대'를 정의했다. 이 글은 2020년 4월 코로나19가 진정된 후 베이징 지역사회의 감염병 예방과 통제가 '폐쇄적 관리'에서 '정상화 관리'로 조정되었으며, 지역사회의 공중 보건 관리도 포스트 코로나 시대에 진입했다고 서술하고 있다. 2021년 6월 22일, 덩룽 등도 왕주리(王竹立)의 견해를 인용하여 '시간적 차원에서 감염병 불확실성의 긴 사슬이 형성되었다'는 것은 사회가 '포스트 코로나 시대'에 진입했음을 의미한다.

이상의 '포스트 코로나 시대'의 정의에서 볼 수 있듯이, 일부 학자들은 중국이 포스트 코로나 시대에 진입한 시점을 분명히 제시했다. 예를 들어 정훙 등은 2020년 4월 8일 '우한 봉인 해제'가 포스트 코로나 시대의 시작을 알리는 신호라고 생각했다. 그런가 하면 양쓰샤오는 베이징 지역사회가 2020년 4월에 포스트 코로나 시대에 진입했다고 믿었다. 그러나 다른 학자들은 기본적으로 정확한 시점을 제시하지 않은 채 작업과 생산 재개 및 복학의 관점에서 '포스트 코로나 시대'의 두드러진 특성으로 설명했다.

2020년 9월 8일, 전국 '코로나19 퇴치 표창 대회'가 개최되었는데, 이는 일정한 의미에서 코로나19 퇴치 전투의 승리를 표시함과 동시에 학술적으로는 이 돌발 공중보건 사태의 응급상황이 끝났음을 시사하였다. 이로써 전국이 일종의 뉴노멀 코로나 퇴치 시기에 완전히 진입했으며, 모름지기 '포스트 코로나 시대'라고도 볼 수 있다. 이것은 행정적 관점에서 '감염병 시대'의 단계적 종말을 알리는 더 일반적인 표시라 할 것이다.

5) 결론과 전망

중국 지식 웹 검색에서 얻은 논문의 다차원적이고 다단계적 분석을 통해, 신종 코로나바이러스 감염병이 중국에 가져온 변화와 도전이 일반적으로 중국 사회의 다양한 분야와 산업에 반영되었음을 알 수 있다. 가장 먼저 해결해야 할 교육 모델의 변화, 원격 작업 및 커뮤니케이션 방법의 수평화 특성 극대화, 물류 및 유통의 비접촉 방식, 교통 이동의 공유와 맞춤형 모델의 출현에 이르기까지 이 모든 것이 중국 학자들의 연구 주제가 되었다. 미시적 생활, 작업 모델, 거시적 글로벌 협력에 이르기까지 인류 문명의 미래 발전 방향에서 이 코로나19 감염병은 인류 문명의 방향을 다시 쓰고 있다.

중국과 전 세계는 예측할 수 없는 시간 내에 '포스트 코로나 시대'에 진입할 것이다. 독일 학자 클라우스 슈바브와 프랑스 학자 티에리 말레는, 2020년 6월 코로나19로 인한 글로벌 위기 극복의 열쇠를 찾기 위해 '포스트 코로나 시대의 대재건'이라는 제목의 특별 저서를 집필하기 시작했다. 그러나 그들이 책에 썼듯이 일부 영향이 아직 완전히 나타나지 않았기 때문에, 이 감염병이 세계에 미치는 영향을 분석하기에는 아직 이를 수 있다. 그러나 적어도 지금까지 우리는 이 감염병이 거시적, 미시적 두 가지 측면에서 세계와 중국을 변화시켰다는 것을 알 수 있다. 경제, 사회, 지정학, 환경 및 기술 분야에서는 감염병으로 인해 오랫동안 많은 변화를 겪었다.

중국 정부는 코로나에 단호하고 강력하게 대처하고 있다. 사회자원을 광범위하게 동원하고 강력한 사회 협력을 수행하며 정보 공유 채널과 메커니즘 구축에 중점을 두어 국가가 감염병에서 조기에 효과적으로 벗어날 수 있도록 하였다. 하지만 앞으로 전개될 긴 '포스트 코로나 시대'에서 과학자들이 연구할 주제는 모두 비전통적인 과학(non-normal science)이 될 것이다. 토마스 쿤이 언급한 바와 같이 과학이 비정상적이거나 위기에 직면했을 때, 기존 패러다임에 대해 다른 태도를 취해야 하며 그들이 수행한 연구의 성격도 그에 따라 변해야 한다. 그리고 이 변화는 과학의 혁명을 가져올 것이다.

미래의 '포스트 코로나 시대'는 중국 전역과 모든 기본 커뮤니티 단위에서 장기적인 존재가 될 것이다. 시간적·공간적 차원, 감염병 발생 14일 연속의 확진자가 발생하지 않는 의학적 차원, 생산, 생활, 학교 교육의 오프라인 모델 회복 차원에서 '포스트 코로나 시대'를 정의할 수 있다. 이 미래의 '포스트 코로나 시대'에는 작업 방식에서 생활 방식에 걸쳐, 또 거버넌스 개념에서 그 모델에 이르기까지 큰 변화가 생기고 모든 것이 재구성될 것이다. 그리고 이는 중국인의 미래를 재구성할 것이다.

참고문헌

차이샤이단(蔡小丹), 「포스트 코로나 시대에 의료 보장을 위한 장기 메커니즘을 구축하고 개선하는 사고」, 『의사결정 탐구 (하)』, 2021, 17-19.

천잉화(陈樱花), 「포스트 코로나 새대: 변화와 재편성」, 『과학기술도보』 40(09), 2022, 20-28.

천쩐밍(陈振明), 「새로운 장면과 새로운 사고: 새로운 발전 단계의 공공 거버넌스 전망」, 『국가 거버넌스』, 2020(33), 18-23.

덩위(邓玮), 동리윈(董丽云), 「협동식 위기관리: 중대한 전염병 상황 중의 의료 태만과 협력 관리—신종 코로나 전염병을 중심으로」, 『화남이공대학 학보(사회과학판)』 23(01), 2021, 104-112.

덩룽(邓蓉), 후웬(胡雯), 우단(吳丹) 외, 「포스트 코로나 시대 농민공의 잠재실업이 농촌 경제사회에 미치는 영향에 관한 연구 - 청두시 실증조사를 중심으로」, 『쓰촨 행정학원 학보』, 2021, 80-90.

두젠(杜建), 잔치민(詹启敏), 「포스트 코로나 시대에 우리나라 의학 발전을 촉진하기 위한 사고와 건의」, 『북경대학 학보(의학판)』 52(03), 2020, 405-409.

펑겅중(冯耕中), 손양양(孙炀炀), 「공급망 관점에서 본 코로나19가 경제와 사회에 미치는 영향」, 『시안교통대학 학보(사회과학판)』 40(04), 2020, 42-49.

궈휘(国晖), 가우윈루(高韵茹), 「포스트 코로나 시대 한중일 긴급 인도적 지원 협력 구상」, 『동북아 학간』, 2021, 70-83, 148-149.

꺼젼화(葛建华), 「포스트 코로나 시대 국제언론 비상전파체제 구축에 대한 사고 - 코로나19 대응 여론의 시각으로」, 『대외 미디어』, 2021, 61-65.

후핑핑(胡平平), 「디지털 기술의 공중보건 비상사태 관리에 관한 연구 - 코로나19 예방 및 통제 케이스를 중심으로」, 『관리연구』, 2020, 112-123.

리광(李光), 왕차이위(王才玮), 「코로나19가 우한 과학기술 혁신발전에 미치는 영향 및 대책 건의」, 『장강 포럼』, 2021, 2, 20-27.

리량(李偡), 양루(杨璐), 「포스트 코로나 시대에 풍경 정원에서 공중 보건 핫이슈 토론」, 『풍경 정원』 27(09), 2020, 10-16.

리정타우(李政涛), 「기초 교육의 포스트 코로나 시대, '이중 혼합 교육'의 새로운 시대」, 『중국 교육 학술지』, 2020, 5.

류빙(刘兵), 펑밍창(彭明强), 「포스트 코로나 시대에 우리나라의 국가 공중보건 비상관리체계에 관한 고찰」, 『중국 공중위생』 36(12), 2020, 1697-1699.

류예(刘晔), 「전주기 폐루프 비상관리 운영 메커니즘에 관한 연구: 다이련시를 중심으로」, 『대련간부학보』 36(12), 2020, 54-58.

룽타우(龙滔), 링링(凌玲), 리티안(李甜), 「공중보건 비상사태 배경하에 기업의 인적자원관리 전략에 관한 연구: 코로나19 사태를 중심으로」, 『상업현대화』, 2020, 66-68.

루이몽쉬이어(吕梦雪), 「포스트 코로나 시대의 자선단체 거버넌스를 위한 정부전략 연구」, 『현대 마케팅(하순간)』, 2020, 30-31.

어우연링(欧燕玲), 왕고우링(王高玲), David Qian, 「포스트 코로나 시대 풀뿌리 의료 보건 기관의 정상화된 예방 및 통제 모델 구축」, 『위생경제연구』 38(02), 2021, 67-69.

판풍(潘锋), 「의학 발전을 가속화하고 포스트 코로나 시대 글로벌 건강과 안전의 새로운 도전에 대처함- 중국공정원 원사, 북경대학 상무 부총장 겸 의학부 주임 잔치민 교수에 대한 인터뷰」, 『중국 당대의약』 27(29), 2020, 1-3.

진홍시야(覃红霞),리정(李政),쥬젼화(周建华), 「학과별 온라인 강의 만족도 및 지속적 이용의향- 기술수용모델(TAM) 기반 실증분석」, 『교육연구』 41(11), 2020, 91-103.

진홍시야(覃红霞), 쥬젼화(周建华), 리정(李政), 「대학 교수와 학생의 온라인 수업 지속 이용 의향 차이 연구」, 『고등교육연구』 42(01), 2021, 83-93.

수젼(苏健), 자오저(赵喆), 멍쓰위(孟思炜) 외, 「포스트 코로나 시대 브릭스 국가 석유가스 협력전략 검토」, 『석유 과학 기술 포럼』 39(06), 2020, 54-61.

순붕(孙烽), 한징(韩静), 왕타오(王韬) 외, 「포스트 코로나 시대 비상관리에 대한 사고와 전망」, 『중화위생비상전자잡지』 7(02), 2021, 118-119.

쓰루쓰아우버史卢少博), 왕동(王冬), 시야이(夏怡) 외, 「조직 탈력성이론에 기초한 포스트 코로나 시대 레벨3급 공립병원의 지속적 발전전략」, 『중국병원관리』 41(01), 2021, 1-5.

왕광타오(汪光燾), 투잉베이(涂穎菲), 예젠훙(叶建红), 「포스트 코로나 시대의 도시교통 발전 동향 및 공동 거버넌스에 관한 연구」, 『도시계획학간』, 2020, 25-31.

완위룽(万玉龙), 「포스트 코로나 시대에 신선 제품 콜드체인 물류의 구간 구조 및 정보 시스템 구축」, 『상업경제연구』 24, 2020, 86-90.

왕아이핑(王爱萍), 「포스트 코로나 시대의 기업 물자 관리에 대한 몇 가지 생각」, 『전국 유통경제』 30, 2020, 61-63.

왕두춘(王杜春), 「온·오프라인 혼합 교습은 포스트 코로나 시대의 주요 교습 방식이 될 것」, 『중국농업교육』 21(02), 2020, 30-35, 54.

왕쭈리(王竹立), 「포스트 코로나 시대에는 교육이 어떻게 변해야 합니까?」, 『전자화 교육연구』 41(04), 2020, 13-20.

우윈쉬안(吳云旋), 「포스트 코로나 시대 사회화 대응급 물류체계 구축에 관한 연구」, 『호북개방직업학원학보』 34(05), 2021, 99-101.

시예쓰신(谢泗薪), 허밍젼(贺明娟), 「항공물류 발전의 탄력성 제고 경로 및 전략 설계 - 포스트 코로나 시대의 이중순환 구도를 중심으로」, 『가격 월간지』, 2021, 77-89.

연진밍(严金明), 자오저(赵哲), 시야방저우(夏方舟), 「포스트 코로나 시대 중국의 '자연자원 안전의 거버넌스'에 대한 전략적 사고」, 『중국토지과학』 34(07), 2020, 1-8.

짠쥐은(昝军), 장하오(张昊), 「포스트 코로나 시대 후베이성 응급구조항공시스템 구축」, 『교통세계』, 2020, 18-20.

자오루이(赵睿), 주쿤(朱坤), 류봉(刘峰), 「포스트 코로나 시대에 기초 의료 보건 기관의 공중 보건 비상 대응 능력 현황에 관한 연구」, 『위생 소프트 사이언스』 35(03), 2021, 90-93.

장청깡(张成岗), 「재난상황에서의 리스크거버넌스: 문제, 도전 및 동향-포스트 코로나 시대의 사회거버넌스에 관한 탐색」, 『우한대학 학보(철학 사회과학판)』 73(05), 2020, 137-145.

장지안위(张倩苇), 장민(张敏), 리하이화(李海花) 외, 「코로나19 기간 중 대학 교수의 온라인 수업 상호작용과 만족도 조사 연구」, 『교육 가이드』, 2021, 28-37.

양쓰시아우(杨思晓), 「초대도시 지역사회 공중보건 리스크 거버넌스 도구 선택—베이징시 차오양구를 중심으로」, 『도시와 농촌 건설』, 2021, 24-27.

정홍(鄭宏), 시예쥐쒜(謝作栩), 왕징(王婧), 「포스트 코로나 시대 대학 교수의 온라인 수업태도에 관한 조사연구」, 『화동사범대학 학보(교육과학판)』 38(07), 2020, 54-64.

주정위(朱正威), 류잉잉(刘莹莹), 양양(杨洋), 「탄력성 거버넌스: 중국 탄력성 있는 도시 건설의 실천과 탐구」, 『공공관리와 정책 평론』 10(03), 2021, 22-31.

[도] 클라우스 슈밥(Klaus Schwab), [푸] 티에리 말랄레(Thierry Melleret) 저, 세계 경제 포럼 베이징 대표부 역, 『포스트 코로나: 빅뱅(COVID-19: The Great Reset』, 북경: 중신출판사, 2020.

토머스 쿤(Thomas Samuel Kuhn), 『과학 혁명의 구조(제4판)』, 북경: 북경대학 출판사, 2012.

국가통계국, 2022년 중화인민공화국 국민경제와 사회발전 통계공보. 웹 사이트 주소: https://www.stats.gov.cn/sj/zxfb/202302/t20230228_1919011.html, 최종검색일: 2023. 12. 22.

국가통계국, 2021년 중화인민공화국 국민경제와 사회발전 통계공보. 웹 사이트 주소: https://www.stats.gov.cn/sj/zxfb/202302/t20230203_1901393.html, 최종검색일: 2023. 12. 25.

국가통계국, 2020년 중화인민공화국 국민경제와 사회발전 통계공보. 웹 사이트 주소: https://www.stats.gov.cn/sj/zxfb/202302/t20230203_1901004.html, 최종검색일: 2023. 12. 25.

국가통계국, 2019년 중화인민공화국 국민경제와 사회발전 통계공보. 웹 사이트 주소: https://www.stats.gov.cn/sj/zxfb/202302/t20230203_1900640.html, 최종검색일: 2023. 12. 25.

제2부

그 외 재난의 영향 및 사회 변화

6장

경주·포항 지진의 사회경제적 영향 및 사회 변화 분석

이기학

(세종대 건축공학과 교수)

1. 시작하며[1]

2016년 9.12 경주지진(규모 5.8) 및 2017년 11.15 포항지진(규모 5.4)과 같이 대규모의 지진 발생이 증가하는 추세를 보이는 가운데, 대한민국 역시 지진의 안전지대가 아니라는 점을 잘 보여주고 있다. 이러한 대규모 지진은 기존 자연재해와는 달리 건축물 붕괴 등 심각한 피해를 초래할 뿐 아니라 장기적으로 생산기능 마비와 지역소비자 심리에 부정적인 영향을 미침으로써 지역경제 침체 등 간접적 피해를 발생시킨다(이호준 외, 2020). 따라서 지진 발생으로 인한 피해와 대책에 대한 관심이 증가하고 있는 만큼, 지진피해의 사회적, 경제적 영향과 도시 복구를 위한 의사결정 지원 기술 및 정책으로 나눠 그 영향과 변화를 분석한다.

---

1   이 연구는 행정안전부 국립재난안전연구원 재난안전 공동연구 기술개발사업의 지원에 의해 수행되었습니다. (2022-MOIS63-003(RS-2022-ND641021)) 지원에 감사드립니다.

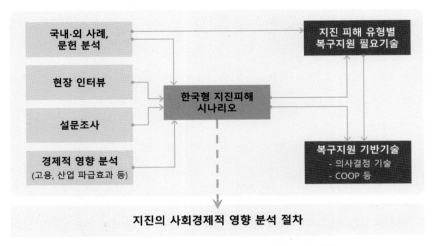

[그림 1-1] 대규모 지진의 사회경제적 영향 분석 계획

2. 지진피해의 사회적, 경제적 영향

주요 산업시설이 밀집한 지역에 재난 피해가 발생하여 생산 기능이 마비될 경우, 다양한 파급효과로 인해 주변 지역을 포함한 전국에 심각한 악영향을 미칠 수 있다(이호준 외, 2020). 한국은행 포항본부(2018)의 「포항지진의 경제적 영향 추계 및 정책적 시사점」 보도자료에 따르면, 포항지진으로 약 3,323억 5천만 원의 경제적 피해가 발생하였다고 한다. 하지만 각 산업 부문별로 지역사회에 미친 경제적 영향을 구체적으로 분석한 연구는 아직 미비하다. 따라서 이 글에서는 부동산, 소매업 등 주요 부문별 영향과 향후 지진 등 대형재난 발생이 지역사회에 미치는 경제적 영향을 분석한다.

2.1 부동산 부문

박성언·문태훈(2017)은 2016년 경주지진이 주변 도시(울산, 포항)의 주택시장에 미치는 영향을 살펴보았다. 그 결과, 지진 발생 이후 사람들의 위험인식이 상승함에 따라 그 불안감이 주택가격에 반영되는 것으로 나타났으며, 그러한 영향으로 내진설계 및 주택 노후도 등 주택의 물리적 조건과 관련되어 있음을 확인하였다. 포항지진 이후 진앙에 가까운 주거용 건축물에 대해서는 직접 피해가 있는 건축물이 아니더라도, 외관상 드러나지 않는 건축 구조에 피해가 있을 수 있는 불안감 등으로 주택을 매매하는 것에 대한 부담감이 증가하였다. [그림 2-1]은 내진설계 확보 유무에 따른 영향을 보여주고, 내진설계 확보 유무가 주택시장 선호도에도 변화를 일으키고 있다는 것을 보여준다.

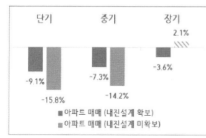 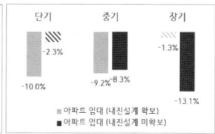

[그림 2-1] 내진설계 확보 유무에 따른 포항지진 발생이 아파트 매매가격에 미친 영향

※ 빗금 패턴: 통계적 유의성 미확보

2.2 건설업 부문

포항지진 이후 흥해읍 특별재생사업을 포함한 다양한 복구사업이 건설업 부문에서 진행되고 있다. 복구 과정에서 지역경제에 미치는 긍정적 파급효과를 극대화하기 위해서는 복구 과정에 지역업체 및 인력의 참여가 적극적으로 이루어졌는지가 핵심이다. 포항시의 경우 경상북도에서는 최초로 지역경제 활성화 촉진을 위해 <표 2-1>과 같이 정의된 지역업체 보호지원과 관련된 사항을 「포항시 지역업체 수주 확대 및 보호지원 규정」(포항시 훈련 제361호, 시행 2018. 12. 4.)에 규정해 경북 또는 포항 지역업체들만 참여할 수 있도록 지역 제한이 명시되어 있음을 확인할 수 있다. 주요 피해 복구사업으로는 '포항 지진피해 지역 도시재건 기본계획 수립 관련 용역', '행복 도시 어울림 플랫폼 아이누리 플라자', '포항 흥해 복합커뮤니티센터'의 건립 관련 사업 등이 진행되고 있다.

〈표 2-1〉 지역업체 관련 용어 정의

용어	정의
지역업체	'지역업체'란 포항시(이하 '시'라 한다) 관할구역에 사업장을 두고 있는 업체를 말한다
지역건설산업체	법인의 경우에는 법인등기부 등본에, 개인의 경우에는 사업자 등록증에 주된 영업소의 소재지를 시 지역으로 하여 건설산업을 경영하는 업체를 말한다.
지역건설근로자	건설산업에 종사하는 근로자로서 시에 3개월 이상 주민등록상 주소지를 갖고 있는 사람을 말한다.

출처: 포항시 지역업체 수주확대 및 보호지원 규정 (포항시 훈령 제361호)

2.3 인구 및 산업 부문

포항지진으로 많은 시민이 주거지 피해를 입고 이재민이 되었고, 그 결과 인구 유출에 대한 우려가 있었다. 하지만 지진 전후의 포항시 인구변화를 분석한 결과 지진으로 인한 인구감소 및 인구 유출 정도는 3~4개월 정도 단기적으로만 존재했던 것으로 나타났다. 그중 간접피해는 직접피해의 규모뿐 아니라 지역 기반산업의 특징에 따라 중·장기적으로 발생하기 때문에 정확히 추정하기가 쉽지 않으며 추정 방법(분석의 시·공간적 범위, 재난특징 등)에 따라 결과가 달라진다. [그림 2-2]와 같이 지진 발생으로 인한 소비심리 침체에 따른 수요 감소의 지속 기간 및 생산설비 복구 기간이 장기화할수록 지역 경제성장이 둔화하며 간접피해 규모는 커진다(박현정 외, 2008; 한국은행 포항본부, 2018). 지진 전후의 포항시 산업별 종사자 수를 분석한 결과, 포항지진 발생 후 소비심리가 감소하고 인프라 시설이 파괴됨에 따라 '숙박 및 음식점업', '운수업', '교육서비스업', '도매 및 소매업' 등 포항시 기반산업의 입지계수가 2018년에 감소하였다가 다시 2019년에 회복되는 경향을 보였다. 그런가 하면 지진복구사업과 밀접하게 연관된 '건설업'과 '하수·폐기물 처리, 원료재생 및 환경복원업'의 입지계수는 지진 발생 후 상승하였다.

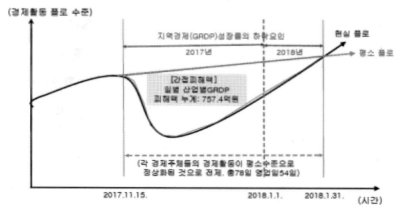

<경제활동 플로 피해>

[그림 2-2] 포항지진이 지역경제에 미친 영향 개념도

출처: 한국은행 포항본부(2018), p.25.

3. 도시 복구를 위한 의사결정 지원 기술 및 정책

3.1 흥해 지진피해 특별도시재생 사업

2017년 포항지진 발생 이후, 정부는 포항 흥해읍에 대해 '주민공동체 회복 및 지역 경제 활성화 등을 위한 도시재생 사업의 필요성'를 강조하였다. 2018년 국토교통부는 「도시재생 활성화 및 지원에 관한 특별법」 개정안[특별법 제35조 및 동법 시행령 제42조에 따라 특별재생지역 지정(국토교통부 고시 제2018-692호)]을 시행하고 2,257억 원 규모의 특별재생사업을 승인하였다. 자세한 내용은 <표 3-1>에 나타나 있다. 주로 지진으로 파손된 공동주택 이재민의 주거 안정에 초점을 두고 있으며, 2018년 2월부터 경상북도와 포항시는 흥해읍 사무소에 '도시재생현장지원센터'를 개소하여 도시재생대학을 운영하고 있다.

〈표 3-1〉 흥해 지진피해 특별도시재생 사업 개요

구분	내용
사업 기간	2019년 ~ 2023년
대상 지역	포항시 북구 흥해읍 옥성리 38번지 일원 (면적 약 120㎡)
비전 및 목표	함께 다시 만드는 "행복도시 흥해"
사업비	총 2,257억 원 (국비 767억 원, 도비 104억 원, 시비 1,286억 원, 민간 100억 원) 마중물사업: 행복도시 어울림 플랫폼 조성 등 12건 (490억 원) 부처연계사업: 공공도서관 신축 등 7건 (828억 원) 지자체사업: 재난 심리지원센터 조성 및 운영 등 9건 (839억 원) 공기업참여사업: 공공임대주택 건설 1건 (100억 원)

흥해 지진피해 특별도시재생사업의 추진 방향은 다음과 같다. 먼저 공동체 회복과 지역 명소화를 위한 커뮤니티 거점 및 공공시설을 조성하고, 주거안정을 위한 임대주택 공급과 방재기반시설 정비 등을 추진한다. 특히, 물리적인 공간의 개선에만 그치지 않고 지역 내 주민들의 역량을 강화하기 위해 2019년부터 현재까지 도시재생 대학 프로그램이 꾸준히 진행되고 있다.

[그림 3-1] 주민공동체역량강화 사업사업[도시재생대학(상), 집수리학교(하)]
출처: 흥해특별도시재생지원센터(https://blog.naver.com/heunghae4525)

3.2 흥해 지진피해 특별도시재생 사업 추진 경과

흥해 특별도시재생이 시작되고 2020년 중반까지 도시재생 서포터즈 및 도시재생대학 등의 소프트웨어 사업과 보상이 주로 이루어졌다. 그리고 2020년 후반부터 현재까지 실질적인 하드웨어 사업 중 일부는 완료되었고 나머지 사업들 또한 착공이 진행되는 등 재생사업이 진행 중이다.

(1) '행복도시 어울림 플랫폼' 사업

포항시 흥해읍은 지진피해를 입은 대성아파트를 문화복합시설로 재구성해 흥해공공도서관, 영유아 교육 및 육아지원시설인 시립어린이집 등 커뮤니티 시설의 기능에 지진트라우마 센터와 북구보건소 기능을 통합하기로 결정하였다. 피해지역 주민들의 심리 치료 지원과 의료지원이 가능해짐에 따라 지진에 의한 사회적 피해를 복구하는 데 도움이 되고 주민체감 핵심인프라 구축을 통해 도심 활성화를 기대하고 있다.

(2) 이재민 피해구제 및 재건축

2021년 9월까지 흥해실내체육관에 등록된 이재민은 60세대 154명이며, 이 중 한미장관맨션 주민이 90% 이상을 차지하고 있고 실제로는 9세대가 생활해 왔다. 한미장관맨션은 지진 당시 피해가 가장 컸던 대성아파트에 인접해 있어 많은 피해를 입었으나, 정밀안전진단 결과 C등급(소파)으로 판정되었다. 하지만 2021년 9월, 포항지진 피해구제심의위원회 제19차 심의위원회에서 한미장관맨션에 대해 '수리불가'(전파)를 결정하였고, 이에 이재민들은 임시구호소를 퇴소하기로 하였다. 이후 정해진 절차에 따라 구호소 내 임시 시설들을 철거하였으며, 해당 아파트의 재건축을 위해 자체적으로 업체를 선정해 진행할 예정이다.

[그림 3-2] 대성아파트 철거부지(상)와 행복도시 어울림 플랫폼 조감도(하)
출처: 경상매일(상)(https://www.kbmaeil.com/news/articleView.html?idxno=866126),
경북매일(하)(http://m.ksmnews.co.kr/view.php?idx=336849)

3.3 포항지진 대응 정책별 주요 결과 및 효과

포항시는 포항지진 직후 사회경제적 피해를 최소화하기 위해 많은 정책적 노력을 하였다. 부문별 대응 정책과 그 결과를 <표 3-2>에 나타냈다. 대응정책의 효과는 정책평가(policy evaluation)에 따른 체계적인 정책 영향분석이 아니라, 사회경제적 영향분석 틀과 연계한 지표와 인터뷰 기반 모니터링 결과이다.

〈표 3-2〉 포항지진 대응 정책별 주요 결과 및 효과

구분	영향분석 주요 결과	대응정책	대응정책의 효과
인구 부문	· 지진 발생 전 동 기간 대비 포항시 및 흥해읍 인구 감소(순유출)가 지진 발생 후 3~4개월 간 각각 1.3배와 8.5배 증가 · 지진 발생 후 4개월 뒤부터 지진 전 수준으로 회복	· 국민임대아파트 및 전세임대주택 긴급주거지원 협약 · 특별재생지역 사업 (공동체 회복 및 지역 명소화 관련 프로젝트) · 도시재생 대학 및 집수리학교 프로그램	· 역외 인구 유출 장기화 최소화 · 인터뷰 결과 흥해읍 인구감소 이미지 거의 없으나, 물리적 환경 개선 사업에 대한 공감대 형성은 다소 부족 · 흥해읍 전체적으로는 초곡지구 입주로 따른 인구 증가가 지진의 부정적 영향을 상당 부분 상쇄한 것으로 판단됨
산업 부문	· 복구사업 중 지역업체 수주율이 약 98.5%(전체 복구사업비의 약 28.7%)	· 「포항시 지역업체 수주 확대 및 보호 지원 규정(훈령 제361호)」을 시행	· 지진 발생 후 전문직별 공사업 고용 성장 · 지진 발생 후 일부 산업 (전기, 가스, 증기 및 공기 조절 공급업 / 하수·폐기물처리, 원료재생 및 환경복원업 / 건설업 등)이 지역경쟁력 효과로 인해 고용성장
부동산 부문	· 지진 발생 후 1년 넘게 아파트 매매 거래량은 회복되지 않음 · 지진위험지역 내 아파트 매매 및 임대가격 단기적으로 8~10% 감소 · 지진 발생 후 2년 뒤부터는 주택시장 회복세로 전환 (신규단지 분양 등의 영향)	· 지진피해 주택 재산세 ·취득세 감면	· 재난 피해 주택거래 활성화에 다소 기여 · 포항시 내 주택 거래절벽 현상이 2~3년은 지속되는 등 (공인중개사 등 인터뷰) 전반적으로 침체된 주택시장 활성화에 미친 영향은 미미
소매업 부문	· 지진 발생 후 3~4개월간 포항시 전반적으로 매출액 감소 지속 · 지진 발생 후 1년간 포항시 전반적으로 폐업률 증가	· 11.15지진피해 극복 지역경제 활성화 대책 · 다함께 세일 팡!팡!팡! · 지역경제 활성화를 위한 포항사랑 상품권 특별할인 판매 · 포항홍보 방송광고 · 호미곶 한민족 해맞이 축전	· 포항사랑 상품권 특별할인 판매 후 일시적으로 매출이 증가하였으며, TV 광고 후 관광객 방문이 급증 (상인 등 관계자 인터뷰)

3.4 포항지진 보상 관련 법률

(1) 「포항지진의 진상조사 및 피해구제 등을 위한 특별법」(포항지진피해구제법)

포항지진의 구체적인 원인과 책임을 밝히고, 지진 피해자에 대한 구제를 통해 포항 지역의 경제 활성화와 지역 주민의 공동체 회복을 도모하고자 포항지진피해구제법이 제정되었다. 따라서 지진의 발생 원인을 규명하기 위한 포항지진 진상조사위원회와 피해구제 및 지원을 위한 포항지진 피해구제심의위원회를 구성하도록 하였다. 구제 지원의 대상은 특별법 시행령 제11조 제1항으로 포항지진으로 인해 사망하거나 상해를 입은 사람 혹은 재산상의 피해를 본 사람을 대상으로 하며 재산 피해의 경우 정도에 따라 <표 3-3>과 같이 지원금이 지급된다.

〈표 3-3〉 재산피해에 대한 지원금 결정기준 (시행령 제12조 제4항)

구분		지원한도 금액 (단위: 백만 원)
가. 주택의 피해	1) 주택을 수리할 수 없는 경우	120
	2) 주택을 수리할 수 있는 경우	60
	3) 주택의 부속물 및 가재도구 등에만 피해가 있는 경우	2
	4) 세입자	6
나. 소상공인 및 중소기업자의 사업장 피해		100
다. 농업, 축산업 및 어업의 피해		30
라. 종교시설, 사립보육시설 등 비영리목적으로 설립된 시설의 피해		120

출처: 포항지진피해구제법 시행령 [별표 2] 재산피해에 대한 지원금 결정기준
(제12조 제4항 관련)

(2) 「빈집 및 소규모주택 정비에 관한 특례법」(소규모주택정비법)

빈집으로 방치된 주택 및 노후된 건축물을 효율적으로 정비하고 소규모 주택 정비를 활성화하여 주거생활의 질을 높이는 데 기여하고자 본 법이 시행되었다. 또한 특례법을 통해 소규모주택 정비사업을 지원하며, 저층 노후 주거지를 재생하는 도시재생 뉴딜사업의 주요 수단으로 주목받아 왔다. 지진피해 특별도시재생 사업지인 흥해읍 또한 소규모주택정비법상의 혜택을 받아 컨설팅 서비스 지원, 용적률 완화 혜택, 일반분양 매입지원, 저금리 융자지원, 공동이용시설 등의 공공지원을 받게 되었다. 본 법에 따르면 포항시는 사업시행자가 시행하는 빈집 및 소규모주택정비사업에 대해 비용의 일부를 보조 또는 융자하거나 융자를 알선할 수 있으며, 주민들의 공공이용시설에 대한 이용료 및 대부료를 감면시킬 수 있다. 또한 건축 규제에 대한 특례를 통해 건폐율 및 용적률 등에 대한 기준을 완화 받을 수 있다.

4. 맺음말

국내에서 발생하는 일반적인 지진의 규모를 고려하면, 경제적 측면에서 직접적 경제적 손실액은 크게 우려할 만한 수준은 아니다. 이보다는 재난지역이라는 지역 이미지 훼손과 이에 따른 관광 산업 위축의 가능성이 있다. 이는 피해 규모에 대한 과장된 인식에 기인하는바, 단기적으로 재난 피해 상황에 대하여 투명하고 명료한 정보전달의 필요성이 요구된다. 따라서 본

논문에서는 지진 재난의 발생이 주요 사회경제적 부문에 미치는 영향을 분석하였고, 이에 대응할 수 있는 방안을 알아보았다. 이를 통해 재난 발생에 따른 부문별 피해 규모와 피해 지속 기간을 모니터링할 수 있으며, 재난에 취약한 지역사회의 특성을 도출할 수 있다. 이러한 정보는 복구지원 대책 마련에 도움을 줄 수 있으며, 미래 발생 가능한 재난을 대비하는 데 유용한 정보를 제공할 수 있을 것으로 기대된다.

참고문헌

포항시 지역업체 수주확대 및 보호지원 규정(포항시 훈령 제361호).

이호준, 김의준, 진동영, 「지진 발생의 지역경제 파급효과 분석: 교통 네트워크 공간연산일반균형모형의 개발」, 대한국토·도시계획학회 2020 추계학술대회, 2020.

한국은행, 「포항본부 포항지진의 경제적 영향추계 및 정책적 시사점」, 지역경제조사연구, 한국은행, 2018.

박성언, 문태훈, 「지진이 아파트가격에 미치는 영향」, 2017 한국지역개발학회 학술대회, 2017, 339-348.

박현정, 방호경, 오승환, 「중국 쓰촨성 지진의 경제적 영향과 시사점」, [KIEP] 오늘의 세계경제, 2008.

포항시, 「포항 흥해 지진피해지역 특별재생사업」, 2020.

흥해특별도시재생지원센터, https://blog.naver.com/heunghae4525

경상매일, https://www.kbmaeil.com/news/articleView.html?idxno=866126

경북매일, http://m.ksmnews.co.kr/view.php?idx=336849

포항지진피해구제법 시행령(2021. 6. 25.) [별표 2] 재산피해에 대한 지원금 결정기준(제12조 제4항 관련).

소규모주택정비법(2023. 7. 10.) 제11조의 4.

7장

3.11동일본대지진 이후
일본 피해 지역사회의 변화와 재해부흥(지역재생)

라정일

(간세이가쿠인대학 준교수, 재해부흥제도연구소 주임연구원)

1. 일본의 재난관리와 재해부흥(災害復興)

재난과 재해, 그리고 재해 대국 일본

우리나라는 「재난 및 안전관리기본법」 제3조에서 재난에 대해 다음과 같이 정의한다. '재난'이란 국민의 생명·신체·재산과 국가에 피해를 주거나 줄 수 있는 것으로, 크게 자연재난[1]과 사회재난[2]으로 분류하고 있다. 2018년 에는 새롭게 폭염이 자연재난에, 미세먼지가 사회재난에 추가되었다. 또한 재난의 예방·대비·대응 및 복구를 위하여 하는 모든 활동을 '재난관리', 재난이나 그 밖의 각종 사고로부터 사람의 생명·신체 및 재산의 안전을 확보하기 위하여 하는 모든 활동을 '안전관리'라고 정의한다. 즉, 자연재해

---

1 자연재난은 태풍, 홍수, 호우(豪雨), 강풍, 풍랑, 해일(海溢), 대설, 한파, 낙뢰, 가뭄, 폭염, 지진, 황사(黃砂), 조류(藻類) 대발생, 조수(潮水), 화산활동, 소행성·유성체 등 자연우주물체의 추락·충돌, 그 밖에 이에 준하는 자연현상으로 인하여 발생하는 재해.

2 사회재난은 화재, 붕괴, 폭발, 교통사고(항공사고 및 해상사고 포함), 화생방사고, 환경오염사고 등으로 인하여 발생하는 대통령령으로 정하는 규모 이상의 피해와 국가핵심기반의 마비, 「감염병의 예방 및 관리에 관한 법률」에 따른 감염병 또는 「가축전염병예방법」에 따른 가축전염병의 확산, 「미세먼지 저감 및 관리에 관한 특별법」에 따른 미세먼지 등으로 인한 피해.

와 대형 사고, 코로나19 등의 감염병, 큰 피해를 일으키는 것은 모두 재난이라고 할 수 있으며 「자연재해대책법」에서는 재난으로 인하여 발생하는 피해를 '재해'라고 정의하고 있다. 2021년 재해연보(자연재난)에 따르면 지난 10년간의 자연재난 사망 피해는 연평균 10.5명이며(폭염 제외) 2015년의 경우 한 명의 인명피해도 발생하지 않았을 정도로 인적 피해가 적었다. 그 요인으로는 과거의 대규모 재난 피해를 교훈 삼아 조기경보 발령체계 구축과 하천 및 하수도 정비 등의 장기간 재해 예방사업의 투자 확대로, 사회 인프라 시설이 방재 및 재난관리 차원에서 꾸준하게 개선되고 발전되었다는 점을 들 수 있다. 그러나 2020년 54일간의 집중호우로 사망자 57명과 1조 원 이상의 인명 및 재산상의 피해가 발생하였고, 2022년은 집중호우와 태풍 힌남노로 인하여 36명의 사망자와 2조 원 이상의 재산 피해가 발생하였다. 2023년 역시, 수해로 인한 사망자 및 실종만 50명[3]에 달하였고 폭염 온열질환 사망자 32명[4]을 합하면 사망자가 82명에 달한다. 자연재난 사망자가 80명이 넘은 것은 2003년 태풍 매미로 인한 148명 이후 20여 년만의 일이다(라정일, 2023a). 최근 전 세계적인 기후변화 등 자연재난은 발생 여부와 그 규모를 예측할 수 없다. 최근 재난 특성을 보면 강도와 경제적 피해는 증가하고 있으나 인명피해는 감소하고 있다.

---

[3] 상황담당관, 2023, 행정안전부 중앙재난안전대책본부, 7월 9일~27일 호우 대처상황보고 (2023년 27일 06시 기준).

[4] 질병관리청, 2023, 온열질환 응급실 감시체계(2023. 5. 20.~9. 30.), 온열질환자는 총 2,818명이고 온열질환 추정 사망자는 총 32명(남자 18명, 여자 14명)으로 80세 이상 연령층(16명, 50.0%), 실외 발생(26명, 81.3%)이 많았고, 사망자의 추정사인은 주로 열사병(90.6%)이다.

일본은 맨틀 위에 움직이는 지구의 대륙지각 중, 유라시아판, 필리핀판, 북미판, 태평양판 등 4개의 판이 국토에 걸쳐 있으며, '불의 고리(Ring of Fire)'라고 불리는 환태평양 화산대·지진대에 있어 전 세계 면적의 0.25%밖에 안 되는 좁은 국토 면적임에도 불구하고 진도 6 이상[5]의 지진 발생 횟수는 세계 전체 발생 수의 약 20%를 차지한다. 지리·지형·기상 환경 측면으로도 지진, 쓰나미, 화산, 풍수해 등의 자연재난으로 인한 피해가 빈번하게 발생할 수밖에 없는 환경을 가지고 있다(내각부, 2011년). 수해 리스크만 보더라도 국토의 10%에 해당하는 홍수 범람 지역에 인구의 약 50%, 국가 자산의 약 75%가 집중해 있다. 또 약 540만 명이 해발 제로 미터 지역에 거주하고 있기에 홍수 발생 시 심각한 피해가 발생하며 매년 도시와 지방에서는 국지적 호우나 집중호우에 의한 피해가 늘어나고 있다(라정일, 2023a). 일본은 자국을 표현할 때, 스스로 '재해 대국 일본'이라는 용어도 자주 사용한다. 최근 30년간 사회에 큰 영향을 미친 대형 지진재난만 보더라도 1995년의 한신아와지대지진(阪神淡路大震災, M7.3)은 사망·실종 6,434명, 부상 43,792명의 인명피해를 냈다. 그런가 하면 주택 전파 104,906동, 반파 144,274동 등으로 이전의 재난 피해와는 비교가 되지 않을 뿐만 아니라, 안전 사회 일본

---

5 지진의 크기는 규모와 진도로 나타낼 수 있으나, 규모는 진원지에서 발생한 에너지의 크기, 진도는 대상 지역에서 실제로 물건이나 땅이 흔들리는 정도를 표현한다. 우리나라는 2000년까지는 일본의 진도 등급(10등급)을 사용하였으나 2001년부터 수정 메르칼리 진도 등급(12등급)을 사용하고 있다. 일본의 진도 6은 한국의 8에서 9에 해당한다. 한국의 기상청은 지진 규모 중심으로 발표를 하나, 지진 규모와 실제 관측 지역의 흔들림 사이에 차이가 발생하기 때문에 일본에서는 진도 중심의 지진 속보를 내보낸다.

의 신화 붕괴 및 자원봉사 원년이라는 사회적으로도 큰 영향을 끼쳤다. 2011년 동일본대지진(M9.0)은 2만 명이 넘는 사망·실종과 더불어 '진재 관련 사망'이라는 새로운 개념까지 형성시켰다. 이는 재난 직후에는 살아남았지만, 그 충격으로 부상이나 지병이 악화하거나 피난소(대피소) 및 임시 가설주택의 피난6 생활에서 오는 신체적 부담으로 인한 질병, 재난 스트레스 등으로 사망에 이른 경우를 일컫는데, 이에 해당하는 주민만 약 3,800명에 달하였다. 게다가 후쿠시마 원전 폭발로 인한 방사성 물질의 대기오염과 토지오염의 확산으로 13년이 지난 2024년 현재까지도 원래 지역으로 돌아오지 못하고 다른 지역에서 피난 생활을 하는 주민만 수만 명에 이르고 있다. 2016년 구마모토 지진(M7.6)은 전체 사망자 276명 중 79%인 218명이 지진 후의 재난 관련 사망자이고, 이 중 80%가 70살 이상의 고령층이거나 병약자였다. 이는 재난약자가 재난 후 생존에도 얼마나 취약한지를 상징적으로 보여준 재난이었다. 그리고 2024년 1월 1일, 새해 첫날에 발생한 노토반도 지진(M7.6)은 이미 저출산·고령화 및 인구감소로 인한 지방소멸 지역에 큰 재난이 발생하면 얼마나 더 가속될 것인가에 대한 우려를 현저하게 보여주는 재난이었다([그림 1]).

---

6   한국에서는 재난 시 안전을 위해 일시적으로 이동하는 것을 '대피'라고 하나, 이 글에서는 일본 사례에 해당하므로 일본 용어인 '피난'을 사용한다.

[그림 1] 2024년 일본 노토반도지진으로 무너져 내린 시가초의 가옥
(2024. 1. 1. 이홍기 촬영)**7**

　이러한 대형 재난이 빈번하게 발생하는 일본은, 재난에서 인명과 재산 피해를 줄이기 위해 자조(自助), 공조(共助), 공조(公助)라는 방재 3원칙으로 대응해 나가고 있다. 자조(自助)는 나와 내 가족의 안전은 스스로 지킨다는 개념으로 일상에서의 방재가족회의, 재난가방 꾸리기, 재난교육·훈련, 재난 보험 가입 등으로 개별적인 생존 및 회복력을 확보하는 것이라 할 수 있다. 공조(共助)는 지역 커뮤니티의 다양한 주체와의 협력과 연대를 통한 안전성 확보를 의미한다. 공조(公助)는 국가 및 지자체 등의 행정 지원, 소방 기관 등에 의한 구조라 할 수 있다. 1995년의 한신아와지대지진은 대형 재난의 경우, 지자체, 병원, 소방 등 지금까지 우리의 안전을 책임졌던 공공기관

7　災害復興制度研究所,「志賀町の倒壊した家屋(李洪起撮影)」, 令和6年能登半島地震　現地報告No.1, 関西学院大学, https://www.kwansei.ac.jp/fukkou/news/detail/249

역시 피해자가 될 수 있고([그림 2]), 동시다발적인 재난 대응에는 엄연한 한계가 있다는 사실을 보여주었다. 2014년 일본의 방재백서[8]에 따르면 한신 아와지대지진 때, 붕괴된 건물에서 구조된 사람의 약 80%가 가족이나 이웃 주민에 의해 구조되었고 소방, 경찰, 자위대에게 구조된 사람은 약 20%라는 조사 결과가 있다. 또 다른 조사에서는 스스로 탈출하거나 가족, 친구, 이웃 등에 의해 구조된 비율이 약 90%를 넘고, 구조대가 구조한 예는 1.7%라는 조사 결과도 있다. 이를 통해 적어도 큰 재난 후의 생존에 있어서는 자조(自助)와 공조(共助)가 중요하다는 것을 볼 수 있다.

[그림 2] 1995년 한신아와지대지진으로 5층이 붕괴되어 내려앉은 고베시립 서시민병원
(사진제공: 고베시)

---

8   平成26年版 防災白書, 特集 第2章 1 大規模広域災害時の自助·共助の例,
     https://www.bousai.go.jp/kaigirep/hakusho/h26/honbun/0b_2s_01_00.html

일본에서는 재해(災害)라고 하면 지금까지는 지진이나 태풍과 같은 자연 재난만을 의미하는 경우가 일반적이었으나, 코로나19 이후 자연재해와 더불어 감염병처럼 사회적 영향이 큰 사회재난 역시 같은 재해로 인식해야 한다는 생각이 늘어나고 있다. 또한 '재해(災害)'에 사회적(인위적) 재난까지 확대된 개념으로 우리나라의 '재난(災難)'이라는 표현을 사용하는 연구자도 늘고 있다. 한편 우리나라는 일본과 비교하여 자연재난 발생과 그로 인한 피해는 매우 적으나, 인위적 사고·사건성 요인으로 많은 인명피해가 발생하는 사회재난의 경우, 예컨대 대구 지하철 참사나 세월호 참사, 이태원 참사와 같이 '참사'라는 표현으로 구별한다.

재난 복구와 재난 부흥이란?

우리나라 재난관리는 예방·대비·대응·복구의 4단계로 구성된다. 재난 이후의 '복구'는 실시 시기 기준에 따라 재난 피해가 발생한 이재민을 위한 구호 지원, 임시주거지 마련, 시설복구, 잔해물 제거, 피해 규모 및 상황 파악 등을 실시하는 단기적인 '응급 복구'와 장기적 관점에서 피해 지역의 도로, 교량, 사회 인프라 시설 등의 원상복구를 위한 '항구복구'로 나눠진다. 또한 항구복구는 원래 상태로의 복구를 목적으로 하는 '기능복원복구'와 개량 복구를 추구하는 '기능개선복구'로 나눌 수 있다. 재난 상황이 어느 정도 안정된 후 재난 피해 지역과 주민을 재난 이전의 상태, 생활 재건, 일상생활로 회복시키는 활동 등도 포함된다.

그런데 일본의 경우, 한국의 복구에 해당하는 것이 복구와 부흥이다. 일본에서 관용적으로 '복구(復旧)'는 피해 이전의 상태 및 기능으로 돌아가는 것을 의미하며, 부흥(復興)은 피해 이전보다 나은 상태와 기능을 실현하는 것으로 설명되어 왔다(災害復興学辞典, 2003). 원래의 상태로 돌아가는 복구와 대비하여 장기적인 전망으로 안전하고 쾌적한 새로운 생활의 기반을 창출하는 것을 부흥이라고도 한다. 2015년 일본 센다이시(仙台市)에서 개최한 세계방재회의에서 채택된 '센다이프레임워크2015-2030'에서는 부흥을 'build up better(보다 나은 재건)'라고 정의하였다. 근대 일본에서의 재난 부흥(일본어로는 재해부흥, 災害復興)의 대표적인 사례는 1923년의 관동대지진(関東大震災)의 제도부흥사업(帝都復興事業)이다. 관동대지진으로 최소 10만 명 이상이 사망하고, 약 21만 채의 건물이 전파 및 반파가 된 그야말로 폐허가 된 도쿄의 재건을 위해, 재난 후 화재 안전지대 확보를 위한 도로 확장, 대규모 피해 지역의 도시계획 구획 정리, 간선도로 및 철도, 공원의 대규모 정비사업 등이 이루어졌다. 덕분에 현재의 도쿄가 국가의 수도로 기능하는 기틀과 기반이 이루어졌다고 해도 과언은 아닐 것이다. 이후에도 일본에서는 대규모 지진 재난이 발생할 때마다 도시계획과 인프라 중심의 재난 부흥사업 등이 실시되었다. 약 6,400명의 사망자와 실종자가 발생한 1995년 한신아와지대지진 이후 복구와 부흥사업에 대한 문제점과 피해자 생활 재건 지원 등에 관한 사회적 논의가 활발해졌다. 이를 계기로 재난 부흥에 있어 기존의 도시계획(공간의 재건, 인프라 복구) 중심에서 재난으로 파괴된 개인과 지역사회의 생존 기회의 회복(회생, 부흥)으로서의 '인간의 부흥', '피재자(被災者)[9]

중심의 지원과 부흥'으로의 패러다임 전환이, 2005년부터 간세이가쿠인대학 재해부흥제도연구소와 일본재해부흥학회 등을 중심으로 이루어지고 있다. 우리나라에는 아직 '재난 부흥(재해부흥)'이라는 용어가 생소하나, 재난 후의 일상 회복(개인과 지역)과 생활 재건 및 도시재생 활동 등으로 볼 수 있을 것이다.

재난 부흥에 요구되는 다양성과 포용적 방재

2030년까지 전 세계 빈곤을 종식시키고 지구를 보호하며, 모든 사람들이 평화와 번영을 누릴 수 있도록 보장하기 위한 목표인 SDGs(지속가능발전목표)는 '누구도 소외되지 않는다(Leave no one behind)'라는 슬로건을 내걸고 있다. 다양한 사회변동과 환경 변화에서 지속가능한 발전을 이루기 위해서는 재난과도 더불어 살아갈 수 있는 사회 구축 역시 필수적이다. 재난과 함께 살아가는 일본에서는 '포용적 방재'라는, '누구도 소외되지 않는다'라는 이념으로 모든 사람을 배려하자는 취지의 구상이다. 2015년 센다이에서 열린 '유엔 방재 세계회의'와 '센다이 프레임워크(Sendai Framework for Disaster Risk Reduction 2015-2030)'를 계기로 국제사회가 노력해야 할 과제로 추진되고 있다. 센다이 프레임워크에서는 재난으로 인한 사망자 수뿐만 아니라 경제적 손실과 주요 인프라 손상 등 모든 리스크의 감소, 재난 위험 정보 접근성

---

9 일본의 경우, 자연재난 피해자에 대해서는 피해자가 아닌 피재자(被災者)라는 용어를 사용하며 피해자는 사고나 사건의 경우에 사용한다.

등을 목표로 전 지구적 목표가 설정되었다. 재난 레질리언스(resilience) 관점의 재난 발생 전 재난관리 교육과 훈련 등의 대비가 재난 발생 후 더 빠른 복구와 높은 비용 대비 효과를 가져오고, 재난 발생 후 조기 복구와 추가 재난 리스크의 감소 및 방지로 이어진다. 이를 위해 국가와 지자체뿐만 아니라 장애인, 고령자를 포함한 시민, 기업 등 다양한 이해관계자의 참여와 거버넌스가 필요하다. 지속가능한 지역사회를 만들기 위한 재난 회복탄력성과 누구도 소외되지 않는 포용적 방재에 초점을 맞춘 것이다.

2011년 동일본대지진에서는 눈과 귀가 불편한 사람들이 제때 대피하지 못하거나, 많은 수의 노인시설 이용자들이 적절한 곳으로 대피하지 못하는 등 재난 약자(안전취약계층)의 대피소 이동 및 안전 확보가 심각한 이슈로 떠올랐다. 또한 많은 사람이 모이는 대피소(피난소)에서 여성이 안심하고 옷을 갈아입거나 수유할 수 있는 공간이나 환경이 마련되지 못하였고, 성폭력이나 성추행으로부터 여성을 보호하기 위한 인식 및 대책 등이 미흡했던 것도 큰 문제였다. 「동일본대지진 재해·부흥 때의 여성과 아이들에 대한 폭력에 관한 보고서」(2015. 1.)에 따르면, 한 여성은 가정 폭력으로 이혼 조정 중인 남편이 피난소로 찾아와서 매우 불안했다거나, 20대의 한 여성은 피난소에서 저녁이 되자 옆자리의 모르는 남자가 모포 안으로 들어왔고, 그에 대해 주변 여성들이 젊어서 어쩔 수 없다거나 보고도 못 본 척하며 도와주지 않았다는 사례[10]도 있었다. 이러한 동일본대지진의 교훈과 반성을 바탕

10　東日本大震災女性支援ネットワーク, 『東日本大震災 「災害·復興時における女性と子どもへの暴力」 に関する調査報告書』 2015年 1 月改定ウェブ版, 「聞取り集：40人の女性たち

으로 '포용적 방재'는 장애가 있는 사람이나 없는 사람, 노인이나 여성, 어린 아이, 외국인 등 누구나 안전하게 대피하고, 대피소에서 안심하고 지낼 수 있도록 환경을 만드는 것을 목표로 하고 있다. 하지만 실제로 관련된 방재 대책을 수립하고 추진하는 구성원 대부분은 여전히 중년 남성으로, 여성이나 장애인 등의 참여 보장이 마련되지 않는 것이 문제점으로 지적되고 있다.

우리나라의 대부분 지방은 이미 지방쇠퇴를 넘어 지방소멸의 위험 또한 나날이 커지고 있다. 한국고용정보원의 '지방소멸위험 지역의 최근 현황과 특징'[11]을 보면 2023년 2월 기준 전국 228개 시·군·구 가운데 소멸위험지역이 118곳(52%)이나 되며 '소멸고위험지역'도 51곳(22%)이 된다.[12] 대규모 재난 피해는 지방소멸 위험 지역의 주민과 지역사회에 더욱 가혹하게 작용하여 지방소멸을 가속하는 요인이 될 수 있다. 재난에 있어 무엇보다도 주민과 지역사회가 스스로 재난을 극복하고 일상으로 돌아갈 수 있도록 피해자 지속 지원 및 재난약자층 배려의 중장기 재해복구와 부흥 정책의 수립이 필요하다. 재난의 경험과 교훈을 잊지 않고 개선하는 것이 재난 레질리언스의 핵심이며, 재난 불평등의 해소 역시 중요한 문제이다.

が語る東日本大震災』イコールネット仙台, 2015.

11 이상호, 이나경, 「지방소멸위험 지역의 최근 현황과 특징」, 『지역산업과 고용』 2023년 봄호, 한국고용정보원, 2023.

12 소멸위험지역은 20-39세 가임기 여성 인구 수를 65세 이상 인구 수로 나눈 값인 소멸위험지수가 0.5 미만인 곳을 말하며 경북 포항시, 대구 남구 등 인구 50만의 산업도시와 대도시 도심지역도 포함된다. 소멸고위험지역은 소멸위험지수가 0.2미만인 지역이다.

재난 케이스 매니지먼트(Disaster Case Management)

지금까지는 재난 피해를 신청한 이재민에게 재난 지원금이나 세제 감면 등의 피해자 지원제도에 따라 시군구 등의 지방자치단체가 지원하는 것이 일률적인 방식이었다. 이에 반해 '재난 케이스 매니지먼트'는 이재민의 주체적인 자립과 일상생활로의 재건을 목적으로 이재민 개개인의 피해 상황과 생활상의 문제 등을 담당자의 개별적 상담을 통해 파악하여, 필요에 따라 전문적인 역량을 가진 관계자와 연계시켜 해당 문제의 해결을 위해 지속적으로 지원하는 관리 활동이다(內閣府, 2023). 재난 케이스 매니지먼트는 2005년 허리케인 카트리나로 큰 피해를 입은 미국에서 처음으로 실시되었으며, 일본의 경우는 2011년 동일본대지진과 2016년 구마모토 지진, 그리고 2016년 돗토리현 중부지진 등에서 시군구의 지방자치단체가 주축이 되어 새로운 이재민 지원 방법으로 적용하였다. 2016년 10월 발생한 돗토리 중부지진[13]의 경우(M6.6), 전파된 건물 붕괴는 적었지만 일부 파손이 15,078동에 달했고, 대부분 고령자인 피해 주민의 생활 재건 문제 등이 이슈가 되었다. '돗토리현 중부지진 부흥본부 사무국'과 '지진 부흥 활동지원센터(공익재단법인에게 위탁)'를 중심으로 재난 피해자 개별 방문을 통해 피해 가구 상황 파악

---

13 돗토리현은 일본의 광역지자체 중 가장 인구가 적은 현(약57만, 2016년 기준)으로 전형적인 중산간지역이다. 일본 지자체 중 한국(강원특별자치도와 우호협력관계)과 가장 적극적으로 교류하는 곳이기도 하며 코로나19전에는 한국과 항공직항(인천-요나고)과 국제페리(동해-사카이미나토)선이 운행되었다. 일본내에서도 가장 낮은 최저임금의 지역이나, 적극적인 육아정책을 펼쳐 2022년 합계출산율 1.60으로 전국 3위(전국평균1.26)를 달성하였다.

및 전수 실태조사를 하였다. 이후 관련 기관이 모여 실시한 케이스 회의를 통해, 개별적인 생활 복구 계획 및 피해 가구의 생활 재건 계획을 수립하였고 전문가를 포함한 지원팀도 파견하였다. 나아가 2018년 4월에는 「돗토리현 방재 및 위기관리에 관한 기본 조례」에 재난 케이스 매지니먼트 규정을 신설하였다.

재난 케이스 메니지먼트는 다음과 같은 네 가지 특징이 있다.

첫째, 이재민 개개인의 자립과 생활 재건 과정을 지원하는 활동으로 이재민 중에는 지원 창구를 찾아가기 어려운 사람이나 본래 지원이 필요함에도 불구하고 적극적으로 목소리를 내지 못하는 주민들도 많다. 따라서 방문 및 관찰 등의 아웃리치를 통해 지원이 필요한 이재민을 적극적으로 발굴하고, 이재민 개개인이 가진 문제와 상황을 상세하게 파악해야 한다(아웃리치 활동을 통한 이재민 발굴 및 상황 파악).

둘째, 재난 피해자인 이재민 지원의 수행 주체는 시군구 등의 기초지방자치단체지만 이재민들이 겪는 다양한 문제에 대응하고 해결하기 위해서는 전문성이 요구된다. 따라서 기초지자체가 단독으로 재난 케이스매니지먼트를 수행하기 어려우므로 민간기관 및 시민단체와 연계하여 추진해야 한다. 민·관이 각자의 전문성 및 고유의 강점을 살려 상호 협력할 때, 효과적이고 효율적인 이재민 지원이 실현될 수 있다(민관협력을 통한 재난 피해자 및 이재민 지원).

셋째, 동일 지역 내에서도 가구 구성이나 주거 형태 등의 개별적인 특성에 따라 이재민이 겪는 문제들이 달라 문제 해결을 위한 개별적 지원을 시행해야 한다. 이를 위해서 재난 케이스 매니지먼트는 아웃리치 활동을 통해 파악한 이재민들의 피해 및 현재 상황을 정리하여 지원방침을 검토한다. 그 후, 다양한 주체가 여러 지원책을 조합하여 각 이재민에게 종합적인 지원을 시행한다(이재민 개별 문제에 따른 지원 검토 및 연계).

넷째, 재난 케이스 매니지먼트는 이재민의 자립과 생활 재건 과정을 지원하는 것으로, 아웃리치를 통한 문제점 파악, 케이스 미팅을 통한 지원정책 결정, 지원실시의 과정을 단발적으로 끝내는 것이 아니라 지속적으로 반복하여 재난에서 일상생활로 돌아올 수 있도록 생활 재건의 진행 상황을 확인하고 지원정책을 수정·보완하는 밀착형 지원을 시행한다(지속적인 지원 시행).

2. 2011년 동일본대지진과 후쿠시마 원전의 폭발 사고 피해

인류 역사상 가장 큰 경제 피해가 발생한 동일본대지진

우리에게 '2011년 동일본대지진(東日本大震災, 동일본대진재)'으로 알려진, 2011년 3월 11일(금) 14시 46분에 일본의 도후쿠 지방 태평양 해역에서 발생한 초대형 지진해일(쓰나미)과 지진은 일본뿐만 아니라 전세계에 커다란 영향을 미친 대규모 거대 재난이다. 일본 정부의 공식 지정 명칭은 헤이세이23년(2011)도호쿠 지방 태평양 연안 지진(平成23年東北地方太平洋沖地震)으로, 인류 역사상 자연재난으로는 가장 큰 경제 피해를 발생시킨 재난이기도 하다. 주택, 공장, 도로, 항만 등의 직접 피해액만 일본 GDP의 3~5%에 해당하는 16~25조 엔[14]에 달하며 여기에는 원전 폭발로 인한 방사능 유출 손실, 앞으로의 폐로 비용[15] 등은 포함되지 않는다. 일본 관측사상 최대규모 지진(M9.0, 세계 4번째)으로 초대형 쓰나미(최대14m)가 동북 지역 해저 10km에서 발생하였다. 이와테현, 미야기현, 후쿠시마현, 이바라키현 등 태평양 연안 지역을 중심으로 큰 피해가 발생하였다. 2023년 3월 기준 사망과 실종이 2만 2,215명으로 그중 재난 관련 사망이 3,792명에 달하였다. 또 재난 시 피난 주민역시 55만 명이었고, 12만 동 이상의 주택이 전파, 28만 동 이상의 주택이 반파되었다. 사망 원인으로는 약 90%가 쓰나미로 인한 익사이며, 특히 사망자의 63%가 60대 이상 고령자였고, 장애인의 사망자 비율이 비장애인보다 2~3배 정도 높았다. 동일본대지진의 피해 광역지자체 중 미야기현은 전체 인적 피해의 50%, 주택 피해의 60%에 해당할 정도로 큰 피해가 발생하였다.

[그림 3]은 동일본대지진 발생 후 1년 8개월이 지난 2012년 11월, 미야기현 센다이시 중심부에서 자동차로 25분 거리에 있는 나토리시 동부 연안에 위치한 유리아게(名取市閖上)의 히요리야마(日和山) 동산[16]에서 주택지구를 바라본 모습이다. 쓰나미로 인한 잔해 등은 다 정리가 되었지만 넓은 지역에 수많은 집터와 잡초, 도로, 그리고 새롭게 조성된 공동묘지 안에 비석만이 검게 빛나고 있던 황량한 모습이 지금도 생생하게 떠오른다. 멋진 풍경을

14　구본관, 「일본 대지진의 경제적 영향」, 『클릭경제교육』, KDI 경제정보센터, 2011, 8-9.
15　몇십 년이 걸릴지 모르는 원전 폐로 비용 등에 대해 연구자마다 50조~250조 엔 이상을 이야기한다.
16　1920년대에 만들어진 표고 6.3m의 인공적인 산이다. 2011년 동일본대지진 때, 쓰나미를 피해 이 산으로 사람들이 대피하였지만 8.4미터의 쓰나미로 모두 사망하였다고 한다.

자랑하는 바다와 함께 몇천 세대[17]의 가정이 이곳에서 저마다 일상적인 평화로움을 만끽하며 살고 있었을 텐데, 하루아침에 쓰나미로 집, 학교, 직장 등 모든 것이 순식간에 폐허가 되어버릴 줄 예상이나 했을까, 과연 주민들은 다들 안전하게 대피하였을까, 그리고 지금은 각각 어떤 삶을 살고 있을까, 주민들이 다시 이 지역으로 돌아와 예전처럼 생활할 수 있을까 등의 답을 찾을 수 없는 수많은 질문들이 머리와 가슴속에 메아리쳐 왔다. 지역 커뮤니티의 활성화와 재생을 위해 지금까지 해왔던 연구와 지역 지원 활동 등이 이런 엄청난 재난 피해를 당한 주민에게 과연 도움이 될 수 있을까, 나는 어떤 역할을 할 수 있을까 등에 대한 무력감과 상실감이 너무나 크게 다가왔다.

[그림 3] 동일본대지진 쓰나미로 집터만 남은 일본 동북지역 나토리시 유리아게 주택지구
(2012년 11월, 저자 촬영)

---

17 동일본대지진 전에는 2,000세대 이상 약 5,700명이 살았다고 한다.

후쿠시마 제1원자력발전소 사고로 인한 지역 피해와 복구

우리나라 국민에게는 동일본대지진과 쓰나미보다는 지진 발생 다음 날에 폭발한 후쿠시마 원자력발전소 사고 재난이 더 크게 기억에 남아있을 것이다. 쓰나미로 후쿠시마 제1원자력발전소 6기의 원자로 중 1~4호기가 침수로 전원을 상실하였고 비상 발전기의 냉각장치까지 마비되어 원자로 안 핵연료봉이 녹아내리는 노심용융(멜트다운)과 연이은 수소 폭발이 일어나 방사성 물질이 대기와 해양으로 대량 누출되었다([그림 4]). 현재도 빗물과 지하수가 오염된 원자로(핵연료 잔해 덩어리, 데브리)를 거치면서 다시 오염수가 되어 태평양 바다로 계속 누출되고 있다. 후쿠시마 원전사고는 국제원자력 사고등급(INES) 기준으로 1986년의 옛 소련 체르노빌 원전사고와 같은 최고 레벨 7인 심각한 사고(Major Accident)에 해당한다. 초기에 일본 정부는 그 위험성을 제대로 인지하지 못하였고, 도쿄전력은 고의적인 사고 축소 및 은폐를 위하여 허위 보고와 거짓말을 하였다. 그 때문에 정작 필요한 정보가 적절한 시기에 정부와 국민에게 제공되지 않았다. 일본 정부 역시, 명확한 설명 없이 피폭 한도 기준을 초기에는 국제원자력기구(IAEA)가 정한 기존 1mSv(밀리시버트)에서 사고 직후 기준을 10mSv로 올렸고 다시 20mSv로 상향하였다.

[그림 4] 후쿠시마 제1원자력발전소 폭발 사고 후 모습을 재현한 디오라마
(2023년 11월, 동일본대지진·원자력 재해 전승관, 저자 촬영)

　원전이 쓰나미 후 바로 침수되었음에도 즉각적으로 주변 주민에게 피난 지시를 하지 않고 5시간이나 지난 저녁 시간대의 19시 3분, 20시 50분, 21시 23분에 걸쳐 후쿠시마 원전 반경 2~3킬로에 사는 지역주민에게만 피난 지시가 내려졌다. 반경 10킬로 이내의 주민에게는 실내 대피 지시만이 내려졌고, 반경 20km 이내 주민에게는 3월 12일 저녁 18시 25분에야 피난 지시가 내려졌다. 원전으로부터 반경 30km 이상 떨어진 이이타테무라(飯舘村)가 안전하다고 생각하여 그곳으로 주변 지역의 주민을 대피시켰는데, 오히려 북서풍이 불어 대기 방사성 물질의 공간선량이 높은 지역[18]으로 대피시켜 버리는 악수를 두고 말았다. 그 탓에 대피한 주민들은 멀리 떨어진 사이타마현의 아레나 등으로 다시 피난을 가야하는 상황이 벌어졌다. 2011년 4월,

18　2011년 3월 15일, 이이타테무라, 44.7μSv/h 기록.

'계획적 피난 지역'으로 지정되어 다른 지역으로 대피할 때까지 이이타테무라 주민 대부분은 고선량 지역에 1개월 이상 방치되어 피폭당한 것이다. 일본에는 원전 사고 때의 방사성 물질 확산 상황을 예측하는 'SPEEDI (System for Prediction of Environmental Emergency Dose Information)'라는 시스템이 있었다. 그러나 후쿠시마 원전 사고가 나고 한참 지난 3월 23일에서야 예측 시스템이 공표되어 피난에 도움이 되지 못했을 뿐만 아니라 그마저도 피할 수 있었던 피폭을 당한 것이다.

한 달이 지난 2011년 4월이 되어 긴급 피폭 시 몸을 보호하기 위한 국제적인 기준치(연간 20~100mSv)를 참고하여 '경계구역(원전 반경 20km 내로 예외 없이 출입 금지)', '긴급 시 피난 준비 구역(원전 반경 20~30km 내로 긴급 시에는 실내 대피나 피난해야 하는 구역)', '계획적 피난 구역(원전 반경 20km 외이나 연간 피폭량이 20mSv 이상 예상되어 대피해야 하는 지역)' 등 3개의 피난 구역을 정했다. 1년 후인 2012년 4월에는 '피난 지시 구역'에 대해서 다시 '피난 지시 해제 준비 구역(숙박은 금지하나 주민의 일시 귀가, 병원과 복지시설, 점포 등 일부 사업과 영농 재개 가능)', '거주 제한 구역(주민의 일시 귀가나 도로 등의 복구를 위한 출입 가능)', '귀환 곤란 구역(연간 피폭선량이 50mSv를 넘어 5년이 지나도 20mSv 이하가 되지 않을 우려가 있는 구역)'으로 재검토하였다.[19]

이이타테무라의 경우, 원전으로부터 20~40km 이상 떨어져 있었지만 북서풍으로 연간 피폭선량이 20mSv 이상으로 예상되어 '계획적 피난 구역'으

---

19 ふくしま復興情報ポータルサイト, 피난 구역의 변천에 대해-해설-, 2023. 9. 29. 업데이트, https://www.pref.fukushima.lg.jp/site/portal-ko/ko-1-3-1HTML

로 지정되었다. 따라서 그곳의 전 주민이 피난길에 오를 수밖에 없었으며 장기간에 걸쳐 다른 지역에서의 강제 피난 생활이 시작되었다. 그러다 장기간의 '제염'을 거쳐, 후쿠시마 원전 사고로부터 만 6년 만인 2017년 3월 말에야 귀환 곤란 구역에서 피난 지시 해제 지역으로 지정되어 주민들이 드디어 고향으로 돌아갈 수 있었다.

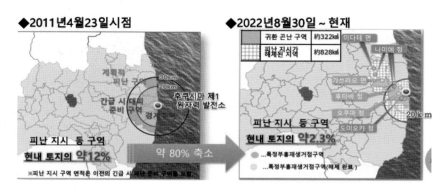

[그림 5] 피난 지시 구역의 상황(좌: 2011년 4월, 우: 2022년 8월)[20]

[그림 5]는 후쿠시마현의 피난 지시 구역 현황의 변화를 보여주는 것으로, 2011년 4월 23일 기준 현 내 토지의 약 12%를 차지하고 있었음을 보여준다 (왼쪽). 한편 오른쪽 사진은, 토지 오염을 정화하는 제염작업과 후쿠시마 원전의 대기 방사능 관리 등을 통해 2022년 8월 현재, 현 내 토지의 약 2.3%로 약 80%가 축소되었음을 나타내고 있다. 피난 지시가 해제된 지역은 약

---

20 신생후쿠시마부흥추진본부, 『후쿠시마의 현재 부흥재생의 발걸음(제10판)』, 후쿠시마현, 2023.

828km²이며 아직까지도 돌아갈 수 없는 '귀환 곤란 구역'이 약 322km²(서울 면적 약 53%)로 약 974만 평에 달한다. 피난 지역에서 해제된 지역 중 다무라시(미야고지 지구)나 가와우치초와 같이 재난 전 주민 거주율이 80%가 넘은 지역도 있지만, 귀환 곤란 지역이었던 후타바마치(약1.1%), 오쿠마마치(4.2%), 나미에마치(12.6%), 이이타테무라(31.3%) 등 해제 후에도 대부분 지역으로 돌아오지 않고 후쿠시마현 내외에서 피난 생활을 하는 주민이 많다. 특히 후쿠시마 원전이 위치한 후타바마치(双葉町)는 2022년 8월, 11년 5개월 만에 귀환할 수 있게 되었는데, 재난 이전에는 7천 명이 살던 지역이었다. 그러나 전 후타바마치 지자체 공무원의 말에 따르면, 2023년 11월 현재까지 95명이 귀환하였고 그중에 원래부터 살던 주민은 약 30명 정도라고 한다.

2012년 5월 당시 16만 명 이상이었던 후쿠시마현의 피난 주민은 2023년 3월 현재 27,399명으로 아직도 많은 주민이 후쿠시마현 내외에서 긴 피난 생활을 하고 있다. 후쿠시마 원전 폭발 후, 국가에서 방사선량 위험 지역에 대해 주민에게 외부 지역으로의 피난(생활)을 지시한 '강제 피난'과 달리, '자주 피난'은 국가가 공표하는 직접적인 영향권에는 들어가지 않더라도 스스로 원전의 위험성을 느끼고 다른 지역으로의 피난 생활을 선택한 것을 의미한다. 여기에는 후쿠시마현의 귀환 곤란 지역, 피난지시 지역의 주민이 아닌 원전 주변 지역의 주민, 몇백 킬로 떨어진 도쿄에 사는 가정이 후쿠시마 원전의 위험성을 느껴 거기에서 더 몇백 킬로미터 떨어진 서쪽의 간사이지역(関西地方)이나 더 멀리 떨어진 돗토리현과 같은 추고쿠지역(中国地方) 등에서 피난 생활을 하는 사람들도 포함된다. 2017년 기준으로 약 7만 명 이상의 주민이 '자주 피난' 생활을 하고 있다. 자주 피난 중에는 직장 및 경제활동, 집안 문제 등으로 아빠는 후쿠시마 지역에 남고, 엄마와 아이들만 다른 지역에서 피난 생활을 하는 모자(母子) 피난의 비율이 높다.

제염 및 폐기물 처리에 5조 엔이 넘는 예산이 투입되었으나 효과에 대해서는 아직도 의문을 가지는 사람이 많다. 내 집으로 돌아갈 날을 알 수 없는 장기간의 외부 피난 생활로 천 년 이상 선대로부터 유지해 왔던 지역 커뮤니티의 모든 문화, 풍토, 자연 등이 하루아침에 붕괴하였고 언제 고향으로 돌아갈 수 있을지 알지 못하는 상황이 계속되었다. 가족과 어쩔 수 없이 따로 떨어져 살아야만 하는 가정의 정신적 고통은 이루 말할 수 없이 클 것이다. 언제 돌아간다는 보장이 없기에 불안한 미래에 대한 심신의 피해 역시 클 것이다. 차별적인 배상금으로 인한 의욕 상실, 지역사회 내의 인간 관계 와해 및 지역 분단 등에 대한 문제를 언제까지나 외면할 수는 없다. 더욱이 생업의 상실로 인한 삶의 보람, 사회적 지위, 자신감과 긍지에 대한 회복까지 어떠한 해결안과 지원안이 필요하고 무엇을 할 수 있는지에 대한 논의조차 주민 스스로가 만들어 내기에는 현실적으로 불가능하다는 것을 직시해야 한다. 원전 피해 주민의 생활 재건을 위한 정책과 지원 설계는 결코 쉬운 문제가 아니지만 기존의 문제점 등을 수면 위에서 논의하고 보다 적극적으로 지원방안을 찾아야 한다.

귀환 곤란 구역 등이 해제되어 돌아온 주민들에게도 생활을 유지하기 위한 여러 가지 어려운 문제점들이 많다. 오염된 토지의 제염, 망가져 버린 가옥의 해체 지원, 공공 인프라의 복구 등 정부와 지자체의 공적 지원이 투입되고 있는 부분에 있어서는 어느 정도 성과를 내고 있다. 그러나 쇼핑, 의료 및 복지, 교육, 교통, 들짐승에 의한 피해 대책 등 귀환 후의 생활 인프라 정비가 중요한 대응 과제로 남아있다. 저자가 2023년 11월에 방문한 이이타테무라의 경우, 면적은 230.1km²(현재 귀환한 주민은 약 1,400명)로 서울시 면적의 약 38%에 달하나, 식료품과 생필품 등을 살 수 있는 상업시설은 이이타테무라에서 위탁운영하고 있는 미치노에키²¹[국도변 공영 휴게소] 한 곳 밖에 없다([그림 6]). 따라서 장보기나 진료 등의 일상적인 활동에도 자동차 없이는 이동이 매우 불편하며 고령자 주민들의 귀환을 지체시키는 원인이 되기도 한다.

[그림 6] 이이타테무라의 미치노에키, 마데이칸²²(2023년 11월, 저자 촬영)

---

21 미치노에키는 일본의 각 지자체와 도로 관리자가 연계하여 설치하고, 국토교통성에 등록된 현지 농산물 및 특산품 판매, 로컬 식당, 화장실, 휴게 장소, 지역 행사 및 지역 안내 등을 제공하는 도로 시설이다.

22 いいたて村の道の駅までい館, 〒960-1802 福島県相馬郡飯舘村深谷字深谷前12-1, 일반적

뜬소문(풍평피해, 風評被害)으로 고통받는 후쿠시마 원전 피해 주민

후쿠시마 원전 폭발 사고에 뒤이은 대기 및 해양으로의 방사선 물질 유출은, 그에 의한 위험이 미치지 않는 소비자와 거래처 및 지역까지도 상품과 서비스에 대한 불안 심리로 이어졌고[23] 실제적인 피해가 발생하였다. 사회적으로 후쿠시마산 공산품을 거부하거나 재해 쓰레기에 대해서 다른 지방자치단체에서 접수를 거부하는 사례도 있었다. 심지어는 방사능이 인체로 전염된다는 유언비어와 맞물려 후쿠시마현 주민의 택시 승차, 호텔 숙박, 병원 진찰 등의 거부 및 결혼 취소 등의 차별 사례도 발생하였다. 후쿠시마 원전 지역에서 피난 간 가정에 대해 방사능 오염을 염려한 학부모의 반대로 어린이집 입소가 거부되기도 하고, 후쿠시마현 출신 학생들에 대한 학교 내 집단 괴롭힘 문제도 발생하였다.[24]

2012년 6월, 피해 주민과 이재민을 지원하는 시민의 목소리와 초당파 의원들의 노력이 뒷받침되어, 피난할 권리와 피폭을 피할 권리(피난 및 일상생활)에 대한 「(통칭)어린이, 이재민 지원법」[25]이 제정되었다. 일정 기준 이상의 대상 지역에 사는 주민(이재민)이 그 지역에서 계속 사는 것을 선택하든, 다

으로 9시반부터 18시까지 영업하며, 편의점은 6시부터 20시까지 영업한다. 뒤편에는 공영 어린이집, 공영 부흥주택가 등이 위치해 있어 이이타테무라의 재해 부흥의 상징 중에 하나이기도 하다.

23 윤부찬, 「원자력손해중 풍평피해 배상에 관한 연구-일본사례를 중심으로-」, 『과학기술법연구』 Vol.24, No.1, 한남대학교 과학기술법연구원, 2018, 93-135쪽.
24 후쿠시마 소책자 간행위원회, 『원전재해로부터 사람들을 지키는 후쿠시마의 10가지 교훈』, 2015.
25 법률의 정식 명칭은 「도교전력 원자력 사고에 의한 피재한 어린이를 비롯한 주민 등의 생활을 지켜주기 위한 이재민의 생활 지원 등에 관한 시책 추진에 관한 법」.

른 지역에서 피난 생활을 하든 다시 고향인 후쿠시마로 돌아오든, 그 주민에게 필요한 지원을 국가에서 해야 한다. 즉 '피난할 권리'와 '일상생활에서의 피폭을 피할 권리'를 법적으로 보장하는 획기적인 법률이었으나, 2013년 10월 수정안을 거치면서 결국 후쿠시마현 내의 33개 지자체라는 한정된 지역만이 지원 대상이 되었다.

원전 사고로 인해 지역주민들은 위험을 느끼면서 이 지역에서 계속 살 것인가 아니면 떠날 것인가를 결정해야 했으나, 어떠한 선택지도 만족되는 것은 없었다. 먹고 마시는 것 하나하나, 밖에서 운동은 할 수 있는 것인지, 빨래는 밖에다가 말려도 되는지 등 극히 일상적인 생활의 모든 활동에 대해서 방사능 문제를 의식하지 않을 수 없었다. 무엇을 우선하고 포기해야 할 것인지를 선택해야 하는 매우 어려운 상황이었으나 결단을 내리지 않을 수 없었다. 장기적인 피난 생활의 선택은 지역사회, 아이들의 학교, 그리고 생활을 유지하기 위한 직장 등이 지금까지 살았던 곳과는 다른 곳에서 처음부터 시작해야 하는 큰 희생이 따르는 것이었다. 떠난 사람도 남은 사람도 모두가 걱정과 부담을 안고 살게 되었다. 후쿠시마현이나 그 주변 지역의 경우 2세대, 3세대의 가족이 같이 사는 세대도 많았다. 원전 사고 후 피난 세대의 약 반수가 동거하는 가족과 따로 생활할 수밖에 없었다.[26]

특히 어린 자녀가 있는 육아 가정의 경우, 수치적으로는 높지 않다고 하더라도 방사선이라는 보이지 않는 예측 불가능한 위험에 대해 늘 불안해

---

26 후쿠시마 소책자 간행위원회, 『원전재해로부터 사람들을 지키는 후쿠시마의 10가지 교훈』, 2015.

할 수밖에 없다. 아이들의 건강과 먹거리 등이 불안하여 안전을 찾아 피난 생활을 고려하는 '아내'와, 직장과 부모 등을 이유로 고향을 떠나려 하지 않으려는 '남편'과의 간극이 커질 수밖에 없다. 결국 아이들만 데리고 나와 피난 생활을 하는 '모자피난'이 시작되었다. 서로 연락도 불편한 상태가 되어 부부 사이는 점점 더 멀어지게 되는, 어쩌면 후쿠시마 원전 사고가 아니었다면 이혼을 생각해 보지 않았을 가정들의 사례가 많다. '원전이혼(原発離婚)'이라는 말이 생길 정도로 실제로 이혼도 적지 않다. 또한 다시 합치더라도 남편이 우울증과 무력감 등으로 일을 쉬게 되어 가정이 경제적으로도 매우 어려운 상황에 이르고, 그것이 다시 이혼의 원인이 되는 악순환에서 벗어나기 쉽지 않다. 또한 한참 어리광을 피울 아이들이 멀리 떨어져 사는 아빠가 그리워 피난 생활을 하고 있는 아파트에서 "아빠!"라고 외치는 모습[27]은 어른만이 피해자가 아니라 아이 역시 후쿠시마 원전 사고의 피해자라는 것을 다시 한번 상기시켜 준다.

3. 2011년 동일본대지진 이후 후쿠시마의 변화와 재해부흥

동일본대지진과 후쿠시마의 복구 및 부흥 현황

동일본대지진으로 피해를 본 주민의 생활 재건 및 지역 회복, 도시재생

---

27 福島民友, 避難めぐり夫婦に亀裂 放射能考え方違い、離婚危機発展, 2014年11月5日福島民友ニュース, 福島民友新聞社, 2014.

등을 위해 2011년에서 2012년에 걸쳐 유형별로 피해자 지원, 복구사업 마치즈쿠리(도시재생), 사업 재생, 지자체 지원, 원자력 재난, 부흥대책, 기타(재원확보, 선거특례 등)의 7개 유형으로 구분하여 총 45개의 특별법안을 입법하였다. 지역 부흥과 재건을 위한 기본적인 골격은 「동일본대지진부흥기본법」, 「동일본대지진부흥특별구역법」, 「부흥청설치법」이라 할 수 있다.[28] 피해지역의 복구·부흥을 위해 부흥대책본부·부흥청의 설치 및 지자체의 요구를 원스톱 체제로 지원하기 위해 피해지역에 부흥국을 설치하였다. 부흥 증세를 포함해 10년간 약 32조 엔의 부흥 재원을 확보하였다. 피해 지자체의 지원을 위해 지진 피해지 부흥 특별교부세를 조성하고 복구·부흥 사업의 지자체 부담분을 전액 국비 지원하였으며, 지원 기금 3,000억 엔을 조성하였고 전국에서 지원을 위해 지자체 직원을 파견하였다(누계 8만 7천 명). 산업의 부흥 지원을 위해 가설 공장·상점 등을 정비하고 무상으로 대여해 주었다. 중소기업 등 그룹의 시설복구를 위한 보조금을 조성하였고, 부흥 특구제도를 만들어 세제·금융상의 규제·절차의 특례를 지원하였다. 고용 확보를 위해 고용 창출 기금의 확충 등 피해지역에서 일자리만들기 사업 등[29]을 실시하였다.

최대 55만 명에 달했던 피난자는 2021년 3월 말 기준으로 3만 6,000명으로 감소하였고, 고독사 방지를 위해 요양 서포트 거점 및 상담원 활동으로

---

28   최성열, 엄광호, 「일본 동일본대지진에 대한 국가지원체계분석」, 『방재저널』 Vol.18, No. 3, 2016, 41-49쪽.
29   대한민국시도지사협회, 「동일본 대지진 지역 활성화 사례-새로운 출발을 향한 피해복구 현황 및 향후 대책-」, 2016.

심리지원을 하였다. 일상생활로 돌아가기 위해 주거 및 생활 재건 상담 지원, 생존을 위한 마음의 부흥 등 새로운 지역 커뮤니티 형성을 위한 지원 활동을 하였다. 고립되기 쉬운 환경 속에서 교류 기회를 만들어 새로운 인간관계를 형성하고, 삶의 보람을 창출하기 위한 공헌 활동도 지원하였다. 주택 및 마을의 복구와 부흥을 위해 자주 재건을 내걸고, 고지대 이전 주택 단지 조성, 재난 공영주택의 건설을 하였는가 하면 산업 및 생업의 재생을 위해 각종 지원제도를 마련하였다. 일본 부흥청에 따르면 도로, 하천, 상하수도 등 사회 인프라의 복구는 완전히 종료되었고 고지대 이전 계획(20,000세대)과 재해 공영주택(30,000세대) 또한 2018년에 전부 완료되었다. 이로 인한 성과로 제조품 출하액, 농업·수산업 등의 산업 분야는 대체로 대지진 이전 수준까지 회복되었다.

후쿠시마의 부흥 및 도시재생을 위해서 귀환 곤란 구역을 제외한 대부분 지역에서 피난 지시 해제가 이루어졌고 귀환을 위한 활동으로 상점 재개, 생활 환경 정비, 사업재개 지원 등도 이루어졌다. 장기피난자 지원을 위한 부흥 공영주택을 정비하였으며 특정 부흥재생 거점 구역의 부흥재생 추진을 위해 후쿠시마 특별법을 개정하였다. 민관합동팀의 체제를 강화하였고 '후쿠시마 이노베이션 코스트'를 구상하는 한편, 풍문 피해에도 적극적으로 대응하였다.

후쿠시마 원전 지역 피해 주민에 대한 배상으로 도쿄전력은 방사능 오염 정도에 따라 피해지역을 나누고 정신적 손해배상금을 차등 지원하였다. 귀환 곤란 구역에 대해서는 최대 1인당 1,450만 엔, 거주 제한 구역은 최대

720만 엔, 피난 지시 해제 구역은 최대 480만 엔, 그 외에 재산 피해 보전비와 실업 지원비 등이 가정별로 다르게 지원되었다. 그러나 원전으로부터 50km 떨어진 이와키 지역은 피난 지시 해제 구역이 되어 12만 엔의 배상금이 전부였다. 따라서 같은 마을 내에도 피난 지시 지역과 그렇지 않은 지역에 따라 매월 몇십만 엔의 정신적 배상금을 받는 집이 있는가 하면 얼마 되지 않는 일시금만 받는 집도 있어, 지역 간 인간관계가 나빠지는 경우도 생겼다. 정부의 주거 보상으로는 생활비 지원(월 10만 엔/1인), 가설주택(또는 월세 지원) 등이 있었으나, 2017년 3월부터 지정 피난 지역 외 주거에 대한 보상을 중단하였다(1만 가구 이상). 따라서 '자주 피난' 세대의 경제적, 심리적 어려움이 매우 컸다.

후쿠시마 지역 부흥에 대한 정부와 지역 커뮤니티의 다른 시점

일본 부흥청과 후쿠시마현은 후쿠시마 원전 지역의 안전한 복구와 부흥 상황에 대해서 홈페이지, 유튜브 등을 통해 적극적으로 국내외에 어필하고 있다. 예를 들어 후쿠시마현 내의 방사선 공간선량률에 대해서 일본어뿐만 아니라 한국어 등 외국어로도 안내하고 있다. [그림 7]에서는 후쿠시마현 주요 지역의 공간선량률을 해외 주요 도시와 거의 같은 수준이라고 설명한다. 부흥청의 『뜬소문을 없애기 위하여-원전 재해의 복구와 후쿠시마의 안전 세상을 위한 발걸음, 2020년판』 자료[30]에 따르면 인도의 케랄라 지역은

---

30 부흥청, 『뜬소문을 없애기 위하여-원전 재해의 복구와 후쿠시마의 안전 재상을 위한 발걸

자연 방사선이 높은 지역으로 무려 1.05μSv/h[31]에 달한다. 또 런던, 싱가포르, 홍콩 등도 후쿠시마 주요 도시보다 공간선량률이 높다. 서울 역시 0.12μSv/h로 후쿠시마현의 후쿠시마(0.13)를 제외하고는 미나미소마시(0.06), 고리야먀(0.07) 등 대부분 지역의 수치보다 높은 것을 알 수 있다. 2017년판의 자료에서는 후쿠시마는 0.17, 미나미소마시는 0.08이었다.

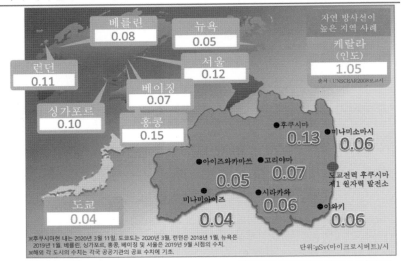

[그림 7] 후쿠시마현 내 공간선량률의 상황[32]

음』, 후쿠시마현, 2020년판.

31 Sv는 방사선이 사람에게 미치는 영향(피폭)을 나타내는 단위이다.

32 부흥청, 『뜬소문을 없애기 위하여-원전 재해의 복구와 후쿠시마의 안전 재상을 위한 발걸

한국원자력안전기술원에 따르면 우리나라 1인당 연평균 자연방사선 피폭선량은 3.075mSv으로 화강암과 변성암이 많은 지질 특성 때문에 세계평균(2.4mSv)을 웃돈다. 지각을 구성하는 천연방사성핵종(우라늄·토륨 계열 등)에서 나오는 지각 방사선과 태양 또는 외계에서 발생하는 우주방사선으로부터 1.295mSv/년, 그리고 공기 중 라돈 흡입, 음식물 중 방사선 섭취 등으로 1.78mSv/년의 영향을 받는다. 반면 일반인의 연간 허용 방사선량(유효선량)은 1mSv다. 이는 자연방사선, 진료 시 의료방사선, 직업상 피폭을 제외한 상황에서의 피폭 기준이다.[33]

후쿠시마현의 식품 안전성에 대해서는 특히 쌀(현미)의 경우, 2012년부터 세계 최초로 전량을 대상으로 방사선 물질 검사를 하고 있다. 2019년도 기준, 약 935만 건의 검사를 하였고 기준치(100Bq/kg) 초과는 0건이었다. 기타 채소·과일, 축산물, 해산물 어패류, 재배 산나물·버섯 역시 0건이며, 기준치를

[그림 8] '전량전포대 검사완료' 스티커가 붙어 있는 2023년산 후쿠시마현 쌀 (2023년 11월, 저자 구매 후 촬영)

음』(후쿠시마현, 2020년판)에서 부분 발췌.
33   한국원자력환경공단, 사용후핵연료에서 나오는 방사선과 자연방사선의 차이, https://www.korad.or.kr/webzine/202109/sub2-4.jsp

초과한 경우는 시장에 유통되지 않도록 조치하고 있다라며 후쿠시마현 식품의 안전성을 강조하고 있다.[34] [그림 8]은 2023년 생산된 후쿠시마현 쌀 포대로, 상단에 '전량전포대 검사완료' 표시 및 검사 세부 내용을 알 수 있는 QR코드가 포함된 스티커가 붙어 있다.

또한 후쿠시마현은 지금까지의 자신들의 부흥·재생 과정을 정리한『후쿠시마 부흥 재생의 발걸음』을 2012년도부터 발간하고 있으며 2023년 3월 현재 32판까지 나와 있다. 2015년 4월의 제11판부터는 한국어, 영어, 중국어, 독일어, 프랑스어, 스페인어, 포루투갈어, 태국어 등 외국어 버전을 내는 등 후쿠시마현의 부흥 상황 정리 및 도시재생을 위한 과제, 문제점 등을 고도화하고 있다([그림 9]).

[그림 9] 후쿠시마의 현재, 부흥·재생의 발걸음(제10판)의 표지[35]

---

34 부흥청,『뜬소문을 없애기 위하여-원전 재해의 복구와 후쿠시마의 안전 세상을 위한 발걸음』, 후쿠시마현, 2020년판.

그러나 정부와 지자체가 주장하는 현재의 후쿠시마 지역재생과 부흥에 대해 지역 커뮤니티, 시민단체 등은 다른 시점을 가지고 있다. 대표적으로 후쿠시마 소책자 간행위원회가 2015년 3월 11일에 발행한 『원전재해로부터 사람들을 지키기 위한 후쿠시마의 10가지 교훈』([그림 10])이라는 72페이지의 소책자가 있다.[36] 후쿠시마 원전 재난의 교훈을 주민이 주체가 되어 원전 주변 주민과 일반시민이 이해할 수 있도록 전할 뿐 아니라, 이런 상황을 세계에 전달하고자 영어, 한국어, 중국어, 프랑스어, 스페인어 등 16개의 다양한 언어[37]로 작성하였다. 후쿠시마 원전 사고의 경험을 바탕으로 원전 및 원전 재난이란 무엇인지, 어떻게 대응하고 예방할지에 대해 10가지 교훈을 후쿠시마 주민의 시점과 실제 사례를 통해 알기 쉽게 설명하고 있다. 이 작업에는 후쿠시마 원전사고 피해 주민, NGO·시민단체, 연구자 등 많은 사람이 참여하였다. 본 책자가 말하는 10가지 교훈은 다음과 같다.[38]

① 원전은 안전하다는 선전에 속아서는 안 됩니다.
② 긴급 시에는 먼저 피난하는 것이 기본입니다.
③ 정보 입수와 기록을 남기는 일이 중요합니다.
④ 포괄적인 건강 조사와 정보 공개는 이재민의 권리입니다.

---

35 신생후쿠시마부흥추진본부, 『후쿠시마의 현재 부흥·재생의 발걸음(제10판)』, 후쿠시마현, 2023. https://www.pref.fukushima.lg.jp/uploaded/attachment/586586.pdf
36 福島ブックレット委員会, 「福島 10の教訓～原発災害から人びとを守るために～」, 2015
37 2022년 3월 11일 현재, 타밀어가 추가 되어 총 16개 언어로 발행.
    http://fukushimalessons.jp/index.html
38 『후쿠시마의 10가지 교훈』의 한국어판 p.2에서 인용.
    http://fukushimalessons.jp/assets/content/doc/Fukushima10Lessons_KOR.pdf

⑤ 먹거리의 안전과 농림 어업을 지키기 위해서는 시민이 참여한 검사·측정과 정보 공개가 중요합니다.

⑥ 완전한 제염이란 없습니다.

⑦ 작업원의 대우 개선과 건강 관리 없이 사고 수습을 기대하기란 어렵습니다.

⑧ 이재민의 생활과 커뮤니티 재건이 불가결합니다.

⑨ 이재민을 지키기 위한 법률 제정·운용에 이재민 참가를 요구합시다.

⑩ 배상 부담은 국민의 몫입니다.

《日本語版（第2版）》

[그림 10] 『원전재해로부터 사람들을 지키기 위한 후쿠시마의 10가지 교훈(일본어판)』의 표지[39]

또한 소책자에서는 후쿠시마에서 일어난 원전 피해 주민의 갈등과 죄책감에 관한 사례를 칼럼을 통해서 생생하게 표현하고 있다.[40] 그러나 본 칼럼을 읽다 보면 이러한 괴로움과 죄책감에 대해 왜 가해자인 도쿄전력이 아닌 피해자인 주민이 감내하고 고통받아야 하는지 큰 의문이 든다.

안전과 위험의 구분? 연간 추가 피폭 선량 1mSv와 0.23μSv/h의 진실

○ 국립대학 교수의 딜레마

원전사고 전 일반인에게 허용되는 방사선량 상한 수치는 연간 1밀리시버트였습니다. 사고 후 그 수치는 20배나 높게 끌어올려졌습니다. 많은 사람들은 그런 높은 선량이 두려워 피난 생활을 계속하고 있습니다. 후쿠시마대학 근처의 주택에서 생활하던 곤다 준코 씨(43세)와 16세, 13세 아이들도 피난처인 도쿄에서 생활하고 있습니다. 하지만 남편 지로 씨(46세)는 후쿠시마대학의 준교수입니다. 국립대학은 정부가 정한 안전 기준에 따를 수밖에 없습니다. 그러한 사정으로 지로 씨는 본의 아니게 대학 가까이에서 자취를 계속하고 있습니다. 그는 가족과 헤어져 살게 된 것 자체가 큰 스트레스라고 합니다. 지로 씨가 더욱 괴로워하는 것은 입시 홍보 담당으로서 젊은 고등학생들을 후쿠시마대학으로 오라고 권유해야 하는 현실입니다. 자신의 16세 아이는 피난하여 도쿄에 살

---

39 [그림 10]의 표지는 일본어판(제2판)으로 2022년 3월 11일 현재, 16개 언어로 홈페이지에 공개. http://fukushimalessons.jp/index.html
40 『후쿠시마의 10가지 교훈』의 한국어판 p.14에서 인용. http://fukushimalessons.jp/assets/content/doc/Fukushima10Lessons_KOR.pdf

고 있는데 17~18세의 남의 아이들은 후쿠시마로 오도록 권유해야 하는 현실에서 참기 어려운 딜레마와 깊은 죄악감을 느끼고 있습니다.

일본 정부는 후쿠시마 원전 사고 시, 피폭 한도 기준을 국제원자력기구(IAEA)가 정한 기준인 1mSv에서 사고 직후에는 10mSv로, 머잖아 다시 20mSv로 상향수정함으로써 안전기준을 턱없이 낮추고 말았다. 그러나 시간이 지나자 국민들의 빗발친 요구로 다시 1mSv(1밀리시버트)로 허용기준을 올렸다.

또한 제염을 포함하여 모니터링, 식품 안전 관리, 리스크커뮤니케이션 등의 종합적인 대책을 통한 방사선 방호 관리의 장기 목표를 개인의 추가 피폭 선량 연간 1mSv(1미리 시버트)이하로 정하고 있다. 앞에서 이야기한 것처럼 여기에는 자연이나 의료에 의한 방사선량은 포함되지 않는다. 그렇다면 연간 추가 피폭량인 1mSv는 무엇이고 왜 기준이 되는가? 우리가 연간 1밀리시버트의 방사선에 노출(피폭)된다는 것은 1년 동안 우리 몸의 모든 세포에 평균적으로 1개의 방사선이 지나가는 경우로 10,000명 중 1명은 그 피폭으로 세포 조직의 DNA가 손상되어 회복되지 못하고 암 등으로 이어져 건강에 나쁜 영향을 받는 것을 의미한다. 그래서 피폭 선량 한도 기준은 안전 확보와 규제를 위한 관리 수단일 뿐 한도 선량 이상이면 위험하고 미만이면 안전하다는 위험과 안전의 경계치가 아니다. 단지 현재 사회가 수용할 수 있는 리스크의 크기와 사회적 비용을 고려하여 국제방사선방호위원회(ICRP)가 정한 것을 각각의 나라가 따를 뿐이다.

일본의 환경청[41]에 따르면 후쿠시마 원전 사고로 오염된 지역에 대해 오염 상황 중점 조사지역 지정 및 제염 실시 계획의 책정 지역 요건을 0.23μSv/h 이상의 지역으로 정하고 있다. 공간선량 0.23μSv/h(시간당 0.23 마이크로시버트)[42]는 연간 추가 피폭 방사선의 한도인 1mSv를 시간당으로 표현한 값으로, 앞서 이야기했듯이 일본 정부가 장기적인 목표로 삼은 수치이지 안전 여부를 판단할 수 있는 것은 아니다. 그런데 시간당 0.23μSv에 24시간×365일로 연간으로 환산해서 계산하면 1mSv가 아닌 2mSv 이상이 된다. 그럼 어떻게 1mSv가 된다는 것일까? 여기에는 하루 24시간 중 8시간은 실외에서 보내고 16시간은 실내(목조건물 기준)에서 보내는 생활 양식이라는 가정하에, 그리고 실내의 경우 실외에 비해 방사선 차폐 효과가 있어 0.4배의 저감 계수를 적용하여 계산한 0.19μSv/h[43]와 자연 방사선분의 0.04μSv/h가 합해져 0.23μSv/h가 되는 것이다. 만약 실외상황에서의 공간선량만을 고려한다면, 현재의 0.23μSv/ h에서 0.160.23μSv/h으로 그 기준치를 더 낮춰야 하며 제염 등에 막대한 예산이 추가로 필요할 것이다.

후쿠시마 원전 지역의 복구와 부흥의 상징, 제염 사업

재난 후 지역의 재해부흥 방향성과 지금까지의 성과를 이야기한다면

---

[41] 環境再生プラザ, 「除染·放射線Q&A, 除染の目標·計画などについて」, 環境省.
http://josen.env.go.jp/plaza/decontamination/qa_01.html
[42] 측청 위치는 지상 50cm~1m이다. 1mSv는 1,000μSv.
[43] 0.19μSv/h×(8시간＋0.4×16시간)×365일=연간 1밀리시버트.

2011년 동일본대지진은 이전의 대규모 재난과는 전혀 결이 다르다고 할 수 있다. 왜냐하면 재난 피해지역에 있어 초대형 쓰나미와 지진, 즉 자연재난 중심의 피해를 본 지역(미야기현, 이와테현, 이바라키현 등)의 재해부흥(도시재생과 지역 회복)과 후쿠시마 원전 폭발로 재난 피해를 입은 지역(후쿠시마현의 일부 지역)의 재해부흥 양상은 전혀 다르기 때문이다. 2011년 3월 동일본대지진 발생으로부터 12년이 지난 2023년 12월 현재 피해지역이 온전히 복구 및 부흥이 되었는지를, 특히 후쿠시마 원전 피해지역으로 한정한다면 완료되었다고 자신 있게 말할 수 있는 사람은 아무도 없을 것이다. 여전히 아직도 진행형이다. 후쿠시마 원전 피해 마을의 경우, 기본적으로 조기 귀환을 전제로 한 방사선으로부터의 토양 환경 정비사업, 즉 제염 사업이 복구와 부흥을 위한 하나의 상징이라고도 할 수 있을 것이다.

일본 정부는 후쿠시마 원전 사고에 대해 2011년의 10년 후인 2020년도까지를 부흥 달성 기간으로 삼고 제염, 사회 인프라의 복구·재생, 다양한 부흥 정책을 구축하여 실행해 왔다. 그러나 2013년 9월에 개최가 결정된 도쿄 올림픽 개최 예정인 2020년[44]까지는 원자력 재해를 극복한 국가의 모습을 보여주기 위해 박차를 가했던 후쿠시마 부흥 정책에서 많은 문제가 나타났다. 후쿠시마의 부흥 성과를 평가한다면, 공간방사선량도 많이 줄어들었고 피난 지시는 '귀환 곤란 구역'을 빼고는 다 해제되었으며 도쿄전력의 손해 배상 지급도 완료되었다. 새로운 산업 기반 구축을 목표로 하는 '후쿠시마

---

44 코로나19 팬데믹으로 연기되어 실제로는 1년후인 2021년에 7월에 개최되었으나 대회의 공식 명칭은 '2020년 도쿄 올림픽'이다.

이노베이션·코스트 구상'에 근거한 사업들도 별문제 없이 진행되어 재생가능한 에너지의 보급도 착실하게 이루어지고 있다. 그러나 피해지역 주민의 피난 생활과 불안의 원인인 후쿠시마 원전 사고는 완전히 정리되지 못했으며 방사능 오염 역시 해소되지 않았다. 피난 지시가 해제된 지역 역시 주민의 생활 환경이 다 마련된 것도 아니다. 후쿠시마현 내외에 지금도 피난 생활을 하는 주민도, 다시 돌아온 주민도, 떠나지 않고 계속 살고 있던 주민도 생활과 생업 등 여러 가지 면에서 어려운 상황 가운데 삶을 이어가고 있다. 여전히 지진 후 관련 사망자 및 자살자도 증가하고 있고, 피해 회복과 손해배상을 요구하는 많은 소송도 계속되고 있다.[45]

  '제염 없이는 부흥도 없다'라는 이념 아래 제염을 부흥의 상징과 기반으로 삼고, 피난 지시 구역에 있어서는 '장래 귀환'을, 피난 지시 구역 외에서는 '거주 지속'을 전제로 하여, '피해자의 부흥=생활의 재건'과 '피해지역의 부흥=장소의 재생'을 동시적으로 실현할 수 있는 법과 제도의 구축을 목표로 부흥 정책을 만들어 실행해 왔다.[46] 광범위 방사능 확산의 원전 사고는 구소련의 체르노빌 원전 사고가 있으나, 이때는 '이주'를 기본으로 하였다. 따라서 후쿠시마 원전 사고의 경우처럼 광역지역에 제염을 통해 주민을 귀환시키고 거주를 지속시키는 것을 부흥의 기본 정책으로 삼은 사례는 없었다.

---

45   川﨑興太 編著, 『福島復興10年間の検証 原子力災害からの復興に向けた長期的な課題』, 丸善出版, 2021.
46   福島県, 『東日本大震災の記録と復興への歩み』, ActiBook, 2013.

[그림 11] 후쿠시마 다무라시 제염작업: 작업 전과 작업 후[47]

2011년 8월에 공표와 일부 시행을 거쳐 2012년 1월 「방사성 물질 오염 대책 특별조치법」이 전면적으로 시행되었다. 후쿠시마현에서는 전체 59개의 시정촌[48] 중 11개의 시정촌이 '제염 특별 지역(대부분 피난 지시가 발령된 지역으로 원전사고 1년간 적산 방사선량이 20mSv를 넘을 수 있는 지역)', 40개의 시정촌이 '오염 상황 중점 조사 지역(공간선량이 0.23μSv/h이 넘는 지역)'으로 지정되었다. 제염 특별지역은 국가가, 오염 상황 중점 조사 지역은 지자체가 주체[49]

---

47 후쿠시마현, 현내 제염에 대해, 후쿠시마 부흥 정도 포털 사이트, 2019.
    https://www.pref.fukushima.lg.jp/site/portal-ko/ko02-03.html
48 한국의 기초 자치단체인 시, 군, 구에 해당.

가 되어 제염을 시행하였는데, 2018년 3월 '귀환 곤란 지구'를 제외하고 제염이 완료되었다. 연간 추가 피폭선량이 1mSv(공간선량률이 0.23μSv/h) 이상인 지역을 대상으로 제염작업을 실시하였으며, 전체 후쿠시마현 면적의 63%(약 8,745㎢), 인구의 87%(약 173만 명)에 해당하는 지역이었다. 제염특별조치법의 목적은 원전 사고 이후 방사성 물질의 환경 오염이 사람의 건강 또는 생활 환경에 미치는 영향을 신속하게 줄이는 것으로, 제염의 목적은 방사선 방호 관리이다. 따라서 지역 내의 모든 토지와 건물이 대상이 되는 것이 아니다. 주택, 공공시설, 도로 등의 '생활 공간'만이 해당한다. 구체적으로는 학교, 공원의 건물 및 부지, 주택, 사무실, 공공시설의 건물 및 부지, 도로(측강 등 포함), 논, 밭, 공원 목초지 등의 농지, 주거시설 주위에 있는 삼림(생활권으로부터 20미터 범위까지)이다([그림 11]). 따라서 기본적으로 산림,[50] 하천, 연못 등은 제염 대상에 해당하지 않지만, 공원이나 운동장 등 '생활권'에 접해 있다면 제염작업을 실시하나 하천이나 연못의 바닥은 작업하지 않는다.

---

49 제염 진행에 대한 예산과 제염 기술은 국가가 책임을 진다.
50 산과 접해 있는 도로변 등은 공간선량을 측정하면 기준치(0.23μSv/h)의 10배 이상이 측정된다. 2023년 11월 후쿠시마현 모처 자체 측정.

[그림 12] 후쿠시마 다무라시의 제염작업 현장(지붕 및 벽 닦아내기)[51]

제염은 생활 공간에서 받는 방사선량을 줄이기 위해 방사성 물질을 없애거나 흙으로 덮는 작업이다. 이는 크게 방사성 물질이 부착된 흙과 초목 등을 '제거'하거나([그림 12]), 흙과 초목을 모아 오염되지 않는 흙으로 '차단'하거나, 제거한 흙 등을 '멀리' 두는 등 세 가지 방법을 조합하여 시행한다. 후쿠시마 부흥 정보 포털 사이트에 따르면, 제염 효과로는 [그림 13]에서 알 수 있듯이 후쿠시마현 다무라시의 경우, 주택은 제염작업 후 방사선 공간선량률의 약 36%(사후 모니터링에서는 45%)가, 농지는 25%(사후 모니터링 37%), 도로는 25%(사후 모니터링 39%)가 감소하였다.

---

51 후쿠시마현, 현내 제염에 대해, 후쿠시마 부흥 정도 포털 사이트, 2019.
    https://www.pref.fukushima.lg.jp/site/portal-ko/ko02-03.html

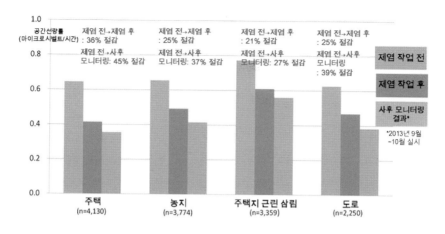

[그림 13] 후쿠시마 다무라시의 제염효과[52]

　제염에 대한 문제점으로는 제염작업 시 나올 수밖에 없는 '방사성 물질을 포함'한 토양 등의 제염 쓰레기 문제가 제기된다. 이러한 제염 토양을 임시로 어딘가에 두어야 하는데 장소 선정에 어려움이 많다. 초기에는 학교, 공원, 주택 등 제염작업을 실시한 장소 밑에 다시 묻거나 부지 내에 일시적으로 보관하였다. 따라서 방사성 물질이 포함된 오염된 토양 위에서 생활하고 자는 것은 안전하다는 설명을 들어도 매우 불안할 수밖에 없다. 또한 동시다발적으로 광역지역에서 이루어진 대규모 제염이었기에 많은 것이 혼란스러워서, 초기에는 세정 시 사용한 물을 그대로 흘려보내기도 했다. 주택가까지의 제염은 우선순위가 밀려 오랜 시간이 걸렸고, 불안한 마음에

52　후쿠시마현, 현내 제염에 대해, 후쿠시마 부흥 정도 포털 사이트, 2019.
　　https://www.pref.fukushima.lg.jp/site/portal-ko/ko02-03.html

유치원이나 학교 등은 지자체를 기다리지 못하고 현지 업체에 맡기거나 보호자, 교직원, 자원봉사자 등이 제염 활동에 동원되거나 참여했다.

　대규모 제염 사업을 통해 공간방사선량은 많이 줄었고 공식적인 통계상 피난 주민 역시 피난 지시의 해제, 가설주택 생활의 마무리, 배상 종결 등으로 크게 줄어들었다. 후쿠시마 부흥 정책의 큰 성과라고도 할 수 있을 것이다. 그러나 피난 지시 해제가 늦어진 시정촌에 대해서는 주민 귀환도 가게 및 사업의 재개, 농업 재개 등도 오랫동안 진행되지 않았다. 그만큼 방치되어 망가진 주택의 해체 및 철거와 더불어 마을의 모습도 망가졌고, 농지와 산림도 황폐해진 상태였다.[53] 마을로 돌아온 노인 중심의 소수인 주민은 이제 더 이상 피난 생활은 아니지만 그렇다고 해서 재난 전의 평범한 생활로 돌아간 것은 아니다. 여전히 일상적인 생활이 불편하고 스스로는 해결할 수 없는 어려운 환경 속의 재난 피해자인 것에는 변함이 없다. 다수의 외부에서 피난 생활을 계속하고 있는 주민 역시, 이제는 지금까지 받았던 생활 재건 지원도 끊기기 때문에 생활의 재건은 고사하고 현재의 피난 생활조차 여의찮은 상태로 몰리게 된다. 생활 재건과 지역재생, 즉 재해부흥에 대해 피해지역의 주민이 바라보는 곳과 정부나 지자체가 목표하는 것의 간극이 커서 '재해부흥 정책'을 실행하면 할수록 피해자 주민의 '부흥'의 실현 역시 점점 멀어질 수밖에 없다. 지금도 진재 관련 사망과 자살이 늘고 있다는 것은, 원전 피난 생활이 얼마나 힘들고 가혹한지를 나타냄과 동시에 10년이

53　川﨑興太 編著, 『福島復興10年間の検証 原子力災害からの復興に向けた長期的な課題』, 丸善出版, 2021.

넘는 긴 시간 동안 막대한 예산을 사용하여 다양한 부흥 사업을 진행하고 있음에도 피해 주민 한 사람 한 사람에 대한 생활 재건 지원은 부족하다는 것을 보여주고 있다.

4. 재난에서 희망으로! 희망을 향해가는 후쿠시마의 재해부흥

후쿠시마 원전 사고로 대기와 토지가 방사선에 오염이 되었고 주민들은 아무것도 모르는 상태에서 모든 것을 버려둔 채 긴급 피난을 하였다. 금방 돌아올 수 있다는 지자체와 정부의 말을 그대로 믿고 제대로 짐도 챙기지 못하고 일시적인 피난길에 오른 주민들이 대부분이었다. 왜냐하면 수소폭발이 발생한 후쿠시마 원자력 발전소로부터 이이타테무라는 반경 30킬로미터 이상 떨어져 있기에, 주민들은 다들 바로 안전하게 돌아갈 수 있을 것으로 생각했었다. 몇 년 동안이나 자신의 고향, 자신의 마을로 돌아갈 수 없으리라 생각했던 주민은 없었을 것이다. 이이타테무라 지역이 귀환곤란 지역에서 피난 지시 해제 지역으로 지정되기까지 무려 6년이라는 시간이 흘러, 2017년 3월 말에 해제가 되었고 드디어 주민들이 돌아갈 수 있게 되었다([그림 14]). 어쨌든 정부와 지자체는 제염 사업을 통해 이제는 안전하니 고향으로 돌아와도 괜찮다고 말한다. 하지만 아무도 방사선 안전성에 대해서 명확하게 보장하지 않고 있다. 따라서 2011년 3월 후쿠시마 원전 폭발 사고 이후 급작스러운 대피와 길었던 대피소 생활, 그리고 타지에서 생각지도 못한 6년이라는 장기간의 새로운 피난 생활 등은 같은 가족이라도 구성원 저마다 피난 지시 해제 지역으로 돌아가는 것에 대해서는 각각 다른 견해를 가지게 되었다.

[그림 14] 제염이 끝난 후쿠시마 이이타테무라의 풍경[54]
(2023년 11월, 저자 촬영)

생활 편의성 시점에서 생각해 본다면, 이전 살던 지역에 번듯한 집과 넓은 땅이 있는 주민들은 귀환하여 사는 것에 대한 기대가 더 클 것이다. 지금까지 낯선 지역, 좁은 공간에서 살던 불편함에서 해방될 수도 있고 땀 흘려 논과 밭에서 경작하고 수확함으로써 얻어지는 삶의 보람, 그리고 선조로부터 물려받은 토지를 지켜나간다는 긍지도 있을 것이다. 그러나 지역에서 집과 토지와 같은 기반이 충분하지 못한 주민의 경우, 안전을 보장하는

---

54 실제로 이이타테무라를 포함하여 제염 사업을 시행한 지역을 가보면, 이제 인간의 힘으로 못 하는 것이 없겠다고 할 정도로 믿을 수 없을 정도의 광대한 지역에 제염 사업이 시행되었다.

것도 아니고 이미 삶의 터전이 도시 지역 또는 다른 지역에 정착된 경우, 귀환에 대한 특별한 이점이 없다면 선택하지 않을 것이다. 특히나 원전 사고 당시 어린 자녀가 있었던 가정이라면, 재산의 유무와 많고 적음을 떠나 귀환에 대해 가정 내에서 어떻게 갈등하지 않을 수 있을까? 그리고 아이들과 엄마에게는 피난 생활 지역이 더 이상은 남의 지역이 아니다. 그곳은 이제 친구와 이웃이 있고 커뮤니티가 형성되어 있는 우리 동네인데, 다시 아무것도 없는 곳에 고향이라는 이유만으로 돌아가는 것에는 쉽게 동의할 수 없을 것이다.

재난 이후 장기간의 피난 생활, 그리고 현재의 여러 가지 복잡한 상황과 장면을 들여다본다면, 귀환 여부에 대해 누구도 쉽게 정답을 제시할 수 없을 것이다. 선택은 개인에게 남겨졌다. 걱정과 위험을 안고 다시 피난 지시가 해제된 지역으로 들어가 살아가는 길을 선택한 주민도 옳다. 또 돌아가지 않고 새로운 지역에서 삶을 시작하는 주민의 선택도 옳다. 지역의 귀환 여부 선택에 대해 주민을 비난하거나 비판할 수는 없다.

이미 다른 지역에서 10년 이상을 살아온 젊은 세대에게는 지금 살고 있는 다른 지역이 나의 고향이고 나의 동네가 되었을지도 모른다. 그러나 천 년 가까운 세월을 수십 세대에 걸쳐 같은 지역 같은 토지에서 살아왔고, 태어나서 지금까지 줄곧 한 지역에서 살아온 노인들에게는 현재 지내고 있는 피난 지역은 12년이 지났어도 여전히 낯선 지역일 수밖에 없다.

그럼 우리는 후쿠시마의 주민과 지역사회의 부흥을 위해 어떤 방향을 제시할 수 있을까?

일본 사회는 이미 인구감소 사회로 들어갔고, 지역은 지방소멸이라는 심각한 위험에 직면한 상황이다. 이 같은 시기에 재난 후 지역 부흥을 위한 도시개발계획 중심의 정책과 시책을 통해, 예전처럼 인구가 증가하고 도시와 지역이 발전하는 형태의 미래상을 실현하기란 매우 어렵다. 무엇이 정답인지 지금은 알 수 없겠지만, 중요한 것은 재난 피해 주민들이 어디에서 생활하든 각자가 선택한 지역에서 희망을 가지고 이웃과 함께 행복하게 살아갈 수 있도록 돕는 것이다. 피해 주민에게 정부와 지자체, 그리고 지역사회가 생존권 보장을 위한 기본 대책과 세세한 지원을 앞으로도 지속해서 해나가야 한다.

또한 후쿠시마 원전 피해 주민의 재해부흥을 위해서는 보다 많은 사람의 관심과 교류 및 연대가 필요하다. 2023년 11월 후쿠시마현 이이타테무라를 방문했을 때, '후쿠시마 재생의 모임(ふくしま再生の会)'의 부이사장인 칸노 무네오 씨(72세)를 만났다. 그는 많은 사람들이 이곳(이이타메무라)을 방문하여 제대로 된 사실과 그때와 지금의 상황에 대해서 정확하게 알았으면 좋겠다고 했다. 원전 사고 및 피해 대응의 문제는 후쿠시마뿐만 아니라 세계가 알고 대응해야 할 문제이기 때문이라고 했다. 칸노 씨는 조상 대대로 논밭을 경작해 온 농민이다. 그는 후쿠시마 원전 사고 발생 후, 이이타테무라의 지역재생을 위해 주민, 활동가, 연구자 등과 의기투합하여 '후쿠시마 재생의 모임(인정NPO단체)'을 발족하였다. '후쿠시마 재생의 모임'의 활동 모토는 "현지에서, 협동하여, 계속적으로"이다. 이들은 지자체와 연구자 등의 협력을 얻어 주민 스스로 지역의 방사선을 측정하여 방사선 지도를 제작하는가

하면, 노인들의 건강 케어와 토양의 제염 실험 등을 실시해 왔다.[55]

[그림 15] 가을 추수가 끝나고 볏짚을 말리는 풍경, 후쿠시마현 이이타테무라
(2023년 11월, 저자 촬영)

마지막으로 후쿠시마 원전 사고에 대해 우리는 두 가지 입장으로 분리해서 바라볼 필요가 있다.

하나는 '가해자'인 도쿄전력과 국민의 안전을 책임져야 하는 일본 정부 및 지자체의 부족한 정책과 미진한 대응에 대한 비판이고, 또 다른 하나는 '피해자'인 후쿠시마 원전 주변 주민과 지역사회의 회복 및 재생을 위한 노력에 대한 관심과 지원, 격려와 응원일 것이다. [그림 15]는 가을 추수가 끝나 볏짚을 말리고 있는 목가적인 풍경이다. 다른 지역에서 피난 생활을 하던 주민들은 언젠가는 돌아가서 이렇게 전처럼 평온하게 농사짓고 생활

---

55 認定ＮＰＯ法人ふくしま再生の会副理事長菅野宗夫, 飯舘村におけるふくしま再生の会の協働事例 자료, 復興庁.

하는 모습을 꿈꾸면서 타지에서의 생활을 버티었을 것이다. 칸노 씨 역시 지역재생의 희망을 담은 술을 만들고 싶다는 바람으로 자신의 땅에 다시 씨를 뿌리고 경작하고 추수하여 술을 빚었다. 많은 시행착오와 어려움이 있었지만 조금씩 조금씩 앞으로 나아갔고 결국 희망의 상징으로 '불사조처럼(不死鳥の如く)'이라는 술을 완성하였다. 재난 피해 주민의 회복과 지역재생은 아직도 갈 길이 먼 것도 사실이고 언제 끝날지도 알 수 없다. 그러나 후쿠시마 주민과 지역 커뮤니티는 재난에 지지 않고, 미래의 희망을 향해 각자의 자리에서 오늘도 조금씩 나아가고 있다.

참고문헌

구본관, 「일본 대지진의 경제적 영향, 클릭 경제교육」, KDI 경제정보센터, 2011, 8-9.

국민재난안전포털, 자연재난상황통계, 2023년 10월 13일 확인.

대한민국시도지사협회, 「동일본 대지진 지역 활성화 사례-새로운 출발을 향한 피해복구 현황 및 향후 대책-」, 2016.

김도형, 라정일, 변성수, 이재은, 『대규모 재난 시 재난약자 지원방안』, 전국재해구호협회, 2017.

라정일, 「자연재난과 재해구호, 그리고 재난 회복력 제고를 위한 준비」, 『행정포커스』, 한국행정연구원, 2022, 14-17.

라정일, 「재난부흥 관점의 재난 후 지역사회 위기 전환과 재난 회복」, 『2023년 한국재난관리학회 추계학술대회 웹프로시딩』, 한국재난관리학회, 2023.

라정일, 「일본의 재난 피해자 지원과 재난 레질리언스 관점의 도시 안전」, 『대전세종포럼』 2023 겨울 통권 제87호, 대전세종연구원, 2023, 50-61.

변성수, 김도형, 이재은, 라정일, 조성, 김가희, 「한국의 재난약자 지원체계 개선을 위한 해외사례 연구- 미국과 일본 사례를 중심으로-」, 『Crisisonomy』 Vol.14, No.5, 2018, 15-34.

윤부찬, 「원자력손해중 풍평피해 배상에 관한 연구-일본사례를 중심으로-」, 『과학기술법연구』 Vol.24, No.1, 한남대학교 과학기술법연구원, 2018, 93-135.

이상호, 이나경, 「지방소멸위험 지역의 최근 현황과 특징」, 『지역산업과 고용 2023년 봄호』, 한국고용정보원, 2023, 112-119.

최성열, 엄광호, 「일본 동일본대지진에 대한 국가지원체계분석」, 『방재저널』 Vol.18, No.3, 한국방재협회, 2016, 41-49.

행정안전부, 『2021 재해연보(자연재난)』, 2022.

川﨑興太 編著, 『福島復興10年間の検証 原子力災害からの復興に向けた長期的な課題』, 丸善出版, 2021.

環境再生プラザ, 「除染・放射線Q&A, 除染の目標・計画などについて」, 環境省.

http://josen.env.go.jp/plaza/decontamination/qa_01.html

公益財団法人日本ケアフィット共育機構, 「SDGsと防災 誰一人取り残さない防災への取り組み」, 2023. https://www.carefit.org/sdgs/bousai/.

災害救助法(2011年改正, 1947年制定), 法律第118号, 2011.

신생후쿠시마부흥추진본부, 「후쿠시마의 현재 부흥·재생의 발걸음(제10판)」, 후쿠시마현, 2023. https://www.pref.fukushima.lg.jp/uploaded/attachment/586586.pdf

全社協, 『Action Report (熊本地震第14報)』, 社会福祉法人全国社会福祉協議会, 2016. http://www.shakyo.or.jp/news/2016/actionreport_161012.pdf.

東日本大震災女性支援ネットワーク, 『東日本大震災 「災害·復興時における女性と子どもへの暴力」 に関する調査報告書』2015年 1 月改定ウェブ版, 「聞取り集 : 40人の女性たちが語る東日本大震災」イコールネット仙台, 2015.

内閣府政策統括官(防災担当), 『日本の災害対策』, 内閣府, 2011.

内閣府(防災担当), 『災害ケースマネジメント実施の手引き』, 2023.

中村健人, 岡本正, 『自治体職員のための災害救援法務ハンドブック-備え, 初動, 応急から復旧, 復興まで-』, 第一法規, 2019.

日本災害復興学会編, 『災害復興学辞典』, 朝倉書店, 2023.

復興庁, 『뜬소문을 없애기 위하여-원전 재해의 복구와 후쿠시만의 안전 재상을 위한 발걸음(2020년판)』, 후쿠시마현, 2020.

福島県, 『東日本大震災の記録と復興への歩み』, ActiBook, 2013.

福島県, 현내 제염에 대해, 후쿠시마 부흥 정도 포털 사이트, 2019. https://www.pref.fukushima.lg.jp/site/portal-ko/ko02-03.html

福島 小冊子 간행위원회, 『원전재해로부터 사람들을 지키는 후쿠시마의 10가지 교훈』(한국어판), 2015.

ふくしま復興情報ポータルサイト, 「避難区域の変遷について-解説-」, 2023. 9. 29. 업데이트, https://www.pref.fukushima.lg.jp/site/portal-ko/ko-1-3-1.html

福島民友, 「避難めぐり夫婦に亀裂 放射能考え方違い、離婚危機発展」, 2014年11月5日福島民友ニュース, 福島民友新聞社, 2014.

福島ブックレット委員会, 「福島 10の教訓～原発災害から人びとを守るために～」, 2015.

平成26年版 防災白書, 特集 第2章 1 大規模広域災害時の自助·共助の例, 2013. https://www.bousai.go.jp/kaigirep/hakusho/h26/honbun/0b_2s_01_00.html

8장

중국의 기후 위기 대응과 그 영향

천안(陳安)

(중국과학원대학 교수, 아시아 위기관리학회 공동회장)

오늘날 세계의 가장 심각한 도전과제인 기후 위기는 경제, 사회, 생태계 곳곳에 영향을 미치고 있다. 전 세계 최대 개발도상국인 중국은 인구가 많고, 1인당 경제 수준이 낮다. 또 기후 조건이 복잡할 뿐 아니라 생태 환경도 취약해 기후변화로 인한 부정적 영향의 피해를 보기 쉽다. 기후변화가 국가 발전에 미치는 중요성을 인식하고, 중국 기후변화의 역사적 규칙성과 원인을 파악하여 실정에 맞는 기후변화 정책과 조치를 마련하는 것은 매우 중요하다.

1. 기후변화와 중국 고대 왕조의 성쇠

4대 문명 가운데 유일하게 현존하는 중국은 문명국가로 발돋움한 5천여 년 동안 삼황오제(三皇五帝), 하, 상, 주, 진(秦), 한, 삼국, 진(晉), 16국, 남북조, 수, 당, 5대 10국, 송요하금(宋遼夏金), 원, 명, 청 등 왕조가 흥하고 쇠하며 교체되는 역사를 거쳤다. 중국 5천 년 역사가 왕조의 흥망성쇠로 이뤄졌다고도 할 수 있다.

왕조의 명운을 가른 기후

역사서들을 살펴보면 다수의 학자가 왕조의 흥함과 쇠함의 궁극적 원인을 통치자의 여정도치(勵精圖治) 또는 도행역시(倒行逆施)로 꼽는 것을 알 수 있다. 여정도치를 실천한 황제는 "아침마다 조정에 들어 해가 질 때까지 정무를 논하고, 여러 고관과 경전을 논하느라 한밤중이 되어서야 침상에 든다."라고 한 광무제 유수(劉秀), "상서문의 수가 심히 많다. 짐은 이를 벽에 붙이고 들고 날 때마다 보며 살핀다. 이러한 나름의 노력으로 신하의 충심을 헤아리려 한다. 항상 정도를 생각하다 한밤이 되어서야 잠이 든다."라고 알려진 당 태종 이세민(李世民), 농업과 양잠을 중시하고, 토지를 분배하고, 세금을 경감하는 한편 수리 사업을 실시한 명 태조 주원장(朱元璋)이 잘 알려져 있다. 이들 황제는 중국 고대에서 유명한 태평성세(각각 건무성세, 정관의 치, 홍무의 치)를 열었다. 반면 "아름다운 여인의 웃음을 보려고, 봉화에 불을 붙여 제후를 농락한" 주유왕(周幽王), "그럼 고기를 먹으면 되지 않느냐."라고 한 진 혜제 사마충(司馬衷), 관직에 값을 매기고, 알몸 수영장을 만드는가 하면 개에게 대례복을 입혀 조정에 들게 한 한 영제 유굉(劉宏)은 각각 서주, 서진, 동한을 멸망케 하였다. 통치자 자체적인 원인 외에도 외척의 섭정, 번왕(藩王)의 할거, 변경 지역의 충돌, 혹정(酷政)과 폭정 역시 왕조 몰락의 주요 원인이었다.

그러나 기후변화가 왕조 교체의 강력한 촉매제로 작용했다는 점은 잘 언급되지 않는다. 황제가 날씨로 인해 득세하거나 이의 희생양이 됐다는 점에서 기후야말로 중국 고대 왕조의 흥망성쇠 및 교체의 근본 원인이라고 할 수 있다.

기후가 왕조 교체의 원인이라는 점에 관해 다음 세 가지로 정리해 볼 수 있다.

① 중국은 진(秦)나라부터 "농업으로 나라를 세운다(以農立國)."라는 경제 이념을 강조하였다. "백성의 먹거리를 으뜸으로 하고(民以食爲天), 국가는 식량을 근본으로 한다(國以粮爲本)."라는 이념은, 생산력이 발달하지 않은 중국 고대 봉건사회에서 매우 중요한 말이었다. 농작물의 재배 범위와 등숙(登熟), 생산량과 밀접한 관련이 있는 추위와 건조한 날씨는 백성의 식량 수급에 직접적 영향을 미쳤다. 식량난에 처한 백성은 정부 차원의 구제를 받지 못할 경우 즉각 반기를 들었고, 이는 대규모 농민 봉기로 확대돼 통치 왕조를 무너뜨리는 결과까지 낳았다.

② 기온 하강은 유목민의 생존 기반인 초목과 가축을 동사케 하였고, 극심한 식량고에 빠진 유목민은 생존을 위해 남하한 뒤 고대 중국의 식량과 토지를 약탈하였다. 이는 변경 지역의 충돌로 번지며 왕조의 통치를 위협하는 요소가 되었다.

③ 기후변화로 인한 가뭄, 폭우, 홍수 또는 폭풍 등 기상이변은 농작물 수확량을 크게 감소시킬 뿐 아니라 백성의 가옥을 파괴하는 등 그들의 생명 안전에 직접적 위험을 초래한다. 빈궁한 나라 곳간과 노숙 신세를 면치 못

하는 무수한 백성 등이 왕조 통치 기반을 뒤흔드는 요인이 되는 것이다.

일찍이 1972년 중국 현대 지리학과 기상학의 창시자인 주커전(竺可楨) 선생은 『고고학보(考古學報)』에 중국 역사 문헌(역대 정부 공식 사서, 지리지, 개인 일기, 여행기 등), 고고학 발굴 자료, 측량 데이터를 토대로 분석한 기원전 3천년(앙소문화仰韶文化)부터 1950년(신중국 건국 이후)까지의 기후변화 상황과 규칙성에 관한 연구 결과를 게재하였다. 또 하(夏) 왕조를 시작으로 하는 20개 왕조를 4개 온난기와 4개 한랭기로 구분하였다. 중국의 기후변화 관심도가 높아지고, 관측기기가 발달하면서 기후변화와 중국 고대 왕조의 흥망성쇠 간의 연관성에 관한 연구가 상당한 성과를 거두고 있다. 가장 대표적인 것이 거취안성(葛全勝) 연구원이 역사 문헌, 나이테, 종유석, 빙하 코어, 호성층 등 28개 대체 지표와 이동평균법을 이용해 구축한 기원전 210년부터 2000년까지의 온도 이상치(temperature anomaly) 서열이다.

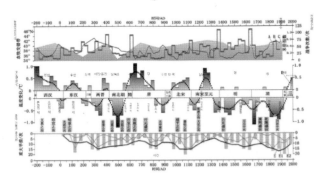

[그림 1] 진한(秦漢) 이후의 중국 기후변화 및 그 영향

[그림 1]을 통해 명확히 알 수 있는 점이 있다. 태평성대를 이룩한 문경의 치(文景之治), 개황의 치(開皇之治), 정관의 치(貞觀之治), 홍선성세(洪宣盛世) 등이 등장한 시기는 기온이 상대적으로 높았다. 너무도 잘 알려진 정관의 치 당시는 중국 고대 역사에서 가장 높은 기온을 기록하던 때다. 반대로 전한에서 후한, 후한에서 삼국, 서진에서 남북조, 북송에서 남송, 원나라에서 명나라로의 교체 등 왕조의 변화는 거의 대부분 온도 이상치가 플러스에서 마이너스로 바뀌며 온난하던 기후가 한랭기로 접어드는 시기에 발생하였다. 삼국, 남북조, 5대 10국, 요리하금(遼理夏金)과 같이 정권이 불안정했던 시대는 기준 온도보다 0.5℃ 이상 낮았다. 농민 봉기와 변경 충돌이 잦았던 당, 명, 청 후기에도 저온 현상이 지속되었다.

이외에도 [그림 1]은 농목업 교차지대, 쌀 가격 지수, 전란, 가뭄과 홍수 빈도를 나타내는 자료로써 기후가 왕조 교체에 미치는 작용을 설득력 있게 보여준다.

(1) 기후변화와 농경

농업은 인류 사회의 생존을 위한 기본 자원이다. 기술이 발달하지 않은 중국 고대 사회는 기후변화로 인해 농업 발전에 제약을 받았다.

기후 환경 변화가 농업에 미치는 영향은 농경지 분포, 경작 제도, 농작물 생산량에 대한 영향의 세 갈래로 정리할 수 있다.[1]

---

1 허판넝(何凡能), 리커(李柯), 류하오룽(劉浩龍), 「역사 시기 기후 변화가 중국 고대 농업에

① 진한은 기후가 상대적으로 온난한 시기로, 전한 말기 30년(기원전 210년~기원전 180년)이 가장 따뜻해 겨울 평균 기온이 현재보다 1.2℃가량 높았다. 이 영향으로 진한 시기는 농업이 급속히 발전했다. 일례로 농경지 북쪽 경계가 하투(河套) 이북 지역까지 확대되어 진(秦) 영정(嬴政) 36년(기원전 211년)에는 북하(北河), 유중(榆中) 주민 3만 가구가 하투 지역으로 이주하여 땅을 일구고 농사를 지었다.[2] 전한 무제 원수(元狩) 4년(기원전 119년), 동관 지역 70여만 명을 농서(隴西), 북지(北地), 서하(西河), 상군(上郡) 등지로 징발하여 경작하도록 했다.[3]

② 위진남북조 시기

남북조 중기(480년~510년)에 가장 추운 30년이 나타났으며, 겨울 평균 기온은 지금보다 1.2℃가 낮았다. 이 한랭기에는 흉노, 선비, 갈(羯), 저(氐), 강(羌) 등 유목민족이 내륙으로 넘어와 중원을 장악했다. 이로 인해 북쪽 농경지가 크게 남진했고, 목축업은 화북 평원까지 진출하기도 했다. 문학가 속석(束晳)은 진(晉) 무제에게 "주사십군(州司十郡)은 땅이 비좁고, 인구가 많사오며, 삼위가 유독 그러합니다. 그리하여 돼지, 소, 말을 영토 안에서 방목하고 있사옵니다."라고 적은 상소를 올리기도 하였다.[4]

미친 영향 분석에 관한 진전」, 『지리연구』 29(2), 2019, 2289-2297.
2   『사기(史記)·진시황본기(秦始皇本紀)』
3   『한서(漢書)·무제기(武帝紀)』
4   『진서(晉書)·속석전(束晳傳)』

③ 수당(隋唐) 시기

가장 온난했던 30년(691년~720년)은 기온이 현재보다 0.5℃ 높았다. 중원에는 '개황의 치', '정관의 치', '개원성세' 등의 번성한 왕조가 잇따라 출현하였고, 돌궐, 위구르 등 유목민족은 변경 지역에서 은거하였다. 온난하고 습윤한 기후로 인해 당나라 농업은 전대미문의 발전을 이뤘으며, 감숙 영현(寧縣), 경양(慶陽) 일대에는 밀이 공급 과잉 수준으로 풍작을 이뤘다.

④ 당 후기부터 5대 시기

당나라 중기 '안사의 난' 이후 한랭기로 전환한 기후는 5대 시기까지 지속되었다. 당시 농경지 북쪽 경계는 지금의 수남(水南), 화정남(華亭南), 경양(慶陽), 연안(延安)에서 이석(離石), 대현(代縣), 울현(蔚縣) 일대까지 이동하였다.[5]

⑤ 송원 시기

북송부터 원나라 중기까지는 기후가 온난하였다. 당시 중국 동부 지역의 겨울 평균 기온은 현재보다 0.2℃ 높았으며, 가장 온난했던 1201년~1290년은 현재보다 0.6℃가 높았다. 그러나 상대적으로 한랭한 시기도 나타나 온난한 기후가 안정적으로 지속되지는 않았다.

---

5   장피위안(長丕遠), 『중국의 역사적 기후변화, 지난』, 산둥과학기술출판사, 1996, 395-413.

⑥ 명청 시기

명청 시기의 기후는 한랭함을 특징으로 하는 '소빙하기'에 속한다. 가장 추운 기간은 청 후기(1861년~1890년)에 나타났으며, 겨울 평균 기온이 현재보다 0.7℃가량 낮았다. 그러나 농업 기술의 발달과 추위와 가뭄에 강한 농작물 품종(옥수수, 고구마 등)이 함께 등장하였다.

〈표 1〉 진한 이후 중국 식량 생산량 상대지표 변화(단위: %)

지역	전한	위진	남북조	수당	송	원	명청
전국식량생산 변화지수	+22.2	-2.3	-0.4	+29.9	-7.5	+9.4	+16
북방밀 생산 변화지수	+9.7	-1.5	-13.3	+10.3	-8.3	+38.9	+35.1

비고: "+", "-"는 이전 왕조 대비 증감률임.
이 중 전국식량생산변화지수는 참고자료를 바탕으로 함.[6]
계산된 북방밀생산변화지수는 문헌에서 인용함.[7]

이외에도 최근 연구는 다른 조건이 동일한 상태에서 연평균 기온이 1℃ 상승(하강)하거나 강수량이 100mm 증가(감소)할 경우, 중국 식량 생산량이 각각 10% 늘거나 줄어든다고 밝히고 있다. 이는 기후 환경과 농작물 생산량 간의 밀접한 연관성을 잘 보여준다.

---

6   위예페이(余也非), 「중국 역대 식량 묘(畝)당 평균 생산량」, 『충칭사범대학교 학보』(3), 1980, 8-20.
7   우춘하오(吳存浩), 『중국 농업사(1~4권), 베이징』, 경관교육출판사, 1996, 1-1273.

(2) 기후변화와 반란 전쟁

홍콩대학교와 중국과학원 학자는 『중국군사사(中國軍事史)』를 바탕으로 중국 고대 반란 전쟁 횟수와 온도 이상치 사이의 관계를 공동 연구하였다.[8] 그 내용은 [그림 2] 및 <표 2>와 같다.

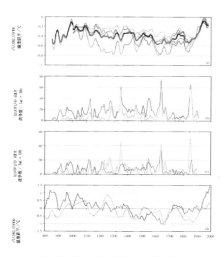

[그림 2] 기온 변화와 전쟁 빈도

비고: (a)기원전 850년~1980년 북반구 20°N 이상 내륙의 온도 이상치 기록: Mann(옅은 빨간색), Briffa(하늘색), Cowley, Lowery(갈색), Esper(옅은 하늘색), 상기 온도 이상치 평균 값(짙은 검정색), (b)총 전쟁 수(파란색), 반란 전쟁 수(옅은 빨간색), (c)북부 지역 전쟁 수(파란색), 중부 지역 전쟁 수(옅은 빨간색), 남부 지역 전쟁 수(노란색), (d)중국 내륙 온도 이상치 기록[9]: Yang 포함 학자(파란색), Ge 포함 학자(옅은 빨간색), 음영 부분은 한랭기임.

---

8 장뎬(章典), 잔즈융(詹志勇), 린추성(林初升) 외, 「기후변화와 중국의 전쟁, 사회, 왕조의 변천」, 『과학통보』 (23), 2004, 2468-2474.

9 GE Q, ZHENG J, FANG X 외, 「지난 2000년 동안 중국 황하와 장강 중하류의 겨울 6개월 기온 재구성」, 『The Holocene』 13(6), 2003, 933-940.
https://doi.org/10.1191/0959683603hl680rr

〈표 2〉 당나라 말기~청나라의 기후와 전쟁의 관계

시기(서기)	평균온도이상치	기후 구분	연도 수	전쟁 수	전쟁 빈도/a
850~875	-0.518	한랭	26	10	0.38
876~901	-0.335	온난	26	7	0.27
902~965	-0.423	한랭	64	93	1.39
966~1109	-0.233	온난	143	169	1.20
1110~1152	-0.368	한랭	43	93	2.16
1152~1193	-0.315	온난	41	41	1.00
1194~1302	-0.419	한랭	109	252	2.31
1303~1333	-0.362	온난	31	33	1.07
1334~1359	-0.454	한랭	26	90	3.46
1360~1447	-0.345	온난	88	189	2.15
1448~1487	-0.461	한랭	40	89	2.23
1488~1582	-0.392	온난	95	208	2.19
1583~1717	-0.534	한랭	135	266	1.97
1718~1805	-0.413	온난	88	72	0.82
1806~1912	-0.456	한랭	106	204	1.93

<표 2>에서 볼 수 있듯이 전쟁의 빈도는 시기별로 보면 기온 변화와 마찬 가지로 순환적 특징을 보인다. 전쟁의 고조기와 하강기가 존재하는 것이다. [그림 2(b)]를 보면 전쟁 횟수에 있어 전쟁 빈도가 높은 3번의 시기(10년마다 50회 이상 발생)는 모두 한랭기에 발생했으며, 그중 2번의 한랭기는 소빙하기 (1583년~1717년, 1806년~1912년)에 속한다. 8개 한랭기 가운데 6개 기간에서 전쟁 빈도가 높은 기간이 1~2개 나타났는데, 보통 한랭기 진입 후 5~30년 이내에 발생하였다. Yang을 비롯한 학자의 기온변화 곡선을 보면 전쟁 빈도가 높은 10개 기간 중 7개는 기온이 낮았다. Ge를 비롯한 학자의 중국 동부 지역 기온을 살펴봐도 전쟁 빈도가 높은 기간이 저온 시기(<0℃)에 8번 나타났는

데, 이는 전쟁이 대개 저온 시기에 발생했음을 시사한다. 이외에도 전쟁의 지역적 분포 역시 매우 특징적이다. 습하고 더운 남부 지역은 전쟁 빈도와 기온 변화 사이의 관계성이 크지 않았다. 중국 북부 지역의 전쟁은 주로 한랭기에 발생했는데, 1300년~1600년 사이에는 비교적 높은 수준을 유지하였다. 중국 중부 지역의 경우, 7번의 (전쟁) 빈도가 높은 기간(10년 마다 20회 이상) 가운데 6번이 한랭기에 발생하였다. 전쟁의 지리적 특성을 보면 한랭기가 도래하면 중국 북부 지역은 즉시 전쟁 고조기([그림 1(c)])에 진입했다. 다만, 북방 소수민족(몽골족과 만주족)이 통치하던 14세기와 19세기는 예외적이었다. 중국 중부 지역의 전쟁 고발생기의 최고점은 중국 북부 지역과 5년~15년의 격차가 있었으며, 한랭기 시작 시점도 10년~50년의 차이가 존재한다.

(3) 기후변화와 자연재해

기후변화는 지표 온도, 강수, 열대 저기압 등에 영향을 주며 자연재해를 일으킨다.

명나라 말과 청나라 초기, 전 세계는 평균 기온이 지금보다 1~2℃가 낮은 매우 한랭한 기후가 나타났다. 역사 기록을 보면 당시 북부 지역 대부분에서 이상 저온 현상이 상당 기간 지속되었다. 첫서리와 강설 기간이 36회 당겨졌고, 마감서리와 강설 기간이 연기되었다. 진령산맥~화이허(중국 1월의 0℃ 등온선 경계지점) 이남의 하천, 예를 들어 장강이 1달가량 결빙되었으며 동정호는 얼음이 최대 1척(尺)까지 얼었다. 저장 일대 하천은 걸어 다닐 정도로 얼음이 두껍게 형성되기도 했다. 중국 역사학자는 이 시기를 '명청 소빙하기'로 칭한다.

　기온 급강하와 빈번한 재난은 '명청 소빙하기'의 큰 특징이다. 사료의 기록을 보면 명나라 말기에 역사적으로도 가장 심각한 수준의 재해가 끊이지 않았다. 만력(萬曆)부터 명나라 멸망에 이르기까지 홍수, 가뭄, 지진, 흑사병, 메뚜기 떼 등 자연재해가 곳곳에서 빈번하게 발생하였다. 특히 숭정(崇禎) 시기에는 구연(九淵, 9가지 재해를 통칭하는 중국 고대 표현) 가운데 혹한, 가뭄, 기근, 메뚜기 떼, 지진, 감염병, 모래폭풍, 용오름의 8개가 집중해서 발생하였다. 이 같은 자연재해 중에서도 가뭄과 홍수가 가장 빈번하고 심각한 피해를 남겼다. 자세한 내용은 <표 3>과 같다.[10] 중국명사학회(中國明史學會) 회원인 자오위톈(趙玉田)은『환경과 민생: 명대 재해 지역 사회 연구』에서 호북지역의 역사적 홍수와 가뭄 빈도(년/횟수)를 다뤘다. 홍수의 경우, 북송은 5.68년, 남송은 4.20년, 원나라는 1.93년, 명나라는 1.63년이었으며, 가뭄은 북송이 7.57년, 남송이 3.26년, 원나라가 2.78년, 명나라가 1.78년이었다.

〈표 3〉 숭정 황제 재위 기간 발생한 재난

시기 (숭정/년)	재난
원년	4월 을묘, 좌군도독부 재해. 5월 을해, 응방사 화재. 7월 기묘, 공안현 화재로 문묘 파손, 5천여 가구 피해. 7월 임오, 항부, 가부, 소부 해일 피해. 주민 수만 명 피해, 수만 명 익사, 해녕, 소산 피해 특히 심각. 여름, 기보 가뭄, 천 리의 땅이 황폐화. 9월 정묘, 도읍 지진. 섬서 기근 발생, 연과 공 주민 도적떼 이룸.

10　『명사(明史).지(志).권(卷)』

시기 (숭정/년)	재난
2년	11월 경자, 화약국 재해. 산서, 섬서 기근 발생.
3년	3월 무술, 화약국 재해. 8월 계유, 두도관 재해, 화기 전부 파손. 9월 신축, 거대 우박. 9월 무술, 남경 지진. 산동 큰 비.
4년	5월, 양원 우박, 큰 것은 누운 소만하고, 작은 건 주먹만해 무수한 사람과 가축이 죽음. 6월 산동 큰 비. 6월 병신, 큰 우박. 6월 을축, 임조와 공창에 지진, 오두막집이 파손되고, 가축이 피해 입음.
5년	4월 유, 남경, 사천 지진. 6월, 큰 비. 6월 임신, 맹진의 강 입구가 무너져 수 백리가 침수. 8월, 비로 경릉 파손. 9월, 순천 27개 현에 내린 장맛비로 농작물 피해. 항부, 가부, 소부에 8월부터 10월까지 70일 동안 비가 내리지 않음. 10월 정묘, 산서 지진. 11월 갑인, 운남 지진. 회부, 양부 등 기근이 발생해 굶어 죽은 이가 거리를 메움.
6년	정월 신해, 폭설로 2장 넘게 쌓임. 정월 계축, 제남 순묘 재해. 정월 정이, 진강에서 땅 수 장(丈)이 갈라짐. 7월 무술, 섬서 지진. 12월 정해, 폭풍설, 천둥 번개. 섬서, 산서 대기근 발생. 회와 양에서 기근 자주 발생, 부부가 나무에 목을 매달고, 강에 빠져 죽음. 도성과 강서에 가뭄.
7년	2월 무오, 해풍에 큰 비. 4월 임술, 상주, 진강 우박으로 밀 피해. 5월, 공주, 미주 등 주와 현에 큰 비, 성벽, 농가, 주민과 가축 피해가 무수함. 9월 경신, 투구와 갑옷 공장 재해. 도성 기근 발생, 어사 공정헌 『기민도(飢民圖)』제작. 태원 대기근 발생해 주민이 서로를 먹음.
8년	7월, 하남 메뚜기 피해. 7월 기유, 임현에 큰 우박이 3일 내려 2척 이상 쌓임. 거위알 만큼 큰 우박으로 농작물 피해. 12월 신기, 산서 지진 발생.
9년	3월 무진, 복건 지진. 7월 정미, 청강성 함락. 9월 정미, 태강 운석. 12월, 진강 금계령 흙 산 붕괴. 남양 대기근으로 어미가 딸을 끓여 먹는 지경. 강서도 기근 발생.
10년	정월 병오, 남경 지진. 4월 을해, 큰 우박. 4월 계축, 무향, 심원에서 큰 우박 내림, 제일 큰 것은 코끼리만큼 크고, 그 다음 큰 것은 소만큼 큼. 6월, 산동, 하남에 메뚜기 피해. 7월 임오, 운남 지진. 여름, 도성과 하동 날이 가뭄, 강서 큰 가뭄. 8월 서주 큰 가뭄. 8월, 서주 큰 비. 10월 을묘, 사천 지진. 12월 섬서 서안에 해파리와 지진 동시 발생해 수개월 동안 지속. 절강 대기근 발생, 부자, 형제, 부부가 서로 잡아먹는 지경.
11년	4월 무무, 새 화약국 재해. 부상자 속출. 5월 무인, 희봉구 눈 3척 쌓임. 6월, 순천부와 응천부, 산동, 하남에 가뭄과 메뚜기 떼 기승. 6월 갑인, 선부 건석강 농지에 우박 내려 말 48마리 죽음. 9월, 순천에 우박. 6월 계기, 안민창 재해, 성벽과 관청 무너지고, 주민 사상자 부지기수. 여름, 비가 순식간에 내려 남산 성벽 훼손. 8월 정유, 화약국 또 재해. 순천부와 응천부, 산동, 한서, 섬서 가뭄, 9월 임술, 요동에 지진 발생.
12년	2월 계기, 도성에 지진. 남기(南畿)와 북기(北畿), 산동, 산서, 섬서, 강서에 기근 발생. 하남 대기근으로 사람 먹는 지경, 노씨현, 숭현, 이양현이 특히 심함. 남기, 산동, 하남, 산서, 절강에 가뭄. 8월, 백수, 동관, 락남, 섬서 여러 읍에 천 리에 이르는 우박이 반나절 동안 내려 밭과 농작물 피해. 12월 절강에 내린 장맛비로 논밭길이 물에 잠김.

시기 (숭정/년)	재난
13년	2월 임자, 절강성 성문에서 밤에 새가 울부짖음. 4월, 회녕에 이른 서리가 내려 농작물 피해. 5월, 순천부와 응천부, 산동, 하남, 산서, 섬서에 큰 가뭄과 메뚜기 피해. 절강에 큰 비. 6월 임진, 진안에 엄청난 불길이 서쪽에서 떨어져 나무가 모조리 불에 탐. 4월~7월, 영군과 지군에 장맛비 내려 밭 절반이 잠김. 순천부와 응천부, 등부, 청부, 내부에 가뭄 발생. 11월 무자, 남경에 지진. 북기, 산동, 하남, 섬서, 산서, 절강, 오군, 오흥, 회계에 기근 발생. 회(淮) 지역부터 북쪽을 거쳐 기남(畿南)에 이르는 곳에 나무껍질도 먹어 사라지고, 매장한 시체까지 먹는 지경임.
14년	3월 무인, 복건에 지진 발생. 4월 병인 호남에서 지진. 4월 계축, 뇌화로 계주 북서부에서 불이 나 조가곡이 타고, 20여 리까지 불길이 번짐. 5월, 남양에서 큰 바람이 불어 가옥이 날아감. 5월 무자, 감숙에서 지진 발생. 6월 순천부와 응천부, 산동, 하남, 절강에 큰 가뭄과 메뚜기 피해. 6월 병오, 복건에 지진 발생. 선부 서문 성루에 벼락이 침. 7월 복주에 파도가 크게 일어 수많은 사람이 익사. 7월 을해, 복주에 큰 바람이 불어 관청과 민가 파손. 9월 갑오, 사천에 지진 발생. 남기에 기근 발생해 흙까지 퍼먹는 지경. 이 해에 기남, 산동에 기근 자주 발생. 덕주 쌀 값이 금 값이라 부자가 서로 먹는 지경이며, 길에 인적이 사라짐. 도둑이 성행함. 산서 노수의 북류에서 7일 밤낮으로 물이 밀려 듦. 순천부와 응천부, 산동, 하남, 호광 및 선부, 변경 지역 가뭄 발생.
15년	4월 계묘, 남경 효릉촌에 벼락 떨어져 나무에 불이 붙어 번짐. 5월, 보정 창평 여러 현에 기이한 바람이 불어 밀과 곡식이 피해 입음. 5월 병술, 광동과 광서에 지진 발생. 6월, 변수 범람. 7월 갑신, 산서에 지진 발생. 9월 임오, 개봉 주가채 범람. 계미, 성이 무너져 백성 수십만 명이 익사함. 10월, 황군, 기주군, 덕안군에 장맛비 내림.
16년	도읍에 2월~9월까지 역병 창궐. 4월, 언릉에 서리 내려 밀이 죽고, 송강에 5월~7월까지 비가 내리지 않아 강물은 메마르는데 호수는 물이 돌연 수 척이 불어남. 6월 정축, 건주에 큰 것은 소, 작은 것은 두(斗)만 한 크기의 우박이 내려 가옥을 파손하고, 사람과 가축이 우박에 맞아 죽음. 9월, 봉양에 잇따른 지진 발생. 11월 병신, 산동에 지진 발생.

가뭄과 홍수가 교차적으로 빈발하면서 넓은 면적의 농작물 생산량이 감소하거나 수확을 할 수 없었다. 이는 '이농입국'을 주창하는 명나라 입장에서는 매우 심각한 문제였다. 숭정 재위 기간, 10년(1632년~1641년)에 걸쳐 큰 가뭄이 발생하여, 황하 본류와 지류가 메말라 화북 지역 전역에서 농사를

짓지 못하였다. 하북, 산동 지역은 이재민이 대거 땅을 버리고 떠나면서 마을에 인적이 자취를 감추기도 하였다.

"오랜 가뭄으로 곳곳이 기근으로 시름하네.", "봄여름은 큰 가뭄이 들고, 매일 바람이 매섭게 부네. 벼가 여물지 않아 쌀이 금값이구나.", "풀과 나무 껍질까지 먹어 없어지고 부모형제부부가 서로를 먹는 지경에 이르렀네. 그 참상이 어디 이뿐이랴."[11] 등등은 당시 가뭄의 심각성을 나타내는 말들이다.

한편 홍수는 가뭄과 달리 농작물의 흉작을 일으킬 뿐 아니라 도시와 가옥을 파손해 백성의 거주지를 앗아간다. 여기에 식수를 오염시켜 사람들의 건강에도 악영향을 미친다. 더욱이 제때 정리하지 못한 익사한 사람이나 가축의 시체, 홍수에 떠다니는 쓰레기로 치명적 병균이 번식하여 감염병이 자주 발생했고, 열 집의 아홉 집은 사람이 살지 않은 경우가 허다했다.

계속되는 저온 현상으로 유목 생활을 하는 후금 역시 명나라와 마찬가지로 농업이 위축되고, 가축이 대거 폐사하는 위기에 처했다. 그러자 생존을 위해 남진하여 명나라를 공격했다. 명나라는 추운 날씨로 인해 전쟁에서 줄곧 열세에 놓인다. 후금과 같은 소수민족과의 변경 충돌뿐 아니라 오랜 가뭄과 감염병은 수많은 농민 봉기와 같은 명나라 내부 소요의 원인이 되었다. 숭정 원년(1628년)을 시작으로 섬북, 중원, 호광, 남서 지역에서 대규모 농민 봉기가 연쇄적으로 일어났고, 고영상(高迎祥), 왕이(王二), 이자성(李自成), 장헌충(張獻忠), 나여재(羅汝才) 등 유명한 지도자가 대거 이름을 알렸다. 명나

11　민국, 『신현지(莘縣志)』권 16.

라 말 농민군 세력이 절정에 이를 때는 그 수가 200만 명을 육박했다. 숭정 17년(1644년), 이자성이 병사를 이끌고 북경을 공격해 수도를 함락했고, 숭정 황제는 "짐은 망국의 군주가 아니다."라는 비참한 외침을 끝으로 매산에서 목을 매달고 죽었다. 명나라 왕조의 말로였다. 숭정 황제는 재위 기간 수많은 업적을 남겼다. 위충현(魏忠賢)을 포함한 환관 무리를 축출했으며, 평소 생활이 검소했고, 나라 다스림에 여념이 없었다. 건륭 황제까지도 그의 처지를 매우 애석하게 여길 정도였다. 그러나 숭정 황제는 그의 말처럼 '망국의 군주'가 아니었다. 대명 왕조의 명맥을 끊은 것은 '소빙하기'에 빈발했던 재난이었다.

2. 현재 중국 기후변화가 경제 및 사회에 미치는 영향

1) 현재 중국 기온 변화 추이

『중국기후변화청서2023』에 따르면 2022년 전 세계 평균 기온은 산업화 이전(1850년~1900년 평균)보다 1.13℃ 상승하여 1850년 기상 관측 이후 6번째로 높았다. 2015년~2022년은 기상 관측 이래로 가장 따뜻한 8년이었다. 최근 10년(2013년~2022년) 전 세계 평균 기온은 산업화 이전보다 1.14℃도 높고, 2011년~2020년의 평균값보다 0.05℃도 높다. 2022년 아시아 육지 표면 평균 기온은 평년(이 보고서는 1981년~2010년 기후 표준 시기 적용)보다 1.0℃ 높아 1901년 이후 두 번째로 따뜻한 해였다.

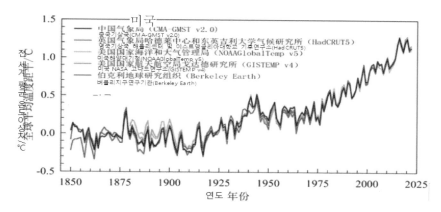

[그림 3] 1850년~2022년 전 세계 평균 온도 이상치(1850년~1900년 평균값 비교)

    1901년~2022년, 중국 지표 연평균 온도가 뚜렷한 상승세를 보였다. 10년 마다 평균 0.16℃가 상승하며 같은 기간 전 세계 평균 상승치를 웃돌았다. 2022년 중국 지표 평균 온도는 평년보다 0.92℃ 높아 20세기 초 이후 가장 따뜻했던 3개 연도 중 하나로 꼽혔다. 1961년~2022년, 중국은 이상 고온 현상이 큰 증가세를 보였다. 2022년 중국에서 발생한 이상 고온 현상은 3,501회가 보고되어 1961년 이래로 가장 많았다. 그 가운데 중경 북배(45. 0℃), 강진(44.7℃), 호북 죽산(44.6℃) 등 역대 최고 기온을 넘어선 기록이 총 366회였다.

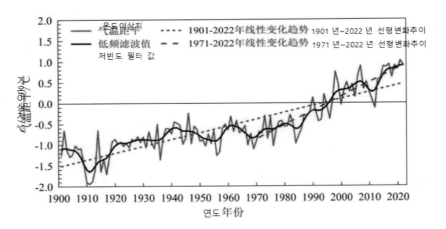

[그림 4] 1901년~2022년 중국 지표 평균 온도이상치

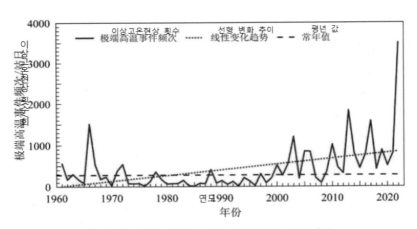

[그림 5] 1961년~2022년 중국 이상고온현상 발생 횟수

2) 현재 중국 강수 변화 추이

1961년~2022년, 중국의 연평균 강수량은 10년 평균 0.8%씩 증가하며 증가세를 나타냈다. 강수 변화는 지역적 특징이 뚜렷하다. 티베트 지역은 평균 강수량이 뚜렷한 증가세로, 10년마다 평균 9.4mm가 증가하고 있다. 서남 지역은 연평균 강수량이 감소세로, 10년마다 9.6mm가 감소한다. 1961년~2022년, 중국의 일일 폭우 사례는 10년마다 18회가 증가하며, 늘어나는 추세이다. 중국의 연간 누적 폭우(일 강수량≥50mm) 횟수는 늘고 있으며, 10년마다 4.2%씩 증가하고 있다.

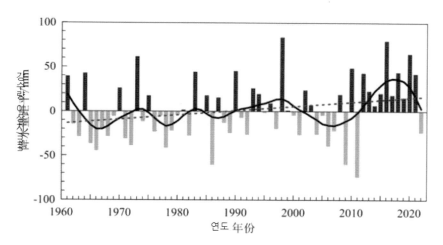

[그림 6] 1961년~2022년 중국 연평균 강수량 이상치

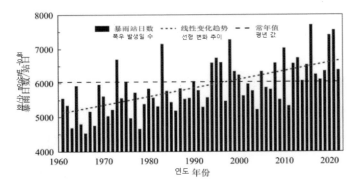

[그림 7] 1961년~2022년 중국 연간 누적 폭우 발생일

3) 현재 중국 기후 리스크

1961년~2022년, 중국의 기후 리스크 지수는 증가하고 있다. 2022년 고온 및 가뭄 리스크 지수가 1961년 이후 최고치를 기록했다.

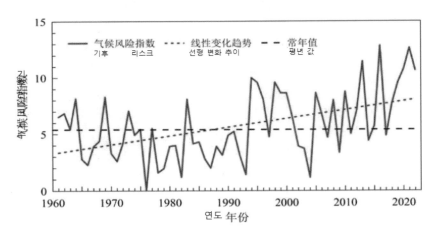

[그림 8] 1961년~2022년 중국 기후 리스크 지수 변화

(1) 농업 리스크

중국 기후의 고온화 및 가뭄화가 뚜렷해지면서 농업이 기후변화에 가장 큰 영향을 받고 있다.

중국은 농업 대국인만큼 기후변화로 인한 미래 농업 생산량 변동, 배치와 구조 조정, 비용과 투자 증가 등 문제에 직면할 것이다. 2030년까지 중국의 재식농업 생산량이 지구온난화로 5%~10%가량 감소하고, 그중 밀과 쌀, 옥수수의 3대 농작물 생산이 감소할 것으로 전망되고 있다. 기후 온난화로 토양 유기질인 미생물 분해 속도가 빨라져 지력(地力)이 약해진다. 높은 이산화탄소 농도로 광합성이 활발해져 뿌리 생물량이 증가해 토양 유기질 소실을 어느 정도 보완하지만, 토양에 수분이 부족하면 뿌리 생물량의 축적과 분해가 제약을 받는다. 이는 농작물 수요를 충족하기 위해 더 많은 양의 비료를 사용하고, 비용이 늘어나는 결과로 이어진다. 이외에도 기후가 온난해지면서 농작물 생장기가 길어져 봄, 여름, 가을에 번식하는 곤충의 수가 증가할 뿐 아니라 겨울에도 기온이 높아 유충의 생존에도 유리하다. 높은 기온은 잡초의 생장에도 유리한 조건을 제공한다. 기후 온난화로 병충해가 늘고, 잡초가 지나치게 번식하면 농약 사용량이 늘어 농업 생산 비용 역시 증가할 수밖에 없다.

(2) 수자원 리스크

기후 온난화는 지표면 빗물 유실, 가뭄 및 홍수 재해 증가와 일부 지역의 수질 변화 등을 일으킨다. 특히 수자원 수급 불균형 문제가 가장 심각해질 것이다.

지구온난화는 물 순환 과정 전반에 영향을 미친다. 물 증발이 증가해 지역별 강수량과 강수 분포에 변화가 생기고, 강수와 관련한 이상기후 현상이 증가할 것이다. 홍수와 가뭄 재해의 횟수와 강도가 증가하며 지표 유실 빗물에도 변화가 생길 수 있다. 지구온난화로 인한 지표 유실 빗물의 변화에 대해 2050년까지 전 세계 연평균 빗물 유실은 고위도와 동남아 지역에서 증가하고, 중앙아시아, 지중해, 남아프리카, 호주에서 감소하는 경향을 보일 것이라는 전망이 일반적이다. 중국 7대 유역의 연간 빗물 자연 유실량은 전반적으로 감소세이며, 지구온난화 이후 중국 각 유역의 연평균 증발량은 증가할 것으로 예측된다. 그중 황허와 내륙 하천의 증발량은 약 15% 증가할 것으로 보인다. 이외에도 빗물 유실량이 감소하고 증발량이 증가하면서 지구온난화로 인한 수자원의 불안정과 수급 불균형이 가중될 수 있다. 기후변화에 의한 물 부족량이 인구 증가와 경제 발전으로 인한 부족량보다 적지만 가뭄이 발생하면 기후변화로 초래된 물 부족분이 중국 화북, 서북 등 지역의 물 부족 현상을 악화시킬 뿐 아니라 이들 지역의 사회경제 발전에도 심각한 영향을 미친다. 지구온난화가 농업 관개용수에 미치는 영향은 공업용수와 생활용수에 대한 것보다 훨씬 크다. 강수량이 감소하고 증발량이 증가한 지역에서는 이 문제가 더 두드러진다. 2010년~2030년 서부 지역의 물 부족량은 200억 ㎥이며, 2050년에는 100억 ㎥가 부족할 것으로 예상된다. 더욱이 서부 지역은 물 공급 사업 등 수리시설이 부족해 수자원 시스템이 기후변화에 더욱 취약하다.

(3) 건강 리스크

기후변화는 이에 민감한 전염성 질병의 확산 범위를 확대해 인류 건강을 위협한다. 한 연구에 따르면 58%가 넘는 인류 질병이 기후변화로 악화할 수 있다. 그중 대기 온난화와 폭우는 각각 160종과 122종의 질병 발병률의 증가와 관련이 있다.[12]

폭염

기후 온난화는 폭염 발생 또는 심각성을 키우며 인류 건강에 직접적으로 영향을 미친다. 폭염과 고온은 병균, 바이러스, 기생충의 활동성을 강화해 인체 면역력과 질병 저항력을 약화시킨다. 이는 폭염과 관련한 심장, 호흡기 등 질병의 발병률과 사망률을 증가시키는 결과를 낳는다. 이는 노인, 어린이, 개도국의 가난한 집단에서 더 두드러지게 나타난다.

세계보건기구는 2020년 전 세계 폭염 사망자가 1배 증가할 것으로 내다봤다. 기후 온난화와 사망률 변화 관계에 관한 한 연구에서 '열 임계점'이라는 개념을 언급했다. 기온이 '열 임계점'을 초과할 때까지 상승하면 사망률

---

12   MORA C, MCKENZIE T, GAW IM 외, 「알려진 인간 병원성 질병의 절반 이상이 기후 변화로 인해 악화될 수 있다」, 『Nature Climate Change』 12(9), 2022, 869-875. https://doi.org/10.1038/s41558-022-01426-1.

이 크게 증가한다는 것이다. 연구에 따르면 미국 LA에서 발생한 폭염으로 85세 이상 노인 사망률이 평소보다 8배 높았다. 상해에서 실시한 1980년~1989년의 연구에 따르면 여름 기온이 34℃를 넘으면 사망률이 급증한다. 1998년 상해는 십수 년 만에 가장 심각한 폭염(7월 8일~20일, 8월 1일~3일, 8월 7일~17일, 8월 23일~25일)을 겪었다. 폭염 발생 기간 사망률은 평소의 2~3배 달했다. 포르투갈, 일본, 캐나다, 이집트 등 국가에서 실시한 비슷한 연구에서도 동일한 경향이 보고됐다.

광화학적 영향

기후 온난화는 대기 중 화학 오염물 간의 광화학 반응 속도를 높여 광화학 스모그 등 유해 산화 물질을 증가시키고, 눈 염증, 급성 호흡기 질병, 만성 기관지염, 폐기종, 기관지 천식 등 질병을 유발한다. 자외선은 세균, 바이러스를 효과적으로 제거하고, 인체 면역력을 강화할 뿐 아니라 철분, 인 등 미량 원소의 흡수를 도와 인체 골격의 생장과 발육에 도움을 준다. 그러나 과도한 양의 자외선은 인체 건강을 해친다. 기후 온난화로 대기 중 프레온 가스 등 온실가스가 증가해 오존층이 파괴되면 지표 자외선이 증가하게 된다. 특히 UV-B가 증가하면 백내장, 피부암 등을 유발해 인체 건강에 큰 해를 입힌다. 최근 미국에서 실시한 연구에 따르면 오존량 1% 감소로 증가한 UV-B는 백인 피부암 유병률을 3% 증가시킨다. 뿐만 아니라 UV 자외선에 과도하게 노출되면 DNA가 손상(유전 독성)되어 딸 세포에 돌연변

이가 발생해 피부암을 일으킬 수 있다.

병원 매개 질병의 확산

병원 매개 질병은 많은 경우 온도에 민감한 질병에 속한다. 말라리아와 같이 곤충, 음식, 물로 전파되는 감염병으로 기후변화와 매우 밀접하다. 지구온난화 이후 말라리아와 뎅기열 전파 범위가 증가하고, 전 세계 인구의 40%~50%가 곤충으로 전파되는 이 두 질병의 피해를 볼 수 있다. 또 기후가 온난해지면서 병원체가 기존의 기생 지역과 감염 분포 지역을 벗어나 새로운 전염성 병원체를 형성할 가능성도 있다. 세계보건기구의 보고서에 따르면 지난 20년간 최소 30종의 새로운 감염병이 발생했다. 각종 신규 감염병 바이러스는 기후 온난화로 바이러스 서식지가 교란되면서 생겨났다. 야생동물의 몸에서 살며 폐쇄된 세상에서 활동하던 미지의 바이러스가 기후변화로 인간의 몸으로 서식지를 옮기며 인간의 건강에 매우 심각한 영향을 미치는 것이다.

(4) 기반시설 리스크

기반시설은 국가 경제 발전의 근간으로 인간의 사회적 네트워크를 돕고, 생활의 질을 높이며, 건강과 안전을 도모한다. 교통시설, 수리시설, 에너지 공급시설 등이 대표적이다.

폭우와 허리케인 등 이상기후 현상은 홍수와 해일을 일으켜 도로, 다리,

터널, 철도 등 교통 기반시설을 파괴한다. 이로 인해 교통 시스템이 정상 가동되지 못하고, 보수와 복구 비용이 증가한다. 바다에 인접한 도시는 해수면 상승과 해일로 인해 항구와 해상 교통이 마비될 수 있다. 이외에도 기후변화는 수자원 분포도 바꾸어 놓는다. 건조한 지역의 수원 고갈로 수로 교통에 지장을 초래하며, 장기간의 가뭄 역시 댐과 수원지의 수위를 낮춰 도시 물 공급 시스템, 관개 시설 및 수력발전소 등 수자원 기반시설에 악영향을 미친다. 에너지 기반시설에 관한 학자의 예측을 보면 2050년까지 세계 대부분의 지역에서 최종 에너지 수요가 10% 증가하며, 미국, 유럽, 중국의 열대지역 및 남부 지역은 에너지 수요가 25% 이상 늘어난다.[13] 그런데 고온현상은 전력 시스템의 송전 및 변압 시설의 효율을 낮춰 화력발전소의 기능을 저하할 뿐 아니라 지면 수위를 낮춰 수력 터빈의 정상 작동을 더디게 하거나 장애를 일으켜 수력발전 생산에 지장을 초래한다. 폭풍, 홍수, 허리케인과 같은 이상기후 현상은 전력 송전선과 변전소, 발전시설을 파손해 시스템 중단과 전력공급 불안정을 일으킨다. 한 학자가 임의로 강건 최적화(Robust optimization) 방법을 고안해 기후변화와 이상기후 현상이 에너지 시스템에 미치는 영향을 수량화했다. 그 결과 이상기후 현상은 도시의 전력공급 안정성을 16% 낮추는 것으로 나타났다.[14]

---

13 VAN RUIJVEN B J, DE CIAN E, SUE WING I, 「기후변화로 인한 미래 에너지 수요 증가 증폭」, 『Nature Communications』 10(1), 2019, 2762. https://doi.org/10.1038/s41467-019-10399-3.

14 PERERA A T D, NIK VM, CHEN D 외, 「에너지시스템에 미치는 기후변화 및 극심한 기후현상의 영향 정량화」, 『Nature Energy』 5(2), 2020, 150-159. https://doi.org/10.1038/s41560-020-0558-0.

3. 기후 위기의 원인 및 리스크 대응

2023년 9월, 미국해양대기청(NOAA)이 발표한 기후보고서에 따르면 2022년 전 세계 온실가스 농도, 해수면 높이, 바다 열 함량 등의 수치가 역대 최고 수준을 기록했으며, 전 세계 연평균 지표 온도 상승 속도가 빨라져 기후변화로 인한 사망자 수와 경제 손실이 계속 증가하고 있다. 세계보건기구가 발표한 보고서 『기후변화와 건강』은 폭염, 폭우, 설해, 홍수, 가뭄과 같은 기후변화와 관련한 자연재해 수가 지난 50년간 3배 증가했으며, 이로 인해 매년 최소 6만 명이 사망했다고 밝혔다. 또 다른 연구는 지구온난화가 인류 질병 발병률,[15] 인간 간 폭력,[16] 식량 안보,[17] 생물 다양성[18] 및 에너지 시스템 안정성[19]에 미치는 부정적 영향을 밝혔다.

이외에도 많은 연구에서 기후변화와 도시화로 인해 도시, 특히 초대형 도시에서 이상 고온, 폭우, 심각히 오염된 날씨가 자주 나타난다고 보고하고 있다. 향후 도시화의 가속화로 도시 인구가 증가해 경제 규모가 확대되면

---

15 「기후변화는 인간에게 영향을 미치는 병원성 질병의 약 2/3를 악화시킨다」, 『Nature Climate Change』 12(9), 2022, 791-792. https://doi.org/10.1038/s41558-022-01435-0.

16 I J, FENG C, YANG J, 「기후 원인의 인간 간 폭력: 국제적 증거」, 『Environmental Research』, 2023, 236. https://doi.org/10.1016/j.envres.2023.116836.

17 FU J, JIAN Y, WANG X 외, 「지난 20년간 폭우로 중국 쌀 수확량의 1/12이 감소하다」, 『Nature Food』 4(5), 2023, 416-426. https://doi.org/10.1038/s43016-023-00753-6.

18 CHEUNG W W L, FRÖLICHER TL, LAM V W Y 외, 「해양 고온의 극단적 현상이 어류와 어업에 대한 기후변화 영향을 증폭시키다」, 『Science Advances』 7(40), 2021. https://doi.org/10.1126/sciadv.abh0895.

19 PERERA A T D, NIK VM, CHEN D 외, 「에너지 시스템에 미치는 기후변화 및 극심한 기후현상의 영향 정량화」, 『Nature Energy』 5(2), 2020, 150-159. https://doi.org/10.1038/s41560-020-0558-0.

도시가 직면한 기후변화 리스크가 더욱 심화해 지속 가능한 성장의 어려움
이 가중될 수 있다. 이번 절에서는 중국 초대형 도시의 대표로 인구와 경제
밀도가 매우 높은 북경을 사례로, 그 기후변화 현황(특히 이상고온)에 대한
원인 분석을 실시한다. 재해 리스크 평가 공식을 기반으로 이상고온의 재해
발생 인자, 도시 노출도, 취약성을 분석해 도시가 이상고온 변화를 개선하고
적응할 수 있는 전략을 마련한다.

1) 이상고온 현상

(1) 자연적 원인

기후변화를 일으키는 주요 원인은 자연적 원인과 인위적 원인이 있다.[20]
자연적 원인[21]은 태양 활동이 직접 복사, 자외선, 태양풍, 우주 방사선 등
고에너지 입자와 자장에 영향을 미치며 지구 전체 기온을 변화시키는 것이
다. 태양 활동 외 엘니뇨 현상 역시 전 세계 각지의 이상기후 현상을 일으키
는 주요 원인으로 지목된다. 중급 이상 강도의 엘니뇨는 지구 온난화에 따
른 기온 상승 폭을 0.05℃~0.12℃ 끌어올린다. 이는 4년~8년간 전 세계 평균
기온 누적 상승 폭과 일치한다.

---

20 LI Q, SHENG B, HUANG J 외, 「상이한 기후 대응 지속이 대륙 규모에서 불균일한 온난화
    추세를 유발한다」, 『Nature Climate Change』 12(4), 2022, 343-349.
    https://doi.org/10.1038/s41558-022-01313-9.
21 샤오쯔유(肖子牛), 「태양 활동이 지구 기후에 미치는 영향」, 『자연잡지』 43(6), 2021,
    408-419.

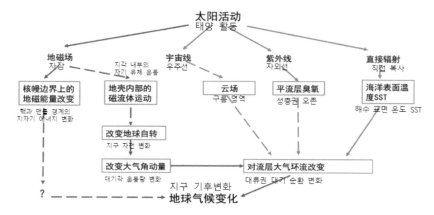

[그림 9] 태양 활동이 지구 기후에 영향을 미칠 수 있는 다양한 경로(점선은 현재 불확실한 경로)

(2) 인위적 원인

자연적 원인만으로 지표 온도의 장기적인 이상 온난화 경향을 설명할 수 없으며, 자연적 원인과 인위적 작용을 함께 분석해야 기온 이상 현상을 좀더 정확히 설명할 수 있다.[22] 연구에 따르면 1960년 이후 중국의 기온 상승에 가장 큰 영향을 미친 건 온실가스이며, 급속한 도시화로 인한 도시 열섬 현상이 그 뒤를 잇는다.[23] 온실가스(GHG)는 대기에서 지면으로부터

---

22 LEAN J L, RIND DH, 「자연적 및 인위적 영향이 지구 및 지역 표면 온도에 미치는 영향: 1889년부터 2006년까지」, 『Geophysical Research Letters』 35(18), 2008, L18701. https://doi.org/10.1029/2008GL034864. https://baike.baidu.com/item/%E6%B8%A9%E5%AE%A4%E6%B0%94%E4%BD%93/ 138234.
23 왕위제(王玉潔), 린신(林欣), 「베이징·텐진·허베이 도시 클러스터의 기후변화 및 영향 적응 연구 총론」, 『기후변화연구진전』 18(6), 2022, 743-755.

반사된 장파 복사열을 흡수한 뒤 이를 다시 방출하는 일부 기체를 말한다. 이 기체는 지표면을 뜨겁게 한다.[24] 인류 활동은 이산화탄소를 위주로 한 온실가스 농도를 높이는 주된 원인이다.

IPCC의 『제6차 종합평가보고서』에 따르면 2023년 6월 이전 10년 동안 전 세계 온실가스 배출량이 사상 최대치를 기록했다. 매년 배출하는 이산화탄소의 양이 540억 톤을 초과하며 전 세계 온난화 속도를 급격하게 끌어올렸다. 학자들이[25] 북경시의 CO_2 배출 주요 원인을 분석한 결과, CO_2 배출량에 긍정적 기여를 한 요소는 2차산업 생산액의 총 GDP 점유 비율, 3차산업 생산액의 총 GDP 점유 비율, 상주인구, GDP, 가계 소득 수준, 도시 도로 노선, 도농 가정용 전력량이다. 분야별 온실가스(GHG) 배출량을 분석하면 에너지 활동 분야가 82.5%로 북경 온실가스 배출에서 가장 큰 비중을 차지했다.[26] 그다음은 공업가공 및 농업 분야였다. 도시 인구 증가와 경제 발전 가속화로 도시 고체 폐기물(MSW) 양도 증가하는 추세이다. 2006년~2019년, 북경시의 도시생활쓰레기 처리로 인한 GHG 배출량의 연평균 증가율(AAGR)은 4.68%이며, 도시쓰레기 처리로 유발된 GHG 배출량이 전체 GHG 배출량에서 차지하는 비율은 약 3%이다.[27] 도시 열섬 현상은 도시의 인공 열 배출,

24   온실가스[EB/OL]//바이두바이커, [2023-9-26]
25   LIU Z, WANG F, TANG Z 외, 「중국 베이징의 생산 기반 CO_2 배출량 예측 및 주요 요인」, 『Sustainable Cities and Society』 53, 2020. https://doi.org/10.1016/j.scs.2019.101909.
26   LIU K, YANG S, HUANG B 외, 「전형적인 도시의 온실가스예산 영향요인에 관한 비교연구: 북경과 심천의 사례연구」, 『Atmosphere』 14(7), 2023, 1158. https://doi.org/10.3390/atmos14071158.
27   LI Y, ZHANG S, LIU C, 「베이징시 고형 폐기물 처리에 대한 온실가스 배출 특성 및

건물, 도로 등 열 저장체, 녹지 감소 등으로 인해 도시 온도가 높아지는 것을 말한다.[28] 현재 중국은 도시화 과정의 중기 가속 단계에 놓여 있다. 인구, 경제, 교통, 건물 등 요소가 도시로 집중되며 도시의 기존 환경이 변화했으며, 도시 지형이 가장 두드러진 변화를 겪었다. 한 학자[29]가 1999년~2019년 북경시 토지 용도를 분석한 결과에 따르면 농경지 비율이 1999년 47.44%에서 2019년 12.97%로 대폭 감소했다. 임지, 초지, 수역 비중은 각각 7.48%, 5.87%, 1.37%로 거의 변화가 없으며, 건설 용지는 1999년 38.03%에서 72.44%로 20년간 크게 증가했다. 건축재료로 주로 쓰이는 콘크리트, 시멘트, 아스팔트는 열을 빨리 흡수하고, 열용량이 작으며, 물 유지력이 약하기 때문에 동일한 태양 복사를 받아도 자연적 기준 표면(underlying surface)에 비해 더 급격히 기온이 상승한다. 건축 용지에서 발생시킨 거대한 열원으로 인해 북경을 비롯한 대도시에서 고온 현상이 강하게 나타나고 있다.

기준 표면의 변화 외에도 인공 열원과 수증기도 도시 온도를 끌어올리는 주요 원인이다. 도시에 밀집된 인구는 생산 수요, 생활 수요, 교통 수요를

배출 완화 가능성에 관한 연구」, 『Sustainability』 14(14), 2022. https://doi.org/10.3390/su14148398.
https://baike.baidu.com/reference/757980/52d0j9uLJ_KPHWDliNcvxHriWXa5HAjYdE Ay85p-6iRwMzbcijUh6GLCwsJOKW8xLRJHyETUvNQbmMkqjk2VNpSplNr_NKM9G_IR eXX8jlUxIU_IJPnR46x 7aP Mxv8KmOyaYZQHyfzivso3wmaZ2Hw.

28   도시열섬현상 참고자료[EB/OL], [2023-09-28].
29   YANG J, ALAHMADI K M, SHIROWZHAN S, 「1999년부터 2019년까지 베이징 수도권 도시 열섬 현상에 대한 도시 팽창의 영향」, 『Applied Mathematics and Nonlinear Sciences』 7(2), 2022, 581-600. https://doi.org/10.2478/amns.2021.1.00104.

증가시키고, 이는 다시 생산 생활 설비와 자동차 수 증가의 원인으로 작용한다. 북경시 통계국의 통계에 따르면 2022년 말 북경 상주인구는 2,184만 3,000명이며, 자동차 보유 대수는 712만 8,000대다. 도시 거주민의 생활, 생산 생활 설비 및 각종 자동차는 여러 원료를 연소해 에너지를 방출한다. 이외에도 도시에 밀집한 건물과 도로, 교량으로 인해 증가한 바람 저항력으로 풍속이 감소해 도시가 열을 제대로 발산하지 못한다. 2008년~2017년 북경시 도시기상대와 농촌기상대의 풍속 수치를 분석한 연구에 따르면[30] 도시의 연평균 풍속은 1.11m/s으로, 농촌 연평균 풍속보다 0.21m/s 낮았다. 풍속이 6m/s 미만일 경우 뚜렷한 열섬 현상이 발생한다.

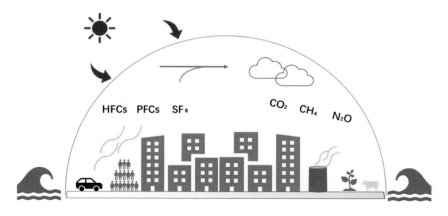

[그림 10] 북경시 이상고온 현상 원인 분석

---

30 YANG P, REN G, YAN P 외, 「베이징시의 지표풍속과 "도시 대기 정체 현상(Urban Stilling Island)"의 시간적 패턴」, 『Journal of Meteorological Research』 34(5), 2020, 986-996. https://doi.org/10.1007/s13351-020-9135-5.

2) 이상고온 리스크 대응

지구온난화와 도시화 중기 가속 단계에 놓인 상태에서 도시의 이상 고온 리스크를 제대로 평가하고, 또 이에 맞는 리스크 대응 조치를 마련하는 것은 기후변화라는 거시 환경 속에서 도시를 운영하는 데 매우 중요하다. 재해 리스크는 재해 유발 요인의 위험성, 재해 피해 주체의 노출도와 취약성의 함수, 즉 재해 리스크=f(재해 유발 요인, 노출도, 취약성)로 볼 수 있다.

이상고온 재해 리스크에서 자연적 원인과 인위적 원인과 같은 도시 이상고온 유발 요인을 재해 유발 요인으로 볼 수 있으며, 도시 기반시설 등의 건설 상태로 도시의 노출도와 취약성을 평가할 수 있다. 이상고온 유발 요인을 감소시키고, 이상고온에 대한 도시 적응력을 강화하는 방법을 모두 적용해 도시의 이상고온 리스크에 대응해야 할 것이다.

(1) 도시의 이상고온 유발 요인 개선

태양 활동과 엘니뇨 현상 등 도시 이상기후 변화를 유발하는 자연적 원인은 인간의 활동으로 변화시키기 어려운 만큼 인위적 요인, 다시 말해 온실가스 배출량 감소와 도시 열섬 현상 개선을 통한 도시 이상 고온 변화 추세의 완화에 대해 주로 논의하고자 한다.

그 가운데 온실가스 배출량을 줄이기 위해서는 에너지 구조 변경과 온실가스 흡수 경로를 늘리는 두 가지 방법을 쓸 수 있다.

에너지 구조 변경의 경우, 먼저 에너지 전환 정책을 제정하여 청정에너지와 신에너지 사용을 장려하고, 고탄소 에너지에 탄소 가격제나 세금을 부과해 화석 연료에 대한 의존도를 낮춰야 한다. 이는 정부 정책 및 장려 조치 그리고 투자로 현실화할 수 있다.

두 번째는 공업, 농업, 건축, 교통 등 에너지 소모가 큰 분야의 에너지 효율을 높여야 한다. 공업 분야는 에너지 심사와 과정 최적화를 통해 선진적인 과정 제어 및 모니터링 기술을 도입하여 생산 과정에서 발생하는 에너지 낭비를 식별해 감소시켜야 한다. 폐기물처리와 자원 회수 방법을 최적화함으로써 공업 생산 과정에서 필요한 원재료 수요를 줄일 수 있다. 농업 분야의 경우 유기농법을 도입해 화학 농약과 화학 비료 사용을 줄이고, 토양의 질을 높이는 한편 센서, 드론을 통한 데이터 분석 기술을 활용해 시비(施肥), 관개, 작물 관리를 정확하게 해 자원 낭비를 줄일 수 있다. 건축 분야는 친환경 건축 공법과 친환경 건축 재료를 적극 사용해야 한다. 건물에 태양에너지 패널을 설치하고, 생분해 소재, 보온 소재 등을 채택해 숨 쉬는 생태 건물을 만들어야 한다. 교통 분야는 전기차와 전기 버스, 전동 자전거를 적극 확대해 연료 차량의 사용을 줄여야 한다. 대중교통 네트워크를 개선해 그 편리성과 효율을 높여 시민의 대중교통 이용을 장려해야 한다. 뿐만 아니라 스마트 대중교통 시스템을 발전시켜 교통량을 최적화해 차량정체와 불필요한 연료 소모를 줄여야 할 것이다.

마지막으로 시민에게 에너지 절약 및 오염물질 감축에 관한 지식을 보급하고, 기후변화와 지속 가능한 성장에 대한 인식을 강화해야 한다. 외출 시 대중교통을 이용하고, 주행 속도는 낮추며, 에너지 절약 가전제품을 사용하고 물을 절약하는 것뿐 아니라 공기조절기를 과도하게 사용하기보다는 기온에 맞는 적정한 두께의 옷을 착용하는 등의 작은 생활 습관도 온실가스 감축에 큰 효과가 있다. 온실가스 흡수 방법 증가의 경우, 숲, 들판, 습지를 복원하고, 탄소 고정 기술을 발전 및 사용하는 것이 중요하다. 추산에 따르면 산림축적량이 1억 ㎥ 증가할 때마다 1억 6천 톤의 탄소 고정 효과가 발생한다. 탄소 고정 기술은 특정 지점의 탄소 포집과 공기 중 탄소 포집 등 방법으로 이산화탄소를 분리 및 회수하여 탄소를 이용하거나 저장한다.

제4부분에서 도시 기준 표면의 변화, 인공 열원 증가 및 원활하지 않는 바람의 흐름 등이 도시 열섬 현상을 유발한다고 분석하였다. 열섬 현상을 개선하려면 먼저 임지, 초지, 수역 등 열용량이 크고, 증산작용(transpiration)을 하는 도시의 기준 표면 비중을 복구하고 늘려 도시 지표 온도를 낮춰야 한다. 연구에 따르면 식물은 수관(樹冠)의 폭과 밀도에 따라 태양 복사를 70%~90% 차단할 수 있다. 낙엽수는 겨울철 잎이 크게 감소해도 50%의 태양 복사를 차단한다. 둘째, 반사율이 높은 옅은 색 표면 건축 재료를 사용하거나 옥상 녹화와 수직 녹화를 통해 도시 건물의 반사율을 높여 태양 단파와 장파 복사의 흡수를 줄일 수 있다. 중국 도시계획설계연구원의 한 연구에 따르면 지면의 녹색 식물로 표면 최고 온도를 2~9℃ 낮출 수 있으며, 옥상 녹화와 수직 녹화는 표면 온도를 약 17℃ 낮출 뿐 아니라 건물 단열 효과까지 제공한다. 마지막으로 도시 서비스를 개선하고 도시 공간을 합리적으로 계획해야 한다. 도시에 에너지 절약 시설과 대중교통을 확대하고, 도시 열원의 수를 줄여야 한다. 또 도시 건물 배치와 구조를 합리적으로

설계해 공기 대류를 만들어 통풍 부재로 열기가 갇혀 도시가 뜨거워지는 현상을 막아야 한다.

(2) 도시 이상고온에 대한 적응력 강화

IPCC AR5의 평가 결과를 보면 도시 기후 리스크 평가 강화, 도시 기능 배치 최적화, 회복력 갖춘 도시 기반시설 건설은 도시 지역 노출도와 취약성을 크게 개선해 도시 기후변화 리스크를 경감할 수 있다.[31]

도시의 지리적 위치, 기존 기반시설의 기능, 인구, 경제 발전 수준과 변화는 이상고온 현상에 처한 도시의 노출도와 취약성에 영향을 미친다. 제대로 된 도시 기후 적응 정책을 제정하려면 '1년마다 상태 점검 1회 실시, 5년마다 평가 1회 실시'의 도시 상태 점검 평가제도를 구축하고 지급(地級) 이상 도시를 대상으로 도시 기후 리스크 지도를 제작해야 한다.[32] 도시 기능 배치와 기반시설 건설에 관해서는 먼저 도시의 생태계 서비스 기능을 개선하고, 숲, 호수, 습지, 초원 등 중요 생태계를 잘 보호할 뿐 아니라 도시의 원형 녹지, 퍼걸러(pergola), 쐐기형 녹지, 녹도(green way)를 과학적으로 설계하고 도시 생태계의 수원 확보, 홍수 및 가뭄 예방, 기후 조절 등에 관한 작용과 기능을 지속적으로 유지해야 한다. 이외에도 도시의 기후 회복력(urban resil-

---

31 IPCC 제5차평가보고종합보고서(2014)-Docin.com[EB/OL]. [2023-10-03].
　　 https://www.docin.com/p- 1873346256.html.
32 팡보(龐博), 『국가 기후변화 적응 전략 2035』 발표에 관한 통지_국무원 문서_중국정부망 [EB/OL]. [2023-10-06].
　　 https://www.gov.cn/zhengce/zhengceku/2022-06/14/content_5695555.htm.

ience)을 강화하고 도시 기반시설의 안전한 운영을 보장해야 한다. 도시 기반시설에 대한 일제 조사 결과를 관리하고 상태 점검 평가를 전면적으로 실시하여 기수(基數) 파악, 리스크 점검, 취약점 확인, 정확한 정책 마련을 이뤄야한다. 이상 고온이 도시 전력공급 체계, 물 공급 체계, 의료 체계, 농업 체계, 도로, 건물, 교량의 안정성에 미치는 영향을 토대로 해당 부분에 대한 도시건설 표준을 제정 또는 수정하여 도시 기반시설의 이상고온 현상에 대한 적응력을 키워야 할 것이다.

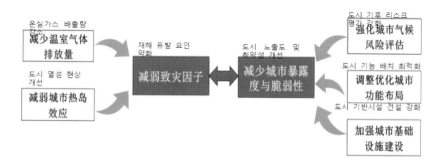

[그림 11] 도시 이상 고온 리스크 대응 전략

참고문헌

민국, 『신현지(莘縣志)』 권 16.

샤오쯔유(肖子牛), 「태양 활동이 지구 기후에 미치는 영향」, 『자연잡지』 43(6), 2021, 408-419.

왕위제(王玉潔), 린신(林欣), 「베이징·톈진·허베이 도시 클러스터의 기후변화 및 영향 적응 연구 총론」, 『기후변화연구진전』 18(6), 2022, 743-755.

위예페이(余也非), 「중국 역대 식량 묘(畝)당 평균 생산량」, 『충칭사범대학교 학보』 3, 1980, 8-20.

우춘하오(吳存浩), 『중국 농업사(1~4권), 베이징』, 경관교육출판사, 1996, 1-1273.

장뎬(章典), 잔즈융(詹志勇), 린추성(林初升) 외, 「기후변화와 중국의 전쟁, 사회, 왕조의 변천」, 『과학통보』 23, 2004, 2468-2474.

장피위안(長丕遠), 『중국의 역사적 기후변화, 지난』, 산둥과학기술출판사, 1996, 395-413.

팡보(龐博), 『국가 기후변화 적응 전략 2035』 발표에 관한 통지_국무원 문서_중국정부망.

허판닝(何凡能), 리커(李柯), 류하오룽(劉浩龍), 「역사 시기 기후 변화가 중국 고대 농업에 미친 영향 분석에 관한 진전」, 『지리 연구』 29(2), 2019, 2289-2297.

CHEUNG W W L, FRÖLICHER TL, LAM V W Y 외, 「해양 고온의 극단적 현상이 어류와 어업에 대한 기후변화 영향을 증폭시키다」, 『Science Advances』 7(40), 2021.

FU J, JIAN Y, WANG X 외, 「지난 20년간 폭우로 중국 쌀 수확량의 1/12이 감소하다」, 『Nature Food』 4(5), 2023, 416-426.

GE Q, ZHENG J, FANG X 외, 「지난 2000년 동안 중국 황하와 장강 중하류의 겨울 6개월 기온 재구성」, 『The Holocene』 13(6), 2003, 933-940.

I J, FENG C, YANG J, 「기후 원인의 인간 간 폭력: 국제적 증거」, 『Environmental Research』, 2023, 236.

IPCC 제5차 평가보고종합보고서(2014)-Docin.com.

LEAN J L, RIND DH, 「자연적 및 인위적 영향이 지구 및 지역 표면 온도에 미치는

영향: 1889년부터 2006년까지」, 『Geophysical Research Letters』 35(18), 2008.

LI Q, SHENG B, HUANG J 외, 「상이한 기후 대응 지속이 대륙 규모에서 불균일한 온난화 추세를 유발한다」, 『Nature Climate Change』 12(4), 2022, 343-349.

LIU K, YANG S, HUANG B 외, 「전형적인 도시의 온실가스 예산 영향요인에 관한 비교연구: 북경과 심천의 사례연구」, 『Atmosphere』 14(7), 2023, 1158.

LIU Z, WANG F, TANG Z 외, 「중국 베이징의 생산 기반 CO_2 배출량 예측 및 주요 요인」, 『Sustainable Cities and Society』 53, 2020.

LI Y, ZHANG S, LIU C, 「베이징시 고형 폐기물 처리에 대한 온실가스 배출 특성 및 배출 완화 가능성에 관한 연구」, 『Sustainability』 14(14), 2022.

MORA C, MCKENZIE T, GAW IM 외, 「알려진 인간 병원성 질병의 절반 이상이 기후 변화로 인해 악화될 수 있다」, 『Nature Climate Change』 12(9), 2022, 869-875.

PERERA A T D, NIK VM, CHEN D 외, 「에너지시스템에 미치는 기후변화 및 극심한 기후 현상의 영향 정량화」, 『Nature Energy』 5(2), 2020, 150-159.

「기후변화는 인간에게 영향을 미치는 병원성 질병의 약 2/3를 악화시킨다」, 『Nature Climate Change』 12(9), 2022, 791-792.

VAN RUIJVEN B J, DE CIAN E, SUE WING I, 「기후변화로 인한 미래 에너지 수요 증가 증폭」, 『Nature Communications』 10(1), 2019, 2762.

YANG J, ALAHMADI K M, SHIROWZHAN S, 「1999년부터 2019년까지 베이징 수도권 도시 열섬 현상에 대한 도시 팽창의 영향」, 『Applied Mathematics and Nonlinear Sciences』 7(2), 2022, 581-600.

YANG P, REN G, YAN P 외, 「베이징시의 지표풍속과 "도시 대기 정체 현상(Urban Stilling Island)"의 시간적 패턴」, 『Journal of Meteorological Research』 34(5), 2020, 986-996.

9장

일본의 공해사건 이후 탄생한 재난문학,
그에 따른 사회적 변화와 기능

김경인
(전남대 일본문화연구센터 연구원)

1. 재난문학은 왜 탄생하는가?

2023년 4월, 『스즈메의 문단속(すずめの戸締まり)』(2022)의 신카이 마코토(新海誠)[1] 감독이, 한국관객 500만 돌파에 감사의 뜻을 전하기 위해 방한하였다. 당시의 인터뷰에서 신카이 감독은 '치유와 위로'의 메시지를 전하는 재난 애니메이션을 통해 재난과 그 희생을 "오래도록 잊지 않기를 바란다."라고 작품 제작의 취지를 밝혔다. 또 2011년 동일본대지진을 소재로 한 까닭을, 재난을 경험하지 않은 젊은 세대와 재난경험자인 기성세대를 이어줌으로써 재난의 기억과 경험을 공유할 수 있기를 바라서라고 했다.[2] 바로 신카이 감독의 이 인터뷰 속에 재난문학이 지닌 중대한 의미가 함유되어 있다고

---

1   재난을 소재로 하는 신카이 감독의 대표작품으로 『너의 이름은(君の名は)』(2016, 혜성충돌), 『날씨의 아이(天気の子)』(2019, 기후재난), 『스즈메의 문단속』(2022, 대지진)을 들 수 있다. 이들의 관객동원 수를 보면(세계/일본/한국), 차례대로 <125개 나라 및 지역 개봉/4,000만 명/1,9367만 명>, <140개 나라 및 지역 개봉/1,045만 명/761만 명>, <(23년 5월 기준, 9월 현재 상영 중) 199개 나라 및 지역 개봉/1,115만 명/555만 명>이다. 이를 통해 세계적으로 수많은 사람들에게 감독의 취지와 메시지, 그리고 재난에 대한 경각심이 전해졌음을 확인할 수 있다.

2   JTBS뉴스 2023년 4월 29일 인터뷰 내용 참조.
    https://news.jtbc.co.kr/article/article.aspx?news_id=NB12124392

할 수 있다. 특히 실제 발생한 재난을 서사하는 문학은 '기억과 치유'라는 바람에서 탄생하며, 동시에 '기억과 치유'라는 사회적 기능으로서 소비된다는 것이다.

사실 12년여 전에 발생했던 동일본대지진은 지진과 쓰나미라는 자연재난으로만 끝나지 않았다. 그에 뒤이은 도쿄전력 후쿠시마제1원전사고(이하, 후쿠시마핵재난)라는 인류 최악의 핵재(核災)까지 더해진 복합재난이었다. 그런데 이에 대한 일본 내 언론의 특집기사는, 사고 이후 한두 달 사이에 서서히 사라지고 피해민과 피난민들의 구체적인 사연은 어디에서도 찾아볼 수 없었다. 그들의 피해 사연이 이야기되기도 전에 일본 정부와 도쿄전력은 "후쿠시마는 통제되고 있다."라느니 "원전 르네상스가 답"이라는 식의 거짓 선전을 앞세워 사건을 '일단락' 짓고 역사의 뒤안길로 밀어 넣으려는 듯 보였다. 이와 같은 현상을 직시한 후쿠시마 출신의 작가 후루카와 히데오(古川日出男, 2011)는 '자살충동'과도 같은 '피폭될 각오'를 안고 핵방사능에 오염된 고향을 찾는다. 그 여정을 소설 『말들이여, 그래도 빛은 무구하고(馬たちよそれでも光は無垢で)』에 담아냄으로써, '그날'로부터 한 달 남짓밖에 흐르지 않은 시점에 '그곳'의 뉴스는 더 이상 특보도 아니며 뉴스의 헤드라인에도 들지 못하고 버려졌음을 고발하였다.

> 나는 이미 알고 있었다. 후쿠시마현이 폐쇄된다. 정확한 뉘앙스로는… 봉쇄될 것이다. (중략) 사람들은 쫓겨났다. 마을은 버려졌다. 개와 고양이도 소도, 말도. 시체의 회수작업마저 하려 하지 않는다. 버려졌다.[3]

작가는 '진실은 후쿠시마 제1원전을 중심으로 반경 30킬로 이내에 형성된 동심원 밖으로 나오지 않'을 것을 예감하고, 'FUKUSHIMA'[4]가 되어버린 고향을 '소설'이라는 매체를 통해 세상 밖으로 끌어낸 것이다.

후루카와 히데오와 같은 작가의 재난문학은, 국가와 가해 기업과 사회가 제각각의 목적으로 재난의 진실을 지우려고 애쓰는 것을 목도함으로써 탄생하였다고 할 것이다. 그들이 지우려는 재난의 기억과 역사를 '기록주의 작품'으로 재창조하고 승화한 것이, 재난을 기록하고 그 피해와 피해자의 삶을 기억하기 위한 수단이 된 것이라 할 수 있다.

요컨대 이 글에서는 재난과 재난문학 탄생의 상관성과 필연성을 살펴보고, 그렇게 탄생한 재난문학이 사회에 어떤 반향을 일으킬 수 있는가를 확인하고자 한다. 이를 위해 과거 일본의 대표적 공해사건을 소환하고 그 사건들이 탄생시켰다고 할 수 있는 재난문학을 만나보려고 한다.

2. 일본의 3대 공해(병)사건

과거와 현재의 재난을 정확하게 목격하고 기록함으로써 현재와 미래적 의미를 창조하고 전달하는 것이 바로 '재난문학'의 과제라고 말하면 무리일

---

3 古川日出男, 『馬たちよそれでも光は無垢で』, 新潮社, 2011, 25-26쪽.
4 일반적인 도시 히로시마(広島)와 나가사키(長崎)에서 원폭과 방사능에 피폭된 도시임을 표상하는 의미로 가타카나(ヒロシマ·ナガサキ) 혹은 알파벳(HIROSHIMA·NAGASAKI)으로 명기한 것에서, 핵방사능에 오염된 후쿠시마(福島)를 표상하는 의미에서 알파벳으로 명기함.

까? 아니다. 이는 관심 있는 이들이라면 주지하고 있는 사실이고, 필자 역시 일본의 원자폭탄을 포함한 핵재난 및 공해(병)사건을 서사하는 재난문학과 그 작가들의 활동상에서 이를 증명하는 사례를 다수 확인할 수 있었다.

'일본의 3대 공해사건'은 어떻게 규정하였는가?

2011년 3월 11일. 이날은 '동일본대지진과 대쓰나미' 그리고 뒤이은 '후쿠시마핵재난'이 발생한 날이다. 이후 일본에서는 다양한 분야의 사람들이 '아시오·미나마타에서 후쿠시마로(足尾·水俣から福島へ)'라는 말을 거론하며 일본 공해의 기억과 지혜를 공유해야 한다는 목소리를 높였다. 그런 연유로 관련 내용의 기사는 물론이고 강연들이 폭주했고 그와 비슷한 타이틀의 저서들도 적지 않게 출판되었다. 어디 그뿐인가? 당시 기준으로 60년 전 혹은 100년도 더 이전에 발생했던 공해사건을 소재로 했던 오래된 저서의 복간이 활발해진 것도 2011년 3월의 핵재난 이후 나타난 미디어의 한 특성이었다. 또 한 가지는 후쿠시마핵재난과 '히로시마·나가사키의 원폭을 동일선상에 두고 일본의 핵재난사(史)'에 주목하는 글과 저서들도 다수 발표되었다[5]는 것이다.

5　단적인 예로, www.amazon.co.jp에서 '원폭과 원전' '원전과 원폭'이라는 키워드로 검색한 결과 중, 2011년 후쿠시마핵재난 이후 출간된 저서로 타이틀에 '원폭·원전'이라는 표현이 들어간 저서만 11편 이상이 검색된다. 예컨대 가와무라 미나토(川村, 2011. 8.)의 『原爆と原発』, 오치아이 에이치로(落合栄一郎, 2012. 3.)의 『原爆と原発』, 아마노 게이치(天野 惠一, 2014. 3.)의 『災後論—核(原爆·原発)責任論へ』, 고바야시 다카요시(小林孝吉, 2016. 3.)의 『原発と原爆の文学』 등이다.

일본의 미디어와 학자 및 시민들이 핵발전 이래 최악의 원전사고를 직면하면서 세기를 초월한 과거의 사건들을 돌이켜보아야 했던 이유는 무엇이었을까? 그것은 과거 발생했던 원폭과 공해(병)사건이 재난의 역사라는 맥락 안에서 버젓이 재차 삼차 반복되고 특정한 동일성을 가지고 있기 때문이라고 생각한다. 이 동일성을 찾기 위해 '일본의 3대 공해사건'을 선정하고 그 구조적 특성을 규명한 바 있는데,[6] 이때의 '3대'를 선정한 기준은 간단하다. 전술한 바와 같이 유래를 찾을 수 없는 후쿠시마핵재난을 직면한 일본 사회가 '세기를 초월한 과거'의 대표적 사건으로 거론한 두 사건, 즉 아시오동산광독사건(足尾銅山鉱毒事件, 이하 '아시오광독사건')과 짓소미나마타병사건(チッソ水俣病事件, 이하 '미나마타병사건')이야말로 일본 최대의 공해(병)사건임은 의심의 여지가 없다. 여기에 더해 '후쿠시마핵재난'을 일본의 3대 공해사건의 세 번째 사건으로 규정한다. 그 중대한 이유는 일본의 '행동하는 환경경제학자'로 불렸던 미야모토 겐이치(宮本憲一)가 저서 『전후일본공해사론(戦後日本公害史論)』에서 후쿠시마핵재난을 "비참한 아시오광독사건 이래 주민의 강제소개와 지자체의 폐지라는 점에서 일본 역사상 최악의 공해라고 해도 과언이 아니다."라며 '사상 최대·최악의 스톡공해'로 규정한[7] 데에서도 확

---

6   필자는 박사학위논문 『일본의 공해사건을 서사한 문학 연구』(2017, 전남대학교 대학원)와 기타 연구논문에서 일본의 대표적 공해사건(공해의 원점-아시오광독사건, 공해의 전형-미나마타병사건, 궁극의 공해-후쿠시마핵재난)을 서사한 재난문학을 고찰하였는데, 그 결과 규명된 세 사건의 공통적인 요소를 일본공해의 시스템(국책이라는 명분, 정경유착이라는 수단, 공해반대운동과 피해보상운동, 기민정책의 합리화)으로 정리하였다. 그리고 이 글에 게재한 <표-1~표5>는 졸자의 학위논문의 표를 활용 및 수정보완한 것임을 밝힌다.

인할 수 있다. 후쿠시마핵재난은 지진과 쓰나미라는 복합적인 자연재난의 성격에 그치지 않는다. 그보다 더 근본적인 문제는 원전가동 이후 지속적으로 제기되었던 원전 자체와 방사능오염의 위험성은 물론이고, 쓰나미라는 자연재해를 상정한 원전사고의 가능성에 대한 경고를 무시해 온 원전기업과 일본 정부에 의한 사회적 핵공해라는 사실이다.

이와 더불어 2023년 8월 24일을 기해 시작된 '방사성물질 오염수의 해양방류'는 일본뿐 아니라 전 세계의 자연과 인류를 위협하고 해를 가하는 최악의 공해사건이 아닐 수 없다. 탄광과 공장에서 공기 중 혹은 수중으로 방류한 독성함유의 폐수로 짧게는 몇 개월 후, 길게는 몇 년 몇십 년 후 인류와 자연을 파괴한 공해사건을 동서양을 막론하고 기존에도 수없이 많이 경험해 온 바다. 기업과 국가가 제시한 오만의 기준치를 앞세워 기준치 미달이므로 "과학적으로 안전하다."라느니, "~처리를 마쳤으므로 마실(먹을) 수 있다!"[8]라며 쇼를 일삼던 것이 터무니없는 거짓이었음은, 미나마타병사건을 비롯한 공해사건에서 어김없이 증명되었던 사실이다. 이 같은 과거 일본의 공해재난사(史)를 보면, 이번 '방사성물질 오염수의 해양방류'가 제 아무리 'ALPS(다핵종제거설비) 처리수'라는 가면을 썼다고 하더라도, 그것의 안전성을 함부로 단언할 수는 절대 없다는 사실을 알 수 있다.

---

7   宮本憲一, 『공해의 역사를 말한다-전후일본공해사론』, 2014, 김해창 역(2016), 미세움, 869-870쪽 참조.

8   미나마타병사건에서는 1959년 12월, 폐수처리되어 안전하다며 가해기업인 짓소의 요시오카 기이치(吉岡喜一)사장이 사람들 앞에서 이른바 '처리수'를 마신 적이 있다. 그리고 후쿠시마핵재난 이후에는 일본의 정치인들이 방사선물질 오염수의 안전성을 주장하며 앞다퉈 '처리수'라는 물과 '후쿠시마산' 생선 등을 마시거나 먹는 쇼를 연출하였다.

이상의 사건들은 실제 발생했던 '거대' 사건들이니만큼 그 원인과 피해규모 그리고 책임규명 및 보·배상 문제 등에 관한 보고서와 자료 등의 정보는 그 수를 헤아릴 수 없을 정도로 축적되어 있다. 하지만 그 자료들보다 관련 문학을 통해 역사적 사실과 피해민들의 고통과 한, 투쟁의 경과 등을 보다 정확하고 절실하게 알고 공감할 수 있다고 믿는다. 그뿐 아니라 현재 우리가 직면하고 있는 온갖 재난, 예컨대 기후위기로 인한 대규모 자연재난, 인류문명의 물질만능주의와 안전불감증이 낳은 공해 및 약해(藥害) 그리고 대형참사 등의 사회재난에 대해 책임을 통감한다. 이로써 행동하는 양심에 눈을 떠야 한다는 사명감 또한 앞으로 이야기 나눌 재난문학을 통해 비롯될 수 있다고 믿는다.

이제 일본 공해의 원점이자 전형이라 불렸던 아시오광독사건과 미나마타병사건의 사건 개요와, 이들 사건이 낳았다고 해도 과언이 아닐 문학작품을 소개할 것이다. 그리고 공해사건과 재난문학의 상호작용이 일본 사회에 어떤 영향을 미쳤는지도 살펴보고자 한다.

3. 일본 공해의 원점, 아시오동산광독사건과 재난문학

아시오동산광독사건이란…

일본이 1868년 메이지유신을 거치면서 '전근대'의 경계를 넘어 '근대'로 접어든 이래 국내의 경제발전과 국외로의 외교적 세력과 영토확장이라는 야욕의 발현이 맞물리면서 자연과 민생은 돌아보지 않고 무분별한 개발이 급진전되었다. 그 과정에서 필연적으로 발생한 부정적 결과의 대표적 사례가 '일본공해의 원점'이라고 불리는 아시오광독사건이다. 이는 140여 년 전인 1880년대에 일본의 간토(関東)지방에 위치한 도치기현(栃木県), 군마현(群馬県), 사이타마현(埼玉県) 그리고 이바라키현(茨城県)을 가로지르는 와타라세강(度良瀬川)과 그 지류를 따라 발생하였다. 와타라세강 상류에 위치한 아시오동산(구리광산)은 광독을 함유한 광석 찌꺼기와 광독 가스를 강으로 공기로 투기하고 방류하였다. 이로 인해 공기와 강물이 오염되어 인근의 주민들과 자연은 병들고 황폐해져 급기야 인명피해로까지 이어진 사건이다. 뿐만 아니라 광석을 운반하기 위한 철로와 도로를 건설한다는 명목으로 인근 산들의 나무를 무분별하게 벌목하고 깎아내린 바람에 발생한 대홍수와 산사태 등은, 와타라세강을 따라 형성된 여러 마을을 광독에 이어 수재(水災)로까지 몰아넣고 말았다.

그런데 아시오광독사건에서 특히 주목해야 할 것이 있다. 사건이 발견된 이후, 문제해결을 위해 '광산채굴 정지'라는 분명한 방법이 있었음에도 불구하고 자연과 인명의 피해는 악화 일로를 달렸다는 사실이다. 그것은 일본의 야욕과 밀접한 관계가 있는데, 즉 경제발전과 대외침략을 위한 전쟁 수행이라는 국책을 앞세운 탓이었다. 그렇게 국책이라는 명분으로 광독피해가 악화하는 동안에도 가해기업인 아시오동산에 대한 규제나 처벌은 고사하고, 책임을 묻는 피해 마을을 강제파괴하고 저수지화로 수몰까지 시키는 기민(棄民) 행정을 일본은 버젓이 저질렀다. 아래 <표 1>은 사건의 발생 이후 피해 마을이 수몰에 이르기까지의 연대를 사건별로 정리한 것이다.

<표 1> 아시오동산광독사건의 주요 내용

연대	주요 내용
1877	후루카와 이치베(古河市兵衛)가 폐광직전의 아시오동산을 매수한 후 채굴시작. 이듬 해부터 물고기가 죽어 떠오르고 홍수다발.
1880	당시 도치기현령 후지카와 다메치카(藤川為親), "와타라세강의 물고기는 위생에 해로 우니 어획을 금한다."라는 내용의 현령을 발표하고, 그 원인조사를 위한 계획에 돌입 하지만, 1883년 시마네현(島根県)으로 좌천.
1890	수력발전과 용광로 등 일본 최초의 기술도입으로 생산량이 급증하고, 채굴을 위한 철로 및 도로건설로 무분별한 벌목이 자행된 결과 대홍수 발생 때 막대한 광독피해 발생. 도쿄제국대학 농학부가 강의 진흙과 모래를 분석한 결과 銅이 다량 함유되어 있음을 밝히고 작물에 해가 된다는 결과를 냄.
1891	다나카 쇼조(田中正造), 제2회 제국의회에서 아시오의 광독사건에 대해 최초로 질문.
1892	도쿄 제국대학의 감정결과를 토대로 보상교섭 시작, '도의상 시담금' 계약을 합의. 이 때 아시오동산 측이 분광채취기를 도입할 것이므로 일정기간(4~5년) 이후에는 어떤 민원이나 행정·사법적 처분도 요구해서는 안 된다고 명시함으로써 '공해방지협정'의 전형이 성립됨.
1894	**청일전쟁의 발발로**, 상황은 아시오동산 쪽에 유리하게 급변하고 농민 또한 광독문제 에 대해 언급하지 않게 됨. **아시오동산은 철도개설과 기술혁신으로 생산활동이 더 활발해짐.**
1896	몇 백 년 만의 대홍수 발생으로 피해견적 1,388만 엔. 농민들 광독사무소를 열어 '청 원' 형식의 광독운동을 최초로 개시.
1897	다나카 쇼조, 광독사건에 대한 제2의 질문. 도쿄를 중심으로 광독연설회 실시. 피해지 역 농민 2천여 명 청원을 위해 도쿄로 행진, 경찰의 저지로 겨우 700명 정도만이 도 쿄에 도착. 그 결과 당시 농무대신인 에노모토 다케아키(榎本武揚)가 현지시찰을 나가 게 되고 정부 내에 광독조사회가 설치됨. 후루카와에게 '광독예방명령'이 내려짐.
1900	광독예방명령에 따른 예방대책에도 불구하고 광독피해가 극심해지자 2월 13일, 3천 여 명의 농어민이 광독피해에 대해 정부에 청원하기 위해 상경하던 중 가와마타(川 俣)에서 대기하던 **현경의 무자비한 폭력에 의해 강제해산**되고, 그 과정에서 68명의 농어민이 흉도소집죄로 체포되는 가와마타사건(川俣事件)이 발생함. 이를 계기로 광 독사건을 둘러싼 청년운동이 좌절됨.
1901	다나카 쇼조, 청원운동이 별 성과를 거두지 못하자 의원직을 사퇴하고 12월 明治천황 에게 직소를 올림.
1902~ 1904	최초로 야나카마을(谷中村)의 저수지화 안건이 도치기현회에 상정되고, 2년 후인 1904년 현회를 통과함. 그 후 다나카 쇼조는 야나카마을로 직접 들어가 거주하며 광 독반대운동에 매진함. 러일전쟁 발발로 마을 청년들의 강제징병이 이뤄지고 또다시 광독반대운동은 정지됨.

1907	6월 29일부터 일주일에 걸쳐, **야나카마을 제방 내의 잔류민 16세대에 대한 강제파괴를 집행**함. 파괴 후 잔류민들은 오두막을 지어 생활하며 마을매수와 이주를 강요하는 현(縣)정부와 대치함.

　이상의 표를 통해 알 수 있는 것은 첫째, 광산채굴이 시작된 지 고작 3년도 안 되어 인근 자연과 마을이 광독피해의 중심에 놓이게 되었다는 사실이다. 둘째는 채굴정지라는 유일한 해결 방법이 존재했음에도 정부와 기업은 경제우선과 전쟁이라는 국책을 위해 그것을 외면하고 피해를 키웠다는 것이며, 셋째는 다나카 쇼조(田中正造)[9]라는 한 정치인을 중심으로 피해자들이 단결하여 광독반대운동과 정부 및 기업의 책임촉구 운동이 확산되었다는 사실이다. 그리고 넷째는 기업 중심의 보상금 계약 체결로 향후 문제제기와 피해민의 권리주장 기회를 일찍이 차단하고 말았다는 것이다.

아시오광독사건과 재난문학의 관계

　<표 1>에 나타난 광독사건의 전말을, 시간의 흐름 혹은 특정 사건 및

---

[9]　田中正造(1841. 11.~1913. 9.) 메이지기 민권운동가이자 사회운동가. 정당정치가. 1878년 무렵부터 자유민권운동에 참가. 1880년에 도치기현의회 의원에 당선되면서 정계에 발을 딛게 되고, 1890년부터 6번에 걸쳐 연속 참의원 의원에 당선. 1891년부터 <아시오동산광독사건> 문제에 대한 질문서와 해결방안 촉구 등을 국회에 제출하였지만 끝내 자신과 피해민들의 뜻이 받아들여지지 않자, 1901년 의원직을 사퇴하고 그해 12월 천황에게 직소를 올린다. 그 후 1904년 7월에 야나카마을로 들어가 1913년 위암으로 객사한 순간까지 <아시오동산광독사건>과 피해민들을 위해 자신의 반평생을 바쳤다. 저서로는 생전에 남겼던 서간문이나 신문에 투고한 글, 일기 등을 모아 엮은 『田中正造全集 全20巻』이 있다.

인물의 활동을 중심으로 서사하는 다양한 장르의 작품들이 사건 당시는 물론이고 이후 긴 세월에 걸쳐 발표되었다. 시와 소설은 말할 것 없고 피해민의 수필 혹은 수기, 훗날에 가서는 다큐와 드라마에 이르기까지 방대하다. 그중 소설만 보면 가장 이르게는 1901년 11월 문예잡지에 발표된 다구치 기쿠테이(田口掬汀, 1875~1943)의 「여름벌레(夏虫)」가 있고, 늦게는 2010년에 출판된 다테마쓰 와헤이(立松和平)의 장편 『하얀 강-풍문·다나카 쇼조(白い河-風聞·田中正造)』 등이 있다.

광독사건은 특히 1891년에 다나카 쇼조가 의회에서 광독사건에 대한 문제를 제기한 이래 사회정치적 문제로 부각되었다. 그로부터 시작된 기업과 정부에 대한 피해보상 촉구를 포함한 광독반대운동은 당시 근대화의 과도기에 있던 일본의 사회 전반에서 사회운동 바람이 일게 하는 계기가 되었다. 이름만 대면 알만한 일본을 대표하는 문학가들이 아시오광독사건을 서사한 작품을 발표하였음을 확인할 수 있다. 예컨대 이시카와 다쿠보쿠(石川啄木, 1886~1912)나 시가 나오야(志賀直哉, 1883~1971) 등을 비롯한 많은 문학인들로 하여금 광독사건과 사회문제에 눈뜨게 하였고, 기노시타 나오에(木下尚江, 1869~1937)나 고토쿠 슈스이(幸德秋水, 1871~1911)와 같은 사회주의자들을 실제로 운동에 끌어들이기도 하였다.[10] 그런가 하면 나쓰메 소세키(夏目漱石)가 아시오에서 온 젊은 갱부의 이야기를 토대로 썼다는 『갱부』(1908), 시가 나오야(志賀直哉)가 1901년 우치무라 간조(内村鑑三)의 영향으로 광독사건에 관심을

10   大鹿卓, 『渡良瀬川』, 新泉社, 「宇井純의 解題」, 1941, 336쪽 참조.

갖게 되면서 시작된 아버지와의 갈등과 아시오동산과 밀접한 관계가 있는 조부의 이야기를 다룬 자전적 소설 『어떤 남자, 그 누이의 죽음(或る男、其姉の死)』(1920) 등의 많은 작품들이 발표되었다. 이들은 아시오광독사건이 미해결인 채 사람들의 기억에서 지워졌거나 지워지고 있는 시점에 발표되었다는 점에서도 의미가 크다. 마치 그 시대를 사는 지식인이라면 한 편쯤은 아시오광독사건 관련의 글을 남겨야 한다는 사명감 혹은 채무감을 가졌던 건 아닐까 하는 생각이 들 정도다.

여기에서 무엇보다 주목해야 할 것은 사건과 문학작품 사이의 관계다. 20세기 이전부터 시작되어 20세기 초기에 일본열도를 뒤흔들었을 정도의 심각한 공해사건이, 당시 일본 사회에 미친 영향은 어떠했을까? 이 역시 문학작품과 관련 작가의 활동에서 충분히 확인할 수 있다.

아시오광독사건과 투쟁을 서사한 재난문학

이상에서 보았듯이 아시오광독사건을 어떤 형태로든 작품에 서사하고 있는 문학작품은 다양한 장르에 걸쳐 그 수도 적지 않다는 것이 특징이다. 여기서는 광독사건의 전반적인 경위와 피해민들의 고통과 투쟁의 역사까지를 서사하는 기록주의적 소설을 중심으로 살펴보려고 한다.

〈표 2〉 아시오동산광독사건 관련 작품들

작가	작품	개요
기노시타 나오에	노동 (労働,	1907년, 닛코(日光) 부근의 한 온천마을로 부인과 함께 거처를 옮겨 와 지내던 마쓰야마 요사쿠(松山庸作, =木下)는 야나카 마을이 강제

(木下尚江)	1909)	수용 및 파괴의 위기에 놓였다는 뉴스를 접하고, 1900년 가와마타사건(川俣事件) 당시 자신이 처음으로 아시오(足尾)를 시찰하던 때를 회상한다. 광독으로 인해 산천이 어떻게 파괴되었는지 한 노인의 기록을 통해 묘사하고, 노구치 쇼조(野口庄造=다나카 쇼조)와 잔류민들이 토지매수에 응하지 않자, 그들의 주거지를 정부가 강제파괴하기 직전의 상황까지를 다루고 있다.
오시카 다쿠 (大鹿卓)	와타라세강 (渡良瀬川, 1941)	자본과 정권의 유착을 강하게 비판한 다나카 쇼조의 선구적인 싸움을 그린 기록소설로, 아시오광독사건에 대한 다나카 쇼조의 정치적 행적을 좇으며 사건의 역사적 사실을 시간의 흐름에 따라 아주 사실적으로 그려내고 있는 작품이다. 다나카 쇼조가 천황에게 직소(直訴)하는 부분까지를 다루고 있다.
	야나카 을사건 (谷中村事件, 1957)	다나카 쇼조가 1904년(당시, 64세) 급기야 광독사건의 피해지역 중 한 곳인 야나카마을로 들어가 피해농민들과 사활을 같이하게 되는데, 정부의 토지매수와 1907년에 집행되는 정부에 의한 잔류민 세대의 강제파괴와 그 이후 오두막 생활을 하면서 광독으로 인해 극심해진 홍수와 흉작 등으로 겪게 되는 피해민들의 전투적 생활을 그려낸 작품이다.
시로야마 사부로(城山三郎)	신산(辛酸, 1962)	1904년 다나카 쇼조가 야나카마을로 들어와 살던, 특히 마을이 강제파괴된 이후의 다나카 쇼조와 야나카마을 잔류민들의 힘겨운 몸부림을 다룬 제1부 「신산(辛酸)」과, 다나카 쇼조 사후의 야나카마을 잔류민들의 처절한 싸움과 운명을 다룬 제2부 「소동(騒動)」으로 구성된 작품이다.
고바야시 규조 (小林久三)	암흑고지 (暗黒告知, 1974)	다나카 쇼조가 야나카마을에 정착해 살면서 활동하던 1907년을 시대적 배경으로 하고 있지만, 야나카마을 일대에서 다나카 쇼조와 잔류민들과 밀접한 관련이 있는 세 건의 연쇄살인사건이 발생한다는 설정의 추리소설이다. 하지만 광독사건의 피해실정과 피해민들의 투쟁모습, 특히 가와마타(川俣)사건에 대해서는 어느 작품 못지않게 사실적이고 절박하게 묘사되고 있다. '역사소설이자 사회소설, 나아가 스파이소설의 요소를 겸비한 추리소설'이라 평가받았다.
다테마쓰 와헤이 (立松和平)	독-풍문 (毒-風聞, 1997)	메기나 잉어 또는 다나카 쇼조의 몸에 기생하는 벼룩 등의 시선에 비친 광독사건을 묘사하고 있다. 주로 광독사건으로 인해 파괴된 자연과, 광독피해로 급증한 홍수로 파괴되어가는 농민들 개개인의 삶과 마을공동체, 피해지역의 저수지화를 반대하는 젊은 농부들을 정부가 징병제를 이용해 의도적으로 전쟁터로 끌어내는 아픈 현실까지를 그리고 있다.
	하얀 강-풍문 (白い河-風聞, 2010)	1896년 대홍수 발생 이후부터 1904년 러일전쟁 발발 때까지의 광독사건 및 광독반대운동에 대한 역사적 사실과 그와 관련한 기록들을 토대로 한 소설로, 작가의 절필(絶筆)로 알려진 작품이다. 전작의 『독-풍문』과는 달리, 야나카마을 이전에 저수지화 정책의 대상으로 지목되었다가 취하된 사이타마현(埼玉県)의 가와베마을(川辺村)과 군마현(群馬県)의 도시마마을(利島村)의 이야기를 주로 다루고 있다.

요시무라 고사부로 (吉村公三 郎	남루의 깃발 (襤褸の旗, 1974))	1974년에 발표된 것으로, 아시오광독사건을 고발한 다나카 쇼조의 반생을 그린 영화다. 아시오광독사건으로 공해와 환경파괴에 대한 엄중한 투쟁을 벌이던 다나카 쇼조는, 부국강병이라는 미명으로 자 행된 광독사건을 타파하기 위해 피해민들과 함께 광산채굴을 정지 하라고 촉구며 투쟁을 이어간다.

[그림 1] 아시오동산광독사건을 서사한 작품들(필자 촬영 편집)

이상은 아시오광독사건을 서사한 소설의 간략한 내용(<표 2>)과 작품의
표지 및 포스터([그림 1])를 모아본 것이다. 이상의 작품 대부분이 다나카 쇼
조라는 인물을 중심에 두고 아시오광독사건과 피해민들의 투쟁사(史)를 서
사하는데, 마지막 포스터의 『남루의 깃발(襤褸の旗)』(1974)과 같은 영화뿐 아
니라 『아시오에서 온 여자(足尾から来た女)』(2014)라는 텔레비전 드라마 등으
로 사건 이후 세기가 바뀐 현재까지도 역사의 필요와 요구에 따라 발표되고
있다.

작가와 아시오광독사건의 인연, 그리고 작품집필

<표 2>에는 싣지 않았으나 앞서 광독사건 관련의 최초 소설로 소개한 단편 「여름벌레」의 작가 다구치 기쿠테이는 작품을 실었던 문예잡지 『신세이(新声)』를 출판하는 신세이샤의 기자였다. 1901년에 「여름벌레」를 발표한 다구치는 1902년 신세이샤에서 출간한 『망국의 축도(亡国の縮図)』에 「독원발섭기(毒原跋涉記)」라는 시찰기를 발표하였다. 그는 여기에서 광독문제와 그 피해민들에게 무관심한 메이지 사회를, 정신적 진보는 경시하고 물질적 진보만 중시하는 야만인 사회라고 평가하면서, 광독피해민들이 직면한 불행에 관심을 기울일 것을 촉구한다.[11]

한편 『노동』의 작가 기노시타 나오에는 일본의 반전·평화주의 운동의 선구자이자 사회주의운동가로 잘 알려진 인물로 소설가와 평론가로 집필활동도 활발히 한 것으로 알려져 있다. 광독사건 당시 도쿄의 한 신문사에 근무하던 그가 광독사건과 피해민들의 광독반대운동에 적극적으로 참여하게 된 계기는, 역시 1900년의 가와마타사건을 취재하기 위해 와타라세강 일대를 방문한 것이다. 당시 광독사건과 연관된 청원행렬과 피해민들의 투쟁현장을 취재한 기자들이 한결같이 기노시타와 같은 길을 걸었던 것은 아니다. 아니, 다구치 기쿠테이나 기노시타 정도의 극소수만이 적극적이든 소극적이든 광독반대운동에 가담했을 것이다. 그렇다면 아무리 반전·평화주의와 사회주의에 뜻을 둔 기노시타지만 어떻게 광독반대운동에 적극적으

---

11 田口掬汀, 「毒原跋涉記」, 『亡国の縮図』, 新声社, 1902, 20-25쪽 참조.

로 참여하게 되었을까? 사상적인 부분도 물론 중요한 요인으로 작용했겠지만, 그의 소설 『노동』을 보면 기노시타에게 다른 각별한 이유가 있었음을 짐작할 수 있다. 기노시타는 광독피해 지역을 돌며 일주일 정도 취재하였는데, 그러던 중 이뤄진 피해민과의 만남을 통해 광독피해의 처참함을 직접 확인할 수 있었다. 그로 하여금 충격과 함께 피해민과의 교감이 이루어지도록 한 것은, 피해마을의 니와타 겐파치(庭田源八)라는 늙은 농부와의 만남에서다. 하룻밤 그의 집에 머물면서 보게 된 노인의 수기 「광독지 조수충어피해 참고기(鉱毒地鳥獣虫魚被害参考記)」는, 이후 기노시타의 작가이자 사회운동가로서의 인생에 중대한 전환점이 되었다.

작품 집필을 위한 자료는 어디에서

이상의 작품들은, 다시 말하지만 대부분이 아시오광독사건의 역사적 사실과 실제인물들을 소재로 한다. 그리고 이들 중 『노동』, 『와타라세강』, 『야나카마을사건』 그리고 『신산』은 작품집필을 위한 자료를 실제 피해민과 광독반대운동에의 참여자 등의 기록에서 취하고 있다는 특징이 있다. 특히 앞서 본 기노시타 나오에는 광독반대운동에 직접 참여했던 인물이다. 광독사건 중 가장 큰 사건의 하나인 가와마타사건을 취재하고 다나카 쇼조의 직소장을 교정해 준 장본인으로, 야나카마을사건 현장에 피해민들과 함께했던 동지이기도 하다. 그런 그가 소설 『노동』을 비롯해 다수의 글에서 '광독피해의 비참한 실상'을 서술하기 위해 인용하고 있는 「광독지 조수충어피해 참고기」는, 오시카 다쿠의 소설『와타라세강』에도 고스란히 인용되고 있다. 이 니와타 노인의 글은 광독사건을 전후하여 와타라세강 일대의 자연과 마을의 생활이 어떻게 피폐해지고 파괴되었는가를, 24절기에 따라 대조적으로 묘사하고 있다. 참고로 춘분의 기록을 보자.

> 와타라세강 연안, 덤불 속에는 꾀꼬리집이 많았습니다. 첫째 둘째 태어나면 암컷이 알을 품고 수컷이 먹이를 물어오는 등, 그 근방을 떠나지 않고 울어서 마치 택지 근처에 풀어놓고 키우는 것만 같았습니다. 또 매화도 피어서 정말 봄이 왔구나 하는 느낌에 마음도 따뜻해졌습니다. 또 봄비가 내리고 나면 초목은 한층 푸르고 꽃은 피어, 사람들도 왠지 모르게 온화해졌습니다만, **지금에 와서는 광독피해 때문에** 곤충류 거미 등도 없으므로 꾀꼬리도 없습니다. 초목들도 말라죽고 곡물도 수확이 없습니다. 뿐만 아니라 아침저녁 국거리 할 야채도 없으니 사람들은 급급하여 재산도 잃고 목숨도 잃을 수밖에요. 또 와타라세강 지류에는 어망을 밤새 내 쳐놓으면 새우는 하룻밤에 한 되 정도 잡혔습니다. 피라미라는 물고기는 이 그물에 들어가더라도 얼마든지 빠져나갈 수 있건만 아침까지 그물망 속에 있다가 잡히는데, 광독 때문에 지금은 그마저도 잡히지 않습니다.[12]

이상의 글은 '광독피해 때문에'를 분기로 자연과 사람의 삶이 천국에서 지옥으로 급변해 버린 모습을 극명하면서도 처연하게 그려내고 있다. 기노

---

12   木下尚江, 『労働』, 『木下尚江全集第七巻』(1994), 教文館, 1909, 125-126쪽 인용.

시타 나오에가 이와 같은 니와타 노인의 수기를 만난 경위는 자신의 소설 『노동』에 구체적으로 서술하고 있고, 노인이 직접 낭독해 주는 부분까지 묘사되고 있다. 이에 따르면 기노시타의 작중 인물인 '요사쿠'가 와타라세 강 일대로 취재를 나갔다가 니와타 노인을 만난 것이 기노시타 나오에가 광독문제와 깊은 인연을 맺게 되는 운명적인 계기가 된다. 그가 노인의 『광독지 조수충어피해 참고기』를 어느 정도로 중시하였는가는 『노동』의 제14장에 노인의 기록 전문을 수록하고 있다는 데에서도 짐작할 수 있다.

피해지역 일대 자연의 일부로 살아온 원주민이자 피해민의 그와 같은 기록은, 아무리 예리한 관찰자나 문장력 뛰어난 문학자라도 따를 수 없는 섬세함과 절실함을 담아내고 있다. 그런 만큼 니와타 노인의 기록이 아시오 광독사건을 서사하는 다수의 작품에서 인용되는 것은 어쩌면 당연한 일이라 할 것이다. 또 그 절실한 글을 읽고 피해민의 고통에 공감하고 함께 분노한 독자로서, 광독문제에 깊이 파고들고 급기야 반대운동에까지 뛰어들어 피해민들과 고락을 같이 한 기노시타의 결의 역시 어쩌면 자연스러운 흐름이었을지 모르겠다.

한편 오시카 다쿠와 다테마쓰 와헤이는, 다나카 쇼조의 서간과 일기 등은 물론이고, 몇몇 작품들에 등장하는 야나카마을 피해민의 한 사람으로 다나카 쇼조를 가까이에서 모셨던 시마다 소조(島田宗三, 1890-1980)의 저서와 기록들을 자료로 하여 작품을 쓰고 있다. 흥미로운 것은 오시카 다쿠와 시마다 소조가 자신들의 저서를 집필하는 데 있어 기노시타 나오에의 『노동』과 아라하타 간손(荒畑寒村, 1907)의 『야나카마을 멸망사(谷中村滅亡史)』 등을 참고

하였다는 것이다.[13] 여기에서 알 수 있는 것은, 아시오광독사건 관련의 소설들이 피해민과 광독반대운동가의 살아있는 자료와 기록을 토대로 한만큼 피해민들이 겪어야 했던 참상과 한 그리고 투쟁의 역사가 정확하게 서사되고 있다는 사실이다.

이처럼 아시오광독사건에 대한 다양한 장르의 문학작품 창출은 무엇을 의미할까? 광독사건이라는 공해와 그 피해가 선행되어 당시 사회의 변화와 개혁이 불가피한 상황임을 경고하고 촉구한 결과의 한 양상이라 볼 수 있다. 즉 아시오광독사건에 분노한 문학자들이 사회적 책임과 참여의식으로 사건의 진상과 책임규명을 작품을 통해 촉구하고, 나아가 피해민들의 고통과 한을 작품으로 승화한 것이다. 그리고 이는 결과적으로 공해사건을 직면한 문학자들이 재난문학이라는 수단을 이용해, 자신들의 사회참여를 실현했을 뿐 아니라 대중의 사회참여까지를 촉구한 셈이라 할 수 있다.

재난문학이 다시 태어나는 이유

이상의 공해사건을 다룬 작품들이 현대를 사는 독자들에게 과연 어떤 의미를 부여하고 있을까? 이들의 증쇄 횟수나 복간의 유무를 그것의 바로미터로 삼을 수 있으리라 보고, 광독사건을 다룬 작품들의 복간현황을 각각 조사하였다.[14] 그 조사 결과를 작품별로 정리하면 아래 표와 같다.

---

13 島田宗三, 『田中正造翁余録 上』, 三一書房, 1972, 123-124쪽 참조.
14 조사한 것 중 가장 빈번하게 복간된 세 편의 사례를 소개한다. 방법은 아마존재팬

<표 3> 아시오동산광독사건 관련 소설의 복간 현황

오시카 다쿠 『와타라세강』						
출판년도	1941	1948	1952	1970	1972	2013.3	2013.8
출판사	中央公論	講談社	春步堂	講談社	新泉社	河出文庫	新泉社
오시카 다쿠 『야나카마을 사건』						
출판년도	1957		1972		1980		2009
출판사	大日本雄弁会講談社		新泉社		講談社		新泉社
시로야마 사부로 『신산』						
출판년도	1962	1970	1971	1976	1979	2021
출판사	中央公論	中央公論	潮出版社	中公文庫	角川書店	角川文庫

아시오광독사건을 서사한 작품 중 특히 자주 복간된 것이 이상의 세 편이다. 이중 특히 오시카 다쿠의 두 작품은 초판 발행 이후 50~70여 년이 흐른 2000년대에 이르러서까지 여러 출판사를 통해 복간되었다. 그런가 하면 시로야마(城山)의 『신산(辛酸)』의 경우는 이상의 단행본 복간 외에도 작가의 여러 버전의 전집에 수록되기도 하였다. 이와 같은 사실에서 재난문학이 갖는 사회적 의미를 다시 한번 확인할 수 있을 것이다. 무엇보다 공해사건 발생 이후 수십 년이 흐르도록 끝나지 않고 지속되는 공해 피해와 희생자들의 고통은 사회와 사람들의 기억 혹은 관심에서 지워지기 십상이다. 그런데 이들 재난문학의 복간을 통해 사건의 진실과 책임규명 및 피해보상 등에 대한 사회적 관심을 회복할 계기로 작용할 수 있는 것이다. 그런가 하면 아시오광독사건을 원점으로 끊임없이 반복되는 공해사건을 다시 직면할

(www.amazon.co.jp)과 일본古本屋(www.kosho.or.jp) 및 야후재팬(www.yahoo.co.jp) 등의 자료를 통해 복간상황을 조사하였다. 다만 전집의 경우는 생략함.

때마다, 과거 공해사건에서의 경험과 지혜 혹은 경고의 의미를 배우기 위한 교과서적 기능도 십분 발휘하고 있다고 할 수 있다. 단적인 예로, 1972년과 2013년 신센샤(新泉社)에서 복간한 『와타라세강』에 게재된 우이 준(宇井純, 환경학자이자 공해문제연구가, 1932~2006)의 해제에는, 이 책의 복간에 대해 아래와 같이 서술하고 있다.

> 이 책은 한때 고단샤에서 재간되었지만 머잖아 매진되고 입수가 곤란해진 채 현재에 이르고 있었다. 이번에 아시오광독사건의 기본문헌의 간행을 위해 지금까지 애써온 신센샤의 사쿠라이 씨의 끈질긴 노력으로 **입수의 길이 재개된 것은 나뿐만 아니라 전국의 공해반대운동에 참가하는 사람들에게는 다행스러운 일이다.** (중략) 특히 내 경험에 비춰볼 때, 이 책을 **기술에 종사하는 청년에게 자신의 삶의 방식을 결정하기 위한 하나의 재료로서 반드시 읽어볼 것을 권하고 싶다.**[15]

그런가 하면 2013년 3월(가와데쇼보)에서 복간된 오시카 다쿠의 『와타라세강-다나카 쇼조와 직소사건(度良瀬川-田中正造と直訴事件)』의 해설을 쓴 고마쓰 히로시(小松裕, 역사학자, 1954~2015)는 "우리의 생명만이 아니라 자연계의 모든 생명을 지키기 위해, 그것이 침해당했을 때 우리는 어떻게 행동해야 하는가? **후쿠시마 이후를 살아야 할 우리이기에 생명과 생활과 생업, 그리고 그것을 키우고 있는 자치와 환경을 지키기 위해 싸웠던 선인들의 고투를**

15　大鹿卓(1941)의 복간판 『度良瀬川』, 新泉社, 1972, 341쪽 인용.

알기 위해서도 『와타라세강』을 지침서로서 반드시 배우고"[16]라고 쓰며, 현재와 미래의 재난을 극복하고 살아가기 위한 지침서로서 이 책을 추천하고 있다. 참고로, 복간한 출판사의 홈페이지에 게재된 이 책에 대한 짧은 개요는 "사후 100년, 지금 되살아나는 쇼조의 경고!"라는 글귀로 시작된다. 이를 단순한 광고문구로 보아 넘길 수 없는 것은, 역시 후쿠시마핵재난 이후의 복간이기에 더더욱 그러할 것이다.

4. 폐수의 해양방류가 초래한 짓소미나마타병과 재난문학

앞서도 언급했듯이 2023년 8월 24일, 일본정부와 도쿄전력은 후쿠시마핵재난 이후 12년여 동안 축적된 방사성물질 오염수를 바다에 방류하기 시작했다. '그들'의 말대로라면 이 해양방류는 앞으로 30년 동안 이뤄질 거라고 하지만, 원전 및 핵폐기물 전문가들은 30년으로는 도저히 끝날 수 없을 것이라고 한다. 또 '그들'의 말대로라면, 방사성물질 기준치 이하의 'ALPS 처리수'라서 인체에 해가 되거나 바다 생태계를 파괴할 정도는 아니라고 한다. 하지만 과거 공장폐수의 해양방류로 자연은 물론 인명까지도 희생당해 본 이들은 오염수의 해양방류를 우려하고 규탄하는 목소리를 높이고 있다.[17] 그러면서 '30년, 50년 후'의 일은 단정해서는 안 된다고 경고한다.[18]

---

16 大鹿卓(1941)의 복간판 『度良瀬川-田中正造と直訴事件』, 河出書房新社, 2013. 3., 471쪽 인용.

17 예컨대 미나마타병피해자로 구성된 9개단체 등은 "미나마타병을 경험한 우리는 간과할 수 없다."라며 방사선물질 오염수의 해양방류를 중지할 것을 요구하는 성명을 냈다.

일본에서 후쿠시마핵재난 직후 그랬듯이 오염수 방류 문제에 직면한 현재 다시 미나마타병사건이 소환되는 것은 아마도 이런 의미에서일 것이다.

미나마타병사건이란…

일본의 규슈지방에 위치한 구마모토현(熊本県), 멀지 않은 곳에 아름다운 해안선이 이어지고 크고 작은 섬들이 내려다보이는 언덕진 곳에 <미나마타시립미나마타병자료관>이 널찍하게 서 있다. '미나마타병'이라고 하면, 유기수은 중독에 의한 중추신경계 마비로 언어적, 신체적 기능이 손상되고 심하게는 죽음에 이를 수 있는, 미나마타라는 어촌마을에서 처음 발생한 공해병임을 모르는 사람은 별로 없을 것이다. 그렇지만 그것이 짓소(=일본질소비료주식회사)가 '수은촉매를 이용한 아세트알데히드 제조법'을 개발한 1931년부터 무려 20여 년이 흐른 1950년 초에 '원인 모를 기병(奇病)'으로 모습을 드러내었다는 것을 아는 사람은 그리 많지 않을 것이다. 미나마타병은 피해자와 그 가족들 중심으로 일어난 공해반대운동과 피해보상운동 끝에, 환자에 대한 첫 공식발표 이후 무려 12년이 흐른 1968년에야 '공장폐수

---

18   (2023.8.31. https://mainichi.jp/articles/20230831/k00/00m/040/270000c),
「미나마타병과 후쿠시마오염수」라는 칼럼에서는 '생체농축과 식물연쇄'라는 미나마타병의 원인인 공장폐수에 의한 유기수은중독의 특성을 논하며, "아무리 희석시켜도 오염된 물고기를 먹으면 인체로 들어오게 된다. 방사성물질에 의한 영향에는 임계값(일정량을 넘으면 변화를 일으키는 기준)이 없다. 아무리 적은 양이라도 생물에 미치는 영향은 있게 마련이다."라고 역설하며, 후쿠시마오염수를 방류한 현재 "30년 후, 50년 후에 미나마타병과 같은 사태가 일어나지 않는다고 말할 수는 없다."라고 주장하고 있다. https://newstsukuba.jp/47292/09/10/ 참조.

에 의한 공해병'임을 최초로 인정받았다. 그리고 미나마타병 최초 발견 이후 70여 년이 흐른 지금까지도 피해민들의 고통과 피해보상의 법적공방은 끝나지 않고 있음[19]을 아는 사람도 그리 많지 않을 것이다. <표 4>는 이러한 미나마타병의 가해기업인 '짓소'의 역사와 공해병 발생과 공해병 인정까지의 주요사건을 간략하게 정리한 것이다.

〈표 4〉 짓소미나마타병사건의 주요 내용

연대	주요 내용
1906	노구치 준(혹은 시타가우, 野口遵)이 소기전기(曽木電気)를 설립하여 가고시마현 오구치(鹿児島県大口)에 발전소를 건설.
1908	구마모토현(熊本県) 미나마타의 유력자들이 노구치를 찾아가 공장건설을 위해 전선과 공장부지 등을 제공하겠다는 조건으로 미나마타에 카바이드공장 유치(일본질소비료주식회사 미나마타공장).
1909	비료제조를 위한 석탄질소 제조.
1915	시멘트생산 시작. 제1차 세계대전으로 무엇이든 만들기만 하면 팔리는 시대가 도래함으로써 일본질소비료주식회사는 급성장.
1925	카자레식 암모니아기술 도입. 공기산화해서 초산을 생산하는데, 이 초산은 화약의 원료가 됨.
1927	조선의 흥남에 조선질소비료주식회사와 조선수력전기주식회사 설립.
1931	쇼와천황 미나마타공장 시찰. 당시 **미나마타공장 제조과장이던 하시모토 히코시치(橋本彦七, 1956년 미나마타시장)가 아세트알데히드 제조법 개발.** 이 기술은 카바이드를 원료로 하여 아세틸렌을 생산하고 여기에 수은촉매를 이용하면 아세트알데히드로 바뀌는 것인데, 이때의 촉매제로 사용한 수은이 결과적으로 미나마타병의 원인이 됨.
1940	일본 최초로 염화비닐 생산. 이때의 촉매제 역시 수은. 전후 점령군에 의해 생산이 중단되지만 1949년 생산재개.
1942	공장의 공원이 전쟁에 동원되자 부족한 인력을 조선인 노무자로 대체. 확인가능한 최초의 미나마타병환자 발생(1972년의 <熊本 제2차 미나마타병연구반>의 조사에서 판명).
1946	회사가 아세트알데히드, 초산공장의 배수를 처리 없이 미나마타만에 배출. 이후 어획량이 급감하게 됨.

---

19 2023년 9월 27일, 오사카지방재판소는 피고인 국가와 구마모토현 그리고 가해기업 짓소에게, <미나마타병피해자구제법>의 대상에서 제외되었던 '미나마타병 미인정환자' 128명에게 1인당 275만 엔을 배상하라고 명했다. https://newstsukuba.jp/47292/09/10/ 참조.

1950	기업재건정비법의 적용으로 신일본질소비료(주)로 재설립됨. 미나마타무라(水俣村)에서 미나마타시(水俣市)로 승격된 이후 최초 시장선거에서 **아세트알데히드 제조법 개발자인 하시모토 히코시치가 당선. 이후 통산 4번 당선.**
1952	아세트알데히드를 원료로 하여 옥탄올 제조개시. 미나마타만의 어촌을 중심으로 고양이나 까마귀 등의 괴이한 죽음이 증가. 동시에 **특이한 신경증상이 극심해져 사망하는 주민들 발생.** 이때까지는 '고양이춤병'이라 불림.
1956	5세11개월 된 여아가 미나마타공장부속병원 소아과에 입원. 5월 1일, 미나마타보건소가 **'원인불명의 기병(奇病)발생'이라고 미나마타병을 최초로 공표.** 이 해에 50명이 발병하고 11명이 사망. 이후 원인규명을 위한 구마모토대학 의학부와 짓소부속병원 등의 환자들을 대상으로 한 집중적인 연구가 이뤄진다.
1959	피해어민들 수천여 명이 10월 17일과 11월 2일, 두 차례의 어민총궐기 대회를 개최하고, 결국 공장으로 난입해 들어가는 사건 발생. 12월, **짓소와 피해환자들 간의 <위로금 계약> 조인.**
1968	미나마타병이 최초로 공표된 지 12년 만에 공해병으로 정식 인정됨(9월).

이상의 표에서 한 가지 더 주목해야 할 것은, 1931년에 짓소미나마타공장에서 미나마타병의 직접적 원인이 되는 '아세트알데히드 제조법'을 개발한 제조과장 하시모토 히코시치(橋本彦七)가 1950년 미나마타시의 시장이 되었다는 사실이다. 이는 기업인을 행정에 꽂아 넣는 이른바 '낙하산인사'와 '정경유착'의 전형적인 사례인 셈이다. 그리고 공교롭게도 하시모토가 시장이던 시기에 미나마타병의 실체는 수면 위로 떠올랐고, 더뎌지고 축소되고 왜곡되는 '원인과 책임의 규명' 또한 그 시기와 밀접하게 관련되어 있다는 사실을, 우리는 공해를 비롯한 여타 사회재난의 사례에 비춰봐야 할 필요가 있다.

미나마타병사건과 고향을 서사한 재난문학

이상과 같은 주요사건들을 거쳐 우여곡절 끝에 공해병으로 인정된 미나마타병의 전반적 역사와, 그 피해민(어민은 물론 그 어린 자녀들까지)과 가족들의 구구절절한 사연과 죽음을 향해 파괴되어 가는 신체와 영혼까지를 서사하는 문학·예술작품들이 있다. 그중 대표적인 작품 몇 가지를 그림과 표로 정리해 보면 아래와 같다.

〈표 5〉 미나마타병사건 관련 작품들

작가	작품명	개요
미즈카미 쓰토무 (水上勉)	바다의 송곳니 (海の牙)	아직 미나마타병의 원인이 밝혀지지 않았던 1959년 12월 『별책문예춘추(別冊文藝春秋)』에 발표한 「시라누이해연안(不知火海沿岸)」이라는 작품을 가필수정하여 1960년 4월 『바다의 송곳니(海の牙)』라는 타이틀의 단행본으로 출판하였다. 이 작품은 미나마타병사건이 발생한 후 비교적 이른 시기에 미나마타병사건을 테마로 하여 쓴 추리소설로, 당시 비료회사가 바다로 흘려보낸 폐액 때문에 기병이 발생하였음을 증명하기 위한, 혹은 은폐하기 위한 피살자와 살인범의 미스터리한 행적을 뒤쫓으며 미나마타병사건을 고발하고 있는 소설로 평가받았다.
이시무레 미치코 (石牟礼道子)	고해정토-3부작(苦海浄土 3部作)	1부 『고해정토-나의 미나마타병(苦海浄土-わが水俣病)는, 미나마타병이 처음 세상에 모습을 드러낸 1954년 무렵부터 정부가 미나마타병을 짓소 미나마타공장의 폐수에 의한 공해병으로 공식 인정하게 되는 1968년 9월까지의 이야기를 사실에 근거하여 창작해 낸 소설이다. 작가 이시무레 미치코가 작품 속에 등장하여 환자와 그 가족들을 방문하고 위로하며 그들과의 교감을 통해 마음으로 느낀 그들의 고통과 한을 묘사하고 있으며, 미나마타병과 가해기업인 짓소의 역사까지를 아우르고 있는 기록주의적 문학작품이다. 2부 『신들의 마을((苦海浄土 2部神々の村)은 1968년 이후 죽음과 더불어 사는 피해환자들의 한(限) 서린 삶의 단면들과 미나마타병 순례의 모습들을 슬프도록 아름답게 전해주는 '한의 기록'이라 할 수 있다. 마지막 3부 『하늘 물고기(天の魚)』는 1970년 이후부터 1973년 3월 20일 미나마타병 1차 소송이 승소로 끝나기까지의 투쟁의 모습, 특히 오사카와 도쿄에서 펼치는 짓소 본사와의 길고 긴 싸움을 현장에 늘 함께 했던 작가가 생생하게 표상하고 있다.
쓰치모토 노리아키	미나마타-환자와 그	미나마타병을 세계에 알린 작품으로, 1969년 가해기업 짓소를 상대로 배상소송을 제기한 환자가족 등의 실태를 고발하는 167분

(土本典昭)	세계(水俣-患者さんとその世界)	상영의 장편기록영화. 쓰치모토 감독은 이 밖에도『미나마타봉기-일생을 묻는 사람들(水俣一揆-一生を問う人びと)』(1973),『의학으로서의 미나마타병(医学としての水俣病)』(1975),『미나마타병 그 30년(水俣病 その30年)』(1987) 등 11편에 달하는 미나마타병 관련 기록영화를 발표하였다.
구와바라 시세이 (桑原史成)	미나마타사건(水俣事件)	1960년에 처음 미나마타병의 실태를 알고 사진에 담기 시작한 작가가 반세기가 넘는 미나마타병사건과 환자들의 실태를 통사적으로 집대성한 사진집. 참고로, 2021년에는 60여 년에 걸쳐 작업한 미나마타병사건 관련 사진전을 개최함.
MINAMATA	Andrew Levitas 감독	2020년에 제작되었으나 일본에서는 2021년에 개봉된 재난영화로, 미국의 다큐사진작가인 유진 스미스와 그의 아내 아이린 미오코 스미스 부부의 사진집『MINAMATA』(1975)를 토대로 제작하였다. 1971년, 미나마타병사건으로 공해반대 및 배상운동으로 시끄럽던 미나마타시를 찾은 유진은, 지역의 경찰과 정부의 공범자인 기업의 탐욕의 희생양이 되고 있던 지역과 피해민들의 실태와 처절한 싸움을 목숨을 위협하는 상황에도 불구하고 촬영하고 기록한다. 그리고 그의 사진은 급기야 세계에 미나마타병사건의 진실을 알린다. 이 영화는 바로 그런 유진 스미스의 사투를 다룬 영화로, 조니 뎁이 유진의 역할을 맡아 열연했다.

[그림 2] 짓소미나마타병을 서사한 작품들(필자 촬영 편집)

이상의 작품 중 특히 주목하고 싶은 것은 이시무레 미치코(石牟礼道子, 1927~2018)의 소설 『고해정토-나의 미나마타병』(이하, 『고해정토』[20]라 함)과 쓰치모토 노리아키(土本典昭,1928~2008)의 다큐영화이다.

2011년 3.11과 후쿠시마핵재난이 발생하기 직전인 1월, 일본의 가와데쇼보(河出書房)에서 이케자와 나쓰키(池沢夏樹, 1945~) 편집의 <개인편집 세계문학전집>이 출판되었고, 거기에 유일하게 이름을 올린 일본인 작가의 작품이 이시무레 미치코의 『고해정토(苦海浄土)』(1~3부의 합권)였다. 이는 3부작의 첫 번째 합본으로, 공교롭게도 이의 출판으로부터 두 달 후 역대 최악의 복합 재난이 일본열도를 덮치고 만다. 그리고 앞서 언급했듯이 일본에서는 '미나마타병사건'이 소환되고 동시에 이시무레 미치코라는 작가와 그의 작품이 다시 세간의 주목을 받게 된다. 그 단적인 예로 이시무레 미치코와 그의 작품, 특히 『고해정토』의 동시다발적 출판을 들 수 있다고 본다. 『고해정토』만 놓고 보더라도 2014년 1부의 전자책 출판(고단샤講談社)을 비롯해 같은 해 2부 『신들의 마을』의 개정판(후지와라쇼텐藤原書店)이 출판되었다. 그런가 하면 2016년에는 다시 전체의 합권인 『고해정토 전3부(苦海浄土 全三部)』가 이시무레 미치코의 전집을 출판했던 후지와라쇼텐에서 출판된다. 기존 작품의 복간뿐 아니라, 후쿠시마원전사고에 관해 직접 언급한 그의 인터뷰나 저서가 발표되기도 하였다. 그 대표적인 것이 이시무레 미치코와 후지와라

---

20 이시무레 미치코의 『고해정토』는 총3부작으로 구성되는데, 1부는 『고해정토-나의 미나마타병』, 2부는 『신들의 마을』, 3부는 『하늘물고기』로, 이 중 국내에서는 1부(2007년, 달팽이출판)와 2부(2015년, 녹색평론사)가 번역출판되었다. 이 글에서는 1부에 한하여 서술함을 밝혀두는 바이다.

신야(藤原新也, 1944~ , 작가이자 사진가)의 담화집인 『눈물 흐르는 꽃(なみだふるはな)』(가와데쇼보, 2012)이다. 여기에서 두 저자는 미나마타와 후쿠시마에서 발생한 역대 최악의 공해병과 핵재난을 거치면서 반복적으로 자행된 국가와 기업의 비인도적인 만행과 그로 인한 파국에 대해 이야기한다. 그리고 위기에 내팽개쳐진 자연과 인간의 비극을 통감하며, 여기에 위안과 희망이 깃든 한 송이 꽃을 바치듯 두 작가의 염원을 담아내고 있다.

미나마타병사건, 세계 속으로

이상에서 간략하게나마 살펴본 미나마타병사건 관련의 재난문학은 일본 내에서 회자되는 것에 그치지 않았다. 그것은 미나마타병과 같은 공해사건이 일본에서만 발생한 것이 아니었던 데에 그 원인이 있다고 하겠다. 그렇다면 미나마타병사건이 세계에 알려지게 된 과정에서 이들 재난문학과 작가들의 활동은 어떤 역할을 했을까? 가장 확실한 것은 작품에 대한 국외의 평가 혹은 변화를 통해 확인할 수 있으리라 사료된다.

먼저 『고해정토』가 국외에서 번역출판된 경우를 살펴보자. 이 작품은 2001년 『Paradies im Meer der Qualen. Unsere Minamata』라는 제목으로 독일에서, 2003년 『Paradise in the Sea of Sorrow: Our Minamata Disease』라는 제목으로 미국에서, 2007년 『슬픈 미나마타』[21]라는 제목으로 한국에서 번역출판되었다. 이 중 미국에서의 평가가 어느 정도였는지는 다음과

---

21   2022년, 『고해정토-나의 미나마타병』(김경인 역, 달팽이출판)으로 개정출판됨.

같은 제이슨 R. 하시만의 서평에서 확인할 수 있다.

> 레이첼 카슨의 『우리를 둘러싼 바다』(1951)와 『침묵의 봄』(1962)과
> 같은 **미국 환경 문학의 선구적인 작품 중 하나가 될 자격이 있으며,** 중등
> 및 대학 수준의 강사들에게 환경 문제, 의학, 생태학, 경제, 법률, 일본
> 문화와 역사, 기술, 여성학, 비교 문학 및 문학 비평에 대한 심층적인
> 연구의 기초를 제공할 수 있다.[22]

그런가 하면 국내에서 번역출판된 이후, 생태·인문 격월간지 《녹색평론》
의 창간자인 고(故) 김종철 선생은 이시무레와 『고해정토』에 대해 다음과
같이 평가한 바 있다.

> 나쓰메 소세키가 일본 근대의 엘리트 문학을 대표하는 작가라고 한다
> 면, 이시무레는 그 근대의 의미를 근원적으로 묻는 작가이고, 그런 의미
> 에서 고도성장 이후의 대표적인 작가가 아닌가 합니다. 가라타니 고진이
> '근대문학의 종언'을 말했을 때, 그는 사실상 문학다운 문학은 이제 끝났
> 다고 보았습니다. 아마 그가 이시무레의 존재를 알아보고, 그 문학의
> 역사적, 문명사적 의의를 간파할 시각을 가지고 있었더라면 좀 생각이
> 달라졌을지도 모릅니다.[23]
>
> 인간은 원래 비참한 현실 속에서 자신의 꿈을 현실화하려는 꿈을 간

---

22   Jason R. harshman, 『EDUCATION ABOUT ASIA』 Volume 15, Number 3, 2010, 68쪽.
23   김종철, 「대지로 회귀하는 문학」(2010년 초출), 『大地의 상상력』, 녹색평론사, 2019, 318
         쪽 인용.

절히 꾸는 법입니다. 그런 의미에서 모든 진정한 문학은 몽상의 기록이
자, 일종의 기도(祈禱)라고 할 수 있을지 모릅니다. 지금은 어디를 둘러보
아도 희망이 보이지 않는 시대상황입니다. 이런 캄캄한 상황에서 문학이
무엇을 할 것인가, 얼른 답하기 어려운 질문입니다. 그러나 저는 《슬픈
미나마타(고해정토-나의 미나마타병)》에서 중요한 암시를 얻을 수 있다
고 생각합니다.[24]

이상에 인용한 「대지로 회귀하는 문학-미나마타의 작가 이시무레 미치코」
(『녹색평론』 114호, 2010.9.)를 통해 김종철 선생은, 『고해정토-나의 미나마타병』
을 '단순한 반(反)공해 소설'이 아니라 자신이 나고 자란 고향 민초들의 삶과
내면(한)까지를 그들의 언어로 서사하는 '민중의 역사이자 기록'이라고 평가
한다. 또 민족을 불문하고 고향을 오염시키고 민초들을 재앙적 상황으로
몰아넣은 근대문명을 비판하는 문학이라 역설한다. 이로써 『고해정토』라는
소설이 일본 밖에서 어떻게 수용되고 어떤 메시지와 의미로 전파되었는지
알 수 있는데, 특히 '희망이 보이지 않는 시대'를 극복하고 미래로 나아가기
위한 '선구적인 작품'임에는 의심의 여지가 없어 보인다.

이어서 세상에 미나마타병사건을 알리고 외국의 공해사건에 경종을 울
린 작품으로 평가받는 쓰치모토 노리아키의 기록영화에 대해 살펴보자.

쓰치모토 감독은 1965년 미나마타병 특집 방송을 위해 미나마타의 환자
가정을 방문했을 때를 회상하며, "찍는다고 몸이 좋아지는 것도 아닌데,

---

24   김종철, 앞의 책, 347쪽 인용.

사람을 구경거리로 삼는다."라고 원망하는 환자가족의 말에 혼이 담긴 작품을 제작하겠노라 결심했다고 한다. 그렇게 탄생한 미나마타병 관련 작품들은 무려 11편에 이른다. 특히 1971년에 발표한 『미나마타-환자와 그 세계』는 1972년 스웨덴 스톡홀름에서 개최된 '제1회 국제연합 환경회의'에 환자들과 함께 방문해 상영함으로써 일본뿐 아니라 전 세계에 미나마타병사건을 알린 작품으로 평가받는다.

그런가 하면 1975년, 유기수은의 오염으로 고통받던 캐나다 원주민들의 요청으로 『의학으로서의 미나마타병 3부작(医学としての水俣病3部作)』을 환자들과 함께 찾은 캐나다 전역에서 장장 160여 일에 걸쳐 상영하며 미나마타병의 위험성을 호소하였다. 그 결과 캐나다 정부로 하여금 환자구제 활동에 나서도록 변화하게 한 성과를 거두기도 하였다.[25] 그런데 유기수은 오염으로 강의 생물을 비롯해 사람들의 건강이상이 현저해진 캐나다 원주민들에게 일본의 미나마타병 사태를 알린 이가 영화 『MINAMATA』의 주인공 유진 스미스[26]라는 사실은 우리에게 시사하는 바가 크다. 그것은 인류와 자연을 과학과 문명의 폐해로부터 지켜야 한다는 사명과 정의를 실천하는 이들

---

25 쓰치모토 감독이 서거한 2008년 12월 21일(22:00~23:30)에 방영된 NHK ETV 특집 『水俣と向きあう~記録映画作家 土本典昭の43年』의 내용을 참조함.
26 William Eugene Smith(1918-1978)는 미국의 사진저널리스트로, 제2차 세계 대전에서 종군작가로 활약하였고, 오키나와 사이판 등 태평양 전쟁의 주요 전장을 돌아다니며 미국 해병대와 일본군 포로들의 사진을 찍었다. 후에는 일본의 미나마타병을 집중취재하여 그 존재를 세상에 알렸으나, 1972년 가해기업인 짓소가 고용한 폭력배의 폭행으로 척추 손상 및 한쪽 눈 실명이라는 중상을 입기도 하였다. 이후 후유증에 시달리다가 1978년 뇌출혈을 일으켜 사망하였다.

은, 시공간을 초월한 운명처럼 하나로 이어지고 있음을 보여주는 사례라고 생각하기 때문이다. 미국의 사진작가가 일본의 한 어촌마을에서 발생한 미나마타병사건을 세계에 알리고, 그것이 계기가 되어 일본의 기록영화감독과 환자들이 유기수은 중독에 의한 미나마타병의 위험성을 알리고 타국의 피해민들을 돕기 위해 캐나다로 향한 것은 결코 우연이 아닐 것이다.

참고로 2021년 9월, 영화『MINAMATA』가 일본에서 개봉되었을 때, 때를 같이 하여 쓰치모토 감독의『미나마타-환자와 그 세계』와『미나마타봉기-일생을 묻는 사람들(水俣―揆―生を問う人々)』이 특별상영되기도 하였다. 이처럼 일본의 작은 어촌마을이었던 미나마타에서 발생한 공해사건과 그로 인해 탄생한 재난문학 작품들이 세계의 우리에게 던지는 의미와 경고의 메시지를, 지금 우리가 처한 현실에 비추어 되새길 일이다.

5. 반복되는 공해재난의 닮은 꼴

미나마타병사건과 후쿠시마핵재난

후쿠시마핵재난 이후 언론과 학계에서 '미나마타에서 후쿠시마로'라는 말을 마치 주문처럼 외던 사고 이후의 상황을 생각하면, 미나마타병 관련의 대표적인 작가와 작품들에 대한 재조명이나 인터뷰 혹은 저서출판 등은 어쩌면 당연한 일일지 모른다. 그런데 후쿠시마핵재난 앞에서 사람들은 왜 미나마타병사건을 소환하지 않으면 안 되었을까?

미나마타병사건은, 최초의 미나마타병 환자가 발생한 것으로 밝혀진

1942년으로부터 80여 년이 흐른 지금까지도 피해는 물론이고 그 배상소송이 여전히 끝나지 않고 있다. 이 사실에서도 알 수 있듯이, 공해병과 같은 재난은 수십 년이 지나서까지도 지속된다. 그리고 경우에 따라서는 2세, 3세로의 대물림이라는 참담한 피해도 발생하곤 한다. 미나마타병의 경우는 공해병 인정 이후 말로 다 할 수 없는 우여곡절 끝에 '태아감염'이 인정되었다. 또 주지하다시피 원자폭탄의 경우는 2세는 말할 것도 없고 3세, 4세에 이르는 '잔인한 대물림'을 겪고 있는 피폭희생자들이 많다. 어디 그뿐인가? 두 경우 모두 '미나마타병 환자 가족 혹은 미나마타 지역 출신'이라는 이유로, '원폭피해자의 가족 혹은 히로시마, 나가사키 거주민'이었다는 이유로 사회적·경제적 차별과 풍평(風評)피해를 고스란히 감당할 수밖에 없었다. 이와 같은 상황을 돌이켜보면, 후쿠시마핵재난의 피해와 그에 대한 책임규명과 피해보상 문제는, 어쩌면 미나마타병사건과 히로시마·나가사키 원폭피해자의 그것과 꼭 닮은꼴로 아울러 반복될, 수십 년 혹은 세기에 걸친 재난사건이 될 가능성이 크다.

무엇보다 통한스러운 것은, 피해자들은 재난으로 얻은 온갖 질병뿐 아니라 국가와 기업이라는 가해자를 비롯해 냉소적이고 차별적인 시선을 던지는 사회와 긴 세월 동안 싸워야 한다는 사실이다. 또 그들은 가족과 이웃과 후세에 대한 바닥 모를 죄책감과의 지난한 싸움에서도 외롭게 견뎌내야만 한다. 어쩌면 이것이 '미나마타병사건'이 '후쿠시마핵재난'에게 전하는 가장 뿌리 깊고 뼈아픈 메시지가 아닐까. 그러니 각오하고 지치지 말고 싸워야 한다고 말이다.

물론 그 어떤 재난도 발생해서는 안 되었고 안 되겠지만, 이미 발생해버린 이상에는 그 원인 파악과 책임규명을 분명히 하고 피해보상과 재발 방지를 위한 대책을 확실히 해야 한다. 그렇지 않으면 같은 불행은 또다시 반복되고 만다는 것이 재난의 역사가 가르쳐준 슬픈 진실이다. 그럼에도 드러난 공해사건에서 진실규명과 가해자 처벌, 그리고 피해자에 대한 이해와 보상이 제대로 이뤄진 사례는 한두 손가락에 꼽을 정도이다. 더욱이 공해사건의 고통을 딛고 재생과 부활의 길을 성공적으로 걸어온 사례는 더더욱 찾아보기 힘든 것이 사실이다. 그런데 이 힘든 여정을 극복하고 지금까지도 싸워오고 있는 대표적 사례가, 일본의 경우는 미나마타병사건의 피해자들이고 그들의 고향 미나마타일 것이다.

1956년 환자에 대한 공식발표가 이뤄진 이후, 우여곡절의 세월이 지난 1968년에야 일본 정부와 가해기업 짓소는 '공해병'임을 공식인정한다. 그 기나긴 세월 동안 환자와 환자가족들은 무슨 천벌 받은 죄인 취급을 받으며, 병든 몸을 이끌고 원인규명을 위해 싸웠다. 또한 공식인정 이후에는 책임규명과 피해보상을 위해 일본 전역을 돌며 진실을 알리고 투쟁하였다. 그리고 그 여정은 지금도 진행 중이다.

이 기나긴 미나마타병사건의 역사를 되짚다보면, 후쿠시마핵재난과 그 후 전개되는 상황들에서 미나마타병사건의 경우와 닮은 꼴의 행태들이 참 많이 발견된다는 사실을 알 수 있다. 그 한 가지 예로 여기에서는 가해기업과 정부의 무책임을 넘는 파렴치함의 반복에 대해 이야기하고자 한다.

아래 인용문은 공식인정 이전에 벌어진, 이시무레 미치코가 말하는 "하늘

을 우러러 참으로 부끄러워해야 할 한 장의 고전적 계약서"의 내용이 담긴
『고해정토』의 일부이다.

　　1959년도 막을 내리고, 회사측은 배수정화장치를 만들고 기자들까지
불러 성대한 준공식을 열었다. 이때 **공장 담당간부가 정화조 물을 컵으
로 떠 마시는 모습**을 어민들은 조소를 머금은 채 지켜보았지만, 고형잔
재를 침전시키는 방식의 정화조 위에 뜬 깨끗한 물을 바다로 보낸다고
해도, 무기수은이 수용성인 점을 감안하면 **보기에만 깨끗한 물에 녹아
있을 무기수은은 그대로 바다로 흘러든다는 사실을 공장기술진이 모를
리 없고, 준공식은 여론을 우롱하는 응급처치에 불과했다는 것이 훗날
밝혀진다.** 12월 하순, 시라누이해 연안 36개 어협에 대해 어업보상 일시
금 3천5백만 엔, 재건을 위한 융자금 6천5백만 엔을 내주기로 결정. 단,
어업보상금 중에서 1천만 엔은 11월 2일의 '난입'으로 회사가 입은 손해
보상금으로 반환하도록 했다. 미나마타병 환자모임 19세대에는 사망자
에 대해 조위금 32만 엔, 환자 성인에게는 연간 10만 엔, 미성년자에게는
연간 3만 엔을 발병 시점으로 소급하여 지불하고, '과거 미나마타공장
폐수가 미나마타병과 관계가 있다는 사실이 밝혀져도 일절 추가 보상요
구는 하지 않겠다'는 계약을 교환했다.

　　어른 목숨 10만 엔

　　아이 목숨 3만 엔

　　죽은 자 목숨 30만

　　나는 그 뒤로 염불을 대신해 이렇게 읊조리게 되었다[27]

어디선가 본 듯한, 들은 듯한 이야기다. "후쿠시마원전사고로 사망한 이는 단 한 명도 없다."라고 억지 쓰는 원전마피아들의 주장을 앵무새처럼 따라 하는 한일(韓日)의 위정자들. 가족의 방사능오염을 두려워하여 자주피난으로 삶의 터전을 떠나야 했던 주민들을 피해보상이나 지원금 차별로 강제복귀를 회유하고 협박하는 권력자들. 후쿠시마의 방사능물질 오염수를 'ALPS 처리수'라고 칭하며 "1리터도 마실 수 있다!"라고 근거 없는 빈말부터 내뱉는가 하면, 후쿠시마산 수산물이라고 한 상 차려놓고 먹방 쇼를 서슴지 않는 도쿄전력과 일본 정부의 인사들. 후쿠시마핵재난 이후 급증하는 지역민들의 갑상선암 등의 질병 발생률을 놓고 핵재난과의 직접 연관성을 부정하는 어용학자와, 후쿠시마핵재난의 폐해와 문제점을 은폐하고 왜곡하거나 침묵하는 어용언론들.

『고해정토』에 소개되고 있는 "정화조 물을 컵으로 떠 마시는" 가해기업과 정부인사들의 행태는, 실제로 '여론을 우롱하는 응급처치에 불과'했다는 사실이 밝혀짐으로써 피해자를 비롯한 전 국민을 기만한 해프닝으로 끝났다. 그런데 이런 웃지 못할 일들이 70여 년이 흐른 2023년 현재에도 재현되고 있다는 사실에 아연하다. [그림 3]과 [그림 4]는 바로 후쿠시마핵재난 후 일본 정치인들이 방사선물질 오염수의 '결백'을 몸소 입증하겠다는(?) 모습을 보도한 일본언론의 기사다.

그런데 그런 아연실색할 일이 한국에서 펼쳐진 것은 이제 새로이 놀랄

---

27   石牟礼道子(1969), 『고해정토-나의 미나마타병』, 김경인 역, 달팽이출판, 2022, 118-119쪽 인용.

일도 아니다. 일본의 오염수 방류를 반대하는 국민들의 뜻은 나 몰라라 외면한 채, 후쿠시마산도 아닌 우리 앞바다에서 잡은 생선회를 먹고 수조의 물까지 손바가지 만들어 떠마시며 '일본의 오염수 해양방류는 문제 없다'라고 일본정치인의 대역을 마다하지 않는 한국 정치인들의 먹방 쇼를 어떻게 바라보아야 할지 모르겠다.

[그림 3] 2011년 10월, 정화처리했다는 후쿠시마제1원전의 방사능오염수를 마시는
일본 내각부의 소노다 정무관.

[그림 4] 2023년 8월, 방사능물질 오염수의 해양방류 다음 날인 25일,
후쿠시마산 생선회 등을 먹고 있는 도쿄도지사의 모습을 '보도진에 공개했다'.

공해반대운동의 선두에 선 재난문학 작가들

물론 공해재난의 책임을 면하자거나 한 자리 혹은 한 턱의 대가를 바라자고 앞뒤 안 가리고 정부와 기업 편을 드는 사람들만 있는 것은 아니다. 그와는 반대로 진실을 규명하고 공해반대 촉구를 위해 거리로 나서 목소리를 높이고 피해자들과 동고동락한 활동가들이 많다는 것을 우리는 안다. 그리고 그 안에는 앞서 보았던 재난문학 작가들도 함께였다. 이제 일본의 대표적인 공해사건을 서사한 작품을 발표한 작가들의 공해반대운동 활동상을 통해, 재난과 재난문학 탄생의 상관관계를 살펴볼 것이다. 또 그들이 작품을 통해 현대사회에 던지고자 하는 의미가 무엇일까를 생각해 보고자 한다.

앞서 아시오광독사건을 다룬 주요 작품들의 작가가 광독사건 및 반대운동과 어떤 연관이 있고 어떤 활동을 했는지 간략하게 언급하였다. 당시에도 미나마타병사건 때와 마찬가지로 작가를 비롯한 지식인과 종교인들, 사회주의 운동가 혹은 환경운동가들이 피해지역을 찾아 반대운동에 적극 참여하였다. 또한 이들이 피해자들을 물심양면으로 도왔다는 사실은 앞서 소개한 소설들에서도 부분부분 이야기되고 있다. 예컨대『노동』의 저자 기노시타 나오에는 피해민들이 처한 처참한 상황 앞에 부끄러움과 죄책감에 '한층 격심한 고통'[28]을 느꼈다. 어쩌면 그들은 동시대를 살면서 지방의 공해 피해를 대가로 하여 얻어지는 근대문명과 (군수)산업 개발의 수혜자인 중앙 대

---

28 木下直江, 『勞働』(1909), 『木下直江全集第七卷』, 敎文館, 1994, 210-211쪽 참조.

도시 시민으로서의 채무감을 가졌을지 모른다. 물론 다테마쓰 와헤이[29]나 이시무레 미치코와 같이 피해지역 출신의 작가도 적지 않다. 그들 작품에는 그들만이 서사할 수 있는, 또 공해를 이겨내고 되찾아야 할 '고향'이 있기에 평생을 그와 관련한 작품활동과 운동에 몸담을 수밖에 없는 절실함이 있다.

그런가 하면 미나마타병사건 관련 작가 중 미즈카미 쓰토무는, 일본 전국에 미나마타병을 알리는 데 다리품과 글품을 아끼지 않았던 작가이다. 작품 『바다의 송곳니(海の牙)』가 처음 출판된 것이 1960년인데, 그 원작이 되었던 「시라누이해연안(不知火海沿岸)」이 발표된 것은 1959년 12월의 일이다. 이를 통해, 미나마타병 환자가 공식으로 발표된 1956년으로부터 채 4년이 안 된 시점에 작가는 사건의 핵심을 꿰뚫고 있었음을 알 수 있다. 그리고 당시 사건에 대해 서사한 문학작품으로는 거의 유일하다 해도 과언이 아닐 정도로 빠른 시기에 발표되었고, 4년 간격으로 출판사를 달리해 가며 3번이나 다시 출판되고 있다. 그뿐만이 아니라 1972년(朝日新聞社) 출판 당시에 쓴 저자후기에서, 미즈카미는 작품발표 후 홋카이도까지 발품을 팔며 미나마타병사건의 진실을 알리고 다녔다고 쓰고 있다. 이렇듯 작가의 활동과 작품의 복간현황으로 보아, 미즈카미(水上)와 『바다의 송곳니』야말로 일찍이 미나마타병사건을 세상에 알리는 데 중요한 역할을 했음을 확인할 수 있다.

또 한 사람, 미나마타의 작가이자 미나마타병 투쟁의 운동가였던 이시무

---

29 다테마쓰 와헤이는 광독피해민 자손들의 귀향운동(谷中村の強制破壊を考える会 결성, 1972), 아시오의 자연환경 부흥을 위한 모임활동(足尾に緑を育てる会, 1996) 등을 활발히 했을 뿐 아니라 아시오광독사건 관련의 작품들을 꾸준히 발표하였다.

레 미치코의 활동을 빼놓을 수 없다. 아래 [그림 5]의 사진은 1970년 후생성 앞에서 기업의 책임을 물으며 피해보상을 요구하며 농성하던 미나마타병 환자 및 그 가족들과 함께하던 이들의 모습이다. 한가운데 앉아 환자의 사진이 담긴 패널을 든 이시무레 미치코. 그는 미나마타병사건이 공론화되기 이전부터 피해자와 그 가족을 직접 찾아다니며 함께 웃고 울고, 의사나 환경단체 활동가 혹은 정치가들이 환자가정을 방문하던 그때 그곳에 늘 함께 했다. 뿐만 아니라 공해반대와 피해보상 촉구 운동은 물론 법정투쟁의 현장에도 늘 함께였다.

미나마타병이 공해병으로 공식인정되고 피해자에 대한 보상이 단계적으로 이뤄지기까지의 기나긴 세월과 고통을 함께 나누던 작가들 —미즈카미 쓰토무, 쓰치모토 노리아키, 이시무레 미치코 등등. 세월은 그들을 과거의 사람으로 데려갔지만, 그들이 남긴 작품과 의미는 후쿠시마핵재난과 이후 재난시대를 살아야 하는 후세대에게 늘 깨어있고 늘 행동하기를 여전히 촉구한다.

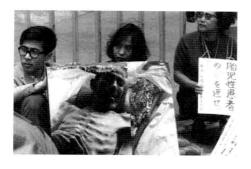

[그림 5] 1970년 5월, 도쿄도 후생성 앞. 미나마타병 환자의
사진을 들고 기업의 책임을 묻는 농성에 동참한 이시무레 미치코

그 뜻을 이은 작가들의 활동은 집회는 말할 것도 없고 연극과 노래 혹은 시낭송 등등 다양한 방법으로 전개되고 있는데, 그 대표적 사례로 일본의 노벨문학상 수상자인 오에 겐자부로(大江健三郎, 1935-2023)를 들 수 있다. 오에는 일찍이 반핵과 반전의 메시지를 다방면에서 전파해온 작가로 잘 알려져 있다. 그런 그가 후쿠시마핵재난 이후 탈원전(탈핵) 운동의 일환으로, 뜻을 같이하는 문인들을 모아 시민단체와 힘을 합쳐 <안녕 원전, 1천만인 행동실행위원회(さようなら原発１０００万人アクション実行委員会)>를 결성하고 일본 사회에 적극적인 행동에 나설 것을 촉구하였다. 그렇게 시작된 탈원전 집회는 2011년 9월을 시작으로 코로나 팬데믹 이전까지 매년 두 차례의 전국집회를 개최하며 수천에 달하는 시민들의 동참을 끌어냈다.

[그림 6] 2012년 10월, 집회 후 탈원전을 외치며 행진하는 오에 겐자부로와 집회 참여자들
출처: 『朝日デジタル』, 2012. 10. 13.

그로부터 12년, 탈원전을 위한 1천만 서명운동과 정부와 원전기업을 상대로 한 원전재가동 반대운동 등을 견인해 오던 오에 겐자부로는, 2023년 3월 3일 88세를 일기로 생을 마감하였다. 그러나 그의 발걸음과 작품의 외침은 이시무레의 그것과 마찬가지로 현 사회와 후세대를 향해 살아 움직이고 있다. 이를 증명이라도 하듯이, 오에가 서거한 같은 달 21일 작가 오치아이 게이코(落合惠子, 1945~)와 르포작가 가마타 사토시(鎌田慧, 1938~) 등의 동료들이 오에의 뜻을 잇겠다는 각오로 코로나 이후 재개된 '안녕 원전(さようなら原発)' 전국집회에 동참하며 그 선두에 섰다.

[그림 7] '안녕 원전(さようなら原發)' 전국집회에 참여한 작가들
출처: 『東京新聞』, 2023. 3. 21.

후쿠시마핵재난 이후 함께해 오던 오에의 모습은 더 이상 행렬 속에서 만날 수는 없지만, 행동하는 이들의 걸음걸음과 마음들이 그의 문학과 행동이 추구했던 이상과 양심을 잇고 있다.

6. 재난문학의 현재적 의미

일본의 사전에서는 재난(災難)이 '생각지 않게 신변에 닥친 불행한 사건'이라고 정의되고, 그 유사어로 제시된 재해(災害)는 '지진, 태풍 등의 자연현상이나 사고, 화재나 감염병 등에 의해 겪는 뜻밖의 재앙이나 피해'라고 정의된다. 한편 한국의 「재난 및 안전관리기본법」 제3조(정의)에 따르면, "재난이란 국민의 생명·신체·재산과 국가에 피해를 주거나 줄 수 있는 것"이라고 정의하며, 크게 자연재난(태풍, 홍수, 강풍, 대설, 한파, 가뭄, 지진, 황사 등의 자연현상으로 인하여 발생하는 재해)과 사회재난(화재, 교통사고, 환경오염사고, 감염병, 미세먼지 등)으로 구분하고 있다. 그런데 지금 세계는 그야말로 이 모든 재난이 복합적으로 발생하는 지경에 이르고 있다고 해도 과언은 아닐 듯하다. 이 글에서 살펴본 일본의 3대 공해사건은 이런 복합재난의 면면을 종합적으로 지닌 사건이라 할 수 있다. 그런 만큼 이들 3대 공해사건이 갖는 특성과 거기에서 비롯되는 재난사건의 다각적 진실과 대책들은, 향후 우리가 싸우고 대처해 나가야 할 복합재난에 있어 유의미한 사료로 기능할 것이다.

어쨌든 이와 같은 '재난을 서사하는 재난문학'[30]의 역사는 오래다. 일본에

---

30   최가형(2023)은 「일본 환경재난서사 연구의 현황과 과제」(『日本近代学研究』제8집)에서 '환경재난서사의 범주와 정의'를 규정하고자 하였다. 그는 서두에서 실제로 발생한 공해사건을 환경재난으로 구분하며, 본 글에서 살피고 있는 실제 발생한 '공해사건 관련의 재난문학'을 '환경재난서사'로 범주화하고 있다. 또 이를 생태환경문학과 재난문학에서

서는 먼 옛날부터 지진이나 홍수와 같은 자연재해, 천연두와 말라리아와 같은 감염병 등의 재난에 의한 피해와 피해자들의 상황, 심지어는 재난퇴치를 기원하는 주술까지를 그림이나 수필문학으로 서사한 작품들이 일찍부터 있어 왔고, 그것을 '재해문학'이라고 일각에서는 일컫고 있다. 그리고 근현대에 들어서는 앞서 살펴본 공해 관련 작품들처럼 실제 재난사건·사고를 서사한 재난문학이 일본에서는 드물지 않게 발표되어 왔다. 그 하위 범주로 분류되는 장르를 들면 진재(震災)문학, 원폭문학, 원전문학 등이 있어 작품도 꾸준히 발표되고 독자들의 관심과 사랑도 꾸준히 받아오고 있다.

한편 한국에서는 최근 들어 '재난문학'이나 '재난인문학'이라는, 기후위기를 필두로 경험해 보지 못한 복합재난에 직면한 현실적 요구에 호응하여 문학과 학문의 명실상부한 하나의 범주로 정립해 가고 있는 듯 보인다. 참고로, 고려대학교의 정병호(2019)는 일본의 3.11 동일본대지진과 한국의 세월호 참사를 다룬 재난시의 비교연구[31]에서, "자연재해나 재난 상황을 문학적으로 형상화한 문학작품"과 관련 연구가 한국에도 일찍이 있어 왔다고 전제하였다. 그러면서 한국에서 재난문학이 특히 주목받게 된 계기를 1990년대의 성수대교와 삼풍백화점 붕괴 사건, 2014년 4월 16일의 세월호 참사라고 규정하며 관련 연구 또한 소개하고 있다. 여기에서 우리는 재난이 문학계에 어떤 변화를 촉구하고 있으며, 그 문학이 재난에 직면한 사회와 피

뻗어나온 한 갈래이자 교집합으로 정의한다.
31 정병호, 「한국과 일본의 재난문학과 기억-세월호침몰사고와 3.11 동일본대지진의 재난시를 중심으로」, 『比較日本学』 제46집, 2019, 183-204쪽.

해자 및 재난생존자에게 어떤 기능으로 작용하는가를 확인할 수 있다고 본다. 특히 세월호 참사를 서사한 재난시집[32]의 기획취지와 의도를 살핀 정병호 역시, 재난문학의 특성으로 재난의 진실규명 외에도 피해자에 대한 위안과 기록 및 교훈을 들고 있다. 이는 이 글에서 말하는 재난문학 생성의 필연성과 의미와 결을 같이한다고 본다.

이 밖에도 실제사건을 서사한 재난문학의 범주에 드는 대표적인 국내 작품들에는, 먼저 김옥숙(2017)의 『흉터의 꽃』이나 한수산(2016)의 『군함도』와 같은 원폭문학을 들 수 있다. 또 가습기살균제 사건을 서사하고 있는 소재원 작가의 소설 『균』(2016)과 그것을 원작으로 한 영화 『공기살인』(2022)도 있다. 그런가 하면 세월호 사건을 다룬 다큐영화 『그날, 바다』(김지영 감독, 2018)나 희생자 가족의 사건 후의 삶을 그린 이종언 감독(2019)의 『생일』 등이 실제 발생한 사회재난을 서사하고 있는 재난문학들이다.

이상의 재난문학과 영화만 보더라도, 재난 발생 이후 사건의 진실과 책임 규명을 촉구하는 사회적 요구와 필요를 절감한 작가들이 '펜'이라는 무기를 들어 일종의 운동에 나선 것임을 알 수 있다. 또 어떤 작품은 희생자와 그 가족의 기억과 아픔을 공감하고 위로하기 위해 창작되었다. 그리고 다시는 이런 재난이 우리의 가족과 이웃에게 닥치지 않도록 경계하고 다짐하는 것은, 이들 작품이 우리 독자와 사회에 던지는 과제이고 책임의 몫이다.

그리고 이러한 재난문학은, 민초들에게 집중되는 재난 피해자의 삶의 기

---

[32] 교육문예창작회의 『세월호는 아직도 항해 중이다』(도서출판b, 2017)와 강은교 외 67인의 시인이 쓴 『세월호 추모시집 우리 모두가 세월호였다』(실천문학사, 2014) 등.

록이 되어 민중의 역사로 이어질 것이다. 김종철 선생은 「대지로 회귀하는 문학」에서 이시무레 미치코의 『고해정토』에서 조명되고 있는 홍남질소비료공장의 설립(미나마타병의 가해기업인 짓소의 전신 기업이 설립)에 따른 민족과 고향의 상실[33]에 대해 언급하였다. 그러면서 민중의 삶과 내면을 읽어낼 기록이 결여된 우리의 현실을 '기록이 없으면 결국 역사가 없는 민족'이라며 아래와 같이 쓰고 있다.

> 누구랄 것 없이 우리는 기록들을 잘 안 해요. 아까 홍남질소비료공장 얘기를 했지만, 그런 사건이 우리 근현대 역사 속에 무수히 존재해왔을 거란 말이에요. 그렇지 않겠어요? (중략) 그런데 저 식민지 조선, 시골마을에 어느 날 난데없이 비료공장을 짓는다면서 조상 대대로 살던 땅에서 나가라고 하는 말을 들은 사람들의 심경은 어떠했겠어요? 그런 날벼락이 어디 있었겠어요? 그런데 우리는 그때 그런 상황에 처했던 사람들에 관한 생생한 기록이 없어요. 문학의 종언이다 뭐다 그런 데 신경쓰지 **말고, 글 쓰는 사람들이라면 우선 그런 얘기들을 기록하는 데 충실해야 하는 것 아니겠어요?**[34]

우리는 누구나 재난의 피해자이거나 희생자의 유족이 될 수 있다. 그렇게

---

33 「여기 한 장의 사진이 있다. 일본질소 비료사업대관(肥料事業大觀)이라고 박힌 1937년에 창립 30주년기념으로 간행한 두꺼운 책자다. 조선질소비료 주식회사, 1927년 5월 2일 자본금 1천만 엔을 가지고 조선 함경남도 함흥군 운전면 호남리 1번지에 설립. 다이쇼 15년(1926년) 말에 촬영한 호남리의 망망하고 둥글게 모여 있는 어촌집단. 이곳에는 어떤 생활과 일상과, 그리고 마을들이 존재했을까?」(『고해정토』, 295쪽)
34 김종철, 앞의 책, 327쪽 인용.

재난에 직면하면 누구도 원래의 상태, 재난 이전의 생활로 돌아갈 수 없을 만큼 물리적·정신적 상실은 크고 깊고 길다. 그런 상황에서 피해 당사자가 재난의 현황과 자신의 심경을 기억하고 기록한다는 것은 거의 불가능에 가까운 일이다. 그렇게 시간이 허망하게 흐르다 보면, 재난의 진실은 말할 것 없고 존재 그 자체마저도 사람들의 기억에서는 금세 지워지고 만다. 피해자와 그 유족들에게 가장 두렵고 무서운 것은 잊히는 것이리라. 재난이 잊히고, 피해자의 고통과 존재가 잊히는 것이리라. 이때 이들을 위해, 이들의 이야기를 생생하게 기록할 몫은 '글 쓰는 사람'의 것이라고 김종철 선생은 말하고 있다. 그렇게 기록할 때, 재난의 역사에 대한 기억과 경각심 그리고 피해자에 대한 기억과 위안이 지속될 수 있다. 이는 앞서 보았던 과거 공해재난과 그후 탄생한 재난문학의 관계, 그리고 이들이 견인해온 문학계와 사회의 변화를 통해 충분히 확인할 수 있으리라 사료된다. 우리는 아시오광독사건의 피해민인 '니와타 노인'이나 '시마다 소조'의 기록이, 또 빛바랜 오랜 사진 한 장에서 '밑바닥 민중의 삶과 내면'을 읽어내어 문학의 재창출로 기록하려는 문학인의 마음이 재난문학에서도 절실히 필요하다는 사실을 직시해야 할 것이다.

참고문헌

김경인, 『일본의 공해사건을 서사한 문학 연구』, 전남대학교 박사학위논문, 2017.

김종철, 「대지로 회귀하는 문학」, 『대지의 상상력』, 녹색평론사, 2019, 315-347.

이시무레 미치코(1968), 『고해정토-나의 미나마타병』, 김경인 역, 달팽이출판, 2022.

정병호, 「한국과 일본의 재난문학과 기억-세월호침몰사고와 3.11 동일본대지진의 재난 시를 중심으로」, 『比較日本学』 제46집, 한양대학교 일본학국제비교연구소, 2019, 183-204.

최가형, 「일본 환경재난서사 연구의 현황과 과제」, 『日本近代学研究』 제8집, 한국일본근 대학회, 2023, 75-85.

Jason R. harshman, 『EDUCATION ABOUT ASIA』 Volume15, Number3, 2010, 67-68.

大鹿卓, 『渡良瀬川』, 新泉社, 「宇井純의 解題」, 1941.

大鹿卓(1941)의 복간판 『度良瀬川』, 新泉社, 1972.

大鹿卓(1941)의 복간판 『度良瀬川-田中正造と直訴事件』, 河出書房新社, 2013. 3.

木下尚江, 『労働』, 『木下尚江全集第七巻』(1994), 教文館, 1909.

島田宗三, 『田中正造翁余録 上』, 三一書房, 1972.

田口掬汀, 「毒原跋渉記」, 『亡国の縮図』, 新声社, 1902.

古川日出男, 『馬たちよそれでも光は無垢で』, 新潮社, 2011.

JTBS뉴스 2023년 4월 29일 인터뷰 내용 참조.

https://news.jtbc.co.kr/article/article.aspx?news_id=NB12124392

朝日新聞デジタル

http://www.asahi.com/special/energy/TKY201210130336.html

東京新聞 https://www.tokyo-np.co.jp/article/239343

https://newstsukuba.jp/47292/09/10/

https://newstsukuba.jp/47292/09/10/

저자 소개

강희숙(姜喜淑)

조선대학교 국어국문학과 교수.

조선대학교 인문학연구원장/재난인문학연구사업단장/기후위기대응 융합인재양성사업단장.

한국어 사회언어학과 방언학 분야에서 폭넓고 다양한 주제로 연구를 수행해 왔으며, 최근 들어서는 재난인문학의 이론적 배경과 개념사 및 재난 담론에 대한 분석으로 연구 범위를 확장하고 있다. 재난인문학 관련 연구 총서 및 역서로 『왜 재난인문학인가?』(공저), 『재난공동체의 사회적 연대와 실천』(공저), 『재난 시대의 언어와 담론』(편저), 『천재지변으로 비춰본 일본의 역사』(공역), 『중국의 재난문화』(공역) 등이 있다.

이 연(李鍊)

선문대학교 미디어커뮤니케이션학부 명예 교수.

일본 조치대학(上智大学) 신문학과 석·박사과정을 졸업하고, 선문대학교 사회과학대학장, 행정대학원장, 경영대학원장 등을 거치면서 ABC협회 부수인증위원, 소방방재청 자문교수, 행정안전부 자문교수, 국민안전처 기획위원, 기상청 자문교수, 한국기자협회 재난준칙제정위원회위원장 등 다수 분야에서 활동한 바 있다. 현재, (사)한국재난정보미디어포럼 회장, 재난방송중앙협의회 위원, 행정안전부 중앙평가위원, 서울시 자문위원 등으로 국가위기와 재난방송시스템 연구에 주력하고 있다. 최근에는 기후변화와 대형재난 및 중대재해처벌법 등 첨단 재난관리시스템에 집중적으로 연구하고 있다. 대표적인 저술로는 『위기관리와 커뮤니케이션』(2003), 『위기관리와 매스미디어』(2006), 『일본의 방송과 방송문화사』(2006), 『정부와 기업의 위기관리와 커뮤니케이션』(2010), 『일제강점기 조선언론통제사』(2013), 『국가위기관리와 재난정보』(2016), 『국가위기관리와 긴급재난정보』(2023) 등 다수가 있다.

최영주(崔英珠)

조선대학교 영어영문학과 교수, 대학원 수화언어학과 주임교수.
언어 통사론 및 인지의미론 분야에서 연구를 수행해 왔으며, 2020년부터 2026년까지 총 6년간
한국연구재단의 인문사회연구소 지원 사업을 수주하여 한국수어 연구 및 농인을 위한 한국어
및 영어 교재를 제작하고 있다. 2021년부터 국립국어원 한국수어사전 편찬위원회 위원으로 활동
하고 있으며 최근 3년간 한국수어 논문을 총 13편 연구재단 등재지에 저술하는 등 활발하게
한국수어 연구를 수행하고 있다.

이은애(李恩愛)

재난안전교육원 대표.
숙명여대에서 국문학을 전공한 후 성공회대대학원에서 NGO학으로 석사학위를 취득하였으며
숙명여대대학원에서 행정학 박사과정을 수료하였다. 2003년부터 2019년까지 전국재해구호협회
에서 재해구호, 자원봉사, 재난안전 연구업무를 담당하였고, 행정자치부(국가기반체계보호분과)
와 소방방재청(자연재난분과) 정책자문에도 참여하였다. 주요 참여 연구로는 「지속가능 재난관
리를 위한 지역자율방재조직의 활동프로그램과 활용방안」(지방정부연구), 「재난발생 시 재해약
자지원시스템 구축방향: 일본의 사례를 중심으로」(방재연구), 『재해구호복지론』(공저), 『현장자
원봉사센터 운영체계연구』(공저) 등이 있다.

진앵화(陳櫻花)

강소대학교(江蘇大學, 중국) 행정학과 부교수, 위기관리 및 공공정책연구소 부소장.
인하대학교(한국) 행정학과 졸업, 행정학 박사학위 취득.
2009-2012년 인하대학교에서 교수로 재직하였음.
주요 연구 분야는 공공정책, 위기 및 리스크 관리, 사회복지이며, 총 30여 편의 학술논문을 발표
하였고 7권의 전문저서를 출판하였으며, 연구프로젝트 10여 건을 수행하였음. 대표논문으로 「포
스트 코로나 시대: 변화와 재편성」, 「KANO 모델에 기반한 공중보건 비상사태 정보공개에 대한
공공수요 연구」, 「중국공산당 100년 방재 회고: 제도적 우위에 기반한 분석」 등이 있다.

이기학(李起學)

세종대학교 건축공학과 교수.
미국 일리노이주립대(어바나-샴페인)에서 구조공학전공으로 박사학위를 취득하였다.
지진재해에 대한 건축물의 위험도 추정과 안전도 평가기술과 지진하중과 특수하중에 대해 FEM 해석과 관련한 실험연구를 수행하고 있다. 주요 논저로는 「Experimental Evaluation of a Vertical Heat Bridge Insulation System for the Structural Performance of a Multi-Residential Building」 (2023. 12., Structures), 「Experimental assessment and effective bond length for RC columns strengthened with aramid FRP sheets under cyclic loading」(2023. 11., Engineering Structures), 「Evaluation of Seismic Performance of Masonry Stone Pagoda: Dynamic Centrifuge Test and Numerical Simulation Analysis」(2023. 9., Sustainability) 등이 있다.

라정일(羅貞一)

간세이가쿠인대학 준교수, 재해부흥제도연구소 주임연구원.
일본 교토대학에서 도시사회공학(재난위기관리)으로 석·박사를 취득하고 국립 돗토리대학 조교수, 희망브리지 전국재해구호협회(재난안전연구소)를 거쳐, 2023년 4월부터 현직에 있다. 20여 년간 일본, 인도네시아, 한국 등 국내외 지역 커뮤니티를 대상으로 재난회복력을 위한 주민참여 활성화 연구 및 현장 활동을 수행해 왔다. 주요 분야는 커뮤니티 재난 레질리언스, 재해구호·피해자 지원, 방재교육훈련, 지진방재이다. 정부·시민단체의 재난안전관리 자문·평가·교육훈련 등에 참여하고 있다.
주요 저술로는 『대규모 재난 시 재난약자 지원방안』(2017, 공저), 『재난관리론』(2020, 공저), 「자연재난과 재해구호, 그리고 재난회복력 제고를 위한 준비」(2022), 「일본의 재난 피해자 지원과 재난 레질리언스 관점의 도시 안전」(2023) 등 다수가 있다.

천안(陳安)

중국과학원대학 교수.
국제 위기 및 비상 관리 학회/아시아 위기관리 학회 공동 회장.
시스템 분석과 관리연구소 집행 소장.
베이징(北京) 등 여러 도시의 비상 상담 전문가.
해협 양측 비상 관리 학회 명예 이사장.
주요 연구 분야는 비상 관리 및 싱크탱크(think tank)이다. 국가 사회 과학 기금, 국가 자연 과학 기금, 비상 관리부, 중국 지진국, 국가 발전 및 개혁위원회, 농림부, 국가 언어위원회, 민족위원회, 중국 베이징 동청구(東城區), 정저우(鄭州) 등 도시로부터 위험, 위기, 비상 및 안전과 관련된 주제에 대한 프로젝트를 10여 건 이상 수행하였다. 『현대 비상 관리』 시리즈 전문 서적 3권과 『종합 위험 분석 및 비상 평가』, 『중국의 재난문화』, 『재난 시각에서 본 일본 문화』, 『비상 관리 지식 체계 안내』, 『과학적 사고와 인문적 교양』 등 20권 이상의 저술을 출판하였다. 『Safety Science』, 『Natural hazards』, 『Accident Analysis and Prevention』 등 국제 학술지에 30편 이상의 논문을 발표하였으며, 『중국의 소프트 사이언스』, 『중국 행정 관리』, 『과학기술 보고서』, 『중국 과학원 학보』, 『재해학』, 『쓰촨(四川) 대학 학보』 등 중국 학술지에 100여 편의 논문을 발표하였다.

김경인(金鏡仁)

전남대 일본문화연구센터 연구원, 일한전문번역가.
원폭 및 핵재난과 공해사건을 서사하는 일본의 재난문학을 중점적으로 연구 중이다.
주요 역서로는 이시무레 미치코의 『고해정토-나의 미나마타병』, 쿠로다 야스후미의 『돼지가 있는 교실』(이상, 달팽이출판), 우이 준의 『공해원론』(공역, 역락) 등 다수가 있으며, 저서로는 『자료로 보는 일본 감염병의 역사』(공편저, 역락), 『재난공동체의 사회적 연대와 실천』(공저, 역락) 등이 있다. 주요 논문으로는 「공해사건 문학의 시스템 및 가치 고찰」(『일본연구』), 「일본 원폭문학에 나타난 조선인 표상 연구」(일본어문학), 「조선인 원폭피해 관련 한일(韓日) 원폭문헌 및 예술문학의 데이터구축과 그 양상 고찰」(일본어교육) 등이 있다.

* 이 책은 2019년 대한민국 교육부와 한국연구재단의 지원을 받아 수행된 것임
 (NRF-2019S1A6A3A01059888)

조선대학교 재난인문학연구사업단

재난인문학 연구총서 10

재난의 경제적, 사회적 영향 및 사회 변화

초판1쇄 인쇄 2024년 2월 20일
초판1쇄 발행 2024년 2월 29일

기획   조선대학교 재난인문학연구사업단
저자   강희숙 이연 최영주 이은애 진앵화 이기학 라정일 천안 김경인
펴낸이   이대현
편집   이태곤 권분옥 임애정 강윤경
디자인   안혜진 최선주 이경진
마케팅   박태훈 한주영

펴낸곳   도서출판 역락
출판등록 1999년 4월 19일 제303-2002-000014호
주소   서울시 서초구 동광로 46길 6-6 문창빌딩 2층(우06589)
전화   02-3409-2060
팩스   02-3409-2059
홈페이지 www.youkrackbooks.com
이메일   youkrack@hanmail.net

ISBN   979-11-6742-685-7 94300
       979-11-6742-220-0 94080(세트)